# LA MORT, MOURIR ET AU-DELA

*La Science et la Spiritualité de la Mort*

**ALOK PANDEY, MD**

Car, que je vive ou que je meure,
je suis toujours.

Sri Aurobindo

All rights reserved. No part of this book may be reproduced,
stored in a retrieval system, or transmitted in any form or by any means -
electronic, mechanical, photocopying, recording, or otherwise - without the
prior permission of the author and from the publisher.

Tous droits réservés. Aucune partie de ce livre ne peut être
reproduite, stockée dans un système d'archivage ou transmise sous quelque forme
ou par quelque moyen que ce soit - électronique, mécanique, photocopie,
enregistrement ou autre - sans l'autorisation préalable de l'auteur et de
l'éditeur.

LA MORT, MOURIR ET AU-DELA: La Science et la Spiritualité de la Mort

Traduit de l'Anglais
Titre original: Death, dying and beyond

Author : ALOK PANDEY, MD

ISBN: 978-93-95460-63-7 (eBook)
ISBN: 978-93-95460-62-0 (Print)

BISAC Code:
REL062000 Religion/Spirituality;
OCC012000 Body Mind & Spirit/Mysticism
PH1013000 Philosophy/Metaphysics
REL066000 Religion/Theism
REL047000 Religion/Mysticism
OCC003000 Body Mind & Spirit/Channeling & Mediumship
OCC015000 Body Mind & Spirit/New Thought

Thema Subject Category:
QDTJ-- Philosophy: Metaphysics & Ontology
QRVK-- Spirituality & Religious Experience
QRY-- Alternative Belief Systems

Cataloging-in-Publication Data for this title is available from the Library of Congress.

Published by:
PRISMA, an imprint of Digital Media Initiatives
PRISMA, Aurelec/ Prayogshala,
Auroville 605101, Tamil Nadu, India
www.prisma.haus

*Nul pouvoir ne peut abattre mon âme ; elle vit en Toi.*

*Ta présence est mon immortalité.*

Sri Aurobindo

## Vie et Mort

*Vie, mort — mort, vie ; tout au long des âges ces mots ont guidé*
*Notre pensée et notre conscience et paru*
*Deux contraires indubitables ; mais aujourd'hui des pages longtemps celées*
*S'ouvrent, livrant des vérités insoupçonnées.*
*La vie seule est, ou la mort est la vie travestie —*
*La vie une mort brève, avant que la vie nous surprenne.*

*Sri Aurobindo*

# Préface

L'une des conceptions au sujet de la mort, est qu'elle nous conduit de demeure en demeure dans notre voyage de ce monde mortel de ténèbres au seuil du domaine de la Lumière immortelle. Mais on peut dire qu'elle nous conduit les yeux bandés, et nous ne nous souvenons que très peu des mondes de l'au-delà cachés à nos yeux chargés de brume. Nous nous souvenons peu du voyage à travers la Nuit de la mort lorsque nous revenons à la lumière grise de nos jours terrestres. Notre naissance, selon un poète mystique, est un sommeil et un oubli. Et à juste titre, puisque nous ne nous rappelons pas la matrice physique qui nous a délivré pour voir la lumière de nos jours mortels et ressentir la lutte de notre vie mortelle. De même, nous ne nous souvenons pas non plus de notre mère spirituelle, le cœur et les genoux de la Mère du Monde desquels nous avons jailli en tant qu'âme d'amour et de lumière pour entrer dans cette zone d'obscurité et d'inconscience. Non seulement nous avons oublié d'où nous venons mais aussi le pourquoi de notre venue, le but de notre existence terrestre. Tout cela est-il un accident dénué de sens, un hasard gouvernant notre destinée ? Ou l'accident n'est-il qu'un terme qui couvre notre Ignorance bornée, le hasard seulement le couvercle qui cache une énigme plus profonde et qui couvre le visage du futur ? Nous ne nous souvenons pas non plus quelle impitoyable nécessité a pris la forme inquiétante de la mort et de la douleur. Pas plus ne comprenons-nous ce qui a contraint l'âme divine à l'aventure du temps et de l'espace si la seule intention de tout ce drame tragi-comique de la vie est de retourner à Cela d'où elle est venue ? Quelle impuissance a conduit l'âme hors de son paradis pour souffrir cette chute dans l'obscurité et l'Ignorance, cet interlude plus ou moins long de chagrin et de larmes ? Ou l'âme est-elle impuissante contre quelque sombre et sinistre pouvoir qui a le droit d'altérer l'œuvre de Dieu et d'annuler Sa force ! Et s'il en est ainsi, alors qui lui a donné ce pouvoir et ce droit de conduire l'âme divine sur le chemin de la perdition et du péché ? Quelle force a contraint l'âme immortelle à perdre son immortalité et à lui imposer le joug de la mort ? Nous ne voyons pas ni ne nous souvenons.

Le scientifique matérialiste enfermé dans ses propres sens ne peut pas nous aider. Il ne voit pas mieux car lui aussi partage la maladie appelée homme et l'oubli qui en découle. Il ne fait que renforcer la prison construite par nos sens en consolidant ses murs avec le ciment d'une observation limitée. Le philosophe et le logicien échouent également en remplaçant l'élaboration par l'imagination. Le théologien semble nous transporter soudainement et magiquement vers une terre promise invisible dont nous ne sommes pas sûrs du terrain même et qui est déconnectée de tout ce que nous ressentons, espérons et aspirons sur terre. Le mystique simplement contourne l'énigme plutôt que ne la résout en tranchant le nœud même de notre quête en labellant la terre et tout ce à quoi elle aspire avec cette étiquette étrange et paradoxale de l'illusion. Selon lui, il n'y a pas de douleur, pas de souffrance, il n'y a ni tristesse, ni chagrin, ni mort puisqu'il n'y a en fait ni vous ni moi. Il n'y a que l'Unique qui ne meurt pas de même qu'IL n'est pas né. L'expérience de la naissance est une illusion, la douleur et la lutte sont une illusion, et la mort et la destruction une illusion plus grande encore. Car il n'y a ni naissance ni mort, pas d'être ni de devenir, il n'y a en fait rien, rien, et seulement rien et «rien» ne peut pas mourir car il n'a jamais été et ne sera jamais !! Il y a très peu à choisir entre l'éternel Non du matérialiste, son non à tout ce qui est au-delà de la perception de nos sens et tout ce qui excède ou transcende notre expérience humaine, et l'éternel Non du spiritualiste, son non à tout ce qui est de ce monde et partage son agonie et sa douleur. Pourtant, nous sentons instinctivement une vérité plus profonde émerger en nous. Elle nous pousse par derrière à nous dépasser, à flirter avec la mort et à jouer à la balle avec le temps et les circonstances. Elle nous appelle à travers des corps et des naissances innombrables et nous invite à résoudre le mystère de l'énigme du Sphinx. Elle rit à la face de la terreur et de la peur, à travers les yeux d'un enfant. Elle sourit au chagrin et à la douleur, à travers les lèvres d'un héros sacrifiant sa vie pour le triomphe de la vérité. Elle nous remplit de paix et de joie au milieu de la danse de destruction, à travers un mental et un cœur identifiés à une Lumière plus profonde et plus élevée. Elle jaillit de l'intérieur dans la sympathie qui partage le chagrin des autres et possède la force de secourir et de réconforter. Ce souvenir et cette vision plus profonde cachés dans nos profondeurs font surface dans le silence et les paroles d'un voyant et d'un sage. Parfois cette vision plus intime est prêtée à notre aveuglement, cette vérité plus profonde révélée à notre oubli. Comme Sri Krishna à Arjuna, comme Rishi Vyasa à Sanjay, Sri Aurobindo prête cette vision plus profonde à l'homme. Non seulement plus profonde mais aussi nouvelle, le chant de notre âme conquérant la mort, la saga de l'esprit grimpant héroïquement de naissance en naissance à travers la vie et à travers la mort, vers des sommets de Beauté, de Lumière, d'Amour, de Force et de Félicité. Nous commençons à découvrir grâce à Lui que la vie sur terre n'est pas un accident insensé ni notre naissance une sentence forcée décrétée par quelque puissant Satan pour un péché originel. Non l'homme mais Dieu a créé ce monde beau et dangereux et non l'homme mais Lui-même le soutient. Le monde est divin dans ce qu'il cache, tout comme l'homme est divin dans ce qu'il cherche. La terre est le champ d'une expérience évolutive, une aventure suprême que nos âmes ont entreprise, et l'homme est le Divin en formation. La naissance est la grande opportunité de l'âme d'œuvrer à l'accomplissement prévu, la mort est une pause temporaire pour se reposer et assimiler les gains de notre travail. Ces secrets et bien d'autres nous sont révélés par la Grâce suprême de Sri Aurobindo et de la Mère qui ont travaillé sans relâche pour rendre cette aventure facile pour l'homme. Non seulement nous ont-ils révélé ces secrets mais ils ont aussi lutté et accompli tout pour nous. C'est à Eux que nous devons chaque goutte de Lumière qui peut passer par ces mots de même que nous Leur devons tout. A Eux notre amour et notre gratitude infinis. Cela peut sembler énoncer une évidence, mais l'évidence doit être déclarée de peur que nous ne la prenions pour acquise au point de la manquer et de l'oublier. Car oublier la vérité est la semence même et l'origine de la mort.

*Smritibhranshadbuddhinasho Buddhinashatpranashyati*

Les mots nous manquent alors que nous essayons de balbutier notre hommage à la vision nouvelle d'une Vérité intégrale qu'Ils ont fait descendre pour nous. Alors permettez-moi de l'exprimer avec les mots de Sri Aurobindo lui-même dont la profonde Compassion et l'Amour nous font voir ce que nous ne pourrions jamais espérer ou imaginer voir par nos propres efforts :

**Voyant au cœur profond**

> *Voyant au cœur profond, roi divin des secrets,*
> *Source occulte d'amour jaillie du cœur de Dieu,*
> *Tu connaissais des voies que jamais dans le Temps nul pied n'avait foulées.*
> *Les mots surgissaient étincelants, vagues-de-flammes des mers de sagesse.*
> *Vaste, ton âme était une marée baignant les côtes du ciel,*
> *Les pensées éclataient, brûlantes et nues, traversant la nuit humaine,*

*Les blancs écrits stellaires des dieux, nés du livre de Lumière,*
*Page après page étaient donnés aux enfants enténébrés de la terre[1].*

Chaque page est un effort pour diffuser quelque chose de Leur Lumière, adapté aux besoins de notre langage humain et de ses limitations innombrables pour exprimer les mystères plus subtils de la terre et de l'au-delà. Chaque page est aussi un travail d'amour offert à l'autel Divin par de nombreuses mains à travers lesquelles le Divin tisse Ses Œuvres. Ce livre aussi a été élaboré par de nombreuses mains, chacune formant une partie du plan unique. Reconnaître ces mains aidantes est aussi reconnaître et apprécier les nombreuses voies par lesquelles Il travaille, car en effet infinis sont les modes de fonctionnement de l'Infini. Pour commencer, l'idée d'un séminaire sur la mort a été proposée par Vijay bhai et le Dr Bisht. Non satisfait de tout notre bavardage scientifique, Vijay bhai a poussé l'idée jusqu'à sa limite humaine logique, qui est d'avoir un livre complet qui couvrirait tous les aspects du mystère de la mort. La partie la plus importante et la plus difficile de l'édition et de la coordination a été acceptée avec joie et empressement par Shonar. Parfaite dans son travail, elle s'est assurée que rien ne restait incomplet, rien à moitié dit ; en explorant chaque idée, pensée, structure de phrase, la grammaire et la virgule, à la sélection des citations appropriées et à l'ensemble de la mise en page du livre avec une patience et une persévérance soigneuse. Son examen minutieux et ses suggestions et questions insistantes sont à l'origine de nombreuses inclusions.

Il convient de saluer l'heureuse collaboration de tous les membres de l'équipe qui ont pris de leur précieux temps pour parcourir l'ouvrage et offrir des conseils très utiles. Au premier plan parmi ceux-ci, citons Shri Amal Sarkar, le Dr Anand Kumar, Vijay bhai, qui ont parcouru l'ensemble du livre, ainsi que d'anciens frères et compagnons de route. Et puis, bien sûr, Srinivas, toujours souriant, qui sortait toute référence requise comme si elle était déjà sous la main. Kalyani et Rukmani-di ont également contribué à la recherche et je leur en suis reconnaissant. Krishna a procédé au formatage final, emballant le cadeau dans un paquet soigné. Gitadi et Sushanto ont travaillé sur l'image de couverture de la mort, ayant de l'intérêt pour le personnage du destructeur invisible des formes. Le Dr Vandana, en plus de prendre les photos de la peinture mystérieusement éloquente d'Arun Joshi, a accompli la tâche encore plus difficile de persuader Sushanto de prendre du temps sur son emploi du temps très chargé. Et bien sûr, la presse de l'ashram, dont le travail est si proche de la conception de *Yogah Karmasu Kaushalam de la Gita*.

---

1   Sri Aurobindo Poésie, p.244

Derrière le visible, il y a toujours un invisible plus vaste. C'est pourquoi nous devons également reconnaître le travail méconnu des dieux qui nous inspirent et nous informent des messages de l'au-delà. Ce livre aurait été très difficile à écrire si la déesse de l'inspiration n'avait pas gardé les canaux ouverts. Et au-delà des dieux, Elle se tient, Elle, Aditi, la Mère des dieux, celle qui nous fait don de l'immortalité. Comme le dit Yama à Nachiketas, *«C'est Elle que tu cherches»*.

A Elle, notre Mère Divine, nous offrons ce travail. S'il peut éveiller et initier nos âmes liées à la terre, endormies à l'ombre de la mort, au contact de Sa Lumière sans ombre ; s'il peut nous rappeler une fois de plus notre être immortel et nous ouvrir un passage intérieur de la mort à l'immortalité, alors ce travail serait amplement récompensé.

*Du non-être à l'être véritable*
*De l'obscurité à la Lumière*
*De la mort à l'immortalité*
*Om, paix, paix, paix.*

*"C'est une question que toute personne ayant une conscience un peu éveillée s'est posée au moins une fois dans sa vie.*
*... Quelle est cette farce monstrueuse à laquelle on participe sans le vouloir, sans le comprendre ? Pourquoi naît-on, si c'est pour mourir ? Pourquoi tout cet effort de développement, de progrès, d'épanouissement des facultés, si c'est pour arriver à une diminution qui se termine par une déchéance et une décomposition ?*
*...Chez certains, qui sont sensitifs, il y a une horreur ; chez d'autres, c'est une indignation.*
*... Certains ont en eux une révolte, d'autres, moins forts, ont un désespoir et toujours cette question se pose : S'il y a une Volonté consciente derrière tout cela, cette Volonté apparaît comme monstrueuse ".*

Entretiens de Mère, 6 Février 1957

*"Depuis la naissance jusqu'à la mort, la vie est une chose dangereuse.*
*Les courageux la traversent sans se soucier des risques.*
*Les prudents prennent des précautions.*
*Les poltrons ont peur de tout.*
*Mais en fin de compte, il n'arrive à chacun que ce que la*
*Volonté Suprême a décidé".*

Paroles de la Mère vol 3, 19 juin 1966

## Derrière le Masque de Fer — Introduction

La Naissance et la Mort sont les deux grands mystères originels — la naissance de cet univers vaste et complexe dans un vide apparent, la naissance de la vie et des êtres vivants dans et hors d'un univers apparemment mécanique, la naissance d'un être pensant, à demi conscient appelé homme émergeant d'une vie semblant inconsciente et non pensante.

De même la mort est un mystère, le vide apparemment obscur dans lequel tout s'effondre, le grand et le petit, l'éminence et le puissant aussi bien que l'humble et le faible, le vertueux et le vicieux, le pieu et le cruel, les anges et demi-dieux autant que les démons et les titans eux-mêmes. La Mort avale tout.

Le grand philosophe-poète s'est vu demandé par hasard par quelqu'un qui l'hébergeait pour la nuit : «Qui es-tu ? D'où viens-tu ? Où vas-tu ?» Ces questions apparemment insignifiantes dont les réponses nous paraissent souvent évidentes peuvent changer radicalement notre vie. Le simple vivant peut se transformer en penseur ; le penseur en philosophe-poète, le poète en visionnaire-mystique, le mystique en un être totalement identifié dans une union intérieure ineffable avec Dieu.

Et alors que nous gravissons cette échelle de transcendance de soi, notre vision de nous-même change. Et comme notre réponse à cette question fondamentale «qui sommes-nous" change, nos réponses aux deux autres questions fondamentales, «d'où venons-nous" et "où allons-nous" se modifient aussi.

Les questions que la mort nous pose sur les grandes routes de la vie sont symbolisées dans l'histoire du Sphinx — Qui es-tu ? Si notre réponse est correcte, il nous laisse passer. Sinon, nous sommes tués par la Mort. Par conséquent, le corps qui ne connaît pas son immortalité meurt, tandis que l'âme qui se connaît elle-même échappe à la mort. Cette vérité s'applique autant aux individus qu'aux civilisations entières.

*Tu penses que le terme et la fin ne sont pas pour toi ;*
*Mais bien que ton orgueil soit grand, tu as oublié*
*Le Sphinx qui attend l'homme au bord du chemin.*
*Tu peux répondre à toutes les questions, mais un jour*
*Sa question t'attendra. A celle-ci réponds,*
*Comme nous le devons tous ; car ceux qui ne le peuvent pas meurent.*
*Elle les tue et leurs corps mutilés reposent*
*Sur les routes de l'éternité.*
*C'est pourquoi, si tu veux vivre, sache d'abord ceci,*
*Qui es-tu dans ce donjon peinant*[1].

La mort nous force à soulever cette question et par cela même à changer. Par conséquent, la mort d'un certain point de vue est un passage ou peut-être même un précurseur de ce changement. Vu d'un autre œil qui voit mais ne voit pas, parce qu'il ne voit qu'une moitié de la vérité, ou voit plutôt le fait extérieur apparent comme la seule vérité, la mort est la sombre matrice ou tout retourne. Le jour, du point de vue de la terre, n'est qu'un interrègne bref ou long comprimé entre deux sombres éternités de nuit, la terre elle-même un petit point au milieu d'un espace effroyablement immense et en grande partie vide. Mais les limites de notre vision ne sont pas les limites de la lumière. La lumière est cachée dans les coins les plus sombres de l'univers. La lumière est piégée dans l'inertie muette de la matière et de la pierre, elle s'élève dans la plante et les arbres, bondit en mouvement dynamique chez les animaux, aspire par la pensée consciente chez l'homme. La nuit est seulement une dissimulation de la Lumière ou une dépravation de notre vue. La lumière flamboyante au-delà de nos horizons est le berceau de ce que nous sommes vraiment - la Lumière Suprême, la demeure secrète vers laquelle nous gravissons les nombreux échelons de l'escalier de la Vie, de la Mort et de la Renaissance.

Le poète d'hier a ainsi chanté cette ode à notre être éternel et immortel :

*Notre naissance n'est qu'un sommeil et un oubli :*
*L'Âme qui s'élève avec nous, l'étoile de notre vie*
*A été bercée ailleurs,*
*Non dans un oubli total,*
*Et non dans une nudité totale,*
*Mais traînant des nuages de gloire nous venons*
*De Dieu qui est notre demeure...*[2]

---

1  Sri Aurobindo 'A Vision of Science', collected poems, p.43
2. William Wordsworth : Ode to Immortality

Et le poète du futur chante ainsi le chant de l'immortalité :

*Ô race née de la terre, que le Destin emporte*
*Et que la Force contraint,*
*Ô futiles aventuriers dans un monde infini,*
*Prisonniers d'une humanité de nains,*
*Tournerez-vous sans fin dans la ronde du mental*
*Autour d'un petit moi et de médiocres riens ?*
*Vous n'étiez pas nés pour une petitesse irrévocable*
*Ni bâtis pour de vains recommencements.*
*Vous étiez faits de la substance de l'Immortel,*
*Vos actes peuvent être de rapides foulées révélatrices*
*Votre vie, un moule changeant pour les dieux qui grandissent.*
*Un Voyant, un puissant Créateur est en vous*
*La Grandeur immaculée veille sur vos jours,*
*Des pouvoirs tout-puissants sont enfermés dans les cellules de la Nature.*
*Une destinée plus haute vous attend:*
*Cet être terrestre transitoire, s'il le veut,*
*Peut accorder ses actes à un plan transcendant.*
*Celui-là, maintenant, qui regarde le monde avec des yeux ignorants*
*À peine sorti de la nuit inconsciente,*
*Qui voit des images et non la Vérité,*
*Peut emplir ce regard d'une vision immortelle...*
*...La terre que vous foulez est une frontière voilée des cieux,*
*La vie que vous menez cache la lumière que vous êtes[1].*

Mais ce sont des choses plus profondes nous dit-on. Les questions de la naissance, de la mort et de la vie peuvent être très complexes, peut-être même d'insolubles énigmes pour l'homme alors que les questions quotidiennes d'une personne moyenne sont différentes. Il ne se préoccupe pas tant de ce que ou de qui est la mort, mais plutôt de ce que la mort fait ou signifie pour lui. Pour nous qui vivons en esclavage perpétuel aux sens, animés comme des marionnettes par les cent et une cordes du cœur et les petits désirs aveugles de la vie, la mort vient avec un visage terrible dont la seule tâche est de gâcher le bonheur trop bref et de courte durée de notre vie humaine. La mort représente pour nous un dieu aveugle et capricieux ou un démon cruel et sans pitié qui vient détruire tout ce que nous tenons pour cher. Ce que nous voyons est un

---

1. Sri Aurobindo, Savitri, Livre IV Chant 3

dieu puissant ou un adversaire ou quel que soit le nom qu'on puisse lui donner, qui ne vient que pour prendre, et s'il lui arrive de donner quoi que ce soit, ce n'est que d'une manière indirecte et sous la forme d'une libération de nos liens terrestres, un don négatif pour ainsi dire. Cependant, c'est notre attachement excessif et ignorant aux ténèbres qui lui fait assumer un aspect si formidable dans le mental humain. Et pourtant, la vie deviendrait tellement difficile, voire impossible si ce dieu charognard dont nous redoutons la présence n'existait pas. Sa tâche cosmique est peut-être de nettoyer les coins les plus sombres. Il découvre instinctivement l'obscurité même dans un vêtement de lumière et l'avale comme par affinité. Avale t'il la lumière aussi ? Les nuances de gris oui, mais non la Lumière authentique de l'Âme, disent ceux qui ont vu au-delà de sa forme effrayante. Mais nous ne sommes pas simplement des âmes. L'âme est, il est vrai notre véritable identité mais nous assumons aussi un corps et tout ce qui va avec. Alors, cela signifie-t-il qu'à l'exception de notre âme, rien n'échappera jamais à la mort ? Que tout est prédestiné depuis le début et qu'au milieu de cette vaste danse de destruction, ce sombre spectre d'effondrement universel, la seule chose qui se tient immortelle est l'âme nue dépouillée de tous ses vêtements ?

S'il en était ainsi, alors la vie et la création ne seraient pas un acte de Dieu ou d'une sagesse et d'un amour plus profonds, mais un accident et une aberration se soulevant telle une bulle momentanée sur la mer intemporelle de l'Infini. Non, nous dit Sri Aurobindo. La destinée de l'individu et de la terre n'est pas la ruine de la mort mais la couronne d'immortalité consciente. Une sagesse et un amour infinis ont bâti ce monde à partir de Lui-même et une sagesse et un amour Infinis le sauveront de l'échec et de la mort.

> *Nous ne tourbillonnons pas ici sur un globe accidentel*
> *Abandonnés à une tâche qui dépasse nos forces[1]...*

Mais, même cela ne réconforte pas notre vision limitée par les sens et notre vie enchaînée à la mort. Pourquoi, même les savants et les philosophes sont-ils tourmentés par la pointe acérée de la lance de la mort. Car même lorsque nous avons vaincu nos tragédies personnelles et notre peur individuelle de la mort, nous sommes encore émus par le chagrin et ressentons la perte d'un autre comme la nôtre. Même un sage, s'il est éclairé et non secoué par le chagrin personnel, peut néanmoins être ému par l'imperfection de cet univers. Un sens secret d'unité nous lie inexorablement à la destinée de la création. Notre victoire

---

1  Sri Aurobindo, Savitri Livre 1, Chant 4

individuelle est incomplète tant qu'elle n'est pas accompagnée d'une victoire cosmique. Notre petit hymne de lumière est avalé par les bruits du monde. Notre ode à l'immortalité est noyée par un tonnerre détruisant tout et le rugissement de la mort. Nos efforts de libération individuelle petits ou grands sont comme entachés par la servitude sans fin à une loi de fer fixe et inflexible à laquelle tous sont liés. La clarté de notre vision intérieure est constamment assombrie par la poussière projetée par les sabots piétinants du temps chevauchés par la mort. Aucun doute, quelque chose perdure et grandit et progresse même dans un monde qui semble gouverné par la mort. Les ruines des grandes et puissantes civilisations anciennes ensevelies sous la poussière de nos pieds ne sont pas les seules vérités. Quelque chose de leur grandeur, quelque esprit essentiel de leur ancienne puissance survit et se réincarne et prend forme à nouveau. Cela souffle sa force dans de nouveaux corps et de nouvelles formes, maintenant modifiés extérieurement pour s'adapter aux exigences de l'Esprit du Temps. La sagesse ancienne parle à nos cœurs modernes et nous attire vers les murmures des dieux. Hors des ruines du passé, les formes de la nouvelle création se lèvent. Du bûcher et de la tombe surgit notre forme immortelle défiant le scénario de l'annihilation, défiant le destin adverse. Mais qui a vu ceci ? Et qui sait réellement ? Quant à nous, seule une Ignorance géante et une immobilité muette et irréfléchie nous entourent. Et qui peut percer cette obscurité ? Pas nous dans notre petitesse collective actuelle. Nous ne pouvons rien faire sauf pleurer et vouloir et sangloter. Nous pouvons faire peu sauf supporter d'un cœur lourd et réticent les tragédies du temps. Ne sommes-nous pas nous-mêmes des bulles et des épaves sur la mer du Temps ? La réponse à cela est aussi celle de notre destin.

Si vraiment nous ne sommes rien d'autre que cela, alors nous devons supporter du mieux possible notre destin entre les mains d'une destinée cruelle. Ou tenir bon pour le moment, mais juste pour le moment, jusqu'à ce que la mort ne nous rencontre à nouveau sur quelque autre virage invisible et tournant inattendu sur les autoroutes de la vie. Mais attendez... nous pouvons aussi fixer le visage de la mort avec des yeux immortels, lui retourner ses moqueries avec le rire insouciant de l'âme, rencontrer son défi dangereux avec le sourire secret de l'éternel en nous. Nous pouvons même transformer ce défi en une opportunité pour grandir en force et en lumière et en vie éternelle. Nous pouvons détruire son ombre sombre avec le feu le plus profond, ce dieu immortel en nous. Nous pouvons, si nous le voulons, avaler l'obscurité par la Lumière sans ombre que nous sommes, et le Moi immortel dont nous sommes un rayon errant et aventureux. Et quelle plus grande aventure que cette aventure de la mort elle-même ? Si nous pouvons le faire, tant mieux pour nous. Mais si nous ne pouvons pas, nous aussi, en tant que race, passerons sous les replis sombres de la mort comme d'autres avant nous. Mais la marche de l'évolution ne s'arrêtera pas. Elle avancera jusqu'à ce que le dieu caché dans la forme et la chair grandisse et renverse l'ignorance et renverse la souffrance et renverse la tragédie et renverse la mort. Et si toute obscurité est la préparation d'une aube plus grande alors nous sommes peut-être proches d'une autre aube évolutive de l'humanité. L'unique choix serait alors de faire face à l'aube nouvelle tournée vers le soleil de demain ou de tourner notre visage vers le sombre déni que la mort représente...

*Ainsi que l'homme est venu jadis après la bête*
*Ce haut successeur divin assurément viendra*
*Après les pas incapables de l'homme mortel*
*Après son vain labeur, sa sueur, son sang, ses larmes:*
*Il connaîtra ce que le mental mortel n'ose pas encore penser*
*Il réalisera ce que les cœurs mortels ne pouvaient pas oser.*
*Héritier du labeur des temps humains*
*Il prendra sur lui le fardeau des dieux;*
*Toutes les lumières du ciel visiteront les pensées de la terre*
*La puissance des cieux fortifiera les cœurs terrestres;*
*Les hauts faits de la terre toucheront des hauteurs surhumaines,*
*Les yeux de la terre s'élargiront à l'infini*[1].

La mort, pour la plupart d'entre nous, représente la grande finale de la marche incertaine de la vie. Le rideau tombe sur tous les drames grands ou petits de la vie. Mais la fin d'un épisode de la vie est-elle l'acte final ou juste un changement de scène dans la grande épopée qui continuerait à se déployer dans les vies futures - c'est quelque chose qui a toujours fasciné le mental humain. Ici se trouve l'obscurité que les anges semi lumineux de la pensée rationnelle ne peuvent pas sonder. Un agnosticisme final, presque fatal semble être le dernier mot de la science matérielle reposant lourdement sur des vérités expérimentées par les sens physiques. Mais qu'en serait-il s'il y avait des sens plus subtils que ceux dont nous avons l'habitude ? Et s'il existait d'autres réalités que celles purement matérielles ? Et, que se passerait-t-il s'il y avait un Grand Sens derrière le point de vue apparemment insensé de la vie liée aux sens ? Ce sont des questions difficiles qui refusent toute réponse facile et trop simpliste. Ce sont aussi des questions inconfortables, car une réponse définitive est susceptible de changer notre vision de nous-mêmes et du monde

---

1   Sri Aurobindo, Savitri Livre 3 Chant 4.

complètement. L'immense importance pratique de ces questions ne peut être ignorée qu'au risque de nous laisser vivre dans une pénombre d'Ignorance perpétuelle. Et rien ne pourrait être pire que si cette incapacité de sonder les mystères de la Mort se transformait en une incapacité de notre Vie à atteindre sa perfection la plus complète possible. Il est indéniable que la mort nous pose une question et donc une tentative de trouver sa réponse doit être effectuée. Il faut sonder la mort de tous côtés et voir où le mur de Troie nous permet d'entrer dans le royaume obscur et dangereux. Nous limiter à une seule approche, par exemple, une approche scientifique basée sur une perception purement matérielle de la vie et de la mort, c'est commettre une grande injustice à la cause même de la vérité. Car de même qu'il existe de nombreux visages de la Vérité Unique, de nombreux chemins y conduisent. Et si un chemin échoue à nous conduire vers une station réconciliante, mieux vaut alors passer à une route plus large qui va plus loin, car en effet la Vérité est plus large et supérieure à ses formes et aucune formule simple ne peut clamer de la contenir ou de l'épuiser. Telle a été la sagesse de tous les âges et conformément à cela, nous avons fait une petite tentative pour explorer par différents moyens, derrière le masque de fer. Que nous trouvions derrière ce masque un *rictus sardonicus*[1] se moquant de tous les efforts de la vie, ou rencontrions derrière le froid déni une pitié inflexible et le cœur insondable d'un grand dieu ancien travaillant patiemment à l'élaboration d'un thème vaste et grand, est quelque chose qui reste à chacun de nous à découvrir. Car la vérité est une quête personnelle dans laquelle les livres et les pensées ne sont que des repères et des phares dans notre voyage incessant. Le but de notre quête est en dehors de toutes nos cartes actuelles avec pour seul guide le Dieu intérieur et pour seule référence authentique le Dieu à l'extérieur et autour de nous.

Pourtant, un pas d'enfant est l'avant-garde d'une grande et difficile ascension. Ce livre aussi est juste un pas d'enfant et nous invoquons Leur Grâce pour transformer ce petit pas en un voyage vers le Juste et la Lumière.

*Il navigue à travers la vie et la mort et une autre vie,*
*Il voyage et voyage à travers la veille et dans le sommeil.*
*Sur lui, Elle a posé un pouvoir de sa Force occulte*
*Qui le lie au destin de sa propre création,*

*Et jamais le puissant voyageur n'a de repos*
*Et jamais le voyage mystique ne peut cesser,*

---
[1] Un sourire satirique fixe plein d'ironie amère.

*Jusqu'à ce que le crépuscule ignorant se lève de l'âme humaine*
*Et le matin de Dieu surprenne sa nuit.* [1]

---
1    Sri Aurobindo : Savitri, Livre I, Chant 4.

*"Qu'est-ce donc que tu appelles mort ? Dieu peut-il mourir ? Ô toi qui crains la mort, c'est la Vie qui vient à toi arborant une tête de mort et portant un masque de terreur".*

*"La mort n'a de réalité que comme processus de la vie. La désintégration de la substance et le renouvellement de la substance, la préservation de la forme et le changement de forme sont le processus constant de la vie ; la mort n'est qu'une rapide désintégration résultant de la nécessité, pour la vie, de changer et de varier son expérience dans les formes. Même à la mort du corps, il n'y a point cessation de la Vie ; simplement, le matériau d'une forme de vie se désagrège pour servir de matériau à d'autres formes de vie".*

*Sri Aurobindo*

# Qu'est-ce que la Mort ?

## La Mort - L'Annihilateur des Oeuvres du Temps

Malgré toute notre connaissance de la vie, la mort continue de demeurer un mystère. Comme nous connaissons les processus de la vie plutôt que le principe de la vie elle-même, de même le processus de la mort nous est un peu connu mais non le principe de la mort qui existe en tant que force universelle dans la Nature. Nous (le mental des sens au moins) associons normalement la mort à la dissolution visible de la forme physique. Mais le principe de la mort est beaucoup plus universel que cela. Il y a d'abord le processus de décomposition et de désintégration qui fait presque partie de toutes les formes matérielles que nous connaissons sur terre au moins. Peut-être pourrait-il y avoir ou y a-t-il des formes d'une création plus subtile, d'une combinaison substance-énergie différente, si l'on peut dire, qui sont plus plastiques et donc moins soumises aux phénomènes de décomposition et de mort. Les dieux immortels existant sur d'autres plans de conscience où la matière est organisée différemment sont supposés avoir une telle plasticité et par conséquent une immortalité à des fins pratiques au moins. Pratique, car leur existence aussi a un terme à la suite duquel ils se dissolvent dans leur Source mère. Ainsi sur un plan plus élevé, la mort représente un début et une fin des choses dans le Temps, le grand annihilateur de ses propres œuvres ! Car tous les événements sont élaborés et maintenus par l'Esprit du Temps et plus tard même détruit par lui. Cela nous amène immédiatement au phénomène de la mort au-delà de la simple dissolution visible des formes physiques. On peut donc dire qu'il y a mort non seulement des formes physiques mais aussi des formes de pensée, des idées, des philosophies, des sciences, des arts, des grandes civilisations... la mort non seulement des structures créées par le mental, mais aussi des quasars, des étoiles lointaines et des galaxies. Qu'elles meurent ou qu'elles changent simplement de forme, comme le confirment les sciences matérielles et spirituelles, est une autre question, mais la forme existante périt, et c'est l'équivalent de la mort.

*"La vie de la société comme la vie physique de l'être humain individuel passe par un cycle de naissance, de croissance, de jeunesse, de maturité et de déclin, et si cette dernière étape va assez loin sans aucun arrêt de sa course vers la décadence, elle peut périr, de même que tous les peuples et nations anciens à l'exception de l'Inde et de la Chine, ont péri, - comme un homme meurt de vieillesse. Mais l'être collectif a aussi la capacité de se renouveler, de se retrouver et d'effectuer un nouveau cycle. Car en chaque peuple il y a une idée d'âme ou idée de vie à l'œuvre, moins mortelle que son corps, et si cette idée est elle-même suffisamment puissante, large et génératrice de force, et si le peuple est suffisamment fort, vital et plastique dans son mental et son tempérament pour combiner la stabilité avec un élargissement constant ou une nouvelle application de la puissance de l'idée de l'âme ou de l'idée de vie dans son être, il peut passer par de nombreux cycles de ce type avant d'arriver à un épuisement final[1]»*

## La Mort – Un Partenaire dans le Jeu de la Vie

Une autre idée de la mort est qu'il s'agit d'un dispositif de la nature utilisé comme processus de la vie, complémentaire de la vie elle-même. En d'autres termes, les formes individuelles isolées périssent, mais leur mort ne fait que renforcer la survie d'une vérité collective plus large. Dans cette optique, les formes de vie individuelles sont considérées comme faisant partie d'une grande chaîne ininterrompue de Vie ou de Toute- Vie, si l'on peut dire. Tandis que l'individu subit le choc et la défaite de la mort, l'unité plus large grandit par ce sacrifice individuel. Pourtant la totalité du corps physique continue non seulement d'exister mais même de se développer grâce à ce processus. Prenons par exemple, le fait qu'au cours d'une seule vie, des cellules individuelles et des groupes des cellules meurent plusieurs fois. Les globules rouges humains, par exemple, ont une durée de vie d'environ 90-120 jours. Cela signifie qu'ils se renouvellent par un processus de destruction interne combiné à un processus proportionné de fabrication interne tous les trois-quatre mois en moyenne. L'équilibre est évidemment délicat. Si les cellules devaient survivre anormalement plus longtemps, cela créerait un danger pour l'organisme. Cela bloquerait les vaisseaux sanguins en raison de l'excès de cellules dans le système. Cela conduirait également à un excès de cellules âgées et donc relativement moins performantes conduisant à une inefficacité globale dans leur fonctionnement. La nature semble respecter l'efficacité plus que l'âge. En fait un excès de globules rouges mais aussi de globules blancs ou de toutes

---

1 Sri Aurobindo, The renaissance in India, p.334

autres cellules dans le système entraine une menace pour la vie de l'organisme tout entier. Qu'est le cancer sinon l'immortalité relative d'un groupe de cellules due à un excès de production (au-delà de la norme nécessaire au bon équilibre) combinée à un degré de liberté par rapport à l'ensemble qui signale un danger pour le reste de l'organisme ! Ici aussi, nous trouvons une leçon de la nature. La liberté n'existe pas en isolement mais en relation avec le tout. Et l'immortalité n'aura de sens que si elle s'obtient par la découverte de cette partie en nous qui est consciente de son unité avec le tout. Il n'y a rien de tel que l'immortalité pour le moi de l'ego séparé de l'homme. Ce serait évidemment une chose dangereuse et donc ni la sagesse profonde de la nature ni la faveur des dieux ne le permettrait.

La mort est une certitude, voire une nécessité tant que nous vivons dans le sens de l'ego séparé. Il en est ainsi des cellules, comme des systèmes vivants plus complexes. Les organismes individuels meurent et laissent ainsi la place à une croissance future qui deviendrait de plus en plus difficile si le passé se prolongeait à l'infini comme des entraves autour des pieds du temps qui s'enfuit plus vite que nous ne le savons. Le corps avec lequel nous naissons n'est pas le corps qui finit par mourir - si nous vivons une durée de vie moyenne. Il a changé plusieurs fois ou plutôt il est mort et renaît plusieurs fois. Si rapide est la transition, si imperceptible le processus, et le mécanisme si bien coordonné que nous ne le remarquons même pas. Le sentiment d'être le même moi et la même personne persiste même si tout a changé, comme si quelque chose de central s'occupait de la rapidité des changements complexes qui se produisent à l'intérieur. Alors, quand mourons-nous vraiment, et mourons-nous réellement, si ce n'est dans la vision limitée et étroite de notre moi fragmenté ? La mort est-elle l'éperon nous permettant de redécouvrir la Totalité que nous sommes secrètement ? La mort physique n'est-elle juste qu'une autre grande transition, peut-être trop soudaine et un peu trop longue pour que nous en prenions conscience ? Est-ce une décentralisation temporaire et une dispersion jusqu'à ce que de la poussière nous nous rassemblions et nous élevions à nouveau comme l'oiseau mythique de l'immortalité, le phénix, pour résumer la grande épopée de la vie ?

## Les Deux Visages de la Mort

Non seulement la philosophie et les traditions mystiques, mais la science aussi reconnaissent deux formes de mort. L'une est naturelle et normale comme un processus complémentaire à la vie, appelé *apoptose* ; l'autre comme quelque chose d'anormal et de superposé à l'organisme, appelé *nécrose*. La mort, par le biais de l'apoptose, est tissée dans les fibres même de la vie. Les doigts d'un embryon de six semaines se séparent suite à la mort des cellules situées dans la toile entre les doigts. La mort de ces cellules spécifiques permet l'apparition de la main telle qu'elle est. Avant même que l'organisme ne commence à respirer et avant que le cœur ne commence à battre d'une nouvelle vie, le jeu de la mort et de la vie a déjà commencé. Parfois, elles jouent comme partenaires comme dans le phénomène de l'apoptose, d'autres fois comme adversaires, comme dans la nécrose. L'apoptose, qui signifie «feuilles qui tombent» en Grec, se réfère au processus continu de mort dans la vie, aussi naturel et nécessaire pour l'équilibre physiologique du corps que la chute des feuilles des arbres en automne est nécessaire pour la floraison nouvelle du printemps. Dans l'apoptose ou la mort cellulaire programmée, la cellule mourante envoie des signaux aux cellules voisines qui se mettent alors à avaler toutes les organelles importantes utilisables. Le processus est finement ajusté et parfaitement coordonné. Par contre, la mort par nécrose semble être une surimposition extérieure nécessitée peut-être par les conditions de vie elles-mêmes. Nous pouvons l'appeler un accident, quelque chose qui aurait pu être évité par une intervention humaine. Cela en soi rendra la vie (et la mort) tellement plus facile à gérer ! La mort cellulaire nécrotique est un processus brutal libérant des toxines dans l'environnement. Le résultat est une tendance à endommager les cellules environnantes. Le déséquilibre en faveur de la mort mène au vieillissement et à la mort. D'un autre côté, une perturbation en faveur de la vie conduit à des tumeurs malignes et donc à une mort encore plus prématurée.

Ainsi, tant sur le plan biologique que psychologique, on peut distinguer deux manières de mourir. L'une, où la mort apparaît comme libératrice d'un passé pesant. L'autre apparait comme un visage de terreur détruisant impitoyablement un beau cadeau, faisant aussi du tout premier moment de la naissance un moment de mort.

## La Vision Scientifique de la Mort

Le scientifique de la matière a étudié le phénomène de la mort simplement au niveau physique. Physiquement, les scientifiques distinguent au moins deux niveaux de mort. *La mort physiologique ou clinique* lorsqu'on observe les signes extérieurs d'absence de vie. Parmi ceux-ci, le plus important est l'absence de toute forme d'activité cérébrale telle qu'enregistrée électro physiologiquement, vient ensuite l'arrêt de la respiration et des battements du coeur. Bien sûr, nous savons aujourd'hui que la respiration peut s'arrêter beaucoup plus tôt et le cœur continuer de battre pendant un certain temps. L'ombre de la mort descend alors plus bas et affecte le foie, les reins et d'autres organes. C'est la marche temporelle de la mort, du haut vers le bas. La dernière étape est la mort cellulaire qui conduit à la dissolution et à la décomposition définitives des cellules mêmes qui constituent le corps.

En d'autres mots, il y a une période de temps durant laquelle les fonctions fondamentales et les processus qui maintiennent la vie dans l'organisme - la respiration et la circulation se sont arrêtés mais les cellules continuent à vivre soutenues par un minimum de force vitale ou par un élan passé. Une fois que la décomposition s'installe, c'est un signe certain que la vie s'est complètement retirée sans aucune possibilité de retour. Bien sûr d'un point de vue clinique, la personne est considérée comme morte lorsque la mort cérébrale s'est produite de manière irréversible et que le cœur et la respiration ont cessé. À ce stade, la loi autorise la crémation ainsi que la greffe/le don d'organes. On croit qu'à partir de ce moment ce n'est qu'une question de temps avant que la dégénérescence ne s'installe. Ceci, bien que vrai dans la plupart des cas, n'est cependant pas une règle absolue. Car il y a plusieurs cas enregistrés de personnes déclarées cliniquement mortes revenant à la vie. Nous y reviendrons plus tard.

En fait il y a un état *d'animation suspendue* dans lequel la respiration et les battements du coeur peuvent s'arrêter pour aussi longtemps que 48 heures et pourtant la vie peut reprendre par la suite. Il se peut que certains de ceux enterrés sous les décombres pendant longtemps et reprenant leur vie normale ensuite, soient des cas d'animation suspendue. C'est un état dans lequel les transactions énergétiques sont maintenues au minimum un peu comme un compte peut être suspendu mais pas clôturé. Ceci est bien compréhensible du point de vue yogique.

Vus d'une perspective plus profonde, les processus de la vie - respiration, circulation, etc., ne sont simplement que quelques-uns des moyens matériels que la nature utilise pour faire circuler la force vitale dans le corps. Mais l'énergie vitale s'écoule aussi simultanément par une voie plus subtile et supraphysique. Traditionnellement les yogis identifient cinq de ces canaux et mouvements de l'énergie vitale en nous. Dans certaines conditions comme dans la transe ou les états cataleptiques, l'énergie vitale peut continuer de circuler et d'animer le corps même si les moyens physiques ne sont plus à sa disposition. Cela peut fournir suffisamment d'énergie pour supporter au minimum le corps physique, un peu comme un aveugle sous la tension de son handicap peut développer ses autres sens pour compenser sa vue. Ces choses ne sont évidemment pas reconnues par une science purement matérielle qui considère donc à tort la cessation des processus vitaux et de ses moyens matériels comme l'arrêt de la vie elle-même. *La vie cesse lorsque la force de vie se retire de la forme qu'elle anime et non quand les processus matériels ont cessé de fonctionner.* Pourtant bien que dans la plupart des cas, les deux vont de pair, cette distinction subtile est nécessaire et peut avoir une incidence pratique sur des questions telles que la transplantation d'organes et l'inhumation.

Il y a eu des cas d'inhumation prématurée nécessitant parfois l'adoption de lois visant à empêcher la crémation jusqu'à ce que la décomposition s'installe. Selon Swami Abhedananda de l'Ordre Sri Ramakrishna, «Il y a eu des cas où de nombreuses personnes ont été tuées prématurément en les mettant dans le cercueil et en les enterrant. De même que l'enterrement prématuré est répréhensible, l'embaumement prématuré aussi est répréhensible. Les embaumeurs ont tué (sans le savoir) de nombreuses personnes avant qu'elles ne soient vraiment mortes. Ils auraient pu être réanimés et vivre encore longtemps. La transe, la catalepsie et l'extase sont des états qui ressemblent à la mort. Les signes extérieurs sont similaires. Mais qu'advient-il de l'âme après la transe ou l'extase ? La science ne sait pas, car elle nie l'existence d'une âme autre que le mental. Une personne peut entrer en transe et rester dans cet état pendant des heures. Il y a des personnes qui peuvent arrêter le battement cardiaque par leur volonté. Je connais un yogi hindou qui est venu en Amérique il y a quelques années et qui, à New York, a passé tous les tests médicaux pour prouver qu'il pouvait arrêter les battements de son coeur à volonté. Les médecins étaient tous abasourdis, et se sont demandés comment il pouvait le faire. C'est possible, car le cœur obéit à la volonté de l'individu, et la volonté individuelle commande et dirige les fonctions organiques.»

Ce n'est pas la seule fois qu'un tel exploit se produit. Il y en a même eu d'autres plus rigoureusement authentifiés, le cas du pilote Baba[1] par exemple qui est resté enterré dans une chambre souterraine étanche à l'air pendant vingt et un jours et en est sorti vivant à la stupéfaction des scientifiques et des sceptiques.

La rareté de tels événements s'explique uniquement par le fait qu'il s'agit encore d'une possibilité pour la plupart, une possibilité encore non réalisée ni même tentée. Mais les yogis en Inde ont toujours connu et fréquemment expérimenté un arrêt de la respiration externe et une activation de la respiration subtile pendant les méditations profondes[2].

En fait, il existe également des parallèles dans le monde animal où certains animaux imitent la mort, y compris la rigidité (rigor mortis) comme

---

1   Le pilote baba était un pilote de l'armée de l'air dont l'avion s'est écrasé au-dessus des collines mais il a été miraculeusement sauvé. Depuis, sa vie a pris un tournant intérieur. L'exploit décrit ci-dessus a été entrepris par lui pour démontrer devant la fraternité médicale les possibilités cachées de l'homme qui peuvent être explorées et développées par le yoga.

2   Voir l'annexe I : Qu'est-ce que la mort ? pour l'épisode de Paul Brunton.

stratégie défensive. Ceux-ci peuvent être appelés, faute d'un meilleur terme, «contrefaçons de la mort». L'ours brun, par exemple, peut rester sans nourriture pendant environ trois à six mois. Pendant cette période, son rythme cardiaque et sa respiration chutent progressivement bien au-dessous de la normale. Certaines espèces de renards et d'autres animaux peuvent rester raides et immobiles, pratiquement sans respiration pour tromper les prédateurs. Les serpents semblent morts quand ils entrent en hibernation collective. Ceci n'est qu'un pointeur que les signes traditionnels de la mort tels que l'arrêt des battements du cœur et de la respiration peuvent être trompeurs. Même la science moderne a reconnu ce fait et donc les critères stricts ne sont plus cliniques (bien que toujours suivis dans la pratique) mais électrophysiologiques (les enregistrements électriques du cœur et du cerveau effectués par l'ECG et l'EEG doivent montrer une absence d'activité complète et soutenue). Naturellement, si le mental animal peut faire des choses de cet ordre, alors on peut deviner ce que le mental humain et plus encore celui du yogi qui s'efforce d'atteindre une maîtrise consciente peuvent réaliser. Comme nous l'avons déjà vu, même scientifiquement ce n'est pas si incompréhensible aujourd'hui. C'est juste que le rythme cardiaque et la respiration ont jusqu'à présent été considérés comme un système autonome et donc hors du contrôle volontaire de la personne. Mais les sécrétions gastriques ainsi que de nombreuses autres activités humaines étaient considérées comme autonomes et échappant du contrôle de la volonté humaine. Aujourd'hui, nous savons que la volonté humaine peut en fait les maîtriser. Des recherches scientifiques approfondies sur les pratiques yogiques ont révélé les possibilités latentes de la volonté humaine dans le contrôle des ondes cérébrales et de nombreuses autres choses, par exemple, la fréquence cardiaque, la sécrétion du suc gastrique, la pression sanguine, etc. Sri Aurobindo révèle dans les essais sur l'éducation physique qu'il est nécessaire d'amener sous contrôle volontaire ces activités du corps qui sont mues en grande partie par une volonté mécanique et subconsciente. C'est cette volonté mécanique et subconsciente qui prend en charge les voies autonomes. Avec l'éducation, cependant, le corps peut passer outre ces voies et les relier à un contrôle volontaire plus élevé et plus conscient. En fait nous sommes sur le point d'apprendre qu'il n'y a pas de lois inéluctables en ce qui concerne le corps humain mais seulement des habitudes fixes qui imitent la loi. Et qui sait nous pourrions bien découvrir un jour que la mort et le vieillissement eux-mêmes ne sont rien de plus que des habitudes, de mauvaises habitudes en plus !

Bien sûr, le scientifique de la matière explorant le corps physique et le scientifique spirituel sondant l'âme et d'autres corps subtils, ainsi que leur relation mutuelle s'accordent sur un point. C'est que la mort cellulaire et les signes de décomposition qui en résultent sont des indications sûres de la mort. La seule exception à cela serait la momification ou la dessiccation. L'explication la plus courante de ce phénomène est attribuée à la déshydratation et autres modifications chimiques. Mais il y a aussi des raisons intérieures que nous ignorons actuellement. Néanmoins, nous pouvons en prendre conscience à mesure que nous développons notre perception et notre vision intérieures. La raison intérieure est que dans de tels cas « l'esprit de la forme » (cette partie de notre vitalité matérielle qui est en lien étroit avec le corps) reste autour du corps. Cela fournit juste assez de forces vitales pour créer un échange avec l'environnement et ainsi empêcher la décomposition. Cela fournit également un certain degré de vie aux morts. Cela pourrait être l'une des raisons de la mort tragique et mystérieuse de ceux qui exploraient les pyramides et les momies. Nous ne le savons pas mais l'implication pratique immédiate de tout cela est qu'il est sage d'attendre que le processus de retrait soit complet avant d'entreprendre toute démarche rituelle post-mortem pour le corps du défunt. Se hâter dans le processus peut signifier que la conscience de la personne habitant le corps peut perdre certaines des expériences ancrées dans les cellules matérielles. Alors que cela peut être de peu de conséquence pour la masse de l'humanité, cela ferait une différence pour celui qui est spirituellement élevé et dont le corps a rassemblé une richesse d'expériences intérieures à travers la conscience de son noble et digne habitant. Il n'y a rien de non scientifique à cela. Normalement, les signes traditionnels de la mort tels que l'arrêt de la respiration et du rythme cardiaque et l'arrêt des ondes cérébrales reposent sur l'hypothèse qu'il s'agit de fonctions vitales sous contrôle d'un système nerveux autonome. Le mot autonome (par opposition à volontaire) est lui-même un mot supposé indiquer que cette partie du système nerveux fonctionne automatiquement sans le contrôle ou l'intervention de notre volonté consciente. Mais cela, après tout, peut-être une hypothèse basée sur notre expérience actuelle du corps et de son fonctionnement. On sait maintenant depuis longtemps que l'athlétisme (une activité volontaire) tend à modifier le fonctionnement de notre système nerveux autonome. En d'autres termes, une activité volontaire peut affecter et modifier l'équilibre du fonctionnement même de nos «parties les plus autonomes». S'il en est ainsi alors où pose- t-on les limites ? Pourquoi ne peut-on pas entraîner le corps à continuer à vivre plus longtemps que possible maintenant, même après la cessation des battements du cœur et de la respiration grâce à un entraînement méthodique ? Pourquoi limiter la capacité de la volonté humaine alors que nous n'avons pas découvert de telles voies limitantes ? En fait, si l'anatomie est un indicateur, alors les parties représentant la volonté humaine consciente sont les plus hautes placées avec des liens possibles avec toutes les autres voies, d'une manière ou d'une autre. Le siège central de la volonté du corps est dans le cerveau, le plus développé et, ontogénétiquement, le plus récent dans l'évolution, le cortex préfrontal. Les parties contrôlant la respiration et les battements de cœur se trouvent plus bas dans le troisième niveau du cerveau. Gardant à l'esprit la logique de télencéphalisation de la nature ou, pour le dire philosophiquement, de l'ascension et de l'intégration, ces parties inférieures doivent être sous le contrôle de la partie supérieure. Des preuves récentes le suggèrent également. C'est juste que nous n'avons pas été formés à regarder sous cet angle mais cela peut être développé méthodiquement de telle manière que notre volonté mentale consciente contrôle même les « parties autonomes ». De notre point de vue c'est en effet l'une des choses que Sri Aurobindo a suggéré pour le corps - amener les parties maintenant subconscientes sous un contrôle conscient. Il s'agit peut-être juste de réactiver ces passages endormis. Le seul problème restant alors serait de trouver des moyens alternatifs pour la circulation du courant vital. Le yogi est précisément un tel explorateur découvrant les possibilités cachées du corps, du mental et de l'âme, autres que celles normalement connues de l'homme. Ne balayons pas leurs efforts scientifiques héroïques et même pionniers comme de simples rêves d'hommes fous. Des rêves peut-être pour le lot commun qui ne lutte pas pour quelque chose de plus élevé que ce que la nature a fourni mais c'est grâce à ces rêves que nous pouvons encore oser espérer et nous efforcer de conquérir la vie et la Nature. C'est encore grâce à cette folie que nous pouvons essayer de nous dépasser et d'oser l'impossible, et d'atteindre les sommets inaccessibles au-delà de notre petite humanité !

## La Dimension Intérieure de la Mort

D'un point de vue intérieur et occulte, la mort semble donc englober au moins trois étapes distinctes. Pour comprendre cela, nous devons regarder ce qui maintient les différents organes du corps ensemble en un fonctionnement régulier et harmonieux. Bien que les organes apparaissent comme des entités séparées et distinctes, ils sont liés à la fois anatomiquement et physiologiquement, principalement par les nerfs, le sang, les glandes et les lymphatiques. Chacun d'eux est un groupe de cellules spécialisées, mais elles ne fonctionnent pas de manière isolée mais en équilibre subtil, intriqué, délicat et complexe qui battrait l'ordre d'une mégapole. D'où provient cet ordre intelligent si ce n'est du reflet extérieur d'une vaste intelligence dissimulée, cachée et travaillant par derrière dans la matière. Un peu comme le coordinateur d'un événement qui contrôle en douceur tous les différents aspects d'un événement, même s'il n'est pas directement impliqué dans chaque aspect, cette intelligence aussi, coordonne, ordonne, met en mouvement un fonctionnement régulier des divers systèmes de notre univers matériel et d'autres univers, des galaxies aux atomes et particules subatomiques. Elle se différencie à chaque niveau et plan de conscience et chaque particule individuelle et agrégats, pour mieux coordonner les milliards de processus dans notre univers multiple et complexe. Les anciens voyants ont vu cela comme une Conscience-Force qui imprègne, opère et travaille partout. Mais cette Conscience-Force n'est évidemment pas une énergie mécanique inconsciente comme le montre son fonctionnement à tous les niveaux, mais une vaste et suprême Volonté Intelligente qui connaît ses étapes et son objectif. Cette Volonté Intelligente œuvre aussi dans le corps pour maintenir ensemble les divers éléments et processus. Chez l'homme, l'être mental, son siège principal est dans le cerveau, et il tient la réplique du corps dans sa totalité dans la conscience physique derrière, de sorte que le corps grossier extérieur peut être comparé pour les défauts et corrigé dans la mesure du possible. Cette Volonté centrale doit d'abord abdiquer avant que le fonctionnement régulier, harmonieusement coordonné du corps ne commence à céder la place au désordre, à la dispersion et à la mort. Les étapes sont donc :

Premièrement, l'étape de la *décentralisation*. La volonté universelle qui maintient le corps comme une unité ou son représentant décide de se retirer. Il s'agit du facteur déterminant invisible et occulte le plus important. C'est cette Volonté qui nous donne le sens d'un tout cohérent et coordonne ses multiples événements malgré la diversité de fonctionnement des différents tissus et organes du corps. En l'absence d'une telle Volonté, les organes du corps pourraient bien finir par se détruire les uns les autres puisque chacun d'entre eux est comme un petit organisme primordial spécialisé dans les opérations et en symbiose avec d'autres organes/organismes. La force qui maintient tous ceux-ci ensemble est la Volonté qui opère dans l'organisme. C'est la même force qui maintient ensemble les constituants atomiques et les étoiles et galaxies distantes et elle est donc universelle. La science moderne reconnaît une telle force de cohésion entre les molécules autant qu'entre les cellules. Pourtant ce n'est pas une force aveugle et mécanique mais une Volonté Intelligente comme en témoignent ses opérations. C'est cette Volonté qui commence à se décentraliser déclenchant ainsi une réaction en chaîne de désintégration, de dispersion et finalement de mort et de décomposition.

La centralisation est en effet le processus de concentration focale nécessaire pour créer quoi que ce soit. Car sans une telle concentration centralisatrice il n'y aurait rien qu'un chaos indéterminé. Les plans de conscience universels eux-mêmes sont formés par un processus de concentration et de condensation de la Conscience Unique. Ces plans universels se focalisent à leur tour et se reflètent dans un individu une fois de plus par le même processus. L'âme en nous choisit les éléments de la nature universelle et les canalise par sa Volonté afin de former un corps unique avec sa constitution mentale-vitale unique basée sur son besoin de certaines expériences pour croitre et maîtriser. C'est comme un gymnaste choisissant certains équipements parmi une grande variété afin de développer un aspect de son corps à travers un certain ensemble d'exercices physiques. De même l'âme secrète en nous choisit certaines formations de la nature y compris les difficultés et les défis afin de développer certains aspects de notre expérience de nous-même à chaque naissance. Le choix se fait en fonction de ses expériences passées, la nécessité d'une certaine formation de développement dans le présent et plus important encore, son programme caché pour l'avenir. C'est cela et non une machinerie mécanique du karma et de l'hérédité qui nous forme. Et c'est de ce point de vue plus profond que nous disons que notre âme est l'auteur de notre destin. L'hérédité, l'environnement, le karma ne sont rien d'autre que des machineries et des processus de la nature que l'âme utilise pour faire ses choix. Elle choisit notre vie et les circonstances, choisit les expériences de la vie et quand le besoin d'une expérience particulière est terminé et qu'elle ne peut aller plus loin, alors elle choisit de sortir hors d'une formation particulière de la nature, se repose un moment pour recueillir l'essence de ses expériences, et revient pour une croissance supplémentaire. La volonté de l'âme la lie à la terre dans un but divin et non quelque illusion ou accident et c'est la Volonté de l'âme qui la fait quitter cette demeure de matière et non quelque pouvoir effrayant de la mort.

Deuxièmement, c'est l'étape du *Retrait*. Ici commence un processus de retrait dans lequel le mental se retire suivi de la force vitale. Ceci se poursuit jusqu'à ce que le corps entre dans un état de suspension des activités de la vie. Ici les fonctions vitales s'arrêtent mais les cellules du corps continuent de détenir les réserves de force vitale. La connexion n'a pas encore été coupée et peut se rétablir sous certaines conditions. C'est la zone crépusculaire où la science médicale peut déclarer une personne morte puisque que ses fonctions vitales se sont arrêtées, pourtant il y a encore de la vie dans le corps et donc un retour à la vie est possible. C'est une reconnaissance tacite de cette possibilité qui a conduit à toute une science de la réanimation et à l'inclusion d'un nouveau critère dans le constat de décès.

Une troisième et dernière étape survient — *le point de non-retour*. Ici la force de vie s'est retirée presque complètement et tout ce qui en reste est occupé avec le processus de désintégration. C'est à ce stade que la décomposition commence à s'installer et l'être qui habitait le corps passe du monde qui relie la terre à l'au-delà. La science médicale n'est pas encore consciente de la première étape.

Elle reconnaît la seconde étape dans ses aspects extérieurs seulement et la qualifie de mort clinique. Le dernier stade est bien connu sous le nom de stade de décomposition ou de mort cellulaire bien qu'ici aussi, ce n'est que le processus visible (à l'œil nu) qui est décrit sans aucune référence au processus interne. Cela laisse un grand vide dans notre compréhension. C'est pourquoi la science médicale est incapable d'expliquer les cas de retour à la vie, de EMI (expérience de mort imminente) et de changements de personnalité connus chez certains de ceux qui ont survécu à la mort. C'est sur cette base que nous pouvons aussi comprendre la douleur de la mort. Une question est souvent posée, la mort est-elle douloureuse ? La réponse est oui et non. Ce n'est pas douloureux une fois que l'être central s'est complètement détaché de la forme et de l'atmosphère de la terre. Cela peut être facile pour les yogis et les êtres spirituellement accomplis, mais n'est en aucun cas facile pour la masse de l'humanité normale attachée à la terre. Bien qu'invisible à la surface extérieure, il y a une vraie douleur de la mort qui survient due à l'arrachement de la force vitale du corps et des nerfs subtils qui l'alimentent. Ces nerfs constitués d'une substance subtile sont très attachés au corps grossier comme le sont les nerfs physiques. Leur arrachement mène à un déchirement agonisant qui constitue la ''douleur de la mort''. C'est pourquoi il y a tant d'attachement à la vie dans le corps et si les adeptes de l'euthanasie savaient ou en avait l'expérience une fois, ils changeraient d'avis à ce sujet.

*''Qu'est-ce que l'Âme retire du corps quand elle se défait de cette robe physique partielle qui ne l'enveloppait pas, mais une partie de ses membres ? Qu'est-ce qui, en sortant donne ce déchirement, cette lutte rapide et cette douleur de la séparation, crée ce sentiment de divorce violent ? La réponse ne nous aide pas beaucoup. C'est le cadre subtil ou psychique qui est lié au physique par les cordes du cœur, par les cordons de la force vitale, de l'énergie nerveuse qui ont été tissés dans chaque fibre physique. C'est ce que le Seigneur du corps retire et la rupture violente ou le relâchement rapide ou tardif des cordes de vie, la sortie de la force de liaison constituent la douleur de la mort et sa difficulté [1]''.*

### La Tragédie de la Mort Intérieure
Ainsi nous voyons que la mort n'est pas seulement l'arrêt de la machine corporelle mais même plus important encore, l'âme conductrice abandonnant

---
1   Sri Aurobindo essays in philosophy and yoga vol 13 pp 274 275

derrière elle une machine brisée et fragile. Au fur et à mesure que la conductrice s'éloigne, la force de la vie utilisant le carburant de la matière s'épuise. La machine s'arrête alors complètement. Nous pouvons envisager une situation dans laquelle l'âme quitte le corps mais la machinerie continue. Dans de tels cas, certaines forces du monde vital peuvent posséder ou habiter le corps temporairement et l'utiliser à leurs propres fins destructrices. De tels cas de possession vitale peuvent survenir à la suite d'une guérison apparemment spontanée ou après une réanimation artificielle. La caractéristique d'un tel événement est un changement soudain de la personnalité pour le pire. Comme c'est l'âme qui donne à l'homme sa véritable valeur, son absence laisse le champ du corps en proie aux forces animales et démoniaques des mondes inférieurs. Il y a une tendance soudaine au déclin caractérisée par une propension croissante à satisfaire les aspects animaux grossiers de la nature, un tournant vers la cruauté, une absence de foi et de volonté, une absence d'envie de progresser même extérieurement, l'absence des mouvements les plus fins et plus nobles qui constituent notre humanité, un appétit excessif pour l'étalage vulgaire du pouvoir, de la richesse et du sexe[1]. De tels cas ont été enregistrés dans l'histoire de l'humanité et considérés comme une folie psychotique due à des lésions cérébrales, mais dont la signification profonde reste encore à découvrir.

> *L'homme abrite des forces dangereuses dans sa maison.*
> *Le Titan et la Furie et le Djinn*
> *Restent enchaînés dans le trou caverneux du subconscient*
> *Et la Bête rampe dans sa tanière et dans son bouge :*
> *De sinistres grondements et des murmures montent dans leur torpeur.*
> *Parfois, des insurgés lèvent leur abominable tête,*
> *Un monstrueux mystère guette dans les abîmes de la vie :*
> *Le mystère des mondes déchus et noirs,*
> *Les redoutables visages des Rois adversaires.*
> *De terribles pouvoirs refrénés dans les profondeurs de l'homme*
> *Peuvent devenir ses maîtres ou ses ministres ;*
> *Gigantesques, ils envahissent sa maison corporelle,*
> *Peuvent agir dans ses actes, infester sa pensée et sa vie*[2].

---

1 La dernière partie de la vie du roi Salomon pourrait-elle être le reflet de cette mort intérieure ? Un dirigeant apparemment juste dans ses premières années, il est censé s'être transformé en un tyran déraisonnable et cruel dans la dernière partie de sa vie.
2 Sri Aurobindo, Savitri Livre VII chant 2.

Il s'agit d'une description graphique de certaines formes graves de folie. Quelle qu'en soit la cause extérieure, la vraie raison intérieure est toujours une possession (sauf dans certains désordres cérébraux organiques). La 'possession' n'est pas seulement par un être, mais plus important par une force et une conscience. Et puisque tout dans ce monde est essentiellement un jeu de conscience et de forces à différents niveaux qui interagissent les unes avec les autres, ici aussi cette force sombre et trouble d'une conscience inférieure perturbe les liens de la pensée, colore nos sentiments avec la suspicion et la peur ou une suffisance exagérée et une vanité excessive, altère la chimie du cerveau en remplissant les cellules d'une force perverse et enfin crée la confusion et l'oubli; l'âme incapable de trouver les instruments corrects pour sa croissance et son expression décide de quitter le corps, et ceci est en effet la mort intérieure. Avec le départ de l'âme, la foi, la volonté, l'espérance et le courage, l'amour et la lumière nous abandonnent. Ce qui reste est une coquille vide tel un automate. Le corps continue de vivre soutenu par une force de vie obscure et inerte qui ne le pousse qu'à satisfaire certaines tendances animales grossières ou bien le transforme en une pierre muette et irréfléchie qui ne peut ni penser ni sentir comme un être humain. Les médicaments n'agissent qu'à la dernière étape du processus et pendant un certain temps modifient l'équilibre puisque au moins la substance physique (qui est le principal instrument d'expression et le moyen de la croissance) n'est pas perturbée. Mais ils ne suffisent pas. Chez d'autres, le désordre s'insinue silencieusement et de façon inquiétante dans les cellules et les tissus jusqu'à ce que l'homme passe progressivement du bien au mal comme le magicien cannibale noir dans les livres de J.K. Rowling, ou comme Hitler, Mussolini et les perpétuateurs de Tiananmen dans la vie réelle. L'histoire sanglante de nombreux dictateurs témoigne de ce qui se passe ensuite.

> *Impuissant à réprimer ses terribles prisonniers,*
> *Épouvanté, le maître de la maison reste au-dessus, désemparé,*
> *Il est dépossédé, sa maison n'est plus à lui...*
> *Cette Nature de malheur logée dans le cœur de l'homme*
> *Citoyenne étrangère, périlleuse invitée,*
> *Peut déloger l'âme qui l'abrite*
> *Expulser le maître, posséder la maison* [1].

---

[1] Sri Aurobindo, Savitri Livre VII chant 2.

Ainsi, la Foi et la Volonté sont en essence des éléments spirituels et dérivent de l'âme la plus profonde en nous. La foi est le reflet de la connaissance et la Volonté le reflet du pouvoir, les deux choses qui constituent l'élément divin à l'intérieur de nous avec cet autre élément appelé Ananda ou profonde joie d'être inconditionnelle. Brisés et détournés de leurs véritables objectifs dans notre nature extérieure, ils sont pourtant les reflets ou les ombres de quelque chose de vrai et de profond en nous. Cependant, une rupture aussi complète est rare car elle signifierait une forme extrême de régression (retour à un stade de développement antérieur de notre évolution) à une existence animale. La nature ne permet généralement pas de telles régressions drastiques mais nous en rencontrons parfois dans des cas extrêmes. Ceci comme nous l'avons vu est en effet la véritable tragédie. La mort du corps n'est qu'une pause temporaire dans le voyage de l'âme, mais la mort de la Foi et de la Volonté, de l'aspiration vers le Divin et vers le haut, est une grande chute et une perte, une défaite de l'âme, au moins pour cette vie particulière.

> *Maintes fois, le pèlerin sur la route de l'Éternel,*
> *Mal éclairé par la pâle lune nuageuse du Mental,*
> *Ou errant seul par des chemins détournés et tortueux,*
> *Perdu dans les déserts où nul sentier ne se voit,*
> *Tombe terrassé par son bond de lionne*
> *Captif conquis sous ses pattes redoutables…*
> *Le mortel, meurt à Dieu et à la Lumière,*
> *Un Adversaire gouverne son cœur et son cerveau…*
> *Son murmure subtil et défaitiste tue la foi…*
> *Le Dieu se retire du sanctuaire voilé…*
> *Telle est la tragédie de la mort intérieure*
> *Quand l'élément divin est trahi*
> *Et seuls un mental et un corps vivent pour mourir* [1].

## Les Pervertisseurs de la Vie et de la Mort

La présence de telles forces démoniaques sous une forme ou une autre a toujours été connue dans toutes les civilisations. Les yogis et les mystiques indiens les ont classées en trois types principaux :

Les *asuras* ou les perturbateurs de la lumière, qui sèment le doute et détournent la vérité pour servir leurs objectifs les plus sombres. Ils agissent principalement dans le domaine du mental ordinaire en lui donnant une

---

1  Sri Aurobindo, Savitri Livre II Chant 8

tournure d'esprit entièrement erronée et une interprétation déformée de toutes les vérités religieuses, bibliques et spirituelles.

Les *rakshasas* ou les mangeurs de lumière, qui dévorent la volonté, l'aspiration et la foi détournant ainsi tous les efforts vers des fins hideuses et diaboliques. Ils agissent principalement dans le domaine des parties vitales de l'homme, en leur donnant un sens excessif et démesuré du pouvoir et de l'ambition, conduisant à leur utilisation pour des buts entièrement personnels et égoïstes.

Les *pisachas* ou voleurs de lumière, entrent furtivement par les portes des sens, excitant les tendances vitales inférieures privant ainsi l'homme des gains intérieurs qu'il a pu obtenir au contact de son âme. Leur champ d'action se situe dans les parties les moins surveillées et les plus vulnérables de la nature vitale inférieure avec ses désirs animaux et donne à ces désirs, un élément hédoniste perverti avec un excès de luxure et d'avidité.

Il peut être difficile pour un sceptique enfermé dans la prison de la matière de se rendre compte qu'il existe d'autres dimensions occultes de notre être et de notre existence. Néanmoins, les expériences de l'humanité prouvent qu'il existe effectivement des niveaux cachés de l'univers dont la nature se dévoile parfois devant nous. L'une de ces entrées quotidiennes dans les royaumes intérieurs est pendant le sommeil du corps, l'autre par les hallucinations d'un psychotique. L'expérience complète et consciente de ces royaumes est celle du mystique, de ses visions et de ses voix. Que le sceptique acharné l'admette ou non, il n'en reste pas moins que la vie normale et ordinaire de l'humanité est en tout état de cause un champ d'action facile pour leur action puisque les parties de l'âme en nous sont relativement sous-développées. Mais même l'être humain relativement raffiné et développé, le pèlerin de la vérité doit se prémunir contre ces êtres qui guettent ceux qui s'efforcent humainement d'échapper à leur fief. Ce n'est pas facile de jouer le détective avec eux car ils viennent portant de nombreux masques attrayants. C'est seulement le sens de l'âme éveillée, une aspiration sincère non mêlée de motifs inférieurs, et une confiance inébranlable en Dieu ou au Maître qui peuvent sauver une personne de cette chute intérieure qui est une tragédie bien plus grande que la mort du corps. Si la confiance et la foi manquent alors on passe normalement par la courbe complète de l'expérience, on touche le fond si nécessaire, puis remonte, invariablement car, qu'elle soit reconnue par la foi ou non reconnue par notre nature extérieure, la vérité profonde de l'âme, Dieu et la Grâce sont toujours présentes et se tiennent derrière le drame de la vie, pour intervenir, secourir et aider. Une fois que la nécessité de l'expérience sombre est passée, l'être s'élève à nouveau, la Volonté en nous reprend son ascension titanesque après une période d'inertie, la foi s'éveille de nouveau après une période plus ou moins longue de sommeil, l'espoir renaît dans le cœur humain et le Seigneur de la Vie reprend sa ronde à travers la spirale ascendante de son voyage.

*Là, le voyageur du chemin ascendant*
*Doit faire halte un moment ou lentement traverser cet espace périlleux,*
*Une prière sur les lèvres et le grand Nom …*
*Seuls traversent ceux qui gardent Dieu dans leur cœur :*
*Le courage est leur armure, la foi est leur glaive, et ils doivent marcher,*
*La main prête à frapper, l'œil en éclaireur,*
*Jetant loin devant la javeline du regard,*
*Héros et soldats de l'armée de la Lumière*[1].

De par sa nature même, il ne peut pas périr mais se relève encore et encore jusqu'à ce qu'il ait parcouru toute la courbe du temps, jusqu'à ce qu'il ait enfin découvert Dieu, la Liberté, la Lumière, l'Immortalité. L'âme qui a pris une fois la courbe ascendante ne peut se reposer et elle revient encore et encore jusqu'à ce qu'elle atteigne son but. Le chemin brille à nouveau et l'âme soulagée d'avoir traversé la nuit intérieure relève la tête une fois de plus vers le soleil. Et par-dessus tout nous devons nous souvenir de la plus grande vérité de la Grace qui nous protège dans notre passage à travers l'Invisible et l'Inconnu.

*Mais il y a un pouvoir gardien, il y a des Mains qui sauvent,*
*De calmes yeux divins regardent la scène humaine*[2].

---

1   Sri Aurobindo, Savitri Livre II Chant 7
2   Sri Aurobindo, Savitri Livre VII Chant 2

# Annexe I : Qu'est-ce que la mort ?

Paul Brunton était un auteur et journaliste britannique venu en Inde en vue d'enregistrer ses découvertes indépendantes sur les yogis célèbres. Doté d'un esprit critique, il a voyagé au loin afin de comprendre le phénomène mystique. Il n'était ni crédule ni incrédule avoué. Il cherchait de manière impartiale et notait sincèrement les informations. Son livre « A *la recherche de l'Inde Secrète* » est un compte rendu de ses découvertes où, d'une part, il expose les charlatans, et d'autre part, il est frappé d'une véritable crainte et d'admiration devant les cas authentiques, plongeant dans le surnaturel. Le livre mentionné est un excellent document à la fois en raison de son style d'écriture lucide ainsi que de son approche impartiale et non sectaire des choses mystiques. Ci-dessous est reproduit un extrait d'un phénomène étrange et authentique qui défie la logique scientifique traditionnelle.

## Arrêter le rythme cardiaque - Réalité ou fiction

'... Une fois les célébrations de ma visite terminées, la vieille dame part et nous nous installons pour une conversation sérieuse. Je me plonge à nouveau dans cette question de la respiration qui semble jouer un rôle si important dans le Yoga, et qui est enveloppée dans un tel secret. Brama regrette de ne pouvoir me montrer d'autres exercices pour le moment, mais il est prêt à m'en dire un peu plus sur ses théories.

«La nature a mesuré les 21 600 rythmes respiratoires de chaque homme, qu'il doit utiliser chaque jour et nuit d'un lever de soleil à l'autre. Une respiration rapide, bruyante et tumultueuse dépasse cette mesure et raccourcit donc la vie. Une respiration lente, profonde et calme économise cette allocation, et prolonge ainsi la vie. Chaque souffle économisé va constituer une grande réserve, et à partir de cette réserve, un homme peut tirer des années supplémentaires pour vivre. Les yogis ne prennent pas autant de respirations

que les autres hommes ; ils n'en ont pas non plus besoin pour — mais, hélas ! Comment puis-je expliquer davantage sans transgresser mes serments ?» Cette réserve du Yogi m'interpelle. Est-il possible qu'une connaissance cachée avec tant de peine ne puisse avoir quelque chose de valeur réelle ? Si c'est vraiment le cas, alors on peut comprendre pourquoi ces hommes étranges couvrent leurs traces et dissimulent le trésor de leurs enseignements afin d'écarter les curieux superficiels, les personnes non préparées mentalement et peut-être les spirituellement indignes. Est-il possible que j'entre aussi à l'intérieur de l'une de ces dernières catégories et que je quitte finalement le pays avec à peine plus que mon trouble pour récompense ? Mais Brama reprend la parole : « Nos maîtres n'ont-ils pas les clés des pouvoirs du souffle ? Ils savent à quel point le lien entre le sang et le souffle est étroit ; ils comprennent comment le mental, lui aussi, suit le chemin de la respiration ; et ils ont le secret de la façon dont il est possible d'éveiller la conscience de l'âme par le travail de la respiration. Ne devrais-je pas dire que le souffle n'est que l'expression dans ce monde d'une force plus subtile, qui est le véritable soutien du corps ? C'est cette force qui se cache dans les organes vitaux, bien qu'elle soit invisible. Quand elle quitte le corps, la respiration obéit et s'arrête et la mort s'ensuit. Mais grâce au contrôle de la respiration, il est possible d'exercer un certain contrôle sur ce courant invisible. Mais si nous soumettons notre corps à un contrôle extrême - jusqu'à contrôler les battements du cœur - pensez-vous que nos anciens sages n'avaient en vue que le corps et ses pouvoirs lorsqu'ils ont enseigné notre système ?»
Tout ce que je pense des anciens sages et de leur but, disparaît dans l'intense curiosité qui s'éveille soudain dans mon mental.

'' Vous pouvez contrôler le fonctionnement de votre cœur ?" je m'exclame avec surprise.

«Mes organes autonomes, le cœur, l'estomac et les reins, ont été amené à un certain degré d'obéissance», répond-il calmement, sans la moindre trace de vantardise.

«Comment faites-vous cela ?»

« On acquiert le pouvoir en pratiquant certaines combinaisons de postures, d'exercices de respiration et de volonté. Bien sûr, ils appartiennent aux degrés avancés du Yoga. Ils sont si difficiles que peu de personnes peuvent les faire. Grâce à ces pratiques, j'ai conquis quelque peu les muscles qui travaillent le cœur ; et grâce aux muscles du cœur, j'ai pu continuer et conquérir les autres organes.»

«C'est en effet extraordinaire !»

«Vous pensez ? Placez votre main sur ma poitrine, juste au-dessus du cœur, et laissez-la ici.» Sur ce, Brama change de position, prend une curieuse posture et ferme les yeux.

J'obéis à son ordre et j'attends patiemment de voir ce qui va se produire. Pendant quelques minutes, il reste aussi stable qu'un roc, et presque aussi immobile. Puis les battements de son cœur commencent à diminuer progressivement. Je suis surpris de le sentir devenir de plus en plus lent. Un frisson d'étrangeté se répand dans mes nerfs alors que je sens distinctement son cœur arrêter complètement son fonctionnement rythmique. La pause dure environ sept secondes anxieuses.

J'essaie de faire semblant d'avoir des hallucinations, mais ma nervosité est telle que je sais que la tentative est inutile. Alors que l'organe reprend vie après sa mort apparente, le soulagement me saisit. Les battements commencent à s'accélérer et la normalité est atteinte en toute sécurité.

Le Yogi ne sort de son absorption immobile que quelques minutes plus tard. Il ouvre lentement les yeux et demande :

'' Avez-vous senti le cœur s'arrêter'' ?

''Oui. Le plus distinctement.'' Je suis certain qu'il n'y avait pas d'hallucination à propos de l'exploit. Quels autres tours étranges de Yogi Brama peut-il jouer avec son mécanisme interne, je me demande ?

Comme en réponse à ma pensée inexprimée, Brama dit : « Ce n'est rien par rapport à ce que mon maître peut accomplir. Sectionner une de ses artères, et il est capable de contrôler le flux sanguin ; oui, même de l'arrêter ! J'ai moi aussi amené mon sang sous un certain contrôle, mais je ne peux pas faire cela ».

« Pouvez-vous me montrer ce contrôle ? »

Il me demande de prendre son poignet et de le saisir là où je peux sentir le flux de sang dans son artère. Je le fais.

En deux ou trois minutes, je prends conscience que le rythme curieux qui bat sous mon pouce s'atténue. Bientôt, il s'arrête définitivement. Brama a arrêté son pouls ! J'attends anxieusement la reprise de la circulation dans son artère. Une minute s'écoule mais rien ne se passe. Une deuxième minute, au cours de laquelle j'ai une conscience aiguë de chaque seconde, s'écoule également sur ma montre. La troisième minute est également infructueuse. Ce n'est qu'au milieu de la quatrième minute que je prends conscience d'une faible reprise d'activité dans l'artère. La tension se relâche. En peu de temps, le pouls reprend son rythme normal.

«Comme c'est étrange !» je m'exclame involontairement.

«Ce n'est rien.» répond-il modestement.

«Cela semble être un jour d'exploits étranges, alors ne m'en montrerez-vous pas un autre ?»

Brama hésite.

"Seulement un de plus", dit-il enfin, "et ensuite vous devez être satisfait".

Il regarde pensivement le sol puis annonce :

«Je vais arrêter la respiration !»

«Mais alors vous mourrez sûrement !» je m'exclame nerveusement.

Il rit mais ignore la remarque.

«Maintenant, tenez votre main à plat sous mes narines.»

Je lui obéis avec hésitation. La caresse chaude de l'air expiré touche et retouche la peau de ma main. Brama ferme les yeux ; son corps devient comme une statue dans sa stabilité. Il semble tomber dans une sorte de transe. J'attends, continuant à tenir le dos de ma main immédiatement sous son nez. Il reste aussi immobile et insensible qu'une idole gravée. Très lentement, très régulièrement, la caresse de son souffle commence à diminuer. Enfin il cesse tout à fait.

Je regarde ses narines et ses lèvres ; J'examine ses épaules et sa poitrine ; mais en aucun cas je ne peux découvrir de preuve externe de respiration. Je sais que ces tests ne sont pas définitifs et souhaite faire un test plus exhaustif, mais comment ? Mon cerveau fonctionne rapidement.

Il n'y a pas de miroir à main dans la pièce mais je trouve un excellent substitut dans un petit plat en laiton poli. Je tiens le plat sous ses narines pendant un moment, et de nouveau devant ses lèvres. Sa surface brillante reste intacte de toute matité ou humidité. Il semble impossible de croire que dans cette maison conventionnelle calme près d'une ville conventionnelle tranquille, j'ai établi un contact avec quelque chose d'important, quelque chose que la science occidentale sera peut etre un jour être forcée de reconnaître malgré elle. Mais les preuves sont là, et sont indubitables. Le yoga est vraiment plus qu'un mythe sans valeur.

Lorsque Brama émerge finalement de son état de transe, il semble un peu fatigué.

«Etes-vous satisfait ?» demande-t-il avec un sourire fatigué.

«Je suis plus que satisfait ! Mais j'ai du mal à comprendre de quelle manière vous pouvez le faire.»

"Il m'est interdit d'expliquer. La retenue du souffle est une pratique qui fait partie du yoga avancé".

"Mais on nous a toujours appris que l'homme ne peut pas vivre sans respirer. Ce n'est sûrement pas une idée stupide" ?

"Ce n'est pas stupide ; néanmoins ce n'est pas vrai. Je peux retenir mon souffle pendant deux heures, si je le souhaite. Plusieurs fois je l'ai fait, mais je ne suis pas encore mort, voyez-vous !» Brama sourit.

"Je suis perplexe. Si vous n'êtes pas autorisé à expliquer, vous pouvez peut-être jeter un peu de lumière sur la théorie derrière vos pratiques" ?

«Très bien. Il y a une leçon que nous pouvons tirer de l'observation de certains animaux, qui est une méthode d'enseignement privilégiée de mon maître. Un éléphant respire beaucoup plus lentement qu'un singe, mais il vit beaucoup plus longtemps. Certains des grands serpents respirent beaucoup plus lentement qu'un chien, pourtant ils vivent beaucoup plus longtemps. Ainsi, il existe des créatures qui montrent que la lenteur de la respiration peut éventuellement prolonger l'âge. Si vous pouvez me suivre jusqu'ici, la prochaine étape sera plus facile pour vous à saisir. Dans l'Himalaya, il y a des chauves-souris qui hibernent. Elles restent suspendues dans les cavernes de la montagne pendant des semaines, mais ne respirent pas un seul souffle jusqu'à ce qu'elles se réveillent à nouveau. Les ours de l'Himalaya aussi sombrent parfois en transe tout au long de l'hiver, leurs corps apparemment sans vie. Dans les terriers profonds de l'Himalaya, quand la nourriture ne peut être trouvée pendant l'hiver, il y a des hérissons qui s'endorment pendant plusieurs mois, un sommeil dans lequel la respiration est suspendue. Si ces animaux cessent de respirer pendant un certain temps, et pourtant vivent, pourquoi les êtres humains ne pourraient-ils pas faire de même ?»

Son exposé de faits curieux est intéressant, mais il n'est pas aussi convaincant que sa démonstration. La notion commune selon laquelle la respiration est une fonction essentielle dans toutes les conditions de vie n'est pas à jeter aux oubliettes en quelques minutes.

"Nous, Occidentaux, aurons toujours du mal à comprendre comment la vie peut continuer dans un corps à moins que la respiration ne continue aussi.

«La vie continue toujours», répond-il de manière énigmatique. "La mort n'est qu'une habitude du corps.»

«Mais vous ne pouvez certainement pas vouloir dire qu'il est possible de vaincre la mort ?» je demande avec incrédulité.

Brama me regarde d'une manière étrange.

«Pourquoi pas ?» Il y a une pause tendue. Ses yeux me scrutent, mais ils le font avec gentillesse.

«Parce qu'il y a des possibilités en vous, je vais vous révéler un de nos anciens secrets. Mais je dois d'abord exiger que vous acceptiez une condition".

«Et cette condition - ?»

«Vous n'essayerez pas de pratiquer des exercices respiratoires à titre expérimental, sauf ceux que je vous enseignerai plus tard.
«Je suis d'accord.»

«Tenez votre parole, alors. Vous avez cru jusqu'à présent que l'arrêt complet de la respiration entraîne la mort ? »
«Oui.»
« N'est-il pas raisonnable de croire aussi, que la rétention complète du souffle à l'intérieur du corps maintient la vie en nous aussi longtemps que le souffle est retenu, au moins ?»
«Bien - ?»
« Nous ne prétendons rien de plus. Nous disons qu'un adepte du contrôle du souffle, qui peut retenir complètement son souffle à volonté, conserve ainsi son courant de vie. Comprenez-vous cela » ?
«Je pense que oui.»
«Imaginez, maintenant, un adepte du Yoga capable de garder le souffle bloqué, pas simplement pour quelques minutes par curiosité, mais pendant des semaines, des mois et même des années. Puisque vous admettez que là où il y a du souffle il doit y avoir de la vie, ne voyez-vous pas comment la perspective d'une vie prolongée s'ouvre à l'homme » ?
Je suis stupide. Comment puis-je rejeter cette affirmation comme absurde ? Pourtant comment puis-je l'accepter ? Ne rappelle-t-elle pas à la mémoire les rêves futiles de nos alchimistes européens de l'époque médiévale, des rêveurs qui cherchaient un élixir de vie, mais qui succombèrent un par un à la faucille de la mort ? Mais si Brama ne se trompe pas lui meme, pourquoi chercherait-il à me tromper. Il n'a pas recherché ma compagnie et il ne fait aucun effort pour acquérir des disciples[1].

---

1   Paul Brunton: In Search of Secret India.

*"La mort est la question que la Nature pose continuellement à la Vie pour lui rappeler qu'elle ne s'est pas encore trouvée elle-même. Sans l'assaut de la mort, la créature serait liée pour toujours à une forme de vie imparfaite. Poursuivie par la mort, elle s'éveille à l'idée d'une vie parfaite et en cherche les moyens et la possibilité."*

*Sri Aurobindo*

*"…une forme fixe était nécessaire pour que la conscience individuelle organisée pût avoir un support stable. Et en même temps, ce fut la fixité des formes qui rendit la mort inévitable. Lorsque le corps aura appris l'art de progresser sans cesse vers une perfection croissante, nous serons sur la bonne voie pour vaincre l'inéluctabilité de la mort».*

*La Mère*

# Le Pourquoi de la Mort

## La mort - Le paradoxe de la vie

La mort est-elle inévitable ? Devons-nous mourir ? Si oui, alors pourquoi ? C'est une question que tout mental sensible se pose à un moment ou à un autre. L'aiguillon de la mort et son horreur ne réside pas tant dans le fait de notre disparition corporelle que dans la fin abrupte de tous nos espoirs et nos rêves, nos idéaux et sentiments, nos désirs et nos attachements. C'est comme si une force aveugle et géante, insensible et irréfléchie prenait une joie perverse à réduire tout bonheur en poussière. C'est comme si une ironie du sort se moquait finalement de tout effort humain. Peu de gens considèrent la mort comme une libération, sauf peut-être après de longues souffrances. Et là encore la volonté de vivre est bien plus forte que la douleur et la lutte de la vie. La plupart se sentent impuissants face à sa loi de fer, dure et inflexible, qui nous afflige de chagrin, de perte et de douleur. Et pourtant la plupart des êtres humains finissent par concilier le caractère inévitable de la mort avec la plaisanterie de la vie. C'est comme une course où le vainqueur final a déjà été déclaré avant même le départ et pourtant on se doit de bien courir jusqu'à la fin. Peut-être est-ce parce que quelque chose ou quelqu'un survit et même profite de cette course. Peut-être est-ce parce qu'ainsi seulement l'esprit en nous peut croître en puissance, en force et en lumière. Peut-être est-ce en fait l'âme elle-même qui choisit ce changement de décor et de climat à travers le tunnel sombre et imprenable de la mort pour expérimenter une nouvelle vie et de nouvelles aventures dans d'autres pays, sous d'autres formes et d'autres noms. Pourtant, malgré cela, quelque chose a persisté dans l'aspiration et la foi de l'homme, à savoir qu'il vit et vivrait pour toujours. Une courte histoire tirée de la grande épopée indienne le *Mahabharata* illustre cette vérité d'une manière paradoxale :

Le dieu du dharma, qui dans son aspect frontal est aussi le dieu de la mort, affronte Yudhisthira, le prince héritier en exil. Il pose plusieurs questions au prince qui n'est autre qu'une incarnation du dharma lui-même. Après avoir été pleinement satisfait de la sagesse du prince vient une dernière question - «*Kimashcharyam* ?» (En d'autres termes) qu'elle est la chose la plus surprenante de ce monde ? Yudhisthira, le prince sage, répond en soulignant un paradoxe subtil de la nature humaine : "La chose la plus surprenante dans ce monde est que, bien que nous voyions tous la mort partout et tous les jours, nous croyons pourtant que d'une manière ou d'une autre, « je » ne vais pas mourir[1]".

L'histoire est souvent interprétée comme indiquant la fatalité de la vie, mais vue d'une autre manière, elle fait ressortir une vérité plus profonde qu'il existe en l'homme la foi de son immortalité par derrière et malgré toutes les apparences. Que nous mourions physiquement est un fait phénoménal. Mais une conscience plus profonde de l'immortalité, cachée en nous est un autre fait plus subtil de notre existence. Et qui sait si la vie humaine n'a pas été donnée pour résoudre ce même paradoxe de la vérité extérieure visible et de la vérité intérieure sensible. L'existence d'une conscience immortelle au sein de l'homme est un fait dont témoigne le scientifique spirituel (nous y reviendrons plus tard). Mais qu'en est-il du scientifique de la matière ? Voici un extrait d'une personne travaillant dans ce domaine :

"Nous pouvons affirmer résolument que, dans les conditions de vie terrestres actuelles, l'immortalité de la cellule est un fait indubitable... Et que ce qui caractérise le plus un organisme vivant est son immortalité potentielle et non sa mort[2]".

En effet, comme nous le constatons, les organismes unicellulaires ne meurent pas. Ils semblent vivre dans une immortalité perpétuelle en transmettant leur matériel génétique et en se dupliquant par reproduction asexuée. Un organisme complexe et multicellulaire ne meurt lui aussi que partiellement. Génétiquement il ne périt pas puisqu'il transmet le matériel génétique à d'autres cellules d'une manière ou d'une autre. En outre, comme nous l'avons vu, des groupes de cellules périssent et renaissent plusieurs fois dans la simple durée de vie d'organismes complexes. Cette durée de vie se prolonge aussi parfois pendant assez longtemps comme dans certaines espèces de plantes et d'arbres qui, dans les conditions appropriées continuent à produire des pousses fraîches jusqu'à des centaines d'années et certains même depuis des millénaires. Des arbres comme le Ginkoba biloba existent depuis l'ère paléozoïque des dinosaures

---

1   Du 'Van Parva' du Mahabharata par Veda Vyasa.
2   S. Metalnikov : Immortalité et Rajeunissement dans la Biologie Moderne

jusqu'à notre époque. Plus près de nous, le grand arbre Banian de Bangalore vit et pousse depuis au moins quelques milliers d'années ! Plus haut encore dans l'échelle nous voyons certaines espèces animales, comme la salamandre et le lézard, régénérer des membres entiers et des parties du corps qu'ils ont perdus accidentellement. Surtout, si nous n'écartons pas l'histoire comme une simple fantaisie quand elle dépasse notre entendement, alors nous trouvons des traces de rares cas dans la littérature ancienne Indienne et Tibétaine d'une prolongation indéfinie de la vie. Les anciennes écritures Hindoues affirment que la durée de vie moyenne des êtres humains varie sensiblement à chaque âge. Ainsi, les rois et les *rishis* de l'âge d'or ou de l'âge de vérité sont supposés avoir vécu mille ans. La durée de vie a ensuite continué à décroître jusqu'à atteindre une centaine d'années en cet âge de fer de la matière ou Kali Yuga. Même à notre époque, on raconte que des personnes comme Swami Brahmananda sur les rives de la Narmada ont vécu au-delà de quelques siècles au moins. Le *Ramayana* parle de la durée de vie à différentes époques et l'historien rapporte que la vie de certains rois de cette époque dépassait plus de mille ans. L'une de ces histoires est particulièrement intéressante car elle donne un indice subtil sur le processus de prolongation de la vie dans le corps. Qu'il s'agisse d'un mythe ou d'un indice subtil d'une réalité plus profonde, l'histoire se déroule ainsi :

« Markandeya était l'illustre enfant d'un couple pieux. Le couple avait été sans enfant pendant très longtemps et reçut l'enfant comme une bénédiction du grand dieu Shiva après s'être engagé dans une *tapasya* ardue (pénitence). Mais il y a un revers à la médaille. Il fut prophétisé que l'enfant bien qu'ayant un grand mérite intérieur ne vivrait cependant que douze ans. Ainsi l'ombre de la mort poursuit le garçon jusqu'à ce que l'heure fatidique arrive. Le dieu de la mort, méticuleux dans son compte et inébranlable dans sa tâche difficile, apparait pour emporter le garçon alors même qu'il est assis devant son dieu préféré Shiva dans un silence méditatif. A peine le dieu de la mort ordonne-t-il au garçon de le suivre, Markandeya passe ses bras autour du Shivalinga et le tient serré. C'est alors qu'apparaît de derrière le sanctuaire le grand dieu lumineux, plus grand que la mort elle-même et demande à la mort de libérer le garçon de ses griffes. Un pouvoir se prosterne devant un plus grand pouvoir et le dieu de la mort repart les mains vides. Markandeya, à son tour, se voit accorder le don de la vie éternelle.

Shiva dans cette histoire représente clairement l'Éternel. Ce n'est qu'en nous accrochant à l'Éternel en nous que nous pouvons atteindre l'immortalité. Pour le dire en d'autres mots, ce qui est donné à l'âme survit et la mort perd son emprise sur elle. Tandis que ce qui est donné aux choses éphémères et changeantes périt un jour et la mort les emporte. Être libre de notre vision liée aux sens qui est toujours perdue dans les choses passagères c'est être libre de la peur de la mort ou de l'emprise qu'elle a sur nous. *S'élever au-dessus de la petite intrigue du drame de la vie mortelle pour atteindre une vision supérieure et plus profonde qui voit et embrasse Dieu partout c'est découvrir immortalité.* Sri Aurobindo, le Poète-Voyant, fait ressortir la vérité la plus profonde et la plus subtile par le trait de maître du génie poétique :

> *Moi, Morcundeya, délivré des mondes,*
> *le Voyant — mais c'est Dieu seul qui voit ! —*
> *je m'affranchis des liens qui retiennent ici-bas*
> *l'homme à sa petitesse, perdu depuis la nuit des temps*
> *dans le spectacle que ses sens tissent autour de lui ;*
> *je les découvre et ne suis plus leurré.*
> *Mais avant que je m'élance, avant que je devienne*
> *le vaste et lumineux Infini, et que libéré du passé*
> *et de l'avenir, j'oublie ces êtres qui forgent leurs propres fers,*
> *une fois je parlerai et vous dirai ce que je vois.*
> *Le reste est Dieu. Partout, il n'est plus que silence*[1].

## La Mort - Le Masque à Capuche de la Vie

Cette question du pourquoi de la mort n'a guère de sens pour le physicien qui n'accorde pas plus d'importance à l'existence de la vie sur terre qu'à la formation d'un bloc de roche dure. Pour lui ce monde et ses événements sont un jeu de hasard sans aucun but ni finalité. Mais qu'en est-il du scientifique occulte et du réaliste spirituel ? Ici aussi, nous nous trouvons souvent dans une impasse. La plupart des philosophies acceptent simplement la mort comme faisant partie de la nature et de la vie. C'est un fait qu'il faut accepter, c'est tout. Est-ce vraiment tout ou y a-t-il plus que ça ? Car dans la vaste économie de la nature, la mort doit, elle aussi servir un but profond. Et puisque la vie est essentiellement une évolution à travers la lutte, alors la mort doit aussi contribuer d'une manière ou d'une autre et même éventuellement accélérer cet objectif évolutif.

Peut-être est-ce un aiguillon qui nous tire de notre inertie et de la vie liée aux sens faite de petites joies et de chagrins.

Peut-être nous incite-t-elle à penser au-delà du simple présent et nous fait-elle ainsi sortir des limites de nos pensées.

Peut-être nous donne-t-elle une envie insatiable de sonder l'au-delà.

---

1   Sri Aurobindo poème, O Volonté de Dieu

Peut-être nous rappelant le caractère éphémère des choses, nous pousse-t-elle vers des sommets de plus en plus élevés de perfection.

Ou peut-être découvrirons nous, comme l'ont fait les sages Upanishadiques, que la mort est en fait une incitation pour aller vers notre immortalité ! En effet, nous voyons comment la mort de cellules individuelles sert l'objectif plus large de l'organisme. *La désintégration et le renouvellement de la substance sont deux processus complémentaires, et tous deux sont nécessaires à la vie.* Nécessaires non seulement à la vie collective mais aussi à la vie individuelle elle-même.

Car qu'est donc une vie individuelle si ce n'est une plus petite collectivité de cellules, tout comme la cellule elle-même est à son tour un conglomérat d'unités de vie encore plus petites. Et qui sait, nous découvrirons peut-être un jour que même la matière est porteuse de vie, qu'elle est enceinte de la vie pour ainsi dire. Vu ainsi nous découvrons que la mort n'est pas le contraire de la vie mais son processus complémentaire. Elle est nécessaire dans l'état actuel d'imperfection de la vie elle-même. En fait, si les cellules n'étaient pas remplacées par le processus de la mort, l'organisme dans son ensemble mourrait beaucoup plus tôt d'un cancer qu'autrement ! Pourrait-on alors dire en prolongeant la logique de la Nature que les hommes meurent pour que l'unité plus large de l'humanité et toute la vie terrestre puissent survivre ?

La toute première chose que nous devons clarifier est que toute la vie est une. Ce n'est qu'en apparence que la séparation existe, dans un but précis. *Par conséquent d'un point de vue plus profond, la mort n'existe pas du tout. C'est la forme qui change.* La force de la vie passe d'un instrument à l'autre et continue jusqu'à ce qu'elle trouve son but. L'équilibre subtil du jeu de la vie et de la mort a jusqu'à présent permis à la vie de s'établir par l'entremise de la mort. Elles n'apparaissent comme une opposition qu'à une vision fragmentaire de l'existence. Nous nous sentons mal lorsque nous subissons individuellement l'aiguillon de la mort. Et c'est naturel puisque chaque organisme est traversé de part en part par l'instinct de vie et de croissance. Mais d'un point de vue impersonnel, ces morts individuelles ouvrent la voie à la survie et à la croissance de l'ensemble plus grand des êtres vivants.

La vraie question est donc de savoir pourquoi cet instrument de la nature qu'est le corps s'effondre après un certain temps ? Nous avons vu le mécanisme de la détérioration mais un mécanisme n'est après tout qu'un processus. Pourquoi la nature introduit elle délibérément cette erreur apparente ? Qu'est ce qui justifie ce gaspillage colossal des efforts humains si un jour il doit être mis en tombe ou incinéré ne laissant derrière lui qu'une poignée de poussière et de fumée ? La vie n'est-elle que cela ? comme un poète ému dans un moment de pessimisme l'exprime ainsi :

> *De la poussière à la poussière et sous la poussière s'allonger*
> *Sans vin, sans chanson, sans chanteur, sans fin*[1].

Ce que le poète sensible touché par la tragédie de la vie semble oublier, c'est La sagesse de la Grande Mère qui tente d'atteindre une position plus élevée au-delà de nos cartes actuelles. La poussière se mêle à la poussière pour s'enrichir mutuellement. Le vin et la chanson se terminent pour laisser la place à un vin plus savoureux et une chanson plus belle à venir. Le chanteur retourne à une extase muette pour apprendre une chanson plus douce résidant au sein du silence.

En d'autres termes, par l'intermédiaire de la mort, se produit un enrichissement de la matière. Les vibrations d'une conscience vraie imprégnées dans une cellule ne sont jamais perdues. Elles éveillent et continuent d'éveiller des vibrations similaires dans la matière alentour. La grande erreur que nous commettons dans notre compréhension, que ce soit des voies de Dieu ou de la Nature est de nous considérer comme séparés du monde et des autres. C'est-ce qui conduit à un sentiment constant de lutte et de discorde dont le point culminant est la mort. Mais toute vie est une comme toute force est une. L'électricité dans les nuages qui fait tomber un arbre en un instant n'est pas différente de celle qui éclaire la maison. De même, toute vie est essentiellement une et retourne à l'Un. Ce n'est que notre préoccupation et notre identification excessive avec la forme extérieure et l'apparence qui nous font sentir que la vie a disparu. Disparue oui, mais où — dans le réservoir commun de Toute-vie. Les fleurs et les feuilles qui tombent sur le sol au terme leur vie, finissent par enrichir le sol augmentant ainsi sa fertilité. Les corps des hommes les plus méritants tombent en poussière mais leur esprit survit et devient plus puissant à cause de la chute. Leur mort même attire beaucoup plus d'âmes pour combler le vide et aide ainsi le processus d'évolution. Paradoxalement, l'esprit du Christ survit victorieusement et s'élève de la croix pour racheter les hommes mêmes qui l'ont exécuté. Le lieu de son martyre devient un pèlerinage pour les temps à venir, pour inspirer aux hommes le chemin de vie qu'il a ouvert. De même un Socrate disparait apparemment sans cérémonie avec une tasse de ciguë, mais il grandit encore plus puissant par sa mort, inaugurant une nouvelle ère en Grèce. Gourou Teghbahadur se donne en martyr mais, par cet acte même, il ouvre la voie pour la libération d'une nation de la honte et de l'ignominie d'un régime étranger. Le fils d'Arabie tombe après avoir été persécuté par ses adversaires mais son sacrifice change la face d'une nation et apporte sobriété et

---

1    Omar Khayyâm : The Rubaiyya

discipline parmi les barbares mêmes qui l'ont persécuté. Ces exemples et bien d'autres sont des exemples glorieux mais il en va de même à un niveau inférieur car la loi est en effet la même, la seule différence est que l'on peut ne pas voir la preuve si visiblement. Tout cela suggère un fonctionnement plus profond que nous ne comprenons pas très bien. Il y a un plus grand mystère et tout ne se termine pas avec la mort du corps et son mélange à la poussière.

L'autre cause, individuelle, est que l'âme, véritable individu en nous, est descendue pour *faire l'expérience de l'Infini sur une base finie*. La force vitale de par sa nature même recherche le changement. Elle s'agite à la poursuite d'un but qu'elle ne connait pas encore er ne comprend pas. Il y a dans la vie cette recherche et cette insatisfaction à l'égard du présent l'incitant ainsi à aller constamment vers le nouveau et l'inconnu. Normalement et à plus petite échelle, cela se produit à travers une variété d'intérêts et de différentes activités. La mort est simplement un changement extraordinaire, un saut dans le temps, un saut radical vers l'avenir. Bien que nous en soyons venus à associer la mort à une tragédie, en réalité, souvent une longue vie pourrait bien être elle-même infortunée dans notre état actuel d'imperfection et d'ignorance. En effet, le *Mahabharata* raconte cette histoire intéressante d'une malédiction jetée sur le chef guerrier Aswatthama. Suite à son acte odieux de tuer des hommes endormis sans surveillance, puis d'essayer de tuer un bébé dans le ventre de sa mère par l'utilisation d'un missile mortel, une étrange malédiction lui est imposée par Sri Krishna, le héros de la guerre. Ce n'est pas la mort car la mort serait instantanée, mais la malédiction de vivre pendant 3000 ans errant seul sur la terre portant l'odeur du sang, les horreurs de la guerre pesant lourdement sur son âme. Sans doute, cela lui donne la chance de se purifier consciemment, mais c'est une longue vie douloureuse, quand nous devons porter le fardeau de notre passé et vivre seuls dans un monde qui a changé au-delà de notre reconnaissance.

Les êtres humains, dans l'ensemble ont du mal à s'adapter psychologiquement aux changements rapides du monde qui les entoure lorsqu'ils vieillissent. Ils se rabattent sur la réminiscence d'un passé ancien et révolu, le partageant avec les amis de leur génération. Les plus âgés tentent de reconstruire un monde familier auquel ils ont été habitués tandis que les jeunes qui n'ont pas partagé cet environnement trouvent de plus en plus difficile de s'y relier. Il y a donc un écart croissant entre soi-même et la marche du monde qui ne cesse d'avancer dans un sens ou dans l'autre. Il y a un sentiment croissant d'être en décalage avec les gens et les lieux ou avec l'esprit du temps. La mort vient alors comme une sorte d'aubaine pour nous donner le soulagement et le sursaut nécessaires. Grâce à la mort, nous oublions le passé au moins dans ses détails extérieurs, et par la renaissance, nous obtenons un nouveau bail de vie, un saut à travers les intervalles du temps pour revivre une fois de plus les rêves et les idéaux dans des circonstances nouvelles et qui sait peut-être même meilleures. Meilleure ou pire, une chose est sûre : la mort est un dispositif que la nature utilise pour reconstituer la vie. En ce sens, elle s'apparente davantage à un sommeil prolongé qui nous aide à oublier le jour précédant et ses problèmes aigus, insufflant à nouveau dans nos cœurs de nouveaux espoirs et la force d'affronter la vie.

C'est peut-être la raison pour laquelle la Nature, dans sa profonde sagesse et son sens de l'équilibre, a créé ce dispositif de la mort. Revenant encore une fois au mécanisme des cellules, il semble y avoir à l'œuvre une programmation inhérente. Il semble qu'une cellule génère normalement une variété de molécules, certaines envoyant des signaux de survie tandis que d'autres envoient des signaux de mort à la cellule. Tant que les signaux de survie dominent, la cellule reste en vie. La prédominance des signaux de mort conduit au phénomène de mort cellulaire programmée, appelé apoptose, signifiant tomber. Ce phénomène de l'apoptose a retenu l'attention des scientifiques depuis le dernier quart de siècle. Diverses enzymes régulatrices ont été identifiées dans la série de réactions en chaîne conduisant à la mort. La dernière voie commune semble être due à certaines enzymes appelées caspases qui attaquent et détruisent des structures cellulaires cruciales telles que les protéines de la lamina nucléaire. Ce qui est cependant d'un grand intérêt, c'est que l'oxygène qui donne la vie, devient lui-même un vecteur de mort, en créant comme sous-produit des réactions, certaines molécules qui entrainent des dommages oxydatifs aux cellules mêmes qu'il nourrit. Même physiquement on peut dire que la mort n'est que la vie qui tourne sur elle-même !

*"La mort est imposée à la vie individuelle à la fois par les conditions de sa propre existence et par ses relations avec la Toute-Force qui se manifeste dans l'univers. Car la vie individuelle est un jeu particulier de l'énergie dont l'action spécifique est de constituer, maintenir, dynamiser et finalement dissoudre, une fois son utilité révolue, l'une des myriades de formes qui, chacune en son temps, son lieu et son domaine, servent toutes le jeu intégral de l'univers. L'énergie de vie dans le corps doit soutenir l'assaut des énergies de l'univers, qui lui sont extérieures ; elle doit les absorber et s'en nourrir, cependant qu'elle-même est constamment dévorée par elles. Selon l'Upanishad, toute la Matière est nourriture, et telle est la formule du monde matériel : « Le mangeur mangeant est lui-même mangé. » La vie organisée dans le corps est constamment menacée de destruction sous les assauts de la vie extérieure, ou, si son pouvoir de dévorer est insuffisant ou mal servi, ou s'il n'y a pas de juste équilibre entre la capacité de dévorer et la capacité ou la nécessité de nourrir la vie extérieure, alors elle ne peut plus se protéger et elle est dévorée, ou bien, incapable de*

*se renouveler, elle dépérit et se dissout ; elle doit suivre le processus de la mort afin de se reconstruire et de se renouveler.*

*"Ce n'est pas tout ; pour reprendre une autre formule des Upanishad, la force de vie est l'aliment du corps, et le corps l'aliment de la force de vie ; en d'autres termes, l'énergie de vie en nous fournit le matériau grâce auquel la forme est construite, préservée et renouvelée, et, en même temps, elle utilise constamment la forme de sa propre substance, qu'elle crée ainsi et maintient en vie. Si l'équilibre entre ces deux opérations est imparfait ou rompu, ou si le jeu ordonné des différents courants de la force de vie se dérègle, la maladie et le déclin surviennent et déclenchent le processus de désintégration. De plus, le combat pour obtenir une maîtrise consciente, et même la croissance du mental, rendent plus difficile encore le maintien de la vie. Car l'énergie de vie exige toujours plus de la forme, et cette exigence dépasse la capacité du système original d'approvisionnement et rompt l'équilibre original d'offre et de demande ; alors, avant qu'un nouvel équilibre ne puisse s'établir, de nombreux désordres se produisent, qui sont contraires à l'harmonie et au maintien prolongé de la vie ; en outre, l'effort de maîtrise suscite toujours une réaction correspondante dans l'environnement, où d'innombrables forces désirent elles aussi s'accomplir, et ne supportant pas l'existence qui cherche à les subjuguer, elle se révoltent et l'attaquent. Là encore, un équilibre est rompu, et un combat plus intense se produit ; si forte que soit la vie dominatrice, elle ne peut éternellement résister et triompher. Un jour, elle subit la défaite et se désintègre, à moins qu'elle ne soit illimitée ou ne réussisse à établir une nouvelle harmonie avec son milieu.*

*"Mais outre ces nécessités, il y a la grande nécessité fondamentale de la nature, l'objectif de la vie incarnée elle-même, qui est de rechercher une expérience infinie sur une base finie ; et puisque la forme, la base, de par son organisation même, limite la possibilité de l'expérience, cela ne peut se faire que par la dissolution de cette forme et qu'en en cherchant de nouvelles. Car l'âme, une fois qu'elle s'est limitée en se concentrant sur le moment et le champ, est amenée à chercher de nouveau son infinité par le principe de la succession, en ajoutant un moment à l'autre et en emmagasinant ainsi une expérience du temps qu'elle appelle son passé ; elle se déplace dans ce temps, traversant des champs successifs, des expériences ou des vies successives, des accumulations successives de connaissance, de capacité, de plaisir, et elle conserve tout cela dans la mémoire subconsciente ou supraconsciente comme fonds de son acquis passé dans le temps. Le changement de forme est essentiel à ce processus ; et pour l'âme involuée dans un corps individuel, le changement de forme signifie la dissolution du corps, selon la loi et la compulsion de la Toute-Vie dans l'univers matériel, selon sa loi d'offre du matériau pour la forme et de demande de matériau — son principe étant que tout s'entrechoque constamment et que la vie incarnée lutte pour exister dans un monde où tout s'entredévore. Et cela, c'est la loi de la Mort.*

*"Telles sont donc la nécessité et la justification de la Mort, considérée non point comme une négation de la Vie, mais comme un processus de la Vie ; la mort est nécessaire parce que l'éternel changement de forme est la seule immortalité à laquelle la substance vivante finie puisse aspirer, et l'éternel changement d'expérience la seule infinité que le mental fini involué dans le corps vivant puisse atteindre. Un tel changement de forme ne saurait demeurer simplement un renouvellement constant de la même forme-type, comme celle qui constitue notre vie corporelle entre la naissance et la mort ; à moins, en effet, que la forme type ne soit transformée et le mental expérimentateur coulé dans des formes nouvelles, en de nouvelles circonstances, en un temps, un lieu et un milieu nouveaux, le changement d'expérience nécessaire qu'exige la nature même de l'existence dans l'Espace et le Temps ne peut s'effectuer. Or seul le processus de la Mort par dissolution et par le dévorement de la vie par la Vie, seules l'absence de liberté, la compulsion, la lutte, la douleur, la sujétion à ce qui semble être un non-moi, font que ce changement nécessaire et salutaire paraît terrible et indésirable à notre mentalité mortelle. C'est le sentiment d'être dévoré, brisé, détruit ou expulsé qui constitue l'aiguillon de la Mort, et même la croyance en la survie de la personne après la mort ne peut l'abolir entièrement[1]'.*

Les conclusions pratiques suivantes s'ensuivent : La mort est nécessaire pour maintenir un *équilibre entre la vie individuelle et la Toute-vie*, entre la partie et le tout. Si un individu ou un groupe était autorisé à survivre indéfiniment dans notre état d'imperfection alors cela signifierait un obstacle pour les autres modes et formes de vie. Nous pourrions comparer le processus avec des cellules cancéreuses qui commencent à croître rapidement au détriment d'autres cellules, détruisant ainsi tout l'organisme. Parce que nous ignorons toute autre vie et notre environnement, notre tentative de maîtriser crée une réaction naturelle de tout ce qui nous entoure conduisant à une disharmonie progressive et à la mort. L'environnement dans lequel nous vivons et respirons n'est pas un vide. Notre effort même pour maîtriser l'environnement crée une sorte de réaction de la part des autres formes de vie menaçant ainsi notre équilibre énergétique.

Aussi forts puissions-nous être, nous ne pouvons pas être plus forts que l'ensemble. Tôt ou tard c'est une bataille incontestable. L'Ego et l'Ignorance créant le sens de la séparation conduisent à la disharmonie avec tout ce qui est autour, aboutissant finalement à la mort. La mort devient inévitable à un moment ou à un autre car *l'équilibre de la vie est très précaire*. Il s'agit d'une partie contre d'autres parties. Les êtres humains sont très complexes. Chaque partie en nous a sa propre demande raisonnable ou déraisonnable. C'est comme une foule

---

1  Sri Aurobindo, La Vie Divine, pp 221,224

dans laquelle chacun se bouscule contre l'autre et doit pourtant être maintenu avec l'ensemble avec une juste répartition de la force et de l'énergie qui anime le corps et le mental dans ses activités diverses. Cette énergie est une, c'est la force vitale ou *prana* qui approvisionne et alimente les différentes parties pour leurs activités variées. Or si une partie essaie d'éclipser les autres et le mécanisme de régulation et d'équilibrage n'est pas assez fluide, il en résulte alors une sorte de guerre intérieure. Le résultat est une disharmonie progressive, un déséquilibre, une maladie et finalement la mort. A cela s'ajoutent les changements rapides et imprévus de notre environnement intérieur et extérieur ainsi que nos propres habitudes qui perturbent le rythme naturel simple de la vie. Le prix que nous payons pour ce progrès unidimensionnel est une dislocation et un déséquilibre progressifs à d'autres niveaux menant à la maladie et à la mort. L'incapacité de toutes les différentes parties de notre nature à progresser au même rythme et à fonctionner harmonieusement conduit à une dislocation intérieure avec pour conséquence la maladie et la mort.

*La vie consume la vie* et de ce fait condamne la forme à la mort, disent les Upanishads et il y a évidemment une profonde vérité dans cette affirmation. Le corps est le combustible que brûle la force vitale pour se générer elle-même. Ainsi s'il n'y a pas d'apport constant pour la forme, provenant de l'extérieur, l'énergie vitale commencera à dévorer le corps pour se reconstituer. C'est ce qui se passe lorsque nous jeûnons. La force vitale continue de fournir l'énergie nécessaire au maintien des processus vitaux et pour le travail mental et physique, mais elle le fait aux dépens du corps. Tôt ou tard, la chair s'épuisera si l'on ne trouve pas les moyens de la reconstituer. Il en est de même pour les animaux en hibernation qui parfois ne mangent pas, ne boivent pas et n'urinent pas pendant des mois. Ils survivent mais en sortent affaiblis, ayant perdu beaucoup de poids.

La mort de la base matérielle et physique finie de la vie est ainsi utilisée par l'âme secrète et la vie en nous pour *grandir à travers une variété d'expériences*. Chacune de ces expériences d'une vie à l'autre nous enrichit et dévoile les multiples possibilités (presque infinies) cachées dans notre âme. Ce n'est que par l'entremise de la mort que nous pouvons subir un changement radical de forme et de lieu menant aux expériences variées que la force vitale en nous exige pour nourrir l'âme.

## La mort - Le Passeport pour l'Immortalité

Nous découvrons ainsi que la mort n'est pas juste un passage insensé d'une vie à un autre ni un changement de forme insignifiant dicté par quelque loi mécanique du karma mais quelque chose de plus. C'est un voyage en avant dans lequel l'âme en nous se libère de la chrysalide d'une vie qu'elle a tissée autour d'elle pour une certaine expérience. L'écorce est laissée derrière mais l'essence est emportée plus avant. Cela continue jusqu'à ce que le papillon soit formé et n'a plus besoin de l'enveloppe limitative de l'ignorance pour sa croissance. Alors nous sommes libérés de la loi de la mort et de la naissance puisque son but est atteint – la redécouverte de l'âme infinie en des termes finis. L'expérience répétée de la mort et de la renaissance, nous rend aptes et prêts à découvrir l'âme immortelle en nous. En d'autres termes, *la mort est notre passeport pour l'immortalité.* C'est à cela que servent ces cycles répétés. L'âme secrète en nous grandit à travers les expériences de nombreuses vies jusqu'à ce qu'elle devienne forte et libre.

Forte, dans le sens qu'elle ne consent plus indifféremment aux actes de la nature en simple spectateur du drame complexe de la vie, mais en participant actif, le décideur, *anumanta*. Libre, dans le sens où elle n'est plus liée aux déterminismes de la nature mais l'auteur et l'artisan de son propre destin, libre des circonstances de sa naissance, libre de la vie et de la mort. Non que nous ne puissions pas choisir de naître à nouveau car ce serait une liberté imparfaite et conditionnelle, une incompétence pour une âme pleinement consciente de sa divinité, mais dans ce cas, c'est une naissance consciente pour un travail conscient dans la Matière et sur terre. Une âme parvenue à la liberté (traditionnellement appelée *mukti* ou *moksha*) n'a pas besoin de descendre sur terre pour vivre des expériences de croissance. Cependant, elle n'a pas besoin non plus cesser ses œuvres sur la terre. Une nouvelle possibilité s'ouvre à elle. La possibilité d'aider consciemment d'autres êtres humains à grandir en termes d'âme et/ou la nouvelle possibilité de participer à la transformation consciente de la matière et de la vie matérielle sur terre.

Car en effet si la liberté est le premier terme et besoin de l'âme qui grandit en nous, l'unité est son second terme encore plus important. Aucune âme n'est vraiment libre des griffes de la mort jusqu'à ce qu'il n'existe plus une seule âme qui lutte pour la liberté de la loi de la mort. Il existe une liberté essentielle de l'âme individuelle qui, à un moment donné, peut se libérer du cycle de la naissance et de la mort. Mais c'est une liberté conditionnée et partielle. Car l'âme bien qu'individuelle dans sa manifestation est toujours liée à tous les êtres par l'intermédiaire de l'Âme Universelle. Il n'y a pas non plus de paix et de félicité parfaites de la vie tant qu'il existe un seul être luttant pour s'affranchir de la douleur et la souffrance.

C'est ce que dit un verset important de la Bhagavata :
"Je ne désire pas l'état suprême avec toutes ses huit siddhis ni la cessation de la renaissance ; puisse-t-elle assumer la douleur de toutes les créatures qui

souffrent et entrer en elles afin qu'elles soient libérées du chagrin [1]".

Savitri fait écho à une aspiration similaire dans la grande épopée de Sri Aurobindo :

*La Terre est le lieu choisi des âmes fortes;*
*La Terre est le champ de bataille des esprits héroïques,*
*La forge où le Grand-maçon façonne ses œuvres.*
*Tes servitudes sur la terre sont plus grandes, ô roi,*
*Que toutes les glorieuses libertés des cieux.*
*…En moi l'esprit d'amour immortel*
*Tend ses bras pour embrasser l'espèce humaine.*
*Pour moi, tes cieux sont trop loin des hommes qui souffrent.*
*Imparfaite est la joie qui n'est pas partagée par tous.*
*…Une liberté solitaire ne peut satisfaire*
*Un coeur qui est devenu un avec chaque coeur:*
*Je suis un représentant de l'aspiration du monde,*
*La liberté de mon esprit je la demande pour tous[2]".*

La mort sert de *sombre rappel de l'imperfection et de l'impermanence de la vie.* Au lieu de nous déprimer, elle devrait servir *d'aiguillon pour nous pousser vers une plus grande perfection* puisque c'est ce que la mort et en fait toute destruction apparente sont secrètement. Dans notre état actuel d'ignorance et d'imperfection, la mort devient nécessaire pour que nous puissions prendre conscience de nos déficiences et ne pas rester enfermés pour toujours dans un moule fixe, rigide et ignorant. C'est un mouvement vers l'avant, la dernière étape de notre croissance en une seule vie, le passage de l'ignorance la plus grande vers moins d'ignorance. Lorsque l'Ignorance disparaît, la mort aussi disparaîtra, ayant servi son objectif.

*Pleurer sur le couchant d'un glorieux soleil*
*Qui dès l'aube prochaine dorera l'orient,*
*S'affliger que de vastes pouvoirs aient à céder au destin,*
*Qui par cette chute même voient décupler leur force,*
*Reculer devant la douleur et sa lutte amicale, sans laquelle*
*La joie ne pourrait être, faire une terreur de la mort*

---

1  Le Srimadabhagavat Purana est l'histoire de Sri Krishna, le Divin devenu humain, afin de nous montrer le chemin intérieur menant à Lui. Livre 9 – 12
2  Sri Aurobindo : Savitri, livre XI

*qui, souriante, nous invite à une autre vie au-delà
et sert de pont au souffle qui survit ;
le désespoir, l'angoisse et la douleur tragique
de ces yeux fixes et secs, ou ces larmes funestes
qui déchirent le coeur qu'elles voudraient soulager,
et toute la hideuse compagnie de nos humaines peurs
sont nés de la folie de croire que l'espace
d'une vie si frêle puisse restreindre l'homme immortel[1].*

---

1  Sri Aurobindo : « Pleurer sur le couchant… », Recueil de poèmes, p.43

*"Ce monde fut construit par la Mort afin qu'elle puisse vivre. Voudrais-tu abolir la mort ? Alors la vie périrait du même coup. Tu ne peux pas abolir la mort, mais tu peux la transformer en un mode de vie plus grand".*

## Quels sont ces propos...

*Quels sont ces propos de tueur et de tué ?*
*Les glaives ne sont point assez aiguisés ni les flots assez puissants*
*pour éteindre le feu de notre âme. La mort et la douleur*
*sont pures conventions d'un plus noble théâtre.*
*Tel un héros pourchassé par son destin*
*tombe comme un pilier arraché du monde immense,*
*ébranlant le coeur des hommes, et que rempli d'effroi*
*l'auditoire se tait ou pleure, vaincu par le chagrin,*
*tandis que derrière la scène l'acteur soupire*
*de soulagement, ôte son masque*
*et parle aux amis qui l'attendent, ou des coulisses*
*observe l'accalmie de la scène finale —*
*de même l'esprit indemne des tués*
*s'éloignant de nos yeux, ne cesse pas de vivre.*

*... une grande âme en partance peut dire de la mort en une phrase vigoureuse*
*: « J'ai craché le corps «.*

*Sri Aurobindo*

# Le Linceul de la Mort

## La Mort - La Triste Voix Destructrice dans les Choses

La mort, du moins dans le mental humain, est associée à un certain nombre de réactions psychologiques. Ces réactions ou réponses proviennent de différents niveaux de notre nature. Les parties nerveuses réagissent avec peur et horreur, les sens avec choc et incrédulité, les sentiments par la consternation et le désespoir, les émotions répondent par la souffrance et la douleur de la séparation, le mental avec le sentiment d'une perte irréparable et d'impuissance. Parfois, d'autres réactions peuvent également intervenir comme la colère, la culpabilité et même la honte. Toutes ces réactions, en particulier la peur, ont des racines subconscientes profondes et sont extrêmement difficiles à éliminer. Même lorsque le mental est convaincu, même lorsque les cordes sensibles ont été renforcées, même lorsque les sentiments sont maîtrisés, les parties nerveuses réagissent encore par une volonté de fuir ou de combattre l'horreur. La peur est également liée à notre propre mort et est donc plus intime.

Cependant, la réaction la plus fréquente ressentie consciemment par le mental est le chagrin face à la mort d'une personne que nous aimons. La mort suscite dans le mental humain un sentiment de tragédie rarement observé dans le monde animal sauf chez certains mammifères supérieurs comme le chien et l'éléphant. On a même observé chez le castor et certains oiseaux un état de deuil après la perte d'un compagnon ou d'une progéniture, mais c'est rare.

Les éléphants, quant à eux s'engagent dans un comportement presque rituel suite à la mort de l'un des membres de leur groupe. Ils sont également connus pour se venger de la mort de leur petit et adoptent même un comportement contraire à la norme. Les chiens sont connus pour traverser un processus de deuil suite à la mort de leur maître ou d'autres compagnons canins. Le sens de la tragédie commence cependant avec le développement des rudiments du mental sensoriel comme chez les mammifères supérieurs. Il atteint son apogée dans un certain type d'humanité vivant largement dans le mental émotionnel et sensationnel. Puis son association avec la tragédie commence à décliner avec le développement d'une mentalité plus rationnelle et philosophique. Finalement, la tragédie et le chagrin associés à la mort disparaissent complètement du mental du sage tranquille qui demeure dans l'unité, comme le dit magnifiquement l'Isha Upanishad :

तत्र को मोहः कः शोक एकत्वमनुपश्यतः ॥ ७ ॥

Comment serait-il trompé, d'où aurait-il du chagrin celui qui voit partout l'unité[1] ?

La mort elle-même apparaît à un certain stade de l'évolution des formes de vie et disparaîtra un jour avec l'émergence d'une forme supérieure. De même le sens de la tragédie survient à un certain stade du développement du mental et disparaitra avec le développement au-delà du mental vers une nature spirituelle et supramentale[2].

## L'Aiguillon de la Mort

Nous réagissons différemment à la lutte et à la joie de vivre, ainsi qu'à la douleur de la mort. Ces différentes réponses découlent des différents niveaux de conscience auxquels nous nous situons dans une vie particulière, à un moment donné. Ce niveau de conscience est comme une station ou un poste d'observation à partir duquel chacun de nous voit la vie et à travers lequel nous négocions avec le monde. Notre compréhension et notre réponse dépendent de notre état de conscience. En général, plus notre perspective est élevée et large, plus nous sommes capables de voir de manière holistique, et plus nous avons une autonomie personnelle et un contrôle intérieur sur les circonstances. Les réactions face à la mort suivent également une hiérarchie de réponses en fonction de l'endroit où nous nous trouvons dans notre être intérieur. Néanmoins, une grande partie de l'humanité passe par certaines étapes plus ou moins prévisibles face à l'aiguillon de la mort.

Le Dr Elisabeth Kubler-Ross a réalisé un travail pionnier dans ce domaine. Femme investie d'une mission, elle s'est battue pour comprendre «les

---

1   Sri Aurobindo: Les Upanishads, 'Isha Upanishad', Verset 7
2   Sri Aurobindo a utilisé ce terme pour décrire le niveau de conscience au-delà même du mental spirituel le plus haut. Cette Conscience-de-Vérité contient le germe de tout et est donc à la fois contiguë à l'unité et à la multiplicité. Les détails de son action et de ses effets sont à lire directement à travers ses œuvres.

mourants» presque depuis les premières années de sa vie en dépit de nombreux obstacles, dont le plus important vient de notre humanité insensible et de ces mêmes médecins qui sont confrontés avec le phénomène de la mort presque quotidiennement dans leurs vies. Le souvenir de réactions étrangement antagonistes de ses propres collègues de l'hôpital la préoccupait. Elle voyait dans le déni des médecins concernant la sensibilité envers les mourants, le miroir de leurs propres angoisses face à la mort. Les mourants étaient souvent laissés seuls et isolés, tendances que la jeune stagiaire était déterminée à combattre et à inverser. En 1969, elle publie son best-seller, *On Death and Dying* qui est une critique détaillée de l'attitude dominante d'une conspiration du silence sur la mort dans les facultés de médecine modernes. C'est grâce à elle que nous observons aujourd'hui de plus près ce que subissent les mourants face à l'énigme de la mort. Certaines de ces *étapes,* comme elle l'a noté, sont :

*Le Choc, l'Incrédulité et le Déni* : C'est le niveau sensoriel de l'expérience. C'est par les sens que nous entrons le plus souvent en contact avec le monde. Les sens n'ont d'autre forme de connaissance que ce qu'ils perçoivent à un moment particulier. Ils ne connaissent aucune autre réalité. Mais aussi puisque le mental sensoriel vit dans l'instant, sa réaction se manifeste lorsqu'il est directement confronté au sentiment d'une perte personnelle. Le penseur anticipe la réalité de la mort et s'y prépare à l'avance. Mais l'homme moyen motivé par des objectifs et des expériences à court terme ne ressent la douleur soudainement que lorsque l'heure de la mort le frappe personnellement. Pour les sens, la mort signifie inévitablement une perte permanente puisqu'il s'agit de la fin de tout ce que les sens connaissaient et ressentaient. Et comme la masse de l'humanité vit encore largement dans les sens, le choc et la consternation sont les réactions les plus courantes et les plus universelles. Parfois, le sentiment de choc peut prendre la forme de déni. Ces patients peuvent passer par un état de fausse euphorie et même nier les symptômes pour éviter de prendre conscience de la perspective douloureuse d'affronter la mort.

*La Peur et la Colère* : Le niveau de conscience suivant, le plus proche du mental des sens est le vital inférieur, et après avoir reçu les données de la perte par les sens, il réagit avec une programmation caractéristique intégrée en lui, manifestant de la peur ou de la colère ou les deux. La peur de la mort peut prendre diverses formes, y compris la production de faux symptômes par le mental sensoriel. Les médecins connaissent bien la névrose cardiaque dans laquelle un patient qui a eu une douleur d'angine de poitrine peut souvent se retrouver à la clinique avec une douleur d'origine non cardiaque et il est difficile de le rassurer sur la nature bénigne de sa douleur. La colère, par contre, peut conduire à un cycle autodestructeur consistant à blâmer Dieu ou le médecin ou quelqu'un d'autre pour la catastrophe imminente. La colère est dirigée en fait vers notre propre impuissance, nos propres limites et imperfections, mais comme c'est souvent le cas avec la nature humaine, elle se transpose sur quelque chose d'extérieur à nous, essayant ainsi de garder espoir tout en transférant la responsabilité du contrôle ailleurs.

*Le Marchandage* : C'est l'échelon suivant du vital où l'on commence à explorer les moyens de conjurer le danger en apaisant ceux perçus comme ayant le contrôle sur la mort. Ici encore, ce sont les médecins et les dieux que l'on essaie de soudoyer ou d'acheter s'ils pouvaient seulement repousser la mort un peu plus loin de leur vue. Nous savons tous très bien comment les médecins, les astrologues, et les prêtres exploitent également cette faiblesse de l'homme. Quant aux dieux, nous ne pouvons rien dire car ils peuvent exploiter n'importe quel mouvement de l'homme pour son bien ultime. Les gens d'une génération précédente et peut-être même aujourd'hui promettent souvent certaines choses à Dieu en échange de quelque chose qu'ils désirent ardemment. La question de savoir si Dieu ressent la même chose à propos de ces choses ou non est une autre affaire, mais cela aide parfois car la foi est en effet une grande puissance qui peut faire des miracles.

*La Dépression* : Rien ne se passant malgré les efforts, l'espoir commence à s'épuiser. Les émotions ressenties jusqu'à présent dans l'espoir d'un miracle qui peut ou non se produire, commencent à montrer des signes de fatigue. Un sentiment d'échec et de perte inéluctable commence lentement à apparaître dans les parties sentimentales et émotionnelles qui sont attachées à la vie et au vivant. Le résultat naturel est le chagrin et la dépression. C'est à ce stade que l'on peut adopter une ligne de conduite irrationnelle en s'ignorant soi-même et/ou en développant un désir de mort afin de se débarrasser de la catastrophe imminente dès que possible. Sa forme extrême est le suicide et même la volonté d'un départ assisté du fardeau et de la douleur de la vie. C'est ici que les partisans de l'euthanasie doivent être mis en garde. Les patients dans cette phase peuvent exiger l'euthanasie de manière irrationnelle. Répondre à une telle demande signifierait n'être qu'un outil entre les mains de nos parties irrationnelles. Et si le moment et l'état de conscience dans lequel on part a une importance, comme nous le verrons par la suite, alors cela signifierait une sortie sombre et écrasante pour l'âme qui lutte.

*L'Acceptation* : Après les émotions vient le stade de la raison. Après quelque temps l'acceptation rationnelle de la mort apparaît. On accepte l'inévitable et on prend la sortie aussi gracieusement que possible. Il y a eu de très beaux exemples de départ gracieux particulièrement renforcé par un système de croyance positif. Car finalement, nous découvrons que la raison et la foi ne s'excluent pas l'une l'autre mais qu'elles se complètent. La foi peut aider énormément à renforcer la raison, en lui donnant le pouvoir de conviction qui manque à une analyse sèche et froide. De même, nous utilisons souvent la raison pour justifier notre croyance de base ou notre foi (ou son absence, qui est une autre forme de croyance). La raison est comme un bon avocat qui peut plaider n'importe quel cas selon les prémisses et le point de vue. Bien sûr, l'acceptation rationnelle est différente de l'acceptation spirituelle de la mort. La première est fondée sur le simple fait de l'inévitabilité de la mort et, par conséquent, même dans l'acceptation il y a une touche de négativité en elle. La seconde repose sur l'affirmation positive de l'immortalité de notre âme et d'un but évolutif divin que la mort doit inévitablement remplir. Bien que nous ayons tous rencontré plusieurs cas de personnes qui ont affronté la mort avec compréhension et courage, il existe une histoire qui, d'une certaine manière, contient et reflète l'archétype d'une telle situation. L'histoire est la suivante :

Le roi Parikshit est maudit et condamné à mourir au bout d'une semaine d'une morsure de serpent. Confronté à la perspective d'une mort imminente, il traverse les étapes prévisibles. Pendant ce temps, il planifie également les manières et les moyens pour conjurer le coup fatal par un Yajna élaboré (sacrifice) qui détruirait tous les serpents. Le roi tente de s'isoler dans une chambre sûre où les serpents ne peuvent pas entrer. Néanmoins un sage lui conseille de passer son temps à réfléchir sur ce qu'est la mort et à contempler la joie de Dieu à travers les histoires du Seigneur Krishna. Il suit les conseils. Bientôt, il trouve sa peur déraisonnable puisque tous doivent un jour passer par les portes de la mort. La vraie question émerge maintenant devant lui, la perspective de mourir avant de réaliser son âme. C'est cela la vraie misère et non le simple fait de la désintégration physique. La semaine s'avère pour lui être la plus féconde de tous les moments de sa vie. Confronté à la mort, il éprouve un besoin urgent et pressant de découvrir l'âme immortelle en lui. Et c'est ce qu'il fait, transformant ainsi la malédiction en bénédiction et un moment de crise en celui d'une grande opportunité. La semaine passe et la mort se fraye un chemin à travers des voies détournées dans les chambres protégées du roi. Et bien qu'elle lui enlève son corps, son tranchant est émoussé puisque le roi a été intérieurement transfiguré et est prêt à affronter la mort d'une manière lumineuse.

Nous avons vu des hommes soucieux jusqu'aux derniers instants de leur vie de ce qui peut leur arriver. Mais nous en avons tous aussi vu qui ont fait face à la mort avec une rare sérénité comme s'ils se préparaient simplement à un long transit à travers des terres inconnues. Ceux surtout qui ont vécu pour un but plus élevé et plus profond, ceux qui ont mené une vie utile et valable pour eux-mêmes et pour les autres, ceux qui ont su trouver un sens au mystère de la vie — sont des prototypes de ceux qui sont capables d'affronter le mystère de la mort sereinement. Au contraire, ceux qui s'accrochent à la vie comme à une possession privée, toujours occupés, toujours soucieux d'obtenir et d'avoir de plus en plus, entrent comme dans une ruelle étroite et aveugle, jusqu'à ce que la mort les secoue et les sorte de leurs petits terriers, les hantant d'horreur et de terreur. Comme dans d'autres domaines, nous constatons ici aussi que le meilleur des êtres humains n'est pas nécessairement le plus qualifié ou le plus instruit, mais celui qui a vécu sa vie un peu moins égoïstement, un peu plus noblement. *Dans notre ignorance nous attachons de la valeur à la qualification extérieure. La qualité intérieure est ce que Dieu et la Nature dans leur sagesse trouve plus méritoire.* Après avoir parcouru les différentes épreuves de la vie, nous sommes confrontés à la grande finale par le plus sévère des examinateurs, la mort !

Nous voyons ainsi toute une hiérarchie de réactions à partir des sens et passant dans les parties vitales et sentimentales inférieures de notre nature jusqu'à nos parties rationnelles si nous nous accordons du temps et de la raison.

> *... "Je l'ai dit l'autre jour à propos de certains mystiques : s'ils pensent que la souffrance qu'on leur impose va leur faire franchir les étapes en un moment et leur donner une sorte de marchepied pour atteindre la Réalisation, le but qu'ils se sont donné, l'union avec le Divin, ils ne sentent plus la souffrance, du tout. Leur corps est comme galvanisé par la conception mentale. C'est arrivé très souvent, c'est une expérience très courante parmi ceux qui ont vraiment de l'enthousiasme. Et après tout, s'il est nécessaire pour une raison quelconque de quitter son corps et d'en avoir d'autres, ne vaut-il pas mieux faire de sa mort une chose magnifique, joyeuse, enthousiaste, que d'en faire une défaite dégoûtante ? Ces gens qui s'accrochent, qui essayent par tous les moyens possibles de retarder la fin d'une minute ou deux, qui vous donnent l'exemple d'une angoisse épouvantable, c'est qu'ils n'ont pas conscience de leur âme... Après tout, c'est peut-être un moyen, n'est-ce pas ? On peut changer cet accident en un moyen ; si l'on est conscient, on peut en faire une belle chose, une très belle chose, comme de tout. Et notez, les gens qui n'en ont pas peur, qui ne la craignent pas, qui peuvent mourir sans sordidité, ce sont ceux qui n'y pensent jamais, qui ne sont pas tout le temps hantés par cette « horreur » qui est en face d'eux et à laquelle il faut échapper et qu'ils essayent de repousser aussi loin d'eux qu'ils peuvent. Ceux-là, quand l'occasion se présente, peuvent lever la tête, sourire et dire : « Me voilà. »*

*« Ce sont ceux qui ont la volonté de faire de leur vie le maximum de ce que l'on peut en faire, ce sont ceux qui disent : « Je resterai ici tant qu'il faudra, jusqu'à la dernière seconde, et je ne perdrai pas une minute pour réaliser mon but », ceux-là, quand la nécessité vient, font la plus belle figure. Pourquoi ? C'est très simple : parce qu'ils vivent dans leur idéal, dans la vérité de leur idéal, que c'est la chose réelle pour eux, c'est leur raison d'être, et en toutes choses ils peuvent voir cet idéal, cette raison d'être, et jamais ils ne descendent en bas dans la sordidité de la vie matérielle.*

*Alors, conclusion :*
*Il ne faut jamais souhaiter la mort.*
*Il ne faut jamais vouloir mourir.*
*Il ne faut jamais avoir peur de mourir.*
*Et il faut en toute circonstance vouloir se surpasser soi-même*[1].

## La Mort - l'Aiguillon de l'Esprit et l'Opportunité de l'Ame

Mais est-ce la seule possibilité ? Qu'en est-il de l'homme spirituel ? Qu'en est-il de la foi, des attitudes et des croyances ? Eh bien, ils modifieraient sans doute les étapes voire les dépasseraient totalement. Il y a d'autres manières de voir le phénomène, qui vient avec le développement d'une conscience plus haute. Le sens du mal et de la souffrance, comme nous l'avons vu, apparaît à un certain stade du développement humain et disparait à un autre stade. Le but que sert ce sentiment de tragédie est d'aider l'homme à rechercher une vie et une Vérité plus grandes que la formule des sens limités. C'est plutôt un aiguillon et une incitation à regarder au-delà du présent. L'âme de par sa nature même est exempte de chagrin. Elle est faite de l'étoffe de la félicité et est pour toujours consciente de son éternité et de son immortalité. Elle sait que la vie et l'existence ne cessent pas avec l'arrêt de la respiration et des battements du cœur. Ceux qui sont entrés en contact avec leur âme ne serait-ce qu'un instant échappent à l'aiguillon de la mort. En fait, nous découvrons que selon notre état de conscience les mêmes circonstances sont reçues et adaptées très différemment. C'est en effet la clé pour conseiller ceux qui chancellent sous les ombres de la mort, la leur ou celle d'autrui.

*Le travail face au deuil, la méthode rationnelle-émotive* : la science moderne cependant nie l'existence d'une vie après la mort ou de l'âme et suit donc une approche légèrement différente. La plupart des thérapeutes formés selon le modèle occidental servent essentiellement de facilitateurs pour aider à accepter

---
1  Mère, Entretiens 1950-51, pp, 391,392

la mort comme une réalité inévitable. L'accent est mis sur l'empathie de la part de l'entourage aussi bien que du médecin, afin de permettre au patient de s'exprimer et d'évoquer ses craintes, l'aider à libérer ses sentiments par la présence d'un thérapeute qui l'accompagne, traiter la dépression au fur et à mesure qu'elle survient et enfin, lorsqu' il est prêt, faire appel à ses parties les plus rationnelles pour accepter avec grâce ce qui ne peut être évité. L'ensemble du processus s'appelle le travail du deuil. Certains thérapeutes rappellent également aux patients qu'ils ont réussi à maîtriser des échecs, des difficultés et des drames passés.

Quant au rôle des rituels, la plupart des psychologues sociaux pensent qu'il faut les suivre en fonction de ses croyances personnelles. C'est en partie parce que ces rituels ont évolué au fil des siècles comme méthode de gestion de la tragédie de la mort et servent donc un but pour ceux qui y croient. Outre le facteur de croyance personnelle, les rituels permettent de déverser et d'exprimer ses sentiments, car les émotions bloquées peuvent devenir un noyau pour des pathologies futures et des dépressions chroniques. Le rassemblement social commun en de telles occasions augmente également les systèmes de soutien social et l'on se sent encouragé et renforcé par les autres membres de la famille et de la communauté. Cela peut être particulièrement nécessaire lorsque la perte de la personne signifie également la perte de soutien financier et émotionnel. Enfin, cela aide aussi à apaiser le sentiment de culpabilité qui peut parfois accompagner les décès dus aux maladies. Faire quelque chose pour le mort par le biais de rituels semble en quelque sorte compenser de ne pas avoir fait de manière adéquate ce qu'on aurait pu faire pour la personne du temps de son vivant.

La plupart des personnes avec du temps et du soutien sortiront du sentiment de douleur d'une façon ou d'une autre. Les plus grands guérisseurs sont bien sûr le Temps et la Nature soutenus par le Dieu intérieur. Certains cependant, en particulier ceux subissant une perte soudaine, inattendue et prématurée, ou ceux qui n'ont pas travaillé le processus de deuil et ont réprimé leurs émotions peuvent entrer dans un état de dépression appelée deuil pathologique. Ceux-ci nécessiteront des techniques d'intervention spéciale qui dépassent notre champ d'action actuel.

*Au-delà du chagrin, la voie spirituelle* : Le point crucial du soutien psychologique consiste à faire appel à nos parties logiques et plus raffinées comme la raison et les émotions supérieures. Mais la raison et les émotions supérieures ne sont pas les seules possibilités en nous. Il existe en nous des parties plus profondes et lumineuses, plus hautes que la raison, plus fortes que la mort. Un remède permanent consiste à transformer le moment de crise en une opportunité de croissance. Car pour l'âme la plus intime de l'homme, tout peut servir et sert d'occasion de croissance. Il n'y a pas de chagrin dans les parties spirituelles de notre nature. Le même événement qui nous accable émotionnellement et choque même les parties rationnelles en nous est perçu très différemment par l'âme. Il y a une lettre que Sri Aurobindo a écrit à Dilip Kumar Roy[1] en réponse à sa question sur la mort d'une célèbre chanteuse aimable à un âge relativement jeune. Pourquoi une telle fleur si raffinée s'est-elle effacée si tôt, a-t-il demandé au Maître. Voici ce que Sri Aurobindo lui a répondu :

« X avait atteint un stade de son développement marqué par une prédominance de la nature sattwique, mais n'avait pas un vital fort (qui travaille pour une vie réussie ou heureuse) ni l'ouverture à une lumière supérieure – son éducation mentale et l'environnement s'y opposaient et elle-même n'était pas prête. La mort prématurée et les nombreuses souffrances peuvent avoir été les résultats d'influences passées (prénatales) ou elles peuvent avoir été choisies par son propre être psychique comme un passage vers un état supérieur pour lequel elle n'était pas encore préparée mais vers lequel elle se dirigeait. Ceci et la non-réalisation de ses capacités pourrait être une tragédie ultime s'il n'y avait que cette seule vie. Pour le moment, elle est passée dans le sommeil psychique pour préparer sa vie à venir[2] ".

L'âme peut tout utiliser comme matière première pour son progrès et ce progrès lui procure un sentiment de vraie joie. Ce qui est une perte pour les émotions et les sens est perçu par l'âme comme une libération de l'esclavage et des attachements faux. Après tout, une grande partie de notre douleur et de notre chagrin n'est pas pour celui qui est parti mais pour nous-mêmes. En fait, en ce qui concerne l'autre personne, elle est sur le chemin de l'avenir, recommencera l'aventure de la conscience et de la joie avec un nouveau corps, découvrira d'autres pays et climats et ainsi grandira. Ce sont nos attachements égoïstes qui cherchent à aimer qui est la source de notre misère quand la personne a disparu. Il en est de même lorsque nous affrontons la mort. Rare est l'âme qui ressent la douleur de ceux qui restent et qui prie donc pour une prolongation de la vie. Pour la plupart des gens, la douleur d'affronter la mort est parce que nous perdrions tout ce que nous chérissons, et dont nous tirons

---

1  Le célèbre musicien, chanteur, poète et écrivain du Bengale et également disciple de Sri Aurobindo. Il a vécu à l'ashram de Sri Aurobindo pendant de nombreuses années avant de s'installer à Pune en tant que gourou spirituel.
2  Reportez-vous à l'annexe III : Le linceul de la mort pour une version complète de la lettre et des cas d'études personnelles sur les Morts de Personnes Jeunes.

tant de grande satisfaction égoïste. C'est cet attachement égoïste à nous-mêmes, cette tendance à nous mettre au centre de notre monde et du monde de Dieu que la mort vient briser, un sinistre rappel que la vie, le monde et les gens n'ont pas été créés en pensant à notre petit ego et à ses petites satisfactions, mais dans un but plus vaste. Après avoir découvert cela, nous sommes libérés d'une grande partie de la souffrance et de l'agonie de la mort. Cet ancien conseil que le dieu de la mort donne à Nachiketas[1] est une vérité éternelle tout aussi valable aujourd'hui.

L'accompagnement spirituel facilitera simplement ce processus de l'émergence de cette vérité provenant de l'intérieur, en guidant la personne souffrante vers celle-ci et en l'amenant à une prise de conscience. Cela ne signifie pas un manque d'empathie mais une empathie combinée à une compréhension lumineuse. Une compassion venue d'en haut plutôt qu'une lutte au même niveau que le patient. La quintessence de ce processus est magnifiquement mise en évidence par la plume de maître de Sri Aurobindo :

" ...*l'âme comprend, accepte l'expérience, sympathise, mais elle n'est pas subjuguée ni affectée, si bien que finalement le mental et le corps eux-mêmes apprennent à accepter sans être subjugués ni même affectés, sauf en surface. Cette réalisation atteint son sommet quand les deux sphères de l'existence ne sont plus divisées et que le mental, la vie et le corps, obéissant entièrement à la loi supérieure, atteignent à la liberté de l'esprit ; affranchis des réactions inférieures ou ignorantes aux contacts cosmiques, ils n'ont plus à lutter, ils ne sont plus assujettis aux dualités. Cela ne veut pas dire que nous devenions insensibles à la servitude, aux luttes et aux souffrances d'autrui, mais que nous sommes parvenus à une souveraineté et à une liberté spirituelles qui nous permettent de comprendre parfaitement, de donner leur vraie valeur aux choses et de guérir d'en haut au lieu de nous débattre en bas. Cela n'empêche pas la compassion et la sollicitude divines, mais empêche la douleur et la souffrance animales et humaines*[2]".

Naturellement, l'attitude spirituelle et la guérison ne peuvent être pratiquées que si le thérapeute lui-même vit ces vérités. Ce n'est que lorsque nous avons nous-mêmes trouvé la proximité de notre âme que nous pouvons être vraiment convaincants et aider les autres à découvrir son contact. Ce n'est pas par la prédication mais par l'influence que l'esprit agit le mieux. Il est

---

1   Reportez-vous aux «Textes anciens» pour l'histoire de Nachiketas
2   Sri Aurobindo : La Synthèse du Yoga, p.494

bien connu que le sens de la souffrance cesse en présence d'une spiritualité authentique. L'homme spirituel porte en lui une atmosphère de paix et de joie et tous ceux qui s'ouvrent à celle-ci y participent naturellement comme on respire l'air du lieu où l'on habite. Mais en dehors de cette action directe, la guérison spirituelle peut également aider en encourageant les bonnes attitudes face à la mort, aider à regarder l'image plus large au-delà du cadre du corps physique et faire vraiment, même de la mort quelque chose d'héroïquement beau et significatif. En d'autres termes, l'assistance spirituelle se concentrera sur la véritable signification de la vie humaine et même au niveau personnel aidera à découvrir le sens unique plus profond de nos luttes et de nos douleurs et les moyens intérieurs de les surmonter. L'affliction actuelle devient alors le symbole d'une maladie plus profonde et par conséquent l'occasion d'une guérison plus radicale, totale et permanente.

Les éléments essentiels de l'accompagnement spirituel de la mort et du deuil sont les suivants :

Rappeler à la personne la *nature éphémère* de toute chose, y compris du corps et de ceux qui sont en deuil.

Lui rappeler *l'immortalité de l'âme* ou du moi spirituel en nous qui ne meurt jamais.

Rappeler que chaque âme est essentiellement *seule dans son voyage unique* et que seul Dieu, la réalité toujours présente, est un ami et un associé permanent. Toutes les autres associations sont par nature transitoires.

Rappeler que le *chagrin n'aide pas le défunt* mais ne fait que le faire souffrir et lutter encore plus et que l'amour et les prières sont une bien meilleure façon de surmonter la perte.

Rappeler que nos *âmes ont la force* de supporter chaque tragédie. Nous ne recevons jamais plus de souffrance que notre capacité et notre force innées ne peuvent en supporter.

Rappeler que les *bons moments succèdent aux mauvais* et vice versa et qu'il n'existe personne qui n'ait pas été confronté à des tragédies, des luttes ou à des souffrances dans la vie.

Enfin, voir au-delà de la mort vers l'après vie et la renaissance, tourner son visage vers l'avenir et vers Dieu qui seul est vrai.

वायुरनिलममृतमथेदं भस्मान्तं शरीरम् ।
ओं । क्रतो स्मर कृतं स्मर क्रतो स्मर कृतं स्मर ॥ १७ ॥

Le Souffle des choses est une vie immortelle, mais de ce corps, les cendres sont la fin.

OM ! Ô Volonté, souviens-toi, ce qui a été fait, souviens-toi ! Ô Volonté, souviens-toi, de ce qui a été fait souviens toi[1].

Aussi vrai qu'il soit, ce conseil traditionnel reflète des nuances de défaitisme. La ligne est très mince entre une acceptation éclairée de la vie et de ses difficultés et une soumission fataliste impuissante à un destin aveugle. Et tandis que la plupart d'entre nous aurait besoin de ce rappel à un moment ou à un autre, un accent prématuré et excessif mis sur cette vérité, bien que partielle, peut inspirer une résignation passive dans l'être, ce qui n'est pas toujours sain. La bonne approche serait d'intégrer cette vérité à une vérité supérieure qui réconcilie l'envie de vivre et de lutter contre la mort avec le fait de notre mortalité matérielle. Elle consiste dans la volonté de vivre de la bonne manière, une vie longue et saine, de rejeter et combattre la maladie et la mort comme un mensonge venu pour être associé à nos âmes et qui quelle que soit son utilité temporaire, n'est pas digne de notre stature spirituelle. Par conséquent, il faut vouloir s'efforcer de réaliser le divin et de Le servir ou la Vérité (pour ceux qui ne croient pas au Divin en tant qu'être) jusqu'au tout dernier souffle de notre vie. Il faut combattre la mort non par attachement au corps ou par peur, mais pour que la mort et la maladie deviennent inutiles pour l'efflorescence de la vie sur terre. Chacun de ces efforts individuels y contribuerait d'une certaine façon. Et si nous le faisons consciemment, nous pouvons aussi apprendre beaucoup plus de secrets de notre propre vie intérieure et progresser jusqu'aux derniers instants. Bien sûr, ce chemin plus élevé n'est pas facile et là encore la frontière peut être très mince entre une volonté éclairée de prolonger la vie dans un but supérieur ou parce que l'on s'accroche à la vie par un attachement aveugle et ignorant. Pourtant cette voie supérieure est ouverte aux quelques soldats de la lumière :

कुर्वन्नेवेह कर्माणि जिजीविषेच्छतं समाः ।
एवं त्वयि नान्यथेतोऽस्ति न कर्म लिप्यते नरे ॥ २ ॥

*En faisant vraiment des œuvres dans ce monde, on devrait souhaiter vivre cent ans. Ainsi en est-il en toi et non autrement que cela ; l'action ne s'attache pas à un homme*[2].

---

1 Sri Aurobindo: Les Upanishads, « Isha Upanishad », verset 17.
2 Sri Aurobindo: Les Upanishads, 'Isha Upanishad', Verset 2.

## S'Affliger ou Ne Pas S'affliger

*Je comprends fort bien quel choc la mort tragique de votre femme a dû être pour vous. Mais vous êtes maintenant un sâdhak et un chercheur de la Vérité, et vous devez vous efforcer de vous élever au-dessus des réactions normales de l'être humain et de voir les choses dans une lumière plus grande et plus vaste. Considérez l'épouse que vous avez perdue comme une âme qui progressait à travers les vicissitudes de la vie de l'Ignorance, comme toutes les âmes ici-bas ; au cours de cette progression, des événements se produisent, qui semblent désastreux au mental humain et une mort soudaine et accidentelle ou violente, qui coupe court prématurément à cette période toujours brève de l'expérience terrestre que nous appelons la vie, lui semble particulièrement pénible et désastreuse. Mais celui qui va au-delà des apparences sait que tout ce qui arrive au cours de la progression de l'âme a sa signification, sa nécessité, sa place dans la série des expériences qui la conduisent vers le tournant où elle peut passer de l'Ignorance à la Lumière. Il sait que tout ce qui arrive dans la Divine Providence est pour le mieux, même si le mental en juge autrement. Considérez votre femme comme une âme qui a franchi la barrière entre deux états d'existence. Aidez-la à cheminer vers son lieu de repos par des pensées paisibles et en appelant l'Aide divine pour qu'elle l'assiste dans son voyage. Le chagrin trop prolongé n'aide pas, mais retarde le voyage de l'âme qui est partie. Ne ressassez pas sa perte ; Ne pensez qu'à son bien-être spirituel[1].*

*Quelques suggestions pratiques* : La mort est un événement qui revêt une signification unique pour chacun. Bien que le processus de travail sur la douleur prenne un certain temps, *la vie doit continuer*. Stagner longtemps ou s'accrocher au chagrin comme à un bien précieux ne fait que prolonger le malheur. Se remettre au travail, reprendre la routine et les fils épars de sa vie et reprendre le voyage est le plus essentiel. Plus tôt ça arrive, mieux c'est. Les escadrons volants de L'Armée de l'air ne le savent que trop bien. S'il y a un crash, les autres pilotes de l'escadrille sont priés de continuer à voler, détournant ainsi leurs pensées de la tragédie et suscitant même une plus grande solidarité, comme si ceux qui restaient reprenaient le flambeau de la tâche inachevée.

L'enfermement prolongé à l'intérieur comme cela arrivait autrefois aux veuves ne fait que compliquer le processus de deuil. La dépression se développe dans ce type d'isolement et confinement parce qu'il offre une plus grande

---

1 Sri Aurobindo : Lettres sur le Yoga.

opportunité de ruminer la perte. Le travail est un grand libérateur car il éloigne notre conscience des parties qui souffrent et s'affligent. Si la perte est trop traumatisante, il est parfois utile de changer d'environnement ou de modifier la disposition des pièces. Le mental humain conditionné par des automatismes peut déclencher des souvenirs et des formations de douleur dans le même environnement par simple habitude de réponse. Il est désormais bien connu que certains environnements déclenchent certains types de réponses chez un individu ou un groupe et donc le changement de l'environnement fait partie de la thérapie.

Cela est particulièrement vrai pour les *jeunes enfants ou les adolescents* confrontés à la mort suite à la perte d'un être très proche comme un parent. Contrairement aux adultes qui disposent déjà d'un cadre cognitif, de la raison développée et de l'expérience de pertes passées comme ressources intérieures ou puiser dans les moments de deuil, les jeunes sont plutôt inexpérimentés et ont à peine vu les différentes cartes distribuées par la vie. Un enfant n'a ni l'expérience ni une raison développée pour faire face à des tragédies soudaines comme la mort d'un être cher. C'est donc un grand défi pour ceux qui travaillent sur le deuil avec ces jeunes, de veiller à ne pas déformer leur estime de soi et leur vision du monde à la suite de ces événements. Les enfants, avec leur logique élémentaire et enfantine, ont parfois tendance à se blâmer pour le destin de la personne décédée. Ils se sentent aussi abandonnés et terriblement insécurisés, sentiments que les adultes n'éprouvent pas forcément. De telles expériences peuvent influencer le développement de l'enfant de manières radicales. Certaines méthodes qui facilitent le processus de gestion du deuil chez les enfants sont les suivantes :

- Fournir un soutien émotionnel et social pour qu'ils sentent qu'ils sont et seront pris en charge dans tous les aspects de la vie.
- Offrir un amour authentique de la part d'autres personnes qui pourraient combler le vide laissée par le défunt.
- Rappeler à l'enfant les bons souvenirs et les objectifs que le défunt aurait aimé voir s'accomplir. Cela lui donne une raison de vivre et un sentiment d'être avec la personne aimée dans ses espoirs et ses idéaux.

Cela fonctionne vraiment pour de nombreux enfants de croire que l'être cher les observe de quelque part et veille avec bienveillance sur leurs progrès. Cela fait naître un sens de sécurité et de communion. Et ce n'est peut-être pas juste un accessoire car qui sait ce que l'esprit du défunt peut et ne peut pas faire depuis l'au-delà. Finalement, pour ne pas déformer leur vision du monde, leur rappeler que c'est Dieu qui est finalement le parent de chacun et de tous et que les parents physiques ne sont seulement que ses représentants.

Avec du temps et un soutien émotionnel, en particulier un amour authentique, la plupart des enfants s'en sortiront très bien et deviendront même plus forts à travers la tragédie.

De par leur nature, les enfants regardent vers l'avenir et à mesure que cet avenir se déroule, le passé a tendance à s'estomper. Le temps lui-même est un grand guérisseur, surtout quand nous allons de l'avant. En outre, en fin de compte, nous portons toujours le guérisseur à l'intérieur de nous, et aucune tragédie n'est plus grande que la force de la supporter.

*Rôle des Rituels* : En ce qui concerne les rituels, nous avons déjà vu le point de vue des thérapies traditionnelles basées sur le modèle matérialiste de l'homme. D'un point de vue plus profond les rituels trouvent leur origine dans une vérité subtile qui implique que ceux qui sont sur la terre peuvent aider le cheminement du défunt. La base occulte est qu'après le départ, l'âme s'attarde pendant un certain temps dans l'atmosphère terrestre. Sa proximité prolongée avec les mondes physique et vital retarde son voyage et maintient donc l'âme liée aux enveloppes vitales, ce qui est une source de souffrance continue même après la mort. Lors de la cérémonie du *shradha* des Hindous, tous les rites occultes et les mantras visent à conduire l'âme hors du monde des ancêtres (*pitraloka*) vers le monde des dieux (*devaloka*).

Les *pitralokas* sont les mondes les plus proches du nôtre et sujets à la douleur et la souffrance. Les *devalokas*, en revanche, sont les royaumes supérieurs où le bonheur et l'harmonie règnent et que la souffrance n'atteint pas. Une fois cette conversion terminée, on prie pour les défunts et on attend d'eux qu'ils aident avec bienveillance ceux qui vivent sur terre puisqu'ils ont rejoint les sphères d'une plus grande lumière et d'un plus grand pouvoir.

Quelque chose de similaire se produit également dans d'autres religions. Si nous supprimons les détails extérieurs et recherchons l'essence, nous constatons que la plupart des religions croient en une période de transit au cours de laquelle l'âme franchit le seuil de ce monde matériel et passe dans d'autres domaines. La durée générale de ce passage crucial est de trois à treize jours. C'est pourquoi les cérémonies principales ont lieu le quatrième, le dixième et/ou le treizième jour.

Que les pandits d'aujourd'hui, dont la grande majorité est largement dépourvue de mérite intérieur et de connaissance occulte, facilitent véritablement le processus ou non est une autre question. Mais une chose est certaine. C'est que pendant un certain temps peu après le départ, l'âme rencontre un passage difficile où elle continue à éprouver des attachements terrestres rendant son transit douloureux. Une attraction constante vers la terre pendant cette phase par les lamentations et le chagrin excessifs de ceux qui restent ne font que rendre le transit du défunt turbulent et douloureux. *Il est donc important de ne pas se souvenir du défunt avec douleur et surtout de ne pas créer une ambiance de chagrin dans l'entourage.* Au contraire, la bonne méthode serait de faciliter le transit en priant pour la personne avec des pensées authentiques de bonne volonté et d'amour. Même l'oubli et l'indifférence valent mieux que d'exprimer le chagrin ressenti car les enveloppes vitales réagissent par affinité de vibrations et pas nécessairement par la vision physique. Ainsi, plus tôt le processus de deuil est terminé, mieux c'est. Selon une tradition, pendant les trois premiers jours, les parties immortelles en nous se séparent du monde des mortels et s'adaptent au monde spirituel supérieur. Ce processus peut être facilité en créant une atmosphère spirituelle sur le lieu du décès. Laver le corps, placer des fleurs et de l'encens, offrir des prières et des lectures spirituelles pendant trois jours est une belle façon d'aider les défunts et de leur souhaiter un bon voyage. La meilleure solution bien sûr est d'être libre de chagrin car après tout, la personne que nous aimions n'est pas «disparue» mais seulement passée au-delà de notre vue de mortel et progressera et avancera dans une autre la vie. Un jeune homme mourant a dit :

*Ne m'insulte pas avec tes cris de sympathie*
*Alors que je plane dans le pays de la lumière et de l'amour éternels.*
*C'est moi qui devrais compatir pour toi*
*Pour moi la maladie, le brisement des os,*
*La tristesse, les terribles chagrins d'amour ne sont plus*
*Je rêve de joie, je glisse dans la joie, je respire la joie à jamais*[1].

*Les Mains Secourables* : qu'en est-il des médecins et des soignants ? Il y a deux aspects importants en dehors du soutien à ceux qui restent derrière. La première question concerne la divulgation du pronostic ou du diagnostic grave aux malades en phase terminale. La question n'est pas simple et est quelque peu controversée. Il est connu par exemple que le déni d'une maladie en phase terminale tend d'une certaine manière à prolonger l'espérance de vie. D'un autre côté, ne pas informer sur les implications sur la base de la connaissance actuelle peut constituer un abus de confiance et également rendre le patient indifférent et retarder sa recherche d'une aide en temps opportun ou l'accomplissement de certains derniers actes inachevés comme l'exécution d'un testament. En outre, que savons-nous vraiment ? La médecine n'est pas

---

1 Cité par Sri Paramhamsa Yogananda

du tout une science exacte et chaque médecin digne de ce nom sait que chaque patient est unique et le comportement de la maladie souvent imprévisible. Est-il donc juste de jouer à Dieu et de statuer sur la vie du patient ? Cela ne peut qu'induire la peur et donc rapprocher la personne la mort. La peur est en effet une grande alliée de la mort et elle entrave la guérison. Dans l'état actuel de notre ignorance collective le meilleur recours est peut-être d'expliquer au patient en termes simples ce qui se passe dans son corps et ce qui peut et doit être fait pour y remédier. C'est en effet un art de dire la vérité, même limitée, sans provoquer les réactions de blessure, de peur, de dégoût et de révolte. C'est peut-être plus lié à notre état intérieur de bienveillance qu'à autre chose. C'est le sens de l'ancienne injonction, *satyam vada, priyam vada* (dites la vérité, et dites-la agréablement). Tous les pronostics doivent cependant être suspendus et le médecin et le patient doivent travailler ensemble vers le rétablissement comme objectif jusqu'à la fin. Ceci, non pas parce qu'on s'accroche au corps, mais parce que l'expérience de la lutte sans abandonner est utile pour l'âme en cours de croissance. Et si l'on doit partir, alors, cela devrait être dans une atmosphère exempte de peur[1].

L'accompagnement n'est pas le seul moyen d'aider ceux qui restent. On peut apporter une aide encore plus concrète à un niveau spirituel et occulte plus profond en infusant la paix (comme on injecte un médicament), ou des forces de joie et d'harmonie. Même une musique inspirante ou une atmosphère de calme, de lumière et de force créées collectivement par les personnes impliquées dans les soins peuvent faire des merveilles[2].

Mais l'habitude et certaines traditions sociales s'y opposent et la plupart des rassemblements dans ces occasions ne font malheureusement qu'aggraver le chagrin au lieu de l'apaiser en se joignant aux parties les plus faibles de l'endeuillé plutôt que de le renforcer. C'est le véritable objectif de la lecture des textes sacrés et de l'offrande des fleurs, afin de créer une atmosphère apaisante. Mais ces méthodes devraient être accompagnées par des méthodes intérieures qui permettent d'appeler et d'insuffler des forces curatives apaisantes d'une sphère supérieure pour régénérer et élever. Il existe des cas enregistrés où la visite d'un maître spirituel a permis non seulement de consoler la personne, mais l'a remplie de paix et de joie, même face à un incident qui aurait normalement suscité du chagrin. Une telle aide n'a pas besoin d'être exprimée par des mots

---

1 Reportez-vous à l'annexe III : Le Linceul de la Mort pour La Peur de la Mort et les Quatre Méthodes pour La Conquérir par la Mère.
2 Reportez-vous à l'annexe III : Le linceul de la mort pour une entrevue intéressante avec quelqu'un qui joue de la musique spécialement pour les mourants.

mais peut être transmise en silence par l'influence du Maître. Ici, nous devons comprendre que la paix, la joie, la force, etc., sont des forces concrètes et réelles et que le Maître sait les manier comme le scientifique sait manier les forces de la vapeur et de l'électricité. Il contourne les mécanismes mentaux de conseiller et insuffle directement les forces requises tout comme une injection contourne les processus compliqués du tube digestif et pénètre directement dans le flux sanguin.

De même, le Maître sait que la vie et la mort ne forment qu'une seule continuité et peut donc facilement passer de l'une à l'autre. C'est nous qui faisons la différence puisqu'il y a toute une zone de vérité au-dessus et au-dessous et à l'intérieur qui est cachée à notre vue actuelle. Pour le Maître, la mort n'est pas l'anéantissement mais une dissimulation derrière le mur des sens. Il sait comment passer derrière le mur de fer et apporter toute l'aide nécessaire à la personne. Il peut même accompagner la personne pour conduire l'âme en toute sécurité et en douceur vers le lieu de repos. Contrairement à nos cœurs insensés et ignorants, le Maître n'abandonne pas le contact avec la mort du corps mais le garde à travers la vie et la mort et l'après vie et au-delà jusqu'à ce que l'âme atteigne le point auquel elle aspirait. Sa préoccupation n'est pas tant pour le corps mais pour l'âme. Et puisque l'âme est éternelle, la relation entre le Maître et l'âme du disciple (ou le disciple et le Seigneur qu'il adore) est également éternelle et ne cesse pas avec la vie dans un seul corps[1].

## Le Moment de la Mort

Là encore, nous constatons que l'approche purement matérialiste n'offre aucune réponse. Vu d'un point de vue matérialiste, il importe peu comment et dans quelles circonstances on meurt. A l'opposé, nous avons des Écritures qui nous parlent de l'extrême importance de l'état psychologique et intérieur de la personne au moment du départ final. Une Écriture aussi profonde que *la Gita* dit à ce propos :

यं यं वापि स्मरन्भावं त्यजत्यन्ते कलेवरम् ।
तं तमेवैति कौन्तेय सदा तद्भावभावितः ॥ ८-६॥

Quelle que soit l'entité à laquelle on pense au moment de la mort, on atteint cela et cela seul dans la prochaine incarnation, simplement parce qu'on s'en est absorbé par la pensé[2].

---

1   Reportez-vous à l'Appendice III : Le Linceul de la Mort pour une expérience d'un disciple avec la Mère au moment du décès.
2   La Bhagavad Gita : Chap. 8, verset 6

Ce verset est souvent utilisé comme une défense contre toute vie d'égoïsme déclarant que cela n'a pas d'importance tant que l'on se souvient de Dieu au moment de la mort. Vrai, mais il doit être lu en conjonction avec les autres versets qui le précédent et le suivent, surtout celui juste après, c'est-à-dire :

तस्मात्सर्वेषु कालेषु मामनुस्मर युध्य च ।
मय्यर्पितमनोबुद्धिर्मामेवैष्यस्यसंशयम् ॥ 7॥

Arjuna, si tu veux M'atteindre ici et dans l'au-delà, alors pense à Moi constamment. Même en combattant, fixe ton mental et ton intellect sur Moi. Ainsi sans aucun doute tu viendras à Moi[1].

Sri Aurobindo dit clairement que cette vérité opère si l'on s'est souvenu de Dieu tout au long de sa vie. Les Écritures nous indiquent également les deux chemins différents que suit l'âme au moment de son départ. L'un est le chemin des ancêtres (*pitrayana*) ou le chemin du solstice sud dont il faut revenir après un certain temps, c'est-à-dire renaître à nouveau. L'autre est le chemin des dieux (*devayana*) ou le chemin du solstice du nord d'où l'on ne revient pas dans le monde de la douleur. Quel est la logique intérieure de ceci ?

Comme nous l'avons vu, le moment de la mort est un moment d'intense concentration. C'est la concentration vers l'intérieur de soi afin que l'âme puisse se désengager progressivement du corps physique et aller se reposer dans son monde d'origine de la quatrième dimension. Le processus est donc très similaire à une concentration méditative sauf qu'ici il prend une forme extrême de non-retour. Or si l'on peut utiliser ce moment de concentration intense, facilité ou précipité par la nature elle-même, on peut obtenir un élan remarquable dans notre voyage intérieur. Ainsi l'âme du Yogi se retire lorsqu'il concentre sa conscience sur l'un des centres supérieurs de concentration qu'il a pratiqué et peut-être maîtrisé au cours de sa vie. D'un autre côté, l'homme ordinaire est impuissant, séparé de son corps par la force de la mort et ressent donc la douleur et l'agonie de cette séparation. La mort est aussi un moment d'oubli intense et il ne reste que ce qui a toujours été au plus profond de notre mental. C'est comme lorsqu'on est confronté à un danger dans un rêve, qui appelons-nous et nous souvenons-nous ? Pas nécessairement les dieux que nous adorons rituellement le dimanche mais cette personne ou chose ou Force à laquelle nous sommes intimement attachés et que nous chérissons profondément. De même lors de la mort on a tendance à rester coincé avec les tendances prédominantes de la vie. Si l'on a toujours été

---

1  La Bhagavad Gita : Chap. 8, verset 7.

préoccupé par l'argent par exemple, on a tendance à s'inquiéter de l'argent à l'heure de la mort, aussi absurde que cela puisse paraître. De même si l'on a été très attaché à ses enfants dans la vie on ne pense qu'à cet attachement pendant la mort. Alors le grand conseil :

*Souviens-toi de Moi à tout moment et combats la grande bataille de la vie.*
*Tu viendras sans aucun doute à moi.*

L'idée maîtresse est donc que si notre vie a eu un sens, notre mort et notre départ auront eux aussi une signification. Ce n'est pas pour dire que la vie est une préparation à la mort. Mais simplement que nous pouvons rendre notre mort utile en menant une vie pleine de sens tournée vers le Divin. La mort est elle aussi un instrument de Dieu et peut être utilisée pour donner un élan évolutif supplémentaire à nos vies au-delà et par la suite si nous pouvons quitter le corps calmement dans un état de Grâce, dans un état de concentration sur la Présence Divine en nous. C'est la meilleure façon de partir et qui crée les meilleures conditions pour une vie après la mort.

Ainsi l'injonction finale :

प्रयाणकाले मनसाऽचलेन
भक्त्या युक्तो योगबलेन चैव ।
भ्रुवोर्मध्ये प्राणमावेश्य सम्यक्
स तं परं पुरुषमुपैति दिव्यम् ॥ ८-१० ॥

Au moment du départ, concentre ton mental sur Moi et avec dévotion et le pouvoir du yoga unis toi à Moi. En te concentrant au milieu des sourcils et en équilibrant les différents courants du prana tu atteindras la demeure du Divin Suprême[1].

### Le moment de la mort est-il fixé ?

Cela nous amène à la dernière question sur le moment du départ. Le moment du coup fatal est-il fixé ? L'heure de la mort peut-elle être différée d'un point de vue intérieur ? La question n'a d'intérêt qu'académique pour le scientifique matérialiste puisque selon la science matérielle, le moment de la mort n'est pas fixe. Ce n'est que la durée de vie moyenne d'une espèce qui est fixe et chez l'homme au moins elle montre une grande variété. Au contraire, nous avons des exemples authentiques de yogis prédisant leur heure de départ. Un point de

---

1   La Bhagavad Gita : Chap. 8, verset 10

vue plus conforme à l'expérience de ceux qui sont revenus (EMI) ainsi qu'avec la logique de la vie intérieure serait qu'il n'y a pas une fixité aussi absolue qu'on le suppose ordinairement. Peut-être y a-t-il certaines périodes de la vie où, pour diverses raisons, il y a une forte possibilité de mort. Les astrologues parlent de telles périodes connues en Inde comme *mrityudasha* lorsque les possibilités de mort sont très élevées. Possibilité oui, mais pas nécessairement inévitabilité. Mais si par une volonté supérieure ou une intervention spirituelle on est capable de passer par cette phase alors l'heure de la mort peut être reportée. Bien sûr, la masse commune de l'humanité vivant mécaniquement peut être soumise à un certain déterminisme fixe en ce qui concerne la vie et la mort. Avec l'évolution, cette fixité doit progressivement céder la place à une plus grande maîtrise venant de l'intérieur jusqu'à ce que nous atteignons un point où nous sommes en contrôle total de notre destin et des circonstances de la vie et de la mort. C'est cette maîtrise extrême que nous voyons dans la vie de rares yogis qui ne prédisent pas l'heure de leur mort mais choisissent le moment et les circonstances. Même les grands êtres (qui sont appelés en Inde *vibhutis*) peuvent retarder l'heure de leur mort. La Mère raconte une telle histoire à propos de la reine Elizabeth I, qui sur son lit de mort, émue par l'agonie de ses sujets se lève et remarque, «Mais on peut mourir plus tard.»

## L'Esprit de la mort

Toutes les traditions croient dans l'ensemble aux êtres qui viennent emporter l'âme et l'aide à se séparer du corps. Dans la littérature indienne, un tel être est connu sous le nom de *Yamadoot*. L'expérience mystique et l'expérience de quelques-uns qui ont survécu à la mort affirme qu'il y a une part de vérité dans cette notion d'un être. Cependant, contrairement à la croyance populaire, ce ne sont pas des forces du mal, tout comme le bourreau qui obéit aux ordres du juge n'est pas une mauvaise personne, mais simplement un travailleur obéissant faisant son devoir assigné. Alors ces êtres aussi ont éventuellement un certain nombre fixe de personnes qui leur sont affectées, le nombre nécessaire peut-être pour maintenir l'équilibre des naissances et des morts (tout comme l'équilibre de l'énergie et de la matière doit rester constant à tout moment). Si tel est le cas alors il semble rationnel, ou supra rationnel si l'on peut dire, qu'il existe une certaine souplesse dans leur fonctionnement qui nous apparaît comme un élément arbitraire. Ils ont un nombre fixe à prendre parmi ceux qui sont intérieurement prêt à mourir, c'est-à-dire ceux dont l'âme et l'être intérieur ont pris la décision de quitter cette formation actuelle. Maintenant, si une personne (son âme profonde et non seulement son être extérieur fantaisiste) prend une décision de dernière minute de vivre encore un peu pour quelque raison que ce soit, il est fort probable que l'esprit de la mort peut aller ailleurs vers quelqu'un qui est «prêt», et il est tout à fait possible que ce «prêt» de remplacement vive à proximité physique de la personne initialement prévue.

L'esprit de la mort doit aussi s'incliner et obéir aux ordres de la divinité intérieure de l'homme, son âme secrète.

## Regarder dans les Yeux de la Mort

(Prédire l'imprévisible et modifier le prévisible) D'authentiques cas sont connus où les gens ont prédit leur propre mort. Parmi certains des exemples bien connus sont ceux de grands yogis comme Swami Vivekananda et Paramhamsa Yogananda entre autres. Evidemment on ne s'attend pas à voir un yogi se promenant en battant son tambour et faire des déclarations qui semblent extravagantes. Pourtant, les indices sont suffisants et pointent vers le mystère plus subtil de la mort et vers le fait que la maîtrise de soi est aussi l'une des clés de la maîtrise de la mort.

Même si les voyants peuvent être capables de prédire le moment et le lieu précis de la mort, ils peuvent ne pas interférer avec elle puisqu'ils connaissent son but et la totalité des rythmes cosmiques. Il existe un plan de conscience de l'éternité Temporelle où les trois modes du temps - passé, présent et futur – fusionnent et coexistent. La division est créée à cause du voile de l'Ignorance suspendu sur le mental, divisant ainsi l'unique unité indivisible en petits fragments. Mais le voyant peut s'élever jusque dans la demeure du temps indivisible et voir les choses ensemble d'un seul coup.

Il y a aussi la question des *rêves et des visions* de clairvoyance. La mère raconte une telle histoire dans laquelle un homme a vu dans son rêve un garçon lui demandant d'entrer dans un cercueil. Le lendemain matin, cet homme se tenait aux portes de l'ascenseur pour descendre lorsqu'à sa grande horreur il s'aperçut que le garçon de son rêve était exactement le même garçon qui actionnait l'ascenseur. Comprenant soudainement la vraie signification de son rêve l'homme a poliment décliné, choisissant de prendre les escaliers. A peine l'ascenseur descendit-il que le câble s'est rompu, tuant tous les occupants. Cercueil en effet ! Il existe de nombreux cas de rêves prémonitoires et d'étranges décisions inexplicables soudaines qui ont sauvé ou protégé la vie d'accidents. Dans un autre cas, une collègue souffrait d'une tumeur maligne à un stade avancé. Athée rationnelle déclarée, elle s'était récemment tournée vers le Divin. Peut-être le contact étroit avec la mort et la bienveillance immense de sa nature ont-ils ouvert en elle une faculté inattendue de vision intérieure. La plupart de ses visions étaient vraies et concernaient en grande partie son propre état intérieur et extérieur, à tel point qu'elle pouvait réellement voir les cellules cancéreuses flottant dans son abdomen alors que les examens, y compris le scanner, ne montraient rien. Aux alentours du 27 ou 28 mai 1991, elle fit un rêve intéressant dans lequel elle essayait en vain de déplacer les aiguilles d'une horloge qui étaient bloquées à 6 :30. La couleur de l'horloge était d'un rose inhabituel et elle a vu de nombreuses fleurs de jasmin, ses préférées tout autour. Le sentiment intuitif de son rêve était qu'il lui restait six mois et demi à vivre. L'horloge le suggérait. La couleur rose et la présence de fleurs de jasmin (nommée pureté par la Mère) suggéra que la vision du rêve provenait des profondeurs de son âme. Cette interprétation ne lui a cependant pas été communiquée. Mais effectivement elle a quitté son corps exactement six mois et demi plus tard, le 14 décembre 1991 !

Toutefois, il faut noter que de se voir mourir en rêve ne signifie pas nécessairement une prémonition de la mort. Le plus souvent, cela indique l'abandon ou le délaissement de quelque chose du passé. C'est donc surtout un rêve avec une signification positive, important sur le plan symbolique. A un autre niveau, on peut aussi suggérer que même la mort physique est un abandon du passé, afin que notre âme puisse se déplacer vers l'avenir. Il existe aussi des cas où l'intervention d'une puissance supérieure a apparemment modifié le décret fixé et fatal. L'exemple du roi moghol Babar priant pour la vie de son fils en échange de la sienne quand le prince eut une maladie mortelle est bien documenté dans l'histoire. L'histoire raconte qu'à la suite de ses prières, le fils a survécu tandis que le père a quitté son corps. L'ancien conte indien de Ruru suit des lignes similaires. Ruru est un jeune *rishi* dont la jeune épouse Pramadvara est mordue par un serpent et meurt. Le *rishi* est accablé de chagrin mais il se ressaisit bientôt et avec toute sa connaissance occulte voyage vers les mondes inférieurs où se trouve la demeure de la Mort. Il y plaide sa cause à tel point que Yama lui-même en est ému. Il accepte de rendre la bien-aimée de Ruru si le jeune rishi accepte de renoncer à la moitié de sa propre vie. Le rishi accepte volontiers et retrouve sa femme décédée en vie. Sri Aurobindo évoque cette histoire significative dans l'un de ses beaux poèmes «L'Amour et la Mort" :

> *Ta mort je donne. Pourtant tu penses à toi, mortel,*
> *Non comme un mal ennuyeux ni pour être*
> *Légèrement rejeté et donné aux dieux de la vieillesse,*
> *Mais tranquille, auguste, faisant facilement*
> *L'ascension abrupte vers Dieu. C'est pourquoi, le Temps doit*
> *Frapper encore la gloire et la forme de la jeunesse*
> *Et l'aisance forte et magnifique de l'animal,*
> *Pour avertir l'homme terrestre qu'il est esprit*

*Trainant avec le transitoire, mais qu'il ne se termine pas avec la mort,*
*Ni aux bras chauds de la mère muette n'est lié,*
*Mais appelé à naître dans les cieux à naître.*
*Car le corps s'efface avec l'âme qui grandit*
*Et l'ampleur de sa limite devenue intolérante*
*Remplace les joies impétueuses de la vie par la paix[1].*

Ces possibilités de conquête partielle sur la mort sont peut-être rares et pas encore accessibles à la masse de l'humanité qui doit encore souffrir sous le terrible joug. Néanmoins, elles indiquent une possibilité plus profonde qui pourrait bien se généraliser dans la race à mesure que l'humanité progresse dans sa marche évolutive et l'exceptionnel devenir le commun, et le rare devenir le fréquent. La légende de Savitri arrachant son mari des mains de la mort est un tel conte, ouvrant les portes à la possibilité de vaincre la mort par un pouvoir supérieur, celui du véritable amour.

Nous disposons ainsi d'un large éventail de possibilités :

Au plus bas de l'échelle se trouve la masse de l'humanité, pas encore éveillée à une possibilité plus profonde et plus élevée, et qui, à l'exception de rares cas d'intervention spéciale sont *entièrement soumis à la loi de la mort* de la même manière qu'ils sont poussés impuissants, par la force de la vie et des désirs.

Puis, il y a ceux qui peuvent dans une certaine mesure modifier l'équilibre et au moins *retarder le moment du départ* par une volonté plus profonde. Enfin, nous avons l'exemple des rares yogis qui ont maîtrisé leurs vies et sont donc maîtres de leur destin et de leur mort. Ils sont libres de la loi de la mort même s'ils semblent mourir comme n'importe qui d'autre. La Mort devient leur instrument et non eux ses esclaves. De telles personnes peuvent, et peut-être même toujours, choisir consciemment les conditions de leur départ et son heure. En d'autres termes, le secret de la maîtrise de la mort réside dans le secret de la maîtrise de la vie.

## La Question de la Crémation

La méthode de crémation n'a pas d'importance si un délai suffisant a été accordé pour que la connexion soit coupée. Cependant, deux considérations suivent. Premièrement, la coutume de l'incinération est généralement considérée comme plus hygiénique et constitue un dernier rite, même symbolique de coupure des liens avec la terre. Deuxièmement, l'offrande du corps au feu est aussi un puissant symbole de purification puisque l'âme a souvent été

---

1   Sri Aurobindo: 'Love and death', Collected Poems, pp.253-254.

représentée comme un feu par les voyants védiques. Il y a aussi l'avantage que les reliques laissées sous forme d'ossements peuvent être dispersés à l'endroit de notre choix.

Cependant, le moment choisi joue un rôle crucial. La Mère a décrit l'état de certains êtres qui frémissaient pendant la crémation parce que leurs corps étaient livrés au feu prématurément. Le lien n'était pas encore complètement coupé (en moyenne, il faut vingt-quatre heures comme mentionné précédemment) mais la plupart des gens trouvent peu pratique de garder le corps aussi longtemps et se précipitent donc pour s'en débarrasser. Ceci est regrettable. Mais si l'on pouvait attendre que le retrait définitif ait eu lieu, cela ne fait aucune différence que l'on utilise telle ou telle méthode. Car, une fois que l'âme s'est détachée du corps avec toutes ses enveloppes alors ce n'est plus qu'un cadavre. Certains peuvent demander si l'enterrement est une meilleure méthode ? Pas nécessairement, puisque le corps dans ce cas peut servir d'attraction vers la terre pour le défunt ainsi que pour d'autres forces qui se nourrissent du cadavre. Néanmoins, les corps de ces rares grandes âmes (Mahatmas) n'étaient pas brûlées mais recevaient une sépulture appelée *samadhi*. La raison en est que le corps d'un Mahatma continue d'agir comme un transmetteur de vibrations supérieures et enrichit ainsi la terre.

Et qu'en est-il des pyramides glorifiées avec leurs momies ensevelies ? Il semble que les gens de cette époque et de ce pays considéraient la mort davantage comme un prolongement de la vie sur terre. Compte tenu de la somme d'argent et de la main-d'œuvre consacrés à cette tâche, le cortège et le bétail ainsi que parfois les êtres humains enterrés vivants pour satisfaire le confort et les désirs du roi qui n'était plus, tout ceci est très discutable. Il ne s'agit pas de nier l'existence d'une connaissance occulte développée (connaissance des forces cachées de la vie et de la mort) chez les Égyptiens, mais plus grande que la connaissance occulte, il y a la sagesse spirituelle, qui doit indiquer et éclairer toute connaissance. Cela semble avoir été oublié ou pas encore complètement compris si les pyramides sont un témoignage de l'âge et des temps des rois Pharaon. *La momification* est souvent confondue avec l'embaumement, mais les deux sont très différents. L'embaumement est une procédure moderne basée sur une connaissance matérielle et chimique. Elle consiste à préparer le corps de manière à empêcher la décomposition pendant quelques jours. C'est un processus physique. La momification telle qu'elle était pratiquée dans l'Égypte ancienne reposait sur une connaissance occulte. Il existe un mental de la matière, des cellules, qui est le dernier à se retirer après quoi le corps commence à se décomposer. Les anciens Égyptiens savaient conserver cet esprit de la forme par le procédé spécial de momification. Ainsi le corps ne se désintégrait pas pendant longtemps puisque l'esprit de la forme était préservé. D'ailleurs, certains membres de la lignée royale étaient eux-mêmes initiés aux mystères secrets, comme la fille d'un pharaon qui dirigeait une école secrète d'initiation à Thèbes. La Mère a même mentionné que la forme momifiée de cette femme aurait été responsable d'un certain nombre de catastrophes et pour des raisons évidentes. En ce qui concerne la curiosité qui vise les momies, la Mère a dit :

> *''N'est-ce pas, on commence par faire une chose infâme — ces momies sont enfermées dans une boîte, d'une forme spéciale suivant la personne, avec tout ce qu'il faut pour les conserver — alors, on ouvre la boîte, plus ou moins violemment, on enlève quelques bandelettes ici et là pour mieux voir... Et étant donné que l'on ne momifiait jamais les gens ordinaires, c'étaient des êtres qui avaient réalisé une puissance intérieure considérable, ou des membres de la famille royale, des gens plus ou moins initiés.''*
>
> Entretiens de Mère, 10 Mars 1951

Il y a aussi d'autres religions qui croient qu'il faut laisser les corps aux éléments pour qu'ils se flétrissent naturellement. Cela dit, de telles choses sont en fin de compte une question de croyance personnelle et il est préférable de suivre les injonctions de sa propre foi à cet égard. Chaque méthode et pratique a sa propre logique et justification et il vaut mieux laisser chacun à son système de croyance intérieure[1].

## La Mort d'un Dieu

Y a-t-il une différence entre la mort du commun des mortels et celle des êtres ayant une conscience supérieure comme les saints et les sages ou encore les dieux incarnés, cette apparence la plus trompeuse de Dieu dans l'humanité - le phénomène de l'Avatara ? Les Dieux (êtres d'un plan de conscience supérieur lumineux) ne meurent que lorsqu'ils prennent un corps humain pour une oeuvre particulière. Mais même dans ce cas, il ne s'agit pas d'une mort comme nous l'entendons mais d'un retrait *conscient* du plan mortel vers les plans immortels contrairement à la mort du mortel qui est un retrait *inconscient*. Est-ce la même chose que n'importe quelle autre mort ? Certainement pas. Puisqu'il s'agit de puissances cosmiques, leurs répercussions ne sont pas non plus individuelles mais universelles. La simple présence de tels êtres sous une forme humaine attire des forces d'une dimension supérieure vers la terre réduisant ainsi une grande partie de notre fardeau et ouvrant la terre à des choses plus élevées. Certains êtres rares peuvent absorber stratégiquement bon

---

[1] Reportez-vous à l'appendice III : Le linceul de la mort pour la sagesse du Livre des morts Tibétain.

nombre des forces les plus sombres pour les annuler par leur propre mort un peu comme Shiva l'a fait symboliquement en consommant le poison de la terre[1]. Le résultat est une victoire partielle de la lumière même à travers la mort. Bien sûr tous les êtres de cet ordre supérieur ne disparaissent pas de la scène terrestre avec leur retrait. Certains continuent de rester consciemment liés à la terre jusqu'à ce que leur travail soit terminé. La disparition physique du monde sensoriel humain leur donne un grand avantage puisqu'ils peuvent maintenant se concentrer pleinement et continuer leur travail terrestre sans l'interférence constante de nos mentaux mesquins. Mais nous nous laissons facilement tromper par les apparences et fixons une date de naissance et de mort et pensons qu'ils n'existent plus. Cependant, ceux qui ont le feu dans le cœur peuvent non seulement obtenir la réponse intérieure, mais aussi les voir et communiquer avec eux. Les apparences trompent les yeux des mortels, mais non les yeux de l'âme. Et de toutes apparences la plus énigmatiquement trompeuse est l'apparence de la mort !

> *J'ai donné rendez-vous à la Nuit ;*
> *Dans l'abîme notre rencontre était fixée :*
> *Portant en ma poitrine la lumière immortelle de Dieu*
> *J'allai courtiser son coeur sombre et dangereux.*
> *J'abandonnai la splendeur du Mental illuminé*
> *Et la calme extase de l'âme divinisée*
> *Et parcourus une obscure, aveugle immensité*
> *Jusqu'au morne rivage où viennent battre les vagues de l'ignorance.*
> *J'avance dans la vase épaisse, fends la vague glaciale*
> *Et ce voyage harassant ne connaît toujours pas de fin ;*
> *Perdue est la divinité lumineuse au-delà du Temps,*
> *Aucune voix ne vient du céleste Ami.*
> *Et pourtant je sais que l'empreinte de mes pas*
> *tracera un chemin vers l'Immortalité[2].*

---

1   La légende raconte qu'il était une fois les dieux et les titans unirent leurs efforts pour brasser l'océan de la conscience et découvrir le nectar d'immortalité qui s'y cachait. Mais avant le nectar, il sortit des profondeurs de l'Inconscient le poison Kalkoot, qui menaçait l'existence de chaque être. Personne ne savait quoi faire jusqu'à ce qu'ému par leur agonie, Shiva apparaisse pour consommer le poison et le garder dans sa gorge, ce qui lui vaut le nom de Neelkantha, celui à la gorge bleue. L'histoire est profondément symbolique car pour conquérir l'immortalité, il faut d'abord vaincre la peur de la mort et être capable de consommer les choses amères et toxiques de la vie sans sourciller.
2   Sri Aurobindo : « Le pèlerin de la nuit », Poèmes, p.140

# Appendice III : Le linceul de la mort

**La Mort de Jeunes**
Rien ne blesse autant nos sensibilités humaines et notre croyance en un monde juste et équitable que la mort d'une personne jeune. S'il est plus facile d'accepter la mort quand on a vécu une durée de vie moyenne, il est très difficile d'accepter une mort prématurée, avec l'anéantissement soudain de tous les espoirs et de tous les rêves. Un dieu cruel a-t-il imaginé tout cela pour infliger la douleur ? Existe-t-il une puissance contraire qui défigure les œuvres du Créateur suprêmement-aimant ? Est-ce quelque fantôme d'un karma révolu revenant du pays des morts ? Est-ce juste pour nous faire prendre douloureusement conscience, comme sous l'effet d'un choc, du caractère éphémère et impermanent de la vie terrestre ? Comment accepter tout cela et continuer la vie, les espoirs et les rêves ?

Ces questions n'ont pas de réponse facile. Ce qui suit est une réponse au mystère et à l'énigme du paradoxe de la vie quand Dilip Kumar Roy, le célèbre chanteur musicien-poète du Bengale devenu plus tard un disciple de Sri Aurobindo, lui a posé cette question à propos du décès d'une jeune chanteuse à l'âge de vingt-cinq ans. La question et le texte complet de la réponse qu'il a reçu sont reproduits ci dessous :

Dilip Kumar Roy : «Mais pourquoi une si belle fleur s'est-elle fanée prématurément avant même la floraison — assombrissant ainsi tous ceux qui la connaissaient et l'aimaient pour son chant exquis et son caractère pur comme neige ? En même temps regardez les ombres qui s'allongent partout sur le monde ! Je crois en la Grâce mais elle n'agit, je crois, que sous certaines conditions qui semblent extrêmement peu susceptibles d'être remplies par des destinataires tels que nous. Alors pourquoi perdre votre précieux temps et votre énergie pour un tel monde où la direction divine semble presque accidentelle et déplacée à tous points de vue ? »

Sri Aurobindo : '' La question que vous avez posée soulève l'un des plus difficile et des plus compliqué de tous les problèmes et y répondre adéquatement nécessiterait une réponse aussi longue que le plus long chapitre de ma *Vie Divine*. Je ne peux qu'énoncer mes propres connaissances fondées non sur le raisonnement mais sur l'expérience qu'il *existe* un tel guide et que rien n'*est* vain dans cet univers.

''Si nous ne regardons que les faits extérieurs dans leur apparence de surface ou si nous considérons ce que nous voyons se produire autour de nous comme définitif, et non comme le phénomène d'un instant dans un ensemble en développement, l'aide n'est pas apparente ; tout au plus voyons-nous des interventions occasionnelles ou parfois fréquentes. L'aide ne peut devenir évidente que si nous allons au-delà des apparences et commençons à comprendre les forces en jeu et leur mode de fonctionnement et leur signification secrète. Après tout, la vraie connaissance — même la connaissance scientifique – se trouve en allant derrière les phénomènes de surface vers leurs processus et causes cachés. Il est bien évident que ce monde est plein de souffrance et affligé de fugacité à un degré qui semble justifier la description de la Gita comme ce « monde malheureux et transitoire », *anityam asukham*. La question est de savoir s'il s'agit d'une simple création du Hasard ou gouverné par une Loi mécanique inconsciente ou s'il existe un sens et quelque chose au-delà de son apparence actuelle dans laquelle nous nous déplaçons. S'il y a un sens et quelque chose vers quoi les choses évoluent, alors, inévitablement, il doit y avoir une aide — et cela signifie qu'il y a une Conscience et une Volonté qui soutient avec laquelle nous pouvons entrer en contact intérieur. S'il existe une telle Conscience et une Volonté, il est peu probable qu'elle ne rende vain le sens du monde en l'annulant ou en en faisant un échec perpétuel ou futur.

« Ce monde a un double aspect. Il semble être basé sur une inconscience matérielle, l'erreur et le chagrin, la mort et la souffrance en sont les conséquences nécessaires. Mais il y a évidemment, aussi, un effort partiellement réussi et une croissance imparfaite vers la Lumière, la Connaissance, la Vérité, le bien, le Bonheur, l'Harmonie, la Beauté - au moins une floraison partielle de ces choses. Le sens de ce monde doit évidemment résider dans cette opposition ; il doit s'agir d'une évolution qui mène ou qui lutte vers des choses plus hautes à partir d'une première apparition plus sombre. Quelle que soit l'orientation donnée celle-ci doit être fournie dans ces conditions d'opposition et de lutte et doit certainement diriger l'individu, et le monde vraisemblablement, vers cet état supérieur mais à travers les doubles termes de connaissance et d'ignorance, de lumière et de ténèbres, de mort et de vie, de douleur et de plaisir, de bonheur et de souffrance ; aucun des termes ne peut être exclu jusqu'à ce que le statut supérieur ne soit atteint et établi. Ce n'est pas et ne peut pas être, d'ordinaire, une orientation qui rejette immédiatement les termes les plus sombres, encore moins une guidance qui ne nous apporte uniquement et toujours que le bonheur, le succès et la bonne fortune. Sa principale préoccupation est la croissance de notre être et de notre conscience, la croissance vers un niveau supérieur, vers le Divin, éventuellement vers une Lumière, une Vérité et une Béatitude plus élevées ; le reste est secondaire, parfois un moyen, parfois un résultat, pas une finalité première.

«Le véritable sens du guide devient plus clair lorsque nous pouvons aller en profondeur dedans et voir de là – plus intimement le jeu des forces et recevoir des intimations de la Volonté derrière eux. L'esprit superficiel ne peut qu'en avoir un aperçu imparfait. Lorsque nous sommes en contact avec le Divin ou en contact avec une connaissance ou une vision intérieure, nous commençons à voir toutes les circonstances de notre vie sous un jour nouveau et à observer comment elles ont toutes tendu sans que nous le sachions vers la croissance de notre être et de notre conscience, vers le travail que nous devions faire, vers certains développements qui devaient être faits - non seulement ce qui semblait bon, heureux ou réussi mais les luttes, les échecs, les difficultés, les bouleversements. Mais avec chaque personne, l'aide œuvre différemment selon sa nature, les conditions de sa vie, la catégorie de sa conscience, son stade de développement, son besoin de plus d'expériences. Nous ne sommes pas des automates mais des êtres conscients et notre mentalité, notre volonté et ses décisions, notre attitude et exigence face à la vie, nos motifs et nos mouvements aident à déterminer notre route ; ils peuvent conduire à beaucoup de souffrances et de maux, mais le guide utilise tout cela pour la croissance de notre expérience et par conséquent le développement de notre être et de notre conscience. Tous avancent quelles que soient les voies détournées, même en dépit de ce qui semble être un retour en arrière ou un égarement, rassemblant toute l'expérience nécessaire au destin de l'âme. Lorsque nous sommes en contact étroit avec le Divin, une protection peut venir qui nous aide ou directement nous guide ou nous fait bouger : il ne jette pas de côté toutes les difficultés, les souffrances ou les dangers, mais il nous porte à travers eux et hors d'eux - sauf si, pour un but spécial, il y a besoin du contraire.

«C'est la même chose mais à plus grande échelle et dans un contexte plus complexe avec la direction du mouvement mondial. Cela semble se mouvoir selon les conditions et les lois ou les forces du moment à travers des vicissitudes constantes, mais il y a toujours quelque chose en lui qui pousse vers le but évolutif, bien qu'il soit plus difficile à voir, comprendre et suivre que dans le champ plus restreint et plus intime de la conscience et de la vie individuelles. Ce qui se passe à un moment donné ou dans l'action mondiale ou la vie de l'humanité, si catastrophique soit-elle, n'est finalement pas déterminant. Ici aussi, il faut voir non seulement le jeu extérieur des forces dans un cas particulier, mais aussi le jeu intérieur et secret, l'issue lointaine, l'événement qui se trouve au-delà et la Volonté qui œuvre derrière tout cela. Le mensonge et les ténèbres sont puissants partout sur la terre, et l'ont toujours été et parfois ils semblent dominer ; mais il y a eu aussi non seulement des lueurs mais des éclats de Lumière. Dans le labyrinthe des choses et le long cours du Temps, quel qu'en soit l'apparence de telle ou telle époque ou mouvement, la croissance de la Lumière est là et la lutte pour de meilleures choses ne cesse pas. A présent, le Mensonge et les Ténèbres ont rassemblé leurs forces et sont extrêmement puissants ; mais même si nous rejetons l'affirmation des mystiques et prophètes depuis les temps anciens qu'un tel état de choses doit précéder la Manifestation et est même un signe de son approche, cela n'indique pas nécessairement la victoire décisive — même provisoire — du Mensonge. Cela signifie simplement que la lutte entre les forces est à son apogée. Le résultat pourrait très bien être l'émergence la plus forte de ce qui est le mieux possible ; car le mouvement mondial fonctionne souvent de cette manière. J'en reste là et ne dis rien de plus.

''X avait atteint un stade de son développement marqué par une prédominance de la nature sattwique, mais n'avait pas un vital fort (qui travaille pour une vie réussie ou heureuse) ni l'ouverture à une lumière supérieure – son éducation mentale et l'environnement s'y opposaient et elle-même n'était pas prête. La mort prématurée et beaucoup de souffrance peuvent avoir été les résultats d'influences passées (prénatales) ou elles peuvent avoir été choisies par son propre être psychique comme un passage vers un état supérieur pour lequel elle n'était pas encore préparée mais vers laquelle elle se dirigeait. Ceci et la non-réalisation de ses capacités pourrait être une tragédie ultime s'il y avait cette vie seule. Telle qu'elle est, elle est passée dans le sommeil psychique pour préparer sa vie à venir''[1].

Trois éléments ressortent : Premièrement, le caractère trompeur des apparences. C'est quelque chose que nous rencontrons encore et encore dans la vie mais plus encore dans notre relation avec la Mort puisque c'est une apparence que ni la science ni la raison ne peuvent pénétrer. Jusqu'à ce que nous développions en nous les facultés et les instruments d'une connaissance supérieure, nous devons nous appuyer sur la foi et nous tourner vers ceux qui

---

1   Sri Aurobindo came to me.

ont percé le voile et vu à travers les ténèbres de la nuit de la mort. Rien n'est vraiment perdu, certainement pas la personne sauf pour l'expérience de nos sens.

Deuxièmement, plusieurs facteurs interviennent dans ce jeu complexe des forces du monde, facteurs utiles et nuisibles, éléments qui aident et qui entravent. Dans ce jeu du monde, la vérité et le mensonge sont enfermés ensemble et tout ce qui s'y déroule n'est pas l'expression directe de la Volonté Divine. Il y a des accidents et des délais. L'harmonie que nous recherchons n'est pas là, sauf dans notre mental. Malgré tout cela l'âme grandit, et là est l'espérance, et non une vie de succès et de bonheur ininterrompus dans chaque vie. L'âme choisit et utilise tout cela comme matériaux pour sa progression vers le haut. Du point de vue de l'âme, la vie et la mort sont comme un jeu de serpents et d'échelles. Il y a une joie dans le jeu et un sentiment d'accomplissement, de maîtrise et de victoire contre vents et marées, même si cela signifie perdre la partie plusieurs fois.

Finalement le choix même de l'âme n'est pas le choix que le vital et le mental préfèrent, qui ne recherchent seulement qu'un bonheur ignorant et un gain temporaire. Ainsi une âme peut décider de quitter le corps prématurément si elle constate qu'un nouveau corps est nécessaire pour recommencer la vie et avancer plus vite comme dans l'exemple ci-dessus. Ou bien elle peut quitter le corps d'un enfant s'il ne lui suffisait que d'une trace d'expérience pour passer à l'échelon suivant. Si le corps n'est pas en mesure de soutenir l'âme intérieure alors il doit être changé. Nombreuses sont les causes intérieures et subtiles qu'il nous reste encore à connaître et à découvrir. Même les soi-disant accidents sont finalement utilisés pour le progrès rapide de l'âme. En réalité, plus la difficulté est grande, plus le progrès est important.

## Étrange attachement - Un poème prophétique

*La lettre reproduite ci-dessous a été écrite par une jeune fille de seize ans à son père le jour de son anniversaire. Cela s'est avérée prophétique car elle est décédée d'un accident cinq ans plus tard, à 21 ans. La lettre soulève plusieurs questions (ou peut-être y répond-elle) par exemple celle d'une certaine capacité à prévoir le moment de la mort, la disparité dans les réactions du mental extérieur humain et de l'âme intérieure et comment une partie ressent du chagrin tandis que l'autre se sent heureuse alors qu'elle s'élève vers l'au-delà. Bien sûr, ce n'est peut-être pas l'expérience immédiate de tout le monde, mais c'est très certainement l'expérience essentielle. La lettre est reproduite dans sa forme originale.*

## ÉTRANGE ATTACHEMENT

Un corps immobile gisait sous moi,
J'ai ressenti un lien étrange avec lui,
un attachement.
Il m'appartenait, et j'aspirais à une autre
précieuse minute dedans.
Pourtant, je n'arrivais pas à me débarrasser de l'excitation
d'être libre.
Je me suis détournée et j'ai lentement commencé à m'élever.
Je n'ai pas pu m'empêcher de regarder en arrière,
Juste un dernier regard.
Le corps gisait là, il était encore plein
 d'égratignures et de sang.
Les souvenirs des 21 belles années que j'y avais
passées flottaient dans mon esprit.
Je me suis élevée et élevée,
Le bruit douloureux des sanglots et des gens
qui pleuraient s'estompait à mesure que je me dirigeais vers ma
nouvelle demeure.
Je me sentais seule mais heureuse, alors que j'entrais
 dans un monde entièrement nouveau -

Par A.<br>(31.1.95)

A papa,
Joyeux anniversaire en retard. Désolée, je suis en retard pour t'offrir ton cadeau. Désolée pour ce sujet aussi déprimant (la mort), c'est le mieux que je pouvais faire. J'espère que tu l'aimes. Tu ferais mieux de l'aimer j'ai travaillé dur.

«Amour»<br>Toujours.<br>A.

## Derrière le Rideau de Fer – Rencontres avec la Mort

*(Les histoires qui suivent sont celles de cas personnels de patients de l'auteur)*
La mort a plusieurs visages. Elle vient parfois comme un soulagement des misères humaines, comme pour donner du repos à quelqu'un qui a marché

durement et longtemps sur les routes rugueuses de la vie. Pour l'aventurier, c'est une surprise soudaine, coupant le fil de la vie pour rompre la monotonie de l'expérience et permettre une variation de thème. Pour d'autres, elle apparaît comme un destructeur qui brise des choses qui étaient belles et grandioses de même qu'elle détruit les choses mauvaises et laides. Elle peut agir comme un grand niveleur qui équilibre tout - les méchants et les saints, les bons et les vils. Elle porte son masque le plus terrible, quand elle emporte les enfants.

**Premier Cas – Décès d'un Enfant**

Arun était un enfant de 11 ans et demi, asthmatique depuis l'âge de 1 an et demi. Il avait besoin de nébuliseurs et de stéroïdes de temps en temps. Les assauts de l'asthme n'avaient cependant pas découragé son esprit. Il venait d'un milieu extrêmement modeste mais rêvait de grandes choses. Né dans un village Indien, il était fasciné par la voiture utilisée par le président Américain et voulait même s'y asseoir. Il rêvait aussi de piloter un jour des avions et de visiter de nombreux pays étrangers. Ces rêves n'étaient pas compatibles avec son éducation et ses parents essayaient de les étouffer. La famille avait déménagé de Jaipur (sa ville natale) à Bangalore (en raison d'une mutation) en mai 2000. L'enfant a fait une remarque étrange qu'il ne retournerait plus jamais à Jaipur. C'était surprenant car le climat lui convenait bien et son asthme avait presque disparu. Le 2 juillet 2000, la mère du garçon eut un rêve dans lequel elle voyait un jouet cassé. Cela la perturbait beaucoup. Quelques jours plus tard, alors qu'elle offrait de l'encens à leur divinité, elle remarqua la fumée qui montait vers une photographie de l'enfant placée à proximité. Cela la troubla encore et elle ressentit un profond malaise. Le 8 juillet, le garçon s'était plaint d'une légère irritation de la gorge qui fut soulagée avec des boissons chaudes. L'irritation était réapparue le matin du 9 juillet. Il n'y avait ni fièvre ni essoufflement, mais le père a jugé prudent de le faire examiner dans un hôpital voisin. Le garçon y fut admis. De l'oxygène, un nébuliseur, de l'asthaline et des stéroïdes lui furent administrés. L'enfant devint essoufflé soudainement à 7h30 et il mourût à 8h30 malgré tous les efforts.

La veille de sa mort, le garçon avait déclaré : « Ma mère est Américaine.» Sa mère perplexe lui avait répondu qu'elle n'était pas Américaine. Le garçon a insisté, «Tu le seras.» Était-ce une déclaration sérieuse ou un babillage d'enfant ? Était-ce son passé lorgnant par une fenêtre de son être intérieur laissée entrouverte, ou était-ce une voix de son avenir l'appelant de terres inconnues et de climats lointains ? S'agissait-il d'un choix intérieur secret de changer de scène ? Nous ne le saurons peut-être jamais. Mais en regardant en arrière, on se pose des questions. Des questions telle que, 'choisissons-nous de mourir' émergent et exigent une réponse. Voilà un enfant doté d'un vital expansif qui pensait et rêvait grand, mais né avec un corps faible. Son père souvent lui faisait remarquer : «Tu ne peux pas devenir pilote avec ce problème d'asthme !» Son milieu et l'environnement dans lequel il aurait à lutter pour réaliser ses rêves n'étaient pas non plus compatibles. La mort était-elle une issue facile ? Ou était-ce simplement que le corps s'est effondré sous la pression d'une poussée soudaine de force vitale (comme cela arrive à l'entrée dans l'adolescence) ? Dans tous les cas il y avait un déséquilibre. Il n'y avait que deux possibilités pour l'âme. L'une, lutter et atteindre un équilibre supérieur. L'autre, succomber et changer de forme pour une forme plus adaptée au type d'expérience dont elle avait besoin. Elle a choisi cette dernière.

Cela naturellement ne console pas les parents en deuil et les autres qui restent. On est profondément attaché à la forme. L'âme semble loin de nous et ses intimations sont trop rares pour que notre être de surface puisse les entendre et les comprendre. Ce qui aide ceux qui restent est d'entrer en contact avec l'âme. Et ensuite d'invoquer la paix. Une telle paix, si elle est correctement invoquée, a le pouvoir de dissoudre la souffrance. Les parents pris dans la toile de la douleur ne peuvent pas le faire eux-mêmes. Le médecin ou quelqu'un d'autre doit le faire pour eux. Un contact avec l'âme montre clairement que la mort n'est qu'un passage que l'être choisit pour son parcours évolutif. On se rend compte que celui qu'on a aimé n'est pas perdu mais qu'il a seulement changé d'apparence. La libération définitive de la douleur de la mort n'est possible que pour ceux qui peuvent entrer dans le sens de l'unité qui existe derrière toutes les formes séparées. On voit alors que ce que l'on aime sous des formes et des noms différents, c'est le «UN» qui n'est jamais perdu mais qui existe toujours sous différentes formes et nous sourit invariablement à travers des yeux différents.

## Deuxième cas – La Mort, une Nécessité Evolutive

Attendre une mort lente et quasi certaine est une situation pire que la mort elle-même. C'est aussi est le lot de certains. Rajeev, un garçon de quatorze ans fut amené pour une consultation par ses parents car il se sentait déprimé et envisageait le suicide. La raison en était le diagnostic de dystrophie musculaire progressive, une maladie sans traitement connu conduisant invariablement à une mort lente dans l'impuissance. Le diagnostic avait été posé quelques années plus tôt alors qu'il se trouvait au seuil de l'adolescence. Normalement, l'adolescence est synonyme d'une plus grande puissance, de plus de capacité et d'une joie et d'un frisson de la vie plus intense. Mais chez lui la contradiction était évidente. Il avait commencé à perdre sa capacité à courir et à marcher, puis même à se tenir debout. Il ne pouvait pas se tenir debout même avec un soutien. Il a ensuite perdu la force de ses mains, ce qui l'a rendu presque incapable d'écrire ou de se nourrir. Son élocution a également été affectée et bien qu'il eût un mental clair, il ne pouvait pas s'exprimer pleinement. Attaché à son fauteuil roulant, il regardait les autres garçons avec envie, puis avec un sentiment croissant d'impuissance face à son destin. Quand il est venu en thérapie la pensée la plus importante dans son mental était : « Je ne peux pas faire ce que les autres peuvent faire, alors à quoi bon vivre ? Un dialogue sommaire s'ensuivit ainsi :

> Conseiller (C) : Je comprends votre état, mais est-il vraiment vrai que vous ne pouvez pas faire ce que les autres peuvent ?
> Rajeev (R) : Oui.
> C : Par exemple ?
> R : Courir ou marcher ou jouer ou manger ou n'importe quoi d'autre.
> C : Et la lecture ?
> R : Oui (une lueur dans les yeux car il lisait effectivement beaucoup).
> C : Et écouter, de la musique par exemple ?
> R : Oui, j'aime ça.
> C : Et réfléchir ?
> R : Je pense beaucoup.
> C : Et prier ?
> R : Oui, je prie.
> C : Vous priez pour quoi ?

R : Être guéri ; (après une pause) pour être complètement guéri, bientôt, de ma maladie.

Je ne sais pas ce que sa nature extérieure voulait dire mais l'impact de ces mots (vis-à-vis de son destin extérieur) ouvrit une porte de compréhension en moi. J'ai senti qu'il y avait une aspiration pour un nouveau corps, une autorisation secrète à la mort. Il semblait que cette vie était un bref intermède où quelque chose devait être appris de cet état d'abjecte impuissance. De quoi s'agissait-il ?

C : Supposons que je vous dise qu'il y a quelque chose que vous pouvez faire que la plupart des jeunes de votre âge ne font pas et ne peuvent peut-être pas faire.

R : Qu'est-ce que c'est ? (Il leva les yeux en changeant sa posture voûtée).

C : Voyez-vous, vous pouvez prier, réfléchir et lire. Vous pouvez combiner ces trois et rendre cela très puissant.

(La seule mention du pouvoir, même une faible possibilité de celui-ci lui a fait entrevoir l'espoir).

C : Vous voyez, cela s'appelle la méditation.

Il hocha la tête.

(À ma grande surprise, il connaissait cette pratique et avait lu quelque chose à ce sujet. En effet dernièrement, il lisait beaucoup de livres religieux).

C : Maintenant, pouvez-vous imaginer de belles choses ?

R : Oui.

C : Même des choses qui n'existent pas mais que vous voudriez voir exister. Pouvez-vous les imaginer ?

R : Oui, je peux.

C : D'accord, si quelqu'un vous disait que vous n'avez plus qu'un moment à vivre et que vous pouvez demander une faveur, que demanderiez-vous ?

R : Être guéri.

C : Oui, mais il ne reste plus qu'un moment à vivre. (Il a contemplé cette question jusqu'à ce qu'il en saisisse toute la portée, puis il a répondu spontanément).

R : Dieu.

C : Pourquoi ne le faites-vous pas alors ? Essayez de trouver Dieu. Voyez, votre impuissance devient une force maintenant. Vous n'êtes pas distrait comme les autres garçons de votre âge. Votre corps est faible mais votre mental très puissant et concentré. S'il y a un choix entre le corps et le mental alors lequel est le plus élevé ?

R : le Mental.

C : Et cela vous l'avez en abondance. Ne le gaspillez donc pas avec des pensées négatives. Vous pouvez utiliser votre mental dans des activités que les autres ne peuvent pas suivre.

Il était visiblement heureux et joyeux. Ses parents étaient soulagés. Ils n'y avaient jamais pensé de cette façon. Je leur ai dit que la mort viendrait quand il le faudrait. Pourquoi mourir avant cela en y pensant constamment et en la craignant ? La séance s'est terminée en lui donnant une liste de livres à lire et une série d'exercices mentaux d'imagination, de volonté et de pensée. Et bien sûr le besoin de ne jamais abandonner. Dans ce cas aussi, il semblait y avoir un déséquilibre, un déséquilibre entre le mental et le corps où la force vitale semblait s'être concentrée pour nourrir le mental. Que ce soit la cause première ou secondaire de son défaut génétique, je ne peux pas dire. Mais dans les deux cas, la mort était clairement un mécanisme utilisé par la Nature pour renouveler l'expérience de la vie avec une forme nouvelle et peut-être meilleure, plus adaptée aux besoins évolutifs de l'âme. Le «remède» qu'il recherchait était peut-être trop radical. Aujourd'hui, les scientifiques peuvent changer quelques organes ou quelques gènes. Mais la

Nature, le grand artisan, a changé le corps entier afin que l'âme puisse avoir des possibilités totalement nouvelles de progrès. La mort ouvre une nouvelle porte à la vie même si elle ferme la porte à cette vie ci.

### Troisième cas – Affronter la Mort avec le Sourire

Pouvons-nous transcender l'horreur que suscite la pensée de la mort ? La réponse à cela m'a été donnée par une enfant de huit ans alors que j'étais étudiant en médecine. J'étais attiré par cette charmante jeune fille. En fait, cette petite de huit ans nous fascinait tous par son enthousiasme. Elle débordait de joie. La rencontrer, c'était se sentir rafraîchi et rajeuni. D'une manière ou d'une autre, nous n'avons jamais essayé de sonder sa maladie. Elle n'a jamais eu l'air malade. Nous avons donc été surpris un jour quand elle nous a demandé : « Connaissez-vous ma maladie ? Nous avons fait non de la tête. Elle a dit : «J'ai un cancer du sang.» Puis elle a fait un grand sourire comme si c'était une blague. Nous avons ressenti un coup de poignard de la misère, de l'impuissance totale de la vie, de l'imprévisibilité de l'existence corporelle. Mais le visage de l'enfant ne reflétait que de la joie. Cette imprévisibilité même rendait le jeu de la vie encore plus palpitant pour elle ; l'impuissance de son corps éveillait en elle une force intérieure ; la misère de l'existence extérieure menait comme à un plus grand bonheur et une plus grande joie !

En tant que médecins, nous sommes conditionnés et formés à voir et à enregistrer les faits physiques bruts de sorte que le subtil échappe à notre attention. Par exemple, si nous sommes suffisamment perspicaces, nous remarquons qu'après la mort physique, il y a le retrait d'une lueur qui donne vie à la forme. Nous sommes tellement habitués à cette lumière que nous ne la remarquons pas à moins qu'elle ne disparaisse après la mort ou qu'elle ne soit exceptionnellement brillante chez quelques rares êtres humains. Sur le plan psychologique, on peut observer le « syndrome du renoncement », ou plus exactement l'absence de 'volonté de vivre 'quelque temps avant le début du déclin. Comme si quelque chose dans l'être choisissait d'abandonner et c'est cela qui se traduit physiquement par une maladie finale. Nous sommes tellement préoccupés par le processus que nous ne voyons pas la cause.

Mais cela laisse de nombreuses questions sans réponse. La plus simple est la suivante— pourquoi certaines personnes succombent elles tandis que d'autres luttent pour survivre ? Fred Hoyle a observé à juste titre qu'il y a quelque chose de plus que de simples germes et l'immunité, car les gens vivent encore malgré le manque d'hygiène et la malnutrition alors qu'ils devraient être morts. Il y a peut-être de nombreux voiles derrière le «

mécanisme » extérieur de la mort et la « volonté intérieure » qui la détermine. Comme on le voit dans ces cas, l'une des raisons est une disparité entre la *force vitale* et la capacité du corps à la soutenir. Dans le premier cas, il y avait aussi un déséquilibre intérieur flagrant à la fois dans le corps et avec l'environnement. C'est ce qui a pu motiver le "choix" de prendre un nouveau corps. J'ai vu dans au moins deux autres cas de décès de jeunes (tous deux au début de la quarantaine, décédés d'une tumeur maligne) où le déséquilibre entre l'aspiration intérieure et le milieu extérieur était très marqué. Il était évident pour un sens intérieur que leur naissance avait été principalement destinée à recueillir une forme particulière d'expérience, ou plus exactement d'épuiser certaines tendances intrinsèques afin qu'ils puissent recommencer la courbe de l'évolution sur une note meilleure et plus élevée.

Le besoin d'une expérience particulièrement intense semble être le cas avec Rajeev, comme l'indique l'intensité de l'impuissance extérieure. Bien sûr ces choses ne peuvent être connues que si l'on connaît étroitement la personne. Et même dans ce cas, elles peuvent échapper à l'attention de la personne si l'on ne sonde pas assez profondément. Surtout, il peut y avoir encore de nombreuses autres causes intérieures. Il est même douteux que les méthodes conventionnelles de la science, limitées à l'observation du domaine physique, puissent vraiment projeter la lumière au-delà de la porte sombre.

## La Peur de la Mort et les Quatre Méthodes pour la Vaincre

*"De toutes les peurs la plus subtile et la plus tenace est la peur de la mort. Elle a ses racines profondes dans le subconscient, et ce n'est pas facile de l'en déloger. Elle est évidemment faite de plusieurs éléments entremêlés : l'esprit de conservation et le souci de la préservation pour assurer la continuité de la conscience, le recul devant l'inconnu, le malaise causé par l'inattendu et l'imprévisible, et peut-être, derrière tout cela, caché dans les profondeurs des cellules, l'instinct que la mort n'est pas inéluctable et que, si certaines conditions sont remplies, elle peut être conquise ; quoique à dire vrai, la peur en elle-même soit un des plus grands obstacles à cette conquête. Car on ne peut vaincre que ce que l'on ne craint point. Ainsi celui qui craint la mort est déjà vaincu par elle.*

*Comment surmonter cette peur ? Plusieurs méthodes peuvent être employées à cet effet. Mais tout d'abord, certaines notions fondamentales sont nécessaires pour nous aider dans notre entreprise. Le premier point, le plus important, est de savoir que la vie est une et immortelle. Ce sont seulement les formes qui sont innombrables, passagères et friables. Il faut établir cette connaissance dans son esprit d'une façon certaine et durable, et dans la mesure du possible, identifier sa conscience à la vie éternelle indépendante de toute forme mais se manifestant dans toutes les formes.*

*Ceci donne la base psychologique indispensable pour faire face au problème, car le problème demeure. Même si l'être intérieur est suffisamment éclairé pour être au-dessus de toute peur, la peur reste cachée dans les cellules du corps, obscure, spontanée, échappant à la raison, la plupart du temps presque inconsciente. C'est dans ces profondeurs obscures qu'il faut la découvrir, la saisir et jeter sur elle la lumière de la connaissance et de la certitude….*

*La première méthode fait appel à la raison. On peut dire que, dans l'état actuel du monde, la mort est inévitable ; tout corps qui a pris naissance, périra nécessairement un jour ou l'autre ; et dans la presque totalité des cas la mort vient quand elle doit venir ; on ne peut ni hâter ni reculer son moment ; celui qui la recherche a parfois fort longtemps à attendre pour l'obtenir, celui qui la redoute peut être frappé par elle subitement, en dépit de toutes les précautions qu'il aura prises. L'heure de la mort semble donc fixée inéluctablement, excepté pour un tout petit nombre d'êtres qui possèdent des pouvoirs dont la race humaine ne dispose pas généralement. La raison enseigne qu'il est absurde d'avoir peur d'une chose que l'on ne peut éviter. La seule chose à faire est d'en accepter l'idée et de faire tranquillement, de jour en jour, d'heure en heure, ce que l'on peut faire de mieux, sans se soucier de ce qui arrivera. Ce procédé est très efficace quand il est employé par les intellectuels qui ont l'habitude d'agir selon les lois de la raison ; mais il réussirait moins chez les émotifs qui vivent dans leurs sentiments et se laissent dirigés par eux. Sans aucun doute, ceux-ci devraient avoir recours à la seconde méthode, celle de la recherche intérieure. Au-delà de toutes les émotions, dans les profondeurs silencieuses et tranquilles de notre être, il y a une lumière qui brille constamment, c'est la lumière de la conscience psychique. Partez à la recherche de cette lumière, concentrez-vous sur elle ; elle est au-dedans de vous ; avec de la persévérance dans votre volonté, vous êtes sûr de la trouver et dès que vous pénétrez en elle, vous vous éveillez au sens de l'immortalité ; vous avez toujours vécu, vous vivrez toujours ; vous devenez tout à fait indépendant de votre corps ; votre existence consciente ne dépend pas de lui ; et ce corps est seulement une des formes fugitives à travers lesquelles vous vous êtes manifesté. La mort n'est plus un anéantissement, elle n'est qu'une transition. Instantanément toute peur s'évanouit et on marche dans la vie avec la calme certitude de l'homme libre.*

*La troisième méthode est pour ceux qui ont foi en un Dieu, leur Dieu, et qui se sont donnés à lui. Ils lui appartiennent intégralement ; tous les événements de leur vie sont l'expression de la volonté divine et ils les acceptent non seulement avec une paisible soumission, mais avec reconnaissance, car ils sont convaincus que tout ce qui leur arrive est toujours pour leur bien. Ils ont une confiance mystique dans leur Dieu et dans la relation personnelle qu'ils ont avec lui ; ils ont fait le don absolu de leur volonté à la sienne et ont le sentiment de son amour et de sa protection invariables, tout à fait indépendants des accidents de la vie et de la mort. Ils se sentent constamment couchés aux pieds de leur Bien-Aimé dans un abandon absolu, ou blottis dans ses bras, jouissant d'une sécurité parfaite. Il n'y a plus, dans leur conscience, aucune place pour la peur, l'anxiété ou le tourment ; tout cela est remplacé par une calme et délicieuse béatitude.*

*Mais tout le monde n'a pas la bonne fortune d'être un mystique. Pour finir, il y a ceux qui sont nés guerriers. Ils ne peuvent accepter la vie telle qu'elle est, et sentent vibrer en eux leur droit à l'immortalité, une immortalité totale et terrestre. Ils ont une sorte de connaissance intuitive que la mort n'est qu'une mauvaise habitude, et ils semblent être nés avec la résolution de la vaincre. Mais cette victoire nécessite un combat acharné contre une armée d'assaillants terribles et subtils, combat qui doit être livré constamment, pour ainsi dire à chaque minute. Seul celui dont le tempérament est intrépide doit s'y risquer. La lutte a plusieurs aspects ; elle est située dans plusieurs plans qui s'entremêlent et se complètent. Il y a bien un autre moyen de vaincre la peur de la mort, mais il est à la portée d'un si petit nombre, qu'il n'est mentionné ici qu'à titre de renseignement. C'est d'entrer dans le domaine de la mort volontairement et consciemment, tandis qu'on est en vie ; puis de retourner de cette région vers le corps physique pour rentrer en lui et reprendre le cours de l'existence matérielle, en toute connaissance de cause. Mais pour cela il faut être un initié*[1]*'.*

## La Musique pour l'Ame qui s'en Va

*La musique aide-t-elle d'une manière ou d'une autre l'âme qui s'en va ?* Nous connaissons maintenant par exemple le rôle de la musique dans la santé et la maladie. Plusieurs études indiquent que le type de musique que nous entendons peut nous aider à nous rétablir ou à déclencher en nous les forces de la maladie et de la perturbation. Mais qu'en est-il de la perturbation extrême qu'est la mort ? Dans la mythologie grecque on trouve l'histoire intéressante d'Orphée dont l'émouvante musique après la mort de sa bien-aimée a incité même le roi du monde souterrain Hadès à rendre à Orphée sa bien-aimée. S'agit-il juste d'un mythe de plus ou, comme tous les mythes, contient-il en son cœur le germe d'une vérité profonde cachée de notre vue terrestre ?

Il y a aussi la tradition en Orient comme en Occident de chanter des hymnes, des psaumes et des mantras au lit du mort. Maria Parkes[2] joue de la

---

1   La Mère : Education. pp. 92-94
2   Maria Parkes et d'autres thanatologues de la musique peuvent être contactés sur : www.musicthanatologyassociation

harpe pour ceux qui sont aux portes de la mort. Impliquée intimement dans les soins palliatifs pour les malades en phase terminale, elle appelle son rôle, la "sage-femme de fin de vie". Tout comme la sage-femme traditionnelle délivre le corps de l'utérus physique, Maria, avec sa musique assiste et assure la délivrance en douceur de l'âme du sein de l'obscurité de la matière dans son passage à travers les autres mondes après la mort.

Ci-dessous est reproduit un extrait de son interview dans lequel elle partage quelques-unes de ses expériences avec nous.

*Q : Pouvez-vous nous parler un peu de vous en guise d'introduction pour nos lecteurs ?*

Eh bien, je suis née et j'ai grandi aux États-Unis, mais je me suis installée en Espagne. Je viens à l'Ashram de Sri Aurobindo depuis 1971. Ma profession, la thanatologie musicale, est un domaine dans lequel les praticiens apportent un réconfort musical, en utilisant la harpe, la voix et un répertoire musical particulier, au chevet des patients en fin de vie. Dans la veillée musicale elle-même, cependant, je ne laisse pas ma foi personnelle interférer. Comme tous mes collègues thanatologues musicaux, nous commençons par faire le silence à l'intérieur de nous-même pendant que nous observons le patient et essayons de ressentir quel type de musique peut l'aider et le réconforter. Le thanatologue musical doit se connecter à son moi intérieur et s'harmoniser au besoin intérieur de la personne à ce moment-là. Puis nous commençons. Vous voyez, il est important de comprendre que ce n'est pas une représentation. Si on le prend comme tel alors ça ne fonctionne pas. Pendant le silence entre les offrandes musicales, les applaudissements ou les commentaires sont découragés. Le patient et les autres personnes présentes sont simplement invités au préalable à recevoir la musique. Le patient a l'importance primordiale, mais la famille est aussi prise en compte. Il est reconnu que les membres de la famille vivent le deuil, la perte, le changement et le désir de soutenir le patient. Et ils sont encouragés à être présents.

*Q : Depuis combien de temps êtes-vous impliquée dans ce processus d'assistance aux départs par le biais de la musique ?*

Depuis près de 10 ans maintenant, depuis 1994. J'ai suivi plus de deux ans de formation dans la seule école de thanatologie musicale au monde, située à Missoula, Montana, aux États-Unis. Depuis l'antiquité, la musique et la médecine ont une longue tradition en tant qu'alliées dans la guérison. La thanatologie musicale est un domaine contemporain ancrée dans cette même tradition. Elle s'est développée au cours des trois dernières décennies grâce à la vision et au dévouement de Thérèse Schroeder-Sheker. Il s'agit d'un programme rigoureux qui comprend des études de médecine, de la harpe, de la voix, de l'histoire médiévale, de la religion et la psychologie.

*Q : Comment avez-vous eu connaissance de cela ? Était-ce inné, attendant d'être découvert ou votre intérêt s'est-il éveillé à la suite d'un incident ou d'une rencontre fortuite avec quelqu'un ?*

En fait, c'est arrivé quand j'ai perdu un ami dans un accident. Sa mort à l'hôpital manquait de chaleur, de beauté ou d'intimité. J'ai pensé qu'il devait y avoir une meilleure façon de mourir. Et c'est à peu près à ce moment-là que j'ai appris l'existence de ce cours. Il y avait pas mal de candidats et j'ai fait partie des chanceux.

Mon professeur avait une histoire encore plus intéressante. Alors qu'elle s'occupait d'un patient exceptionnellement rude et difficile, elle a, comme sous l'effet d'une inspiration intérieure, pris le mourant dans ses bras et a chanté doucement pendant près d'une heure. L'homme s'apaisa peu à peu et mourut paisiblement. Cela l'a amenée à réfléchir au rôle de la musique en relation avec les mourants.

*Q : Pourriez-vous, s'il vous plaît, nous éclairer un peu sur ce processus d'assistance au départ par la musique ?*

Vous voyez, il a une histoire très intéressante. Mon professeur, Thérèse Schroeder-Sheker, m'a dit qu'il existait toute une littérature sur ce sujet dans le monde latin. En particulier, ce que nous appelons aujourd'hui les chants Grégoriens étaient à l'origine une collection de quelques-uns des plus beaux hymnes du monde occidental et aussi de l'Orient. Ces chants sont en latin et plusieurs étaient utilisés à l'époque médiévale pour apaiser l'âme dans son passage à travers les autres mondes.

Dans la pratique, lors de la veillée musicale, nous utilisons une harpe (généralement un instrument à trente et une cordes de près d'un mètre cinquante de haut) et la voix. Nous sommes de préférence deux à jouer des deux côtés du patient, enveloppant, ou ce qui pourrait être décrit comme un bain, la personne mourante avec de la musique, créant une atmosphère de sérénité et de beauté. Je crois que les scientifiques ont découvert que l'on entend non seulement par les oreilles mais aussi par la peau et le corps entier. L'ouïe est, je crois, l'une des dernières facultés à disparaître c'est pourquoi la musique joue un grand rôle dans le processus de la mort. Que le patient soit conscient ou comateux, malentendant ou non, elle peut traiter la douleur physique et spirituelle, l'agitation, la respiration laborieuse, l'anxiété, l'insomnie et la détresse émotionnelle. Même les maladies dégénératives lentes telles que la SLA, la sclérose en plaques, la démence en phase terminale et la maladie d'Alzheimer sont soulagées par des veillées musicales. La musique offre également une présence transformatrice et utile lors de l'expérience difficile du retrait d'un patient des systèmes de maintien en vie.

La musique est dite « prescriptive », c'est-à-dire qu'elle est adaptée au processus de mort de ce patient particulier. En ce qui concerne le type et la technique, nous préférons de nombreux chants sans compteur fixe. Et puis c'est une question d'harmonisation. En fonction de l'endroit où la personne se trouve dans son processus de mort, certains réagissent mieux à des mélodies courtes et simples et d'autres pourraient avoir besoin d'un murmure musical plutôt que d'une mélodie. J'ai vu une pianiste de concert bien connue qui refusait d'un geste chaque fois que quelqu'un essayait de lui faire écouter de la musique classique enregistrée qu'elle connaissait bien. Peut-être se sentait elle liée par cette musique et plongée dans des souvenirs. Alors que son «être» voulait vraiment être libre. Mais elle réagissait très bien à notre musique simple qui lui permettait d'avancer dans son voyage au lieu d'être retenue dans le passé.

*Q : Et comment l'avez-vous développée ? Existe-t-il un moyen de découvrir et de développer ce genre de musique ou se fie-t-on à l'inspiration ? Plus spécifiquement, est ce que n'importe quelle bonne musique expressive de l'âme aiderait ou y a-t-il un type de musique spécifique qui est utile dans ce processus ?*

C'est à la fois une formation et une inspiration. Il ne peut y avoir de règle fixe dans ce processus. Pour chacun c'est différent comme je l'ai dit. Mon professeur, cependant, se méfiait de la musique enregistrée. Elle ne l'a jamais approuvé. C'est comme de comparer une vraie peinture à une image ou une photo de celle-ci. Il y a toujours quelque chose de plus quand la musique est jouée en direct. Il y a une plus grande connectivité. Mais ce n'est pas toujours possible. Alors on se contente de la meilleure alternative suivante. Nous décrivons notre musique comme étant contemplative, s'inspirant principalement des traditions du chant sacré (chants grégoriens, hymnes, prières) et des berceuses. L'un de mes chants préférés est un chant appelé *Ave Maris Stella*, écrit en France en 1100 après JC. Bien que le moine l'ait écrit il y a plus de mille ans, on peut encore sentir son grand amour authentique pour la Mère Divine à travers ses mots et le rythme de sa mélodie. Pour moi, quand je le joue et le chante, c'est comme si je priais la Mère, donc je peux m'identifier et m'y connecter beaucoup plus personnellement.

*Q : Avez-vous des opinions sur l'ancienne pratique du chant d'incantations, d'hymnes, de psaumes et de mantras en Orient et en Occident lors des rituels qui suivent la mort ?*

Je suis sûre que la voix humaine et les chants sacrés doivent avoir un effet. Mais il ne doit pas s'agir d'un spectacle et plutôt venir de l'intérieur. Bien que j'aime certains mantras, je ne voudrais pas qu'un prêtre les chante mécaniquement pour moi quand j'en ai besoin.

*Q : Pourriez-vous, s'il vous plaît, partager avec nous quelques incidents intéressants survenus au cours du déroulement de vos séances ?*

Oh ! Beaucoup, je pourrais en raconter beaucoup. Il y a eu une veillée où je jouais pour une dame qui était dans le coma depuis un certain temps. Lorsque je me suis arrêtée pendant un moment (nous croyons en l'alternance entre le son et le silence), elle a ouvert les yeux et nous a demandé pourquoi nous avions arrêté de jouer de la musique ! Après un moment de stupeur de notre part, nous avons continué.

Une autre femme, l'épouse d'un ami, avait la maladie d'Alzheimer et d'autres problèmes et avait besoin de soins vingt-quatre heures sur vingt-quatre. Elle n'avait reconnu personne depuis plus d'un an. Même si techniquement elle n'était pas en train de mourir, j'ai dit que je serais heureuse de jouer pour elle. Son mari et sa fille étaient présents pour la veillée. A peine avais-je commencé qu'elle s'est redressée, a souri, a salué sa famille et a regardé avec impatience mes mains sur la harpe avec un grand sourire sur son visage. Elle parlait peu, mais sa famille a pu renouer avec elle pendant plus d'une heure avant qu'elle ne se retire à nouveau dans son propre monde. Je suis heureuse de dire que nous avons souvent répété cette veillée, lui donnant ainsi qu'à sa famille quelques derniers moments de communication. Le cas qui m'a semblé le plus exceptionnel, est celui du jeune garçon qui était sous assistance respiratoire après avoir été victime d'un accident de voiture. Il était cliniquement mort sans fonction cérébrale et la décision de le retirer des systèmes de survie avaient été prise. La musique a continué à être jouée pour sa famille et pour le garçon apparemment mort. Au bout d'un moment, deux larmes ont coulé sur sa joue comme si le mort écoutait. À une autre occasion, alors que je jouais pour un enterrement, j'ai distinctement entendu un autre harpiste et une voix qui chantait. J'ai regardé autour de moi, totalement surprise, m'attendant à voir quelqu'un, mais personne ne jouait ou ne chantait d'autre musique que moi-même. Pourtant, mon expérience était si réelle, comme de m'entendre frapper sur cette table. Ces expériences ne sont pas seulement les miennes. Tous mes collègues ont vu et entendu tant de petits miracles que la musique apporte sur le lit de mort.

*Q : Qu'avez-vous à dire à nos adeptes de l'euthanasie ? Est-il sage de couper prématurément la nœud de la vie simplement parce que la personne est apparemment irrémédiablement inconsciente ? D'après votre récit, il semble que la personne inconsciente n'est pas vraiment inconsciente sauf vue de l'extérieur. Elle est peut-être quelque part éveillée dans ses profondeurs attendant qu'une Maria joue une musique édifiante pour son âme !*

Je ne suis absolument pas du tout en faveur de l'euthanasie. Mais de nos jours il y a tant de manières de prolonger artificiellement la vie, alors je ne sais pas, il se peut que parfois les gens veuillent partir. Mais en général, je suis contre.

*Q : Avez-vous remarqué une différence entre les croyants et les non-croyants au moment de leur départ ou de leur décès ?*

Vous voyez, j'ai vu des choses intéressantes. Beaucoup de personnes qui professent une croyance le font de manière rituelle. J'ai vu des pratiquants réguliers ou même des personnes qui professent la foi en un Maître manifester de l'anxiété et de la peur de l'inconnu, se demandant «pourquoi moi ?' Alors que j'ai vu d'autres personnes non croyantes accepter la mort avec tant de grâce. Un de mes collègues a eu l'occasion de jouer pour le chef d'un gang de motards qui avait vécu, pour le moins, une vie plutôt sauvage. Il a abandonné son corps et accueilli la mort avec sérénité et paix. Il y a donc quelque chose au fond de nous bien plus important que nos croyances superficielles. C'est tout ce que je peux dire.

*Q : Pour résumer, que recommanderiez-vous pour aider au départ dans la période qui précède immédiate de la mort ?*

Il est préférable d'avoir une atmosphère calme avec la famille et les amis autour de vous. Bien sûr je pense que la musique aide énormément. Mais cela ne convient pas à tout le monde. Ce que je suggèrerais, c'est que lorsqu'on sait qu'ils sont en phase terminale, d'envisager ce que vous voudriez comme support pour vos derniers instants ou jours sur Terre. Souhaiteriez-vous que l'on vous lise un mantra, un chant ou un poème particulier ? Y a-t-il un morceau de musique qui, selon vous, soutiendrait votre voyage hors de ce monde ? Y a-t-il quelqu'un que vous voulez présent ? Ce serait merveilleux non seulement pour le patient, mais aussi pour les proches qui restent et qui ont quelque chose à offrir au mourant. La naissance de chacun est unique et sa mort le sera tout autant.

## Une Mort Extraordinaire

Je suis rentré à Pondichéry dans la soirée. Le lendemain matin, je suis allé au *darshan* quotidien au balcon. La Mère m'a aperçu et a souri et a continué à me regarder longtemps. Après cela, je suis monté directement à l'étage pour la voir. C'était une belle rencontre, avec la Mère qui m'a regardé profondément et longuement dans les yeux. Je lui demandé si elle voulait bien me rencontrer cinq ou dix minutes, seul au cours de la matinée. Elle a immédiatement accepté. J'ai eu mon entretien vers 11h30. Elle était assise sur sa chaise avec les yeux mi-clos et je suis allé m'asseoir à ses pieds en posant mes mains sur eux. Je lui demandé si elle avait reçu la lettre que j'avais écrite après la mort de ma mère, en rendant compte de ce qui s'était passé et en éclaircissant ce que j'avais considéré comme pas tout à fait compris. La Mère a dit :

''Oui, j'ai reçu ta lettre, mais elle ne m'a rien appris que je ne savais pas. J'avais tout à fait compris ton télégramme précédent et je savais exactement ce qui s'était passé. A la fin de ta lettre, tu m'as demandé de te dire ce qui s'est passé de mon côté. Je vais te le dire.

'' Il y avait une chose d'un intérêt tout particulier. Lorsque tu m'as écrit pour la première fois au sujet de ta mère, j'ai mis la force décisive qui ferait que le souhait de l'âme l'emporte. J'ai constaté que l'état de ta mère commençait à s'améliorer. Cela montrait que l'âme n'avait pas voulu partir. Quand j'examiné toute l'affaire, j'ai trouvé qu'elle pourrait s'attarder pendant un an ou deux, une longue maladie lente et pas du tout agréable.

«Quelques jours plus tard, en prenant de tes nouvelles, j'ai de nouveau travaillé. Puis je suis allée dans ma chambre et pendant que je marchais de long en large un événement très extraordinaire s'est produit. Soudain la Volonté Suprême est descendue. Vois-tu, cette Volonté n'intervient pas toujours. On présente la conscience mais la Volonté n'agit pas. Il est rare que la Volonté descende ainsi. C'est une action directe du Très-Haut. Eh bien, il est descendu dans le but de prendre l'âme de ta mère. Et l'âme de ta mère, au lieu de réagir de quelque façon que ce soit, y a consenti volontiers. Le plus volontiers elle s'est offerte à la Suprême Volonté. Je dirais que c'était un très joli geste. Lié au mouvement de l'âme, il y avait un mouvement humain, un mouvement d'amour qui disait qu'elle avait assez troublé et dérangé les gens avec la maladie et souhaitait maintenant ne plus les troubler et les déranger.

«Puis la fin est arrivée, et l'âme, d'un seul coup, a sauté dans mon cœur et est passée dans le monde des âmes pour s'y reposer. Il n'y a pas eu de passage du tout à travers les mondes intermédiaires, ni difficulté ni halte nulle part. C'est parce que l'âme avait si spontanément et si volontiers répondu à la Volonté Suprême. La Suprême Volonté l'a emmenée directement vers sa destination.»

J'ai dit : "Maman se souvenait de toi tout le temps. Il n'y avait pas d'autre nom que le tien sur ses lèvres. Chaque fois qu'on lui demandait à quoi elle pensait, elle disait qu'elle pensait à La Mère chérie. Même aux médecins elle n'arrêtait pas de parler de toi, et ta photo et celle de Sri Aurobindo étaient sur sa poitrine ''.
«C'est sans doute pour cela que son âme s'est si facilement donnée au Suprême.»
«Qu'en est-il de la vision avec les yeux ouverts que ma sœur Minnie a eue '' ?
La Mère sourit, acquiesce et dit : "On peut dire que c'était correct. Je me souviens l'avoir lu dans ta lettre. Elle a vu mon corps transparent, n'est-ce pas '' ?
«Oui. Je suis très heureux de la belle chose qui est arrivée à maman à la fin. Quelle belle fin¹'' !

## La Sagesse du Livre des Morts Tibétain

*(Ce qui suit sont des extraits tirés du Livre des morts tibétain, suivi des commentaires de l'auteur)*

« L'état d'esprit au moment du décès est considéré comme extrêmement important, car il joue un rôle essentiel pour la situation dans laquelle on renaît. C'est l'une des raisons pour lesquelles le suicide est considéré dans le bouddhisme comme très regrettable, car l'état d'esprit de la personne qui se suicide est généralement dépressif et négatif et risque de l'entrainer dans une renaissance inférieure. En outre, le suicide ne met pas fin à la souffrance, il ne fait que la reporter à une autre vie.» Ceci est très identique à ce qui est proscrit dans d'autres religions. Nous trouvons des points de vue similaires dans l'Hindouisme à ce sujet concernant l'état d'esprit et le problème du suicide.

"Dans le cadre de l'accompagnement spirituel des mourants, il peut être utile de diviser les personnes en plusieurs catégories différentes, car la catégorie dans laquelle ils se trouvent déterminera l'approche la plus utile à utiliser. Ces catégories sont les suivantes :

1) La personne est-elle consciente ou inconsciente, et
2) A-t-elle une croyance religieuse ou non.

Dans la première catégorie, si la personne est consciente, elle peut faire les pratiques elle-même ou quelqu'un peut l'aider, mais si elle est inconsciente quelqu'un doit faire les pratiques pour elle.

Pour la deuxième catégorie, si une personne a des croyances religieuses spécifiques, celles-ci peuvent être utilisées pour l'aider. Dans le cas contraire, elle a besoin d'être encouragée à avoir des pensées positives/vertueuses au

---

1 Mother India, novembre 1974, comme noté dans « The Mother : Past-Présent-Future » par Amal Kiran, pp.106-107.

moment de la mort, par exemple en lui rappelant les choses positives qu'elle a faites au cours de sa vie."

Une suggestion extrêmement pratique et utile. Beaucoup d'entre nous en tant que praticiens de santé commençons à contredire la foi de la personne ou tentons d'imposer la nôtre. Cela ne fait qu'augmenter le niveau de conflit et d'anxiété du patient. Recevant l'information, il peut acquiescer, mais cela n'a que peu de sens car ce n'est pas soutenu par quoi que ce soit de plus profond. Une telle foi a peu de pouvoir d'efficacité. La foi est une chose spontanée, une chose de l'âme et non de la raison et de l'argumentation. Il sera bon que le médecin respecte la foi de son client et même l'utilise pour maximiser les bénéfices du soutien. Même s'il est nécessaire d'élargir la foi (et non de la remplacer comme nous essayons souvent de le faire), il faut le faire en douceur, en gardant à l'esprit le passé unique du patient et ses aspirations pour l'avenir. La foi, comme l'amour, ne peut être forcée. Elle doit s'éveiller de l'intérieur ou être inspirée de l'extérieur par un échange secret entre l'âme du patient et celle du médecin.

«Pour un praticien spirituel, il est utile d'encourager les mourants à avoir des pensées telles que l'amour, la compassion, le souvenir de son maître spirituel. Il est bénéfique aussi de placer une image dans la chambre, de Jésus, Marie, Bouddha, ou un autre personnage spirituel qui peut avoir une signification pour le mourant. Il peut être utile pour ceux qui accompagnent la personne mourante de réciter des prières, des mantras, etc. en silence ou à voix haute, ce qui semble le plus approprié."

Parlant de la foi, la Mère mentionne que pendant toute une année à Tlemcen[1] au début des années 1900, elle était occupée à créer un passage à travers les mondes vitaux pour les mourants, afin que toute personne ayant un tant soit peu de vraie foi, puisse traverser ce passage douloureux dans un état de protection et de Grâce. Il y a d'innombrables exemples qui ont témoigné à plusieurs reprises qu'elle se rendait dans les mondes intérieurs pour aider les défunts. En fait, cela fait partie du travail intérieur effectué par tout Maître spirituel authentique afin de fournir une aide non seulement en tant que guide dans cette vie, mais aussi en tant que protection concrète dans les vies ultérieures, y compris dans l'interrègne de la mort. Nous devons ajouter ici que ce n'est pas seulement la foi en une forme extérieure particulière, mais la foi et la relation intérieures que nous entretenons, en d'autres termes, ce que la personne représente pour nous est beaucoup plus important que la croyance

---

1  Tlemcen est un lieu en Algérie où la Mère passa quelque temps à découvrir l'occultisme le plus profond et les secrets et mystères de la vie et de la mort.

mécanique extérieure professée.

« Cependant, il faut être très sensible aux besoins du mourant. La chose la plus importante est de garder le mental de la personne heureux et calme. Rien ne doit être fait (y compris certaines pratiques spirituelles) si cela a pour effet d'agacer ou d'irriter la personne. Il est communément admis qu'il est bon de lire *Le Livre Tibétain des Morts* au mourant, mais s'il/elle n'est pas familière avec les divinités particulières et les pratiques qu'il contient, il est peu probable que cela s'avère très bénéfique.

« En raison de l'importance du processus de la mort, il est préférable de ne pas déranger le mourant par du bruit ou des manifestations d'émotion. Exprimer l'attachement et s'accrocher au mourant peut perturber le mental et donc le processus de mort, il est donc plus utile de laisser mentalement la personne partir, de l'encourager à passer à la vie suivante sans crainte. Il est important de ne pas nier la mort ou de la repousser, mais juste d'être avec la personne mourante aussi pleinement et ouvertement que possible, en essayant d'avoir un partage ouvert et profond avec la personne au sujet de la peur, la douleur, la joie, l'amour, etc. ''

Nous avons ici une élaboration supplémentaire de ce qui est écrit plus tôt. S'assurer que le départ se fasse dans les meilleures conditions possibles est la tâche de ceux qui sont impliqués dans la prise en charge des mourants. La Mère a particulièrement insisté sur la nécessité de rester calme et de diriger une prière et des pensées d'amour en faveur et au nom de la personne. De telles prières et pensées agissent comme un bouclier de protection pour l'âme du défunt. Et aussi d'éviter le chagrin et toutes ses autres formes qui ne font qu'accroître la lourdeur du défunt, rendre le voyage douloureux et attirent l'âme vers la terre. C'est aussi pour cette raison (outre les autres dangers inhérents impliqués) que les planchettes et les séances médiumniques sont déconseillées. Il est rare que la personne convoquée vienne du pays des morts. En général un autre être ou une force du monde vital se fait passer pour l'invité, pour s'amuser à nos dépens (parfois de manière assez terrible). Ces entités peuvent lire nos sentiments et nos souhaits et souvent communiquent des choses favorables à nos désirs ! Bon nombre de ces phénomènes automatiques sont simplement le produit et la création de nos propres souhaits subconscients et non un contact authentique avec l'autre monde.

« Comme mentionné précédemment, lorsqu'une personne est en train de mourir, son mental devient beaucoup plus subtil, et elle est plus ouverte à la réception mentale des messages de ses proches. Donc la communication silencieuse et la prière peuvent être très utile. Il n'est pas nécessaire de parler beaucoup. Le mourant peut être encouragé à se laisser aller à la lumière, à l'amour de Dieu, etc. (encore une fois, cela peut être une communication verbale ou mentale).

« Il peut être très utile d'encourager le mourant à utiliser la méditation respiratoire pour laisser tomber les pensées et se concentrer sur le mouvement du souffle. Cela peut être utile pour développer le calme, pour contrôler la douleur, pour l'acceptation, pour éliminer la peur. Cela peut aider la personne mourante à entrer en contact avec son immobilité et sa paix intérieures et à accepter sa mort. Cette technique de respiration peut être particulièrement utile lorsqu'elle est associée à un mantra, une prière ou une affirmation (c'est-à-dire la moitié à l'inspiration, la moitié à l'expiration).

« L'un des lamas tibétains, Sogyal Rimpoché, dit que jusqu'à environ vingt et un jours après le décès d'une personne, elle est plus connectée à la vie précédente qu'à la suivante. Ainsi, durant cette période en particulier, les proches peuvent être encouragés à poursuivre leur communication (silencieuse) avec la personne décédée — lui faire leurs adieux, terminer un travail inachevé, rassurer la personne décédée, l'encourager à lâcher prise de son ancienne vie et à passer à la suivante. Il peut être rassurant même juste de parler à la personne décédée et de savoir qu'elle reçoit probablement notre message. Le mental de la personne décédée, à ce stade peut encore être subtil et réceptif.

"Pour les praticiens les plus expérimentés, il existe aussi la méthode du transfert de conscience au moment de la mort (tibétain : po-wa). Avec de l'entrainement, au moment de la mort, le praticien peut projeter son mental vers le haut à partir du centre de son coeur à travers sa couronne, directement vers l'un des royaumes purs du Bouddha, ou au moins à une renaissance supérieure. Quelqu'un qui a perfectionné cet entrainement peut également aider d'autres personnes au moment de leur mort à projeter leur mental pour une bonne renaissance ".

Il est dit dans les écritures anciennes qu'il y a neuf portes par lesquelles on peut partir mais celle la plus favorisée et qui mène tout droit à une sorte d'état supérieur est le départ par la couronne. Les yogis sont connus pour attirer les quatre respirations inférieures et les fusionner avec la cinquième qui est plus élevée, et grâce à un processus de concentration, de libérer le tout à travers la couronne. La Mère décrit un tel départ yogique en parlant de X, (un yogi bien connu de l'Ashram de Sri Aurobindo) sur la façon dont il avait canalisé chaque parcelle de sa conscience et l'avait projetée directement dans l'union avec la Mère Divine, un rare exploit d'héroïsme et de concentration yogique !

"On croit que si la conscience quitte le corps de la personne décédée par la couronne ou une partie supérieure du corps, il est probable que cela aboutira à un bon type de renaissance. Inversement, si la conscience quitte par une partie inférieure du corps, cela entraînera probablement une renaissance dans l'un des royaumes inférieurs. C'est pourquoi, lorsqu'une personne meurt, on croit que la première partie du corps qui doit être touchée est la couronne. La couronne est située à environ huit largeurs de doigt (de la personne mesurée) à partir de la racine des cheveux (d'origine). Frotter ou tapoter cette zone ou tirer doucement les cheveux de la couronne après le décès d'une personne est considérée comme très bénéfique et peut bien aider la personne à obtenir une renaissance supérieure. Il existe des pilules bénies spéciales (pilules po-wa) qui peuvent être placées sur la couronne après la mort, ce qui facilite également ce processus.

"Une fois que la conscience a quitté le corps (ce qui, comme mentionné précédemment, peut prendre jusqu'à trois jours), peu importe la façon dont le corps est éliminé ou manipulé (y compris la réalisation d'un examen postmortem) car en fait, il n'est plus qu'une coquille vide. Cependant, si le corps est éliminé avant que la conscience n'ait quitté le corps, cela évidemment peut être très perturbant pour la personne qui traverse les étapes finales de la dissolution psychologique".

Ici aussi, l'accent est mis sur «une fois que la conscience quitte le corps». C'est l'événement crucial. En d'autres termes, la vie et la mort ne sont pas comme le phénomène d'allumer et d'éteindre un interrupteur. C'est peut-être notre point de vue sensoriel mais ce n'est pas la vérité des choses. Il y a un intervalle pendant lequel la personne n'est ni tout à fait morte ni tout à fait vivante. C'est là que les interventions humaines extérieures et intérieures ont un rôle à jouer. Au-delà, elle est entre les mains d'adeptes spirituels et occultes qui maîtrisent ces domaines.

"Cela soulève la question de savoir s'il est conseillé ou non de faire don de ses organes après la mort. La réponse habituelle donnée par les lamas tibétains à cette question est que si le souhait de donner ses organes est motivée par la compassion, alors toute perturbation du processus de mort que cela peut causer est largement compensé par le karma positif que l'on a créé par cet acte de don. C'est une autre façon de mourir avec un mental positif et compatissant.

"Une tradition tibétaine qui devient de plus en plus populaire en Occident consiste à faire bénir une partie de la dépouille du défunt (ex. cendres, cheveux, ongles) puis de la mettre dans des statues, *des tsa-tsas* (images de Bouddha en argile ou en plâtre) ou des *stupas* (monuments reliquaires représentant le corps, la parole et le mental du Bouddha). Ces *stupas*, par exemple, pourraient être conservés dans la maison d'une personne, les plus grands peuvent être érigés dans un jardin commémoratif. Faire des offrandes à ceux-ci ou les contourner et ainsi de suite est considéré comme hautement méritoire, à la fois pour la personne décédée que pour les proches ⁰⁰.

L'importance des reliques de personnes hautement évoluées est bien sûr bien connue. Les parties du corps, ou même les objets utilisés et manipulés par ces grands yogis et mahatmas contiennent les vibrations et les empreintes de cette Conscience et peuvent, si reçus avec foi et réceptivité, communiquer cette conscience à ceux qui les adorent. Il n'est pas certain qu'une telle chose soit applicable à toute autre personne moins méritante ou moins évoluée. Dans certains cas, cela peut même être néfaste pour les deux en attirant vers la terre des forces d'un ordre inférieur si c'est ce que la personne représentait de son vivant. L'épée d'un tyran et d'un roi oppresseur et l'épée d'un héros levée pour protéger les faibles et les opprimés portent évidemment des empreintes très différentes. Alors que notre humanité ordinaire ne peut pas faire la différence, un yogi en sentant l'épée connaîtrait son histoire intérieure et le type de forces psychologiques qui l'ont utilisé.

## Le royaume intérieur

*Il est un royaume de bonheur spirituel,*
*non dans ce tourbillon impuissant de la pensée,*
*écume de l'océan-du-monde ou murmures d'embruns surpris,*
*avec lesquels nous bâtissons du mental les mouvantes symétries,*
*ni dans le tissu de malaise passionné de la vie,*
*les émotions du cœur, précaires, fragilement forgées,*
*les joies sensuelles, banales, tronquées, et bientôt anéanties,*
*ou la solide impermanence de ce corps.*
*Derrière, et plus vastes que l'immense univers*
*notre esprit parcourt le drame et le tumulte,*
*une paix, une lumière, une extase, un pouvoir*
*attendent, quand prendra fin l'aveuglement et la malédiction*
*qui le voile à son ministre ignorant,*
*la grandeur de son heure éternelle et libre.*

## Méditations de Mandavya

*Je ne défaillirai pas, ô Dieu. Il y a la soif,*
*Et la soif suppose de l'eau quelque part. Oui,*
*Mais dans cette vie, nous ne trouverons peut-être jamais ;*
*La vieille nature est un fantôme en travers du chemin,*
*Les vieilles passions peuvent interdire, les vieux doutes revenir.*
*Alors y a-t-il d'autres vies ici ou au-delà*
*Pour nous satisfaire ? Je persisterai, Seigneur.*

*Sri Aurobindo*

# Au-delà de la mort

## La mort - Un passage à travers les Mondes Intérieurs

La croyance en d'autres mondes que le nôtre est commune à toutes les traditions spirituelles et religieuses de l'humanité. Bien que l'éternel sceptique ait continué à argumenter contre leur existence depuis l'époque des Védas et peut-être même avant, cela n'a pas dissuadé les autres d'y croire. Certains, bien sûr tentent d'expliquer ces autres mondes comme s'il s'agissait de mondes matériels existant dans un autre coin de l'univers. D'autres les ont simplement niés sans même y réfléchir ou sans enquêter. Il est cependant probable que si ces mondes existent, ils ne seraient pas accessibles aux méthodes de recherche propres à l'investigation du monde matériel.

Un autre domaine (c'est-à-dire qualitativement différent) présuppose qu'il existe d'autres formes de combinaisons substance-énergie que celles que nous connaissons actuellement. Cette hypothèse de départ est certainement plus ouverte scientifiquement que la présomption que la réalité matérielle est la seule réalité. La physique d'aujourd'hui est confrontée à ce dilemme car beaucoup de choses et d'observations de cet univers matériel ne peuvent être expliquées de manière satisfaisante si nous traitons le monde matériel comme la seule réalité fermée. La réalité s'échappe des deux côtés. Il existe un continuum de mondes entrelacés les uns avec les autres dont l'univers matériel n'en est qu'un dans une série. La physique parle aujourd'hui d'antimatière ou d'une matière noire, que nous ne percevons pas mais qui existe néanmoins. Les sciences spirituelles parlent des mondes ensoleillés et des mondes sans soleil dont notre monde matériel n'est qu'un reflet pâle et un mélange imparfait. Les Védas parlent des sept terres ou des sept formes principales de la matière. Sri Aurobindo décrit ces différents états de substance-énergie en détail dans l'œuvre classique *La Vie Divine*, quelque chose qui devrait faire réfléchir à nouveau même le rationaliste le plus rigoureux et le scientifique matérialiste le plus irréductible et qui lui ouvrirait peut etre de nouveaux horizons de découverte de soi. Les grandes épopées de Milton, d'Homère et de Dante, de Vyasa et de Valmiki, le génie sublime de Shakespeare et de Kalidasa, les récits magnifiques d'Ulysse, jusqu'aux voyages de Sindabad racontés dans *Les mille et une nuits*, les Puranas de la mythologie indienne, les nombreuses traces laissées par les soufis et d'autres mystiques font étrangement écho de similitudes malgré leur séparation à travers de grands espaces de temps et d'espace. Un compte rendu des plus complet et des plus exhaustif de ces autres mondes de l'univers se trouve dans le magnum opus de Sri Aurobindo, *Savitri*. Ceci mis à part, les preuves proviennent également d'autres sources comme les innombrables expériences de EMI (Expériences de Mort Imminente), les expériences des mondes obscurs que subit un psychotique, les rares visions de l'occultiste clairvoyant – sont autant d'indices de l'existence de tels mondes que nous ne connaissons pas dans notre conscience de veille extérieure. Pourtant, bien qu'inconnus de notre conscience extérieure, ils influencent néanmoins nos vies de l'intérieur et d'autour de nous. Ce n'est que par la mort de la personnalité extérieure (ce qui ne signifie pas la mort du corps) que nous avons une chance d'entrer dans ces domaines et de les traverser pour atteindre l'au-delà.

Ces domaines intérieurs ont été divisés par tous les mystiques essentiellement en deux grandes catégories :

*L'hémisphère inférieur* qui est soumis au temps et à la mort. Il est lui-même divisé en mondes de la matière, de la vie et du mental, organisés hiérarchiquement, basés sur le degré d'instabilité, de grisaille, de grossièreté, etc. en mondes supérieurs et mondes inférieurs. Certains de ces mondes sont objectivement réels, c'est-à-dire qu'ils sont indépendants de l'intervention humaine et ont existé avant même l'avènement de l'homme. D'autres, comme beaucoup de cieux et d'enfers, sont des créations objectives du mental humain ou bien subjectivement réel et donc dépendant de la croyance que nous mettons en eux.

*L'hémisphère supérieur* ou les mondes de lumière sans ombre qui sont libres de l'assujettissement au temps et à la mort. Ce sont les mondes de la Vérité-l'Existence- la Conscience-la Félicité. L'âme transmigre normalement de l'hémisphère inférieur jusqu'à ce qu'une certaine ligne de son développement soit achevée. Une fois qu'elle a franchi cette ligne et entre dans l'hémisphère supérieur alors elle est libre et n'est plus obligée de revenir, ayant échappé ou transcendé le domaine de la mort. Elle peut cependant toujours choisir de revenir pour un travail spécifique si elle le souhaite mais le retour n'est pas obligatoire.

La ligne séparant l'hémisphère inférieur de l'hémisphère supérieur est évoquée dans les Upanishads comme le couvercle d'or recouvrant la face du soleil. C'est la conscience Surmentale[1] telle que décrite par Sri Aurobindo, le plan des dieux où le premier reflet de la division commence. Il s'agit jusqu'à présent du développement le plus élevé possible pour notre humanité terrestre.

Ainsi, il y a après la mort ou disons après la chute du corps, une période de transit reconnue dans la plupart des traditions spirituelles et religieuses. La période de ce transit et les détails mineurs peuvent varier, mais la plupart des expériences mystiques et occultes confirment que l'âme voyage à travers de nombreuses zones et niveaux de conscience. Chacun de ces niveaux ou stations est un monde en soi et l'âme en transit peut s'y attarder pendant une période plus ou moins longue en fonction de ses prédilections, tendances et affinités. Le processus est le suivant :

Alors que nous ne sommes normalement conscients que de ce corps physique, l'expérience occulte confirme que nous possédons d'autres corps plus subtils constitués des vibrations de nos pensées, émotions, impulsions et désirs. Le corps physique est composé de vibrations denses de notre matière brute, lourde et terne, c'est pourquoi on l'appelle le corps grossier. Au-delà se trouvent les corps subtils, vital, mental et éthérique ; outre ceux-ci le yogi en connaît d'autres comme son moi immuable supérieur et impérissable. Ces corps sont comme autant de manteaux enveloppant l'âme pure et immaculée tout comme les couches de vêtements sont enroulées autour de notre corps physique. Lorsque le corps physique meurt, cela s'apparente à l'abandon du manteau le plus extérieur. Mais la vie et la conscience continuent dans les autres corps qui ne sont pas dissous automatiquement par la dissolution du corps grossier. Il y a un délai plus ou moins long avant que cela ne se produise. Pendant cette période intermédiaire l'âme expérimente les vibrations des mondes correspondants à travers lesquels elle transite. Les mondes les plus proches de la terre sont naturellement les plus douloureux surtout s'ils sont lourds du chagrin de ceux qui restent. La peine est comme une chaîne qui traîne derrière l'âme qui s'élève et crée pour elle une condition malheureuse. Même si le corps physique est brisé, l'être continue d'expérimenter le chagrin et le bonheur selon les cas, puisque le corps vital à travers lequel nous ressentons le bonheur et la souffrance persiste. C'est cette expérience des mondes vitaux

---

[1] Le plan à partir duquel la différenciation commence, où la Réalité Une commence à revêtir définitivement l'apparence du multiple, tout comme la lumière se divise en un arc-en-ciel après être sortie du prisme. C'est le plan des vrais dieux d'où naissent des idées vastes mais séparées.

auxquels on a attribué les termes de paradis et d'enfer. Cela peut être un état très ambigu et retarder le transit en douceur. La plupart des cérémonies et des rites après la mort sont destinés à faciliter le passage à travers ces mondes vitaux douloureux. Le transit est particulièrement douloureux si c'est une mort par suicide. L'âme dans de tels cas peut entrer réellement dans les mondes les plus sombres de l'obscurité et donc cette voie de transit est considérée comme la pire, le transit sombre vers les mondes sans soleil. Le même passage difficile attend ceux qui ont persisté dans des formes grossières d'ignorance, en contraignant l'âme de manière perverse ou par une mauvaise vie dissolue dans le corps. L'Isha Upanishad met en garde,

असुर्या नाम ते लोका अन्धेन तमसावृताः ।
तांस्ते प्रेत्याभिगच्छन्ति ये के चात्महनो जनाः ॥ ३ ॥

Sans soleil sont ces mondes et enveloppés d'une obscurité aveugle où après leur mort se trouvent donc ceux qui tuent leurs âmes[1].

La plupart des traditions religieuses donnent donc une injonction de mise en garde contre le suicide.

Après le passage par les mondes vitaux, on entre dans le domaine mental. Il est également possible, comme cela est relaté dans la connaissance occulte du Yoga-Vasistha et les dernières sections du Mahabharata, que les différentes parties de l'être désormais fragmenté n'étant plus maintenues par aucune volonté centrale, existent simultanément sur différents plans et passent par différentes expériences dans les mondes du vital et du mental. Il y a une grande plasticité dans notre vie intérieure et des règles rigides ne peuvent pas être établies. Néanmoins, d'une manière générale, la prochaine étape de l'âme se situe dans les mondes mentaux où elle est débarrassée et dépouillée de son revêtement de pensées et d'idées et seules celles qui se sont organisées autour de l'âme et l'ont aidée dans son efflorescence ou ont été touchées par sa divinité sont autorisées à être transmises aux mondes psychiques immortels. Les autres sont dissoutes y compris les souvenirs et les attachements qui existaient en raison des associations habituelles de la vie terrestre. Finalement nous passons dans les mondes psychiques supérieurs où nous nous reposons un moment afin d'assimiler les expériences de cette vie. Après une période de sommeil régénérant, l'âme est prête pour une nouvelle aventure et une autre expérience de vie incarnée. Elle se réveille en quelque sorte de son repos psychique, au cours duquel elle a oublié par dissolution une grande partie de son passé et il

---

1   Sri Aurobindo: Les Upanishads, Isha Upanishad, Verset 3

ne lui reste seulement que ce qui est nécessaire pour la suite de son voyage, bien que modifié en forme de l'âme et qu'il ne soit plus disponible pour le mental extérieur. Elle voit son besoin d'une vie future, l'expérience nécessaire qu'elle doit encore éprouver, et basée sur cette connaissance intérieure elle se projette à nouveau dans le temps et l'espace. Un nouveau drame de la vie terrestre recommence sous une forme et un nom différents. Par conséquent, tous les attachements à telle ou telle opinion, au lieu et aux circonstances de notre naissance, sont une sorte d'ignorance puisque nous changeons sans cesse de pays et de climat, ainsi que nos habitudes, nos coutumes, notre environnement ainsi que les personnes qui nous entourent. Pourtant, la nature utilise cet attachement dans le cadre de son travail créatif afin que nous puissions rester concentrés sur le domaine de notre vie et de notre action actuelles. C'est à travers les expériences de la vie et non celles de la mort que nous développons notre conscience et progressons vers Dieu, vers la Lumière, la Vérité, la Force, la Liberté, l'Amour et la Félicité. Les expériences après la mort sont principalement une mise au point des expériences de la vie qui vient de s'achever, un épuisement de certaines choses que nous avons commencées ici et qui se poursuivent pourtant par l'élan passé même après la mort du corps, une assimilation qui peut servir de matière à une vie future. Le véritable progrès se produit toutefois au cours de la vie et non dans la mort.

Comme en toutes choses, dans la vie, comme dans la mort, notre propre état détermine les expériences que nous traversons. Nous sommes en effet les artistes de notre destin dans la vie et dans la mort à travers les états de notre conscience. De même que partir dans un état de joie et paix lumineuses nous ouvrent aux mondes supérieurs de la lumière de même partir dans un état de dépression ou de pessimisme nous projette directement dans les mondes de morosité et de ténèbres. C'est cela et non un juge arbitraire extérieur qui écrit notre destin. Nous sommes comme des émetteurs et des récepteurs et nous recevons les choses auxquelles nous choisissons de nous accorder. Les mondes des ténèbres ainsi que les mondes de la lumière existent sans aucun doute, mais nous y pénétrons de notre propre choix. C'est l'un des grands secrets à apprendre dans la vie comme dans la mort.

## L'expérience de Soi après la Mort

*Existe-t-il une expérience de soi après la mort* ? Il est clair, qu'il n'y a pas de réponses satisfaisantes à ces questions dans le cadre de notre science matérialiste traditionnelle. Et quelles que soient les données issues de l'expérience collective de l'humanité (qui en elles-mêmes sont abondantes) celles-ci sont souvent entourées d'un sentiment mystique mêlé de fantaisie et de superstition. Le résultat est une vérité mélangée à de la fiction nourrie du lait des croyances individuelles. La science dominante ignore simplement l'évidence et considère qu'il s'agit d'une fiction de l'esprit, mais cela n'explique rien. Ne pas tenir compte de l'évidence même et déduire sans même étudier revient à jeter le bébé avec l'eau du bain. Non pas qu'il n'y ait pas eu d'études sérieuses et de rapports authentiques. Il y a plus qu'assez de matériel disponible à la fois en Orient et en Occident qui a été étudié sur ce que nous appelons aujourd'hui une activité paranormale. Mais le fossé est toujours là. Il y a des croyants qui croient et continueraient de croire même s'ils ne devaient jamais rencontrer de phénomènes paranormaux au cours de leur vie. De même il y a ceux qui continueront à ne pas croire même face à l'amoncellement de preuves et aux rencontres personnelles. Ici, plus que dans tout autre domaine, l'adage s'applique vraiment qui dit que les yeux ne voient pas ce que le mental ne connait pas. Ou peut-être que nos yeux conditionnés à un petit spectre de vision ne peuvent pas voir au-delà des limites fixées pour eux par le mental. Mais heureusement, les limites de notre vue ne sont pas les limites de la lumière. De même que les limites de nos pensées ne sont pas les limites de la vérité ! Le cas suivant résume ce clivage attitudinal très succinctement. Il s'agit d'un compte rendu sélectionné à partir d'un programme télévisé sur la chaine histoire diffusé le 11 janvier 2004 à huit heures du soir. C'est une histoire originale rapportée plusieurs fois avec de multiples variations : Une famille de quatre personnes, composée d'un mari, d'une femme et de deux adolescentes a emménagé dans une maison dans l'État de Californie. Bientôt, au cours des semaines suivantes, les filles ont commencé à déclarer qu'elles sentaient qu'il y avait quelqu'un d'autre dans leur chambre. Les parents ont d'abord ignoré l'affaire la considérant comme un processus d'ajustement à leur nouvel environnement. Mais des choses ont commencé à se produire, d'abord dans la cuisine, puis dans la chambre et le bureau et enfin partout ailleurs. Il semblait y avoir un dessein et l'oeuvre d'une force intelligente derrière les activités malicieuses. Le couple a finalement décidé de consulter un spécialiste étudiant de tels phénomènes après qu'un document très important ait soudainement disparu de la table et ait été retrouvé plus tard dans un endroit des plus improbables, la boite du jardin. Les chasseurs de fantômes comme ils sont appelés, ont fait le tour de la maison avec des gadgets captant des signaux et ont confirmé la présence d'un poltergeist (esprits désincarnés comme on les appelle en Occident). Par hasard certaines photographies prises par le couple ont révélé une apparence très brumeuse sur certaines photographies. Quelle autre preuve pourrait-on vouloir ? Mais vient ensuite le parti pris scientifique. Les psychologues invités à donner leurs commentaires ont simplement écarté toutes les données en les attribuant à un comportement adolescent désorganisé. En d'autres termes, les deux adolescentes faisaient simplement des farces. Les événements et les occurrences, le dossier de l'activité paranormale, l'histoire d'une mort traumatique dans cette maison une décennie auparavant, le dossier manquant et même la preuve photographique ont été simplement écartés d'un seul coup ! Sans doute une manière ingénieuse d'expliquer le phénomène mais la fillette de onze ans a eu le dernier mot lorsqu'elle a commenté les remarques des psychologues, «Eh bien laissez-les venir vivre ici et puis dire la même chose !» Espérons que les psychologues écoutent.

Dans notre propre vie, nous vivons différents types ou plutôt niveaux d'expérience de soi à des âges différents. Il semble y avoir en nous un moi subjectif qui est largement indépendant de notre corps physique et des conditions et circonstances extérieures, même si celles-ci peuvent être en partie responsables de sa formation. Cette expérience de soi subjective peut elle-même être un composite de nombreuses parties différentes qui expérimentent le monde tout à fait différemment puisqu'elles relèvent principalement de différentes positions de la conscience. Ces nombreux 'moi' ont été appelés dans les anciennes traditions indiennes, les nombreux *purushas* ou êtres qui existent indépendamment du corps et peuvent en être séparés, par certaines pratiques de yoga intensif ou naturellement après la mort. Mais à part ceux-là il existe dans notre être de nombreuses parties plus petites qui sont capables d'un certain degré d'existence indépendance et d'expérience de soi. L'âme et son adjoint, l'ego, maintiennent cette foule hétéroclite ensemble pendant la vie, de façon très imparfaite et chaotique quand ces parts sont sous-développées, mais avec une maîtrise et un pouvoir souverains lorsqu'elles sont développées. Ces parties se désintègrent également après la mort et chacune rejoint son propre agrégat naturel selon son affinité innée. Ces parties conflictuelles se rejoignent dans la vie pour une résolution évolutive. Après la mort, les éléments discordants laissent l'âme libre de tout conflit mais aussi donc libre de la lutte évolutive. « Pas de conflit pas de changement » semble être l'une des leçons de la vie et de la mort.

En d'autres termes, notre expérience de soi n'est pas déterminée par le corps physique, elle n'est limitée que dans une certaine mesure par lui. Une preuve classique est venue mettre en lumière ceci récemment dans le cas désormais bien connu des jumeaux Iraniens qui partageaient des gènes identiques et des expériences de vie identique. Peut-être qu'ils avaient même un base neurale commune puisque leurs têtes étaient fusionnées et les cerveaux reliés par une fine bande de neurones ! Ils voulaient que leurs têtes soient séparées. Non pas tant à cause de l'inconfort physique de deux corps maintenus ensemble mais parce qu'ils se sont rendus compte qu'ils étaient deux personnes différentes. L'un voulait étudier le droit, l'autre le journalisme. L'un avait une affinité pour un type de programme, l'autre pour un tout autre. Même leurs habitudes physiques étaient différentes. Un gène, deux êtres ; un cerveau, deux personnes ! Si tel était le cas, il est logique de supposer qu'il y a en nous un moi indépendant du corps. Dans ce cas, il est tout à fait naturel que le moi ne meure pas ou ne disparaisse pas avec la mort du corps mais continue à exister indépendamment de lui. La seule différence sera qu'alors que maintenant, il expérimente la vie et les gens à travers l'enveloppe matérielle et ses sens limités, après la mort, il fera l'expérience de la vie, des mondes et des êtres par le biais d'autres sens non corporels, ceux qui prennent le relais dans le sommeil de notre corps et qui sont méthodiquement développés par le yogi. C'est le corps qui meurt, tandis que le moi voyage dans d'autres enveloppes et d'autres corps à travers d'autres mondes !

## La question des fantômes

L'esprit moderne décourage de telles requêtes et il y a un certain avantage à cela. En effet, notre ignorance n'est-elle pas une sorte de sécurité ? Mais la vérité est une plus grande sécurité, non la demi-vérité mêlée de superstition et d'imagination, mais la pleine vérité qui rend compte de tout et trouve la juste place pour toutes les expériences humaines et autres de la vie. Nier un phénomène est facile. Il est beaucoup plus difficile de découvrir et d'assembler chaque pièce de la vérité dans le puzzle de la vie. Nier aveuglément est autant un dogme qu'une acceptation aveugle. Essayons donc de voir à travers les yeux de ceux qui « observent » vraiment car leur vision est « entière », ils voient non seulement les mondes matériels grossiers, mais aussi les mondes de l'au-delà et de l'après.

*« Qu'entendez-vous par fantôme ? Le mot fantôme, dans le langage populaire, recouvre une énorme quantité de phénomènes distincts qui n'ont pas nécessairement de rapports entre eux. Pour n'en citer que quelques-uns :*
- *Contact réel avec l'âme d'un être humain dans son corps subtil, transcrit dans notre mental par l'apparition d'une image ou l'audition d'une voix.*
- *Formation mentale où les pensées et les sentiments d'un être humain défunt imprègnent l'atmosphère d'un lieu ou d'une région, y vagabondent ou se répètent jusqu'à ce que cette formation s'épuise d'elle-même ou soit dissoute d'une manière ou d'une autre. C'est ce qui explique les phénomènes de maisons hantées dans lesquelles les scènes qui ont accompagné, entouré ou précédé un meurtre se répètent encore et encore, et bien d'autres phénomènes analogues.*
- *Être des plans vitaux inférieurs qui a revêtu l'enveloppe vitale abandonnée par un être humain défunt ou un fragment de sa personnalité vitale, et apparaît*

*et agit sous la forme et peut-être avec les pensées et les souvenirs superficiels de cette personne.*
- *Être du plan vital inférieur qui, au moyen d'un être humain vivant ou par un autre moyen ou agent, est capable de se matérialiser suffisamment pour apparaître et agir sous une forme visible, ou parler d'une voix audible ou, sans apparaître ainsi, de faire mouvoir des objets matériels, par exemple des meubles, ou de matérialiser des objets, ou de les changer de place. C'est l'explication des poltergeists, des phénomènes de jets de pierres, des Bhoûta qui habitent les arbres, et d'autres phénomènes bien connus.*
- *Apparitions qui sont des formations de votre propre mental et prennent pour les sens une apparence objective.*
- *Possession temporaire de quelqu'un par des êtres vitaux qui parfois feignent d'être des défunts, parents ou autres.*
- *Images mentales d'eux-mêmes projetées par des êtres humains, souvent au moment de leur mort, qui apparaissent à ce moment ou quelques heures après à leurs amis ou à leurs parents*[1]*".*

Un examen attentif de ceux-ci peut nous aider à les classer dans les catégories suivantes :

*Les Êtres Désincarnés* : Aussi connus sous le nom de fantômes ou poltergeists, ce sont des entités créées lorsqu'une partie du vital est brusquement expulsée suite à la mort d'une personne. Il s'agit généralement d'une mort extrêmement violente ou traumatisante, ces entités élémentaires agissent de manière répétitive autour d'une petite zone d'influence qu'elles connaissent. Elles n'ont généralement pas un grand pouvoir de nuire sauf qu'en induisant la peur, elles ouvrent la conscience à d'autres influences néfastes. Certaines de ces entités élémentaires peuvent même être utiles et il existe tout un groupe d'occultistes qui pratiquent de la petite magie et des miracles au service de ces entités désincarnées. Normalement, une forte incrédulité en leur existence, un esprit extrêmement rationnel, et surtout, une forte croyance en Dieu sert de bouclier contre le peu d'influence qu'elles peuvent exercer. Ce ne sont pas des âmes mais seulement des fragments, des morceaux et des parties de la nature vitale universelle qui en sont venues à assumer l'apparence d'une existence apparemment indépendante.

*Transe Médiumnique, Séances de spiritisme et Possession* : Ce sont des états dans lesquels un être humain subit l'influence ou la possession temporaire ou durable d'êtres d'autres mondes, généralement les mondes vitaux inférieurs. Ils sont capables de causer de réels dommages en utilisant le corps et le mental

---

1   Sri Aurobindo : Lettres sur le Yoga.

humains pour leurs propres influences vicieuses. Certains cas d'hystérie, d'amour obsessionnel exagéré d'un type sentimental faible, certaines formes d'épilepsies, d'aliénation mentale, de suicide et d'abus de drogue peuvent bien être liés à une forte influence ou même à une possession temporaire par ces mondes obscurs. Le pire de cette catégorie est l'incarnation rare de ces êtres dans un moule humain comme dans le cas d'Hitler par exemple, d'où leur pouvoir de destruction qui dépasse largement les limites normales. Il est rare, que l'on trouve des influences positives ou des incarnations partielles d'une force vitale supérieure, comme dans le cas de certains peintres et sculpteurs tels que Michael Angelo par exemple qui prétendait être inspiré par une force supérieure avant d'exécuter une oeuvre.

En ce qui concerne Hitler, on sait qu'il recevait des informations d'un être d'un autre monde de nature diabolique. Cet être lui donnait des indications précises sur les emplacements de l'armée défiant souvent toute logique, néanmoins des mouvements tactiques qui surprendraient tout le monde par leur succès. C'était un être sombre dont le travail consistait à semer la terreur, la cruauté et la destruction massive de la manière la plus horrible qui soit. Il voulait polluer la conscience humaine, en la remplissant de carnage et d'horreur, repoussant ainsi la force d'évolution de quelques milliers d'années en arrière. Il est bien connu que lorsque cet être possédait Hitler, celui-ci entrait dans une sorte de convulsion, se tordant sur le tapis, essayant même de le mâcher, proférant des inepties, terrifié et subjugué, seulement pour en sortir et prendre les décisions les plus farfelues mais précises ou parfaitement cruelles de la guerre sanglante. La description correspond à celle d'une crise d'épilepsie classique. Crise épileptique oui, mais quelle était la force qui s'emparait de cet homme qui n'avait presque aucun raffinement intérieur, et pourtant laissait libre cours à un tel état de frénésie guerrière ? Comparons cela avec la possession d'un type supérieur dans le cas de Jeanne d'Arc qui luttait contre les pires obstacles, défiant à nouveau la logique mais dans ce cas pour libérer le peuple d'une nation, inspirant aux faibles et aux opprimés un courage rare contre la tyrannie[1].

*Phénomène du Double* : il s'agit généralement d'un témoignage authentique d'une vision de l'âme ou d'une identification avec elle. Ici on se voit hors du corps, comme dans un autre corps. On peut également être projeté dans un autre domaine spatio temporel et expérimenter consciemment d'autres mondes. Cette « vision » est l'une des expériences les plus authentiques et ne

---

[1] Reportez-vous à l'Appendice IV : Au-delà de la mort pour les paroles de la Mère sur la possession asourique.

laisse que peu de doute sur l'existence de l'âme. Elle est plus réelle que la vision physique et ceux qui en font l'expérience trouvent leur vision d'eux-mêmes et du monde profondément changée pour le mieux.

*Communication avec les Défunts* : Est-il possible d'aider les défunts d'une manière ou d'une autre ? Pouvons-nous les contacter ? Peuvent-ils nous entendre ou communiquer avec nous ? Ces questions se posent souvent et tourmentent le cœur et le mental de ceux qui sont laissés derrière. C'est particulièrement le cas lorsque le départ est soudain, inattendu et prématuré. Les réponses diffèrent d'une personne à l'autre. Ainsi, alors qu'il est possible d'aider les défunts par des moyens intérieurs aussi bien qu'occultes, il est déconseillé de les attirer vers la terre par les moyens ambigus et risqués de la planchette, de l'écriture automatique, des trances médiumniques, etc. Il y a des raisons valables à cela.

Premièrement, de telles pratiques ne nous mettent pas nécessairement en contact avec le défunt. Le monde vital-physique est rempli de nombreuses entités élémentaires qui sont attirées par cette forme inférieure et ignorante de travail occulte. Elles peuvent entrer dans l'atmosphère et s'amuser à imiter les défunts et en répondant aux questions. La plupart du temps, elles répondent vraiment à nos désirs, en nous disant ce que nous *voulons* entendre. Deuxièmement, notre mental peut commencer à nous jouer des tours. Car nous avons un mental subliminal qui est plus puissant que notre mental de veille de surface. Ce mental avec la complicité de l'imagination vitale et des parties subconscientes en nous peut fabriquer la réalité, nous donnant l'illusion d'avoir contacté le défunt. Bien que cela puisse apporter un réconfort temporaire à ceux qui sont en deuil, cela peut aussi créer un monde illusoire et une attraction vers lui. En conséquence, une personne qui est prise au dépourvu peut ressentir une envie de plus en plus grande de vivre dans ce monde de faux-semblant. Enfin, même si nous pouvions contacter les défunts, ce qui est parfois possible surtout lorsqu'ils sont proches de l'atmosphère terrestre, cela ne fait que créer une douleur inutile pour leur être. Cela les attache à la terre, impuissants, les empêchant ainsi d'avancer. Les morts communiquent parfois avec nous dans la période initiale surtout dans les rêves et à travers certains gestes, actes finaux, etc. C'est surtout le cas les premiers jours de leur départ. Cependant, des rêves fréquents surtout après de longues périodes n'indiquent pas nécessairement une communication avec le mort. Le plus souvent, ce sont des images issues de notre subconscient où ces impressions sont stockées.

Parfois, les défunts peuvent aussi nous aider. C'est particulièrement vrai des âmes très évoluées qui peuvent rester consciemment près de la terre pour aider d'autres êtres, dans la vie ainsi qu'après la mort. Libérées des liens du corps, elles peuvent même exercer une forte influence ou donner des conseils à ceux qui leur sont chers. À cet égard, la Mère a mentionné comment une paire de mains d'un musicien développé entrait parfois dans Ses mains et jouait du piano à travers Ses mains. Dans une autre histoire, une équipe de football anglaise avait perdu son joueur champion dans un accident juste avant les matchs de championnat. L'équipe savait qu'elle ne pourrait jamais gagner en son absence. Néanmoins, ils lui ont dédié les matchs et ont remporté le championnat, à la grande surprise générale. La plupart des joueurs de l'équipe pensaient que la star décédée les avait en quelque sorte aidés à gagner, et certains ont senti sa présence pendant le match comme s'il courait avec eux et ils regardaient autour pour voir s'il était réellement là ! Voici une réponse donnée par la Mère à la question de savoir si l'être intérieur continue de *progresser après la mort* :

*Cela dépend tout à fait des cas. Pour chacun, c'est différent. Il y a des gens — par exemple des écrivains, des musiciens, des artistes —, des gens qui ont vécu sur des hauteurs intellectuelles, qui ont le sentiment d'avoir encore quelque chose à faire, qu'ils n'ont pas terminé ce qu'ils avaient entrepris, qu'ils ne sont pas arrivés au but qu'ils s'étaient fixé, ceux-là sont prêts à rester dans l'atmosphère terrestre autant qu'ils le peuvent, avec une cohésion aussi grande que possible, et ils cherchent à se manifester et à progresser en d'autres formes humaines... J'ai vu le cas très intéressant d'un musicien qui était pianiste (un pianiste de grande valeur), qui avait des mains qui étaient une merveille d'habileté, d'exactitude, de précision, de force, de rapidité de mouvement, enfin c'était tout à fait remarquable. Cet homme est mort relativement jeune avec le sentiment que, s'il avait continué à vivre, il aurait continué à progresser dans son expression musicale. Et l'intensité de l'aspiration était telle que des mains subtiles sont restées formées sans se dissoudre et chaque fois qu'il rencontrait quelqu'un d'un peu passif, un peu réceptif et bon musicien, ses mains entraient dans les mains de ceux qui jouaient — la personne qui jouait à ce moment-là pouvait jouer bien mais d'une façon ordinaire, et elle devenait à ce moment-là, non seulement une virtuose mais une artiste merveilleuse pendant le temps qu'elle jouait. C'étaient les mains de l'autre qui se servaient d'elle. C'est un phénomène que je connais. J'ai vu la même chose pour un peintre : c'étaient aussi des mains. La même chose pour certains écrivains, et là, c'était le cerveau qui se gardait dans une forme assez précise et pénétrait le cerveau de celui qui était suffisamment réceptif, et lui faisait tout d'un coup écrire des choses extraordinaires, infiniment plus belles que tout ce qu'il écrivait avant. J'ai vu cela prendre quelqu'un. J'ai vu cela pour un compositeur de musique — pas ceux qui exécutent : ceux qui composent, comme Beethoven, comme Bach, comme César Franck (mais César Franck exécutait aussi). C'est une activité très cérébrale, la composition de la musique ; eh bien, là aussi, le cerveau d'un grand musicien entrait en contact avec celui qui était en train d'écrire un opéra et lui faisait composer des choses merveilleuses et organisait sur le papier toutes les parties. Il était en train d'écrire un opéra — et c'est extrêmement complexe pour les exécutants qui doivent évoquer dans la musique la pensée de celui qui a composé —, et cet homme (je le connaissais), quand il recevait cette formation, il avait un papier blanc devant lui et puis il se mettait à écrire ; je l'ai vu écrire comme cela des lignes, puis quelques chiffres, une grande, grande page, et quand il était arrivé en bas, l'orchestration de l'ouverture (par exemple d'un certain acte) était terminée (orchestration veut dire attribution de certaines lignes de musique à chacun des instruments). Et il faisait cela simplement sur un papier, simplement par ce pouvoir mental merveilleux. Et ce n'était pas seulement le sien : ça lui venait d'un esprit musical qui s'incarnait en lui... Il y avait tant de violons, tant de violoncelles, tant d'altos, tous les instruments... les uns jouaient cela, les autres jouaient ça, d'autres jouaient autre chose, ou quelquefois c'était ensemble, quelquefois c'était l'un après l'autre (c'est très compliqué, ce n'est pas une chose simple), eh bien, là-dedans, en jouant, en entendant, ou même en lisant, quelquefois il prenait la partition et il lisait, il savait quelles étaient les notes qui devaient être attribuées à tel instrument, quelles étaient les notes qui devaient être jouées par un autre, et ainsi de suite. Et il avait très clairement le sentiment de quelque chose qui entrait en lui et qui l'aidait.*

*Q : Ces êtres qui veulent se manifester, quand ils naissent encore une fois, est-ce qu'ils gardent le même désir ?*

*Non, ce n'est pas la même chose. Ce n'est pas l'être tout entier, c'est la faculté spéciale qui reste dans l'atmosphère terrestre, qui ne s'en va pas, qui ne la quitte pas, qui reste dans l'atmosphère terrestre pour continuer à se manifester. Mais l'être psychique peut très bien retourner dans le monde psychique, et c'est l'être psychique qui se réincarne. Je vous ai expliqué l'autre jour qu'avant de quitter un corps physique, l'être psychique décidait le plus souvent quelle serait sa prochaine réincarnation, le milieu dans lequel il naîtrait et quelle serait son occupation, parce qu'il a besoin d'un certain champ d'expérience. Alors, il peut arriver que les plus grands écrivains ou les plus grands musiciens s'incarnent une autre fois, par exemple, dans un imbécile quelconque. Alors on dit : « Comment ! ce n'est pas possible ! » Naturellement ce n'est pas toujours comme cela, mais ce peut être comme cela. Il y avait un cas où c'était le contraire : c'était un exécutant de violon... Eh bien, cet homme-là avait en lui très certainement une réincarnation de Beethoven. Peut-être pas une réincarnation de son être psychique tout entier, mais en tout cas de sa capacité musicale. Il avait l'apparence, il avait la tête de Beethoven. Et je l'ai vu, je l'ai entendu (je ne le connaissais pas, je ne savais rien, j'étais à un concert à Paris, et on donnait le concerto en ré majeur), je l'ai vu arriver sur la scène pour jouer et j'ai dit : « tiens, c'est étrange comme cet homme ressemble à Beethoven, c'est vraiment le portrait de Beethoven ! » Puis ça a juste commencé par un coup d'archet, trois notes, quatre notes... Tout était changé, l'atmosphère était changée. Tout était devenu absolument merveilleux. Trois notes, c'est parti avec une puissance, une grandeur, c'était tellement merveilleux, plus rien ne bougeait, on attendait. Et il a joué cela d'un bout à l'autre d'une façon absolument unique, avec une compréhension que je n'ai rencontrée chez aucun autre exécutant. Et alors, j'ai vu que le génie musical de Beethoven était en lui... Mais peut-être l'être psychique de Beethoven s'est-il incarné dans un cordonnier, ou n'importe, on ne sait pas ! Il voulait avoir un autre genre d'expérience. Parce que, ce que j'ai vu dans cet homme-là, c'était une formation qui appartenait au monde terrestre et qui était mentale-vitale ; et comme Beethoven avait discipliné tout son être mental et vital et physique autour de sa capacité musicale, c'était resté en forme, c'était vivant, et cela s'était réincarné tel quel dans cet homme-là — mais pas nécessairement l'être psychique de Beethoven. Dans sa première vie, c'était l'être psychique de Beethoven qui avait formé ces êtres-là, l'être psychique qui les avait disciplinés autour de la création musicale ; mais quand il est mort, il n'est pas du tout dit que l'être psychique soit resté là. Suivant les règles habituelles, l'être psychique a dû retourner au psychique. Mais ça, c'était formé, ça avait sa vie propre, indépendante, existant en soi. Et c'était formé pour une certaine manifestation, et ça restait pour se manifester. Et dès que cela trouvait un instrument approprié, ça entrait là pour se manifester*[1].

Pour en revenir à la question de la communication avec les défunts, c'est une affaire confuse et mixte. Ce qui est préférable, c'est que ceux qui restent aident les défunts. Cela peut et doit être fait comme un dernier acte d'amour et reconnaissance.

Nous pouvons aider en :
- Se souvenant du défunt avec amour et paix.
- Priant pour un voyage sûr et paisible.
- Créant une atmosphère de paix, de lumière et de force à l'intérieur et autour de la maison et dans les personnes laissées derrière afin que l'être du

---

1  Mère entretiens, 16 septembre 1953

défunt puisse trouver un refuge pour un moment s'il en a besoin.
- Evitant tout chagrin et sentimentalisme excessif qui attirent l'être vers la terre, le faisant s'attarder inutilement dans l'atmosphère douloureuse physique et vitale.
- Offrant l'être au Divin qui est de loin le meilleur gardien.

## Le paradis et l'enfer : réalité ou fiction ?

Les mythes et légendes de toutes les religions décrivent la présence de ces mondes heureux ou effrayants, parfois dans les moindres des détails élaborés. La description est parfois si précise, qu'elle décrit dans quel genre d'enfer ou de paradis on irait pour une particulière action bonne ou mauvaise. D'un point de vue philosophique, la position de ces enfers et de ces paradis n'est pas très défendable si ce n'est qu'elle renforce notre croyance en un monde juste et équitable où finalement le coupable sera puni et le vertueux récompensé. Mais étrangement le châtiment et la récompense semblent être déconnectés de notre vie terrestre. Car le méchant est puni bien plus tard dans un enfer qui ne donne pas de satisfaction morale à la victime et n'empêche ni ne répare de toute façon les dommages déjà causés à la vie et aux êtres vivants ici sur terre. Il y a aussi un autre paradoxe dans la croyance populaire traditionnelle (qui n'est pas nécessairement une croyance correcte), une logique ou un caprice fallacieux et presque malicieux de justice universelle - le méchant est puni presque deux fois, d'abord dans un enfer et ensuite sur terre dans une vie future sous forme de pauvreté ou de maladie ou d'autres afflictions terrestres. Une telle justice peut être la création d'un esprit vengeur mais certainement pas celle de celui qui est le cœur et l'âme de l'Amour. Il en va de même pour les cieux dont on attend patiemment la récompense dans un autre monde pour nos épreuves terrestres et notre bonté patiente.

Nous nous demandons si dans un monde créé par Dieu nous ne préférerions pas la justice un peu plus tôt et de manière plus visible ?

C'est ici que nous faisons une mauvaise lecture de tout ou du moins que nous lisons nos propres intentions dans celles de Dieu. Ce monde n'a pas été créé pour manifester la justice, bien qu'une certaine forme de justice existe mais certainement pas comme nous l'entendons. Ce monde est essentiellement un champ de croissance et de progrès de l'âme et celle-ci grandit autant à travers l'amertume de la lutte, de la souffrance et de la chute, que par la douceur du plaisir et l'attrait des choses éphémères et périssables. La leçon au final est la même. Deuxièmement, la justice est là pour chacun et presque instantanée, mais invisible sauf pour notre âme. La vérité est plus profonde que nos idéaux les plus élevés et plus subtile que nos sentiments les plus forts. Sa sagesse est incalculable et ses pas certains. Bref, la récompense d'une bonne action est indépendante des personnes vers qui elle est dirigée, indépendante de l'acte lui-même mais uniquement dépendante de la conscience. Ainsi un acte authentiquement désintéressé, même s'il n'est pas reconnu par les autres ou même méprisé par les hommes qui invariablement interprètent les actions des autres selon leurs propres motivations mesquines, apporte un état de joie intérieure, un sentiment de légèreté et de contentement, et même une croissance en sagesse et en compassion, qui nous fait faire un pas vers notre libération de l'enveloppe de notre humanité. De même, un acte égoïste, même s'il s'agit d'un acte philanthropique ou apparemment grand et bon aux yeux du monde, obscurcit notre conscience, la relie aux avant-postes des plaisirs et des douleurs bon marché, apporte une satisfaction brève et mesquine et est inévitablement suivi d'un recul d'amertume, d'agitation et de misère intérieure. Et quelle pire punition que celle qui obscurcit notre âme, source de tout vrai bonheur, de paix, de sagesse et de joie ? Cela continue à travers les vies jusqu'à ce que nous apprenions la leçon que le vrai repos réside dans la découverte de cette chose immortelle en nous et non à l'extérieur.

Et ce serait une justice bien plus juste en effet que cette notion grossière selon laquelle la chute de mon adversaire et sa douleur devant mes yeux de mortel me rendra heureux comme s'il était quelqu'un d'autre que moi, sous un autre déguisement. Ou encore cette idée que je deviens riche par mon honnêteté et deviens donc encore plus esclave des petits plaisirs de la vie et de la faiblesse qui en découle. Il se pourrait que celui qui souffre grandisse en endurance, préparant en lui une base plus solide pour la manifestation de pouvoirs plus grands lorsqu'il est prêt à les recevoir. L'âme en nous, seul élément véritablement sage, peut même choisir comme moyen de son ascension, la difficulté et la défaite, des choses que le moi de désir et l'esprit superficiel rejettent avec horreur. C'est la logique de la justice universelle, une poussée vers la croissance et non une notion humaine aveugle et ignorante de rétribution. Et quel genre de croissance serait-ce si je m'abstenais de faire le mal, non à cause d'un changement intérieur en moi, parce que je ne suis plus attiré par lui mais à cause de la peur de l'enfer ? Et quel genre de croissance ce serait si je faisais les actions justes non pas parce qu'elles me viennent naturellement mais parce que je suis égoïstement séduit par une récompense exacte et calculée au paradis ? Heureusement, Dieu est beaucoup moins un juge et plus un amant qui a tout l'amour de la mère et la sagesse du maître, même quand il semble nous frapper. Même si l'enfer existe, Il ne l'aurait pas créé par colère comme une prison pour la justice, mais par amour comme un refuge pour se réformer.

Néanmoins l'expérience occulte confirme qu'il existe dans certains plans de conscience vitaux ou autres, des états de joie et de souffrance accrues. Ceux-ci peuvent être en grande partie des créations de notre mental, existant comme une annexe dans le monde mental, non des choses qui sont vraies en elles-mêmes, mais plutôt créées par le mental humain, par ses croyances et ses impressions. Ce ne sont pas les états de conscience les plus élevés ni les plus bas non plus, mais les mondes intermédiaires de l'ignorance cosmique. Selon toute vraisemblance, ils n'ont pas grand-chose à voir avec la justice universelle, mais existent en tant que mondes typiques à part entière et dans un but plus profond du jeu divin. Néanmoins, l'âme peut passer un certain temps après la mort par ces mondes, due à une affinité de ses éléments et par conséquent faire l'expérience de ce qu'ils représentent. Ce passage surtout à travers les mondes vitaux obscurs et douloureux n'est pas obligatoire et même un homme pécheur qui a foi dans le Divin les contourne généralement. Cependant, certains avec une conscience très grossière et dense peuvent s'y attarder un peu plus longtemps, des périodes qui peuvent sembler une éternité. Heureusement on peut dire « sembler », car un enfer éternel serait un anathème pour Dieu et enlèverait tout espoir à l'humanité.

> *'Le ciel et l'enfer sont souvent des états imaginaires de l'âme ou plutôt du vital qui les construit autour de lui après son départ. Ce qu'on entend par enfer est un passage pénible à travers le vital ou un séjour dans ce plan, comme par exemple dans bien des cas de suicide où l'on reste environné des forces de souffrance et de désordre créées par cette fin anormale et violente. Il y a aussi, évidemment, des mondes du mental et des mondes vitaux qui sont imprégnés d'expériences joyeuses ou sombres. On peut en passer par là si les affinités nécessaires ont été créées par des formations dans le caractère, mais l'idée de récompense ou de rétribution est une conception primitive et vulgaire, rien de plus qu'une erreur populaire[1]'.*

## Le Retour sur Terre – Renaissance

*Ce n'est pas de sitôt qu'en nous sera le délice complet de Dieu,*
*Ni n'aurons-nous fini en une vie ;*
*Sans terme sont en nous sis nos esprits*
*Et veulent une joie sans terme*
*Nos âmes et le ciel sont de stature égale*

---

1   Sri Aurobindo : Lettres sur le yoga.

*Et ont naissance immémoriale ;*
*L'impérissable germe, le moule infini de la nature,*
*Ils ne furent pas fait sur terre,*
*Ni à la terre ne lèguent ils leurs cendres,*
*Mais en eux-mêmes durent.*
*Un avenir sans fin affleure sous tes cils,*
*Enfant d'un passé sans fin[1].*

Si la vie après la mort est un mystère et une controverse, alors la renaissance après la mort est un mystère encore plus grand. Les avis sont partagés même si un grand nombre d'expériences et la logique suggèrent toutes deux la validité de la renaissance. L'expérience mystique dépassant les limites de la religion, et les expériences individuelles de cas recensés font apparaître la vérité de la renaissance. Il existe même un type de psychothérapie qui explore les vies antérieures par la régression hypnotique. Elle est basée sur la conviction que bon nombre de nos tendances malsaines, en particulier les peurs, sont dues à un transfert d'un événement réel survenu dans une vie passée. Il peut y avoir une bonne part de vérité là-dedans. Un exemple (un parmi tant d'autres) est documenté dans lequel les racines de la peur chez un jeune enfant remontent à sa mort non naturelle lors d'une guerre dans une vie antérieure. Le Dr Brian L. Weiss a signalé un certain nombre de cas où il a pu retracer les racines de la maladie de son patient dans une expérience d'une vie antérieure. Le Dr Weiss a été pris au dépourvu lorsque l'une de ses patientes a commencé à se souvenir de traumatismes de vies antérieures qui semblaient détenir la clé de la récurrence de ses cauchemars et de ses crises de panique. Son scepticisme a diminué et a pris fin tout à fait quand elle a commencé à canaliser des messages provenant de '' l'espace entre les vies" qui contenait des révélations remarquables sur la famille du Dr Weiss y compris celle de son fils décédé. En utilisant la thérapie des vies antérieures, il a pu guérir la patiente et se lancer dans une nouvelle découverte. Parmi ses ouvrages importants citons, Many *Lives, Many Masters, Messages from the Masters, Mirrors of Time.*

Quelles que soient les affirmations individuelles sur les effets de la guérison, il est intéressant de noter que les racines de notre problème actuel sont enfouies dans notre passé révolu. Le corps est réduit cendres mais pas le karma. Car le karma n'est pas seulement une action physique mais plus encore une énergie et un état de conscience qui continuent d'exister pour le meilleur ou pour le pire au-delà de la formation actuelle de notre personnalité. Même la mort ne peut

---

1   Sri Aurobindo, poèmes

pas détruire le karma bien qu'elle épuise (nettoie) de nombreuses tendances d'une vie particulière.

En effet, si nous admettons la possibilité d'une vie après la mort, alors la possibilité d'une autre vie et encore d'une autre vie devient la conséquence logique naturelle. Car s'il existe une âme qui est d'essence divine, alors il serait absurde de supposer que cet élément divin descende dans la matière et sur la terre accidentellement, et, réalisant son erreur et le drame terrestre comme une mauvaise plaisanterie, décide de se retirer. Ou pour adopter le point de vue religieux, il serait absurde de ne donner à l'âme qu'une seule chance pour son affectation finale au ciel et en enfer, sans aucune expérience préalable pour la guider ou une chance ultérieure de s'amender ! Une telle doctrine serait non seulement une *reductio ad absurdum*[1] mais aussi supprimerait toute la signification de l'existence terrestre de l'âme incarnée, comme s'il s'agissait d'un simple terrain d'essai où l'on passe d'abord les examens et on l'apprend plus tard. Et même l'apprentissage ultérieur ne serait pas d'une grande utilité puisque l'âme n'aurait vraisemblablement plus jamais l'occasion de l'appliquer!

Une telle interprétation erronée des Écritures et une telle déformation des paroles de grands Maîtres et Incarnations sont faites en grande partie pour instiller la peur parmi les esprits immatures et les cœurs faibles. A travers cette peur on espère gagner des adhérents à la foi en disant que puisque l'on n'aura plus jamais d'autre chance de faire ses preuves ou de se corriger, le seul espoir de salut réside donc dans la grâce du dieu fondateur qui jugera en notre faveur et plaidera pour nous si nous l'acceptons comme Maître. Un tel jeu sur la peur de l'humanité n'est propre à aucune religion mais s'est glissée sous une forme ou une autre dans toutes les croyances. Elle a peut-être été introduite délibérément à un moment donné pour éviter une trop grande indulgence pour ce que les religions qualifient de péchés. Il est cependant douteux que la peur ait le pouvoir de changer les gens. Au mieux elle ne modifie que la surface de l'être, au pire elle introduit le mensonge, la tromperie et la ruse dans le péché le rendant encore plus grave. Ce qui était clairement grossier jusqu'alors, se présente bien emballé, même l'insoupçonné. Peu de choses ont fait plus de mal que la peur, qu'elle soit religieuse ou autre, en abimant, déformant et pervertissant la conscience humaine. Et si la renaissance a un but alors ce but ne peut pas être juste de se réveiller d'un mauvais rêve car dans ce cas, il n'y avait nul besoin du sommeil de l'oubli de soi. La renaissance comme la naissance et la mort elle-même ne sont justifiées que si l'aventure de la vie

---

1   Latin : Réfutation d'une proposition en montrant l'absurdité de sa conclusion inévitable.

apporte quelque chose à l'âme, qui lui manquerait dans son état divin originel (et soi-disant non déchue).

La récompense et la punition sont une mauvaise traduction dans le mental humain d'une vérité plus profonde. Une meilleure façon de voir les choses est de les considérer comme un processus d'apprentissage. Mais c'est aussi une vision incomplète puisque qu'est-ce que l'âme ici doit apprendre et connaitre qu'elle ne connait pas déjà dans son moi secret ? La distinction du mal et du bien, du bon et du mauvais, ont leur valeur relative et pratique dans notre état actuel et notre stade d'évolution. Mais, ce ne sont pas des vérités absolues ni même des vérités originelles. La Conscience Divine n'est pas un juge qui pèse la balance maintenant en notre faveur, puis en faveur d'un autre. Dans cette Conscience Absolue, il n'y a rien d'autre que l'Unique et tous ne sont rien d'autre que l'Unique éternel et Ses formes et symboles. L'âme est ici pour s'engager dans la manifestation de Lui-même de l'Un. Et c'est dans ce processus qu'il fait surgir tantôt cette forme, tantôt une autre, dissout une création imparfaite pour en élaborer une autre plus parfaite, abolit une structure pour en ériger une autre plus plastique et plus robuste, plus proche de la Vérité, de la Lumière, de l'Amour, de l'Harmonie et de l'Ananda divins. La vie, la mort et la renaissance sont des incidents dans cette histoire à moitié racontée qui progresse d'un moindre à un plus grand degré de perfection. L'âme est ici essentiellement pour croitre vers cette perfection divine recherchée, un exploit impossible à réaliser en une seule vie étant donné le matériel que lui offre la nature. La récompense et la punition sont la façon dont le vital ignorant en nous regarde. L'apprentissage par l'expérience est la façon dont notre mental irisé d'une lumière spirituelle comprend obscurément. Mais pour l'âme c'est toujours une opportunité de croissance vers la Perfection. Toute joie est pour elle un indice imparfait d'un Ananda caché déformé dans les phénomènes et les apparences de surface. De même, toute douleur est pour elle un indice de l'imperfection de notre délice et une préparation pour un Ananda plus élevé, plus intense et plus ardent qui doit encore naître en nous.

Pour comprendre entièrement le mystère de la mort et de la renaissance, nous devons donc comprendre le mystère de la vie. Et le mystère de la vie n'est-il pas inscrit en termes audacieux dans sa recherche et son aspiration même ? Dans sa conscience éveillée l'homme aspire naturellement à la perfection terrestre, érige des figures et des réalités symboliques d'une vérité plus haute et plus pure, recherche l'amour et le bonheur véritable et sans mélange. Il espère faire descendre l'infini dans les limites finies. Est-ce une vaine chimère ou une possibilité plus profonde pour laquelle toute l'aventure de l'espace et du temps est justifiée ? Et si la poursuite de la perfection terrestre est valide comme l'indique l'aspiration cachée dans l'homme, alors la renaissance devient le seul moyen d'y parvenir. Néanmoins, la question de la renaissance soulève les questions suivantes :

- Y a-t-il une renaissance ? Et qui ou quoi renaît ?
- Quel est le mécanisme de la renaissance ?
- Quel est le but et la signification de la renaissance ?

L'expérience mystique du monde entier affirme l'existence de la renaissance. Même certaines grandes religions qui nient apparemment la renaissance, admettent néanmoins une sorte de vie après la mort. Il est également possible que les vérités révélées par ces fondateurs n'aient pas été pleinement comprises par les adeptes de leur vivant. Cela est arrivé à toutes les religions sans exception et seules y échappèrent partiellement ces religions où de nouvelles expériences et influences de l'intérieur furent autorisées à reproduire à nouveau la réalisation et à redécouvrir sa véritable forme. Ici encore nous trouvons que les soufis et les mystiques chrétiens ont affirmé la présence de la renaissance même si la plupart des adeptes la nient. Quoi qu'il en soit, comme indiqué précédemment, la balance de l'expérience penche en faveur de la renaissance.

Des études scientifiques, menées notamment par le célèbre Dr Raymond Moody et d'autres qui l'ont suivi suggèrent toutes la possibilité d'une renaissance. Des centaines de rapports de cas existent dans la littérature scientifique dans lesquels il y a eu de véritables souvenirs d'une vie antérieure. Mais comme pour les EMI et autres expériences paranormales, il y a ceux qui y croient et qui par conséquent acceptent et citent volontiers les études scientifiques. Il y a aussi ceux qui n'y croient pas et donc les réfutent avec une égale véhémence. Comme mentionné précédemment, il est en effet douteux que ce débat puisse être résolu par les méthodes d'une science matérialiste dont les instruments sont limités par le paradigme matériel. La seule voie sûre est de développer la conscience et d'expérimenter soi-même les mondes cachés et tout ce qui s'y trouve attendant d'y être découvert. C'est le seul moyen sûr. Après tout nous ne menons pas d'études pour prouver que nous vivons ou marchons sur la route ou dormons et mangeons et parlons et respirons et tout le reste qui nous paraît si naturel et normal. Le scientifique me croirait sur parole si je lui disais que j'ai faim parce qu'il sait lui aussi par expérience que quelque chose comme la faim existe mais il n'écouterait pas si je lui disais que je fais l'expérience de l'amour de Dieu ou de la Paix, puisqu'il n'en a peut-être pas fait lui-même l'expérience. De même, lorsque l'expérience d'autres mondes devient normale pour l'homme et que rien n'est plus caché à son œil éveillé alors il n'y aura plus de doute car la connaissance des autres mondes sera aussi naturelle que la vie ici. Jusqu'alors l'homme doit nécessairement s'appuyer sur le bâton de la foi et se fier aux données apportées jusqu'à nous par les explorateurs de l'âme qui ont entrevu l'au-delà. L'histoire présentée ci-dessous est l'un de ces rapports de cas authentiques. Elle est d'Alexandra David Neel, la célèbre exploratrice du Tibet :

« D'innombrables récits sont racontés dans tout le Tibet à propos de preuves extraordinaires de mémoire des vies antérieures et de prodiges accomplis par les jeunes tulkus pour témoigner de leur identité. Nous y retrouvons l'habituel mélange tibétain de superstition, de ruse, de comédie et d'événements déconcertants. Je pourrais en relater des dizaines, mais je préfère me limiter à l'évocation de faits liés à des personnes que j'ai personnellement connues.

«À côté de la maison du Pegyai Lama, dans laquelle j'ai vécu à Kum-Bum, se trouvait la demeure d'un tulku mineur appelé Agnai Tsang. Sept années s'étaient écoulées depuis la mort du dernier maître des lieux et personne n'avait pu découvrir l'enfant dans lequel il s'était réincarné. Je ne pense pas que l'intendant de la maison du lama se sentait très affligé par cette circonstance. Il gérait le domaine et semblait plutôt prospère.

« Il arriva qu'au cours d'une tournée commerciale, il se sentit fatigué et assoiffé et il entra dans une ferme pour se reposer et boire. Pendant que la ménagère préparait le thé, le nierpa (l'intendant) tira de sa poche une tabatière en jade et s'apprêtait à prendre une pincée de tabac à priser lorsqu'un petit garçon qui jouait dans un coin de la pièce l'arrêta et posant sa petite main sur la boîte lui demanda sur un ton de reproche : ''Pourquoi utilisez-vous ma tabatière'' ?

L'intendant fut stupéfait. En effet, la précieuse tabatière n'était pas la sienne, mais appartenait au défunt Agnai Tsang, et bien qu'il n'ait peut-être pas eu l'intention de la voler, il en avait pourtant pris possession.

Il est resté là tremblant alors que le garçon le regardait, le visage devenu soudain grave et sévère, n'ayant plus rien d'enfantin.

''Rendez-la-moi tout de suite, elle est à moi'', répéta-t-il. Pris de remords, et à la fois terrifié et désorienté, le moine ne put que tomber à genoux et se prosterner devant son maître réincarné.

Quelques jours plus tard, j'ai vu le garçon arriver en grande pompe dans son manoir. Il était vêtu d'une robe de brocart jaune et montait un beau poney noir, le nierpa tenant la bride.

«Lorsque le cortège est entré dans la maison, le garçon fit la remarque suivante : «Pourquoi tournons-nous à gauche pour atteindre la seconde cour ? La porte est à notre droite.''

Or, pour une raison quelconque, la porte du côté droit avait été murée après la mort du lama et une autre ouverte à sa place. Les moines émerveillés de cette nouvelle preuve de l'authenticité de leur lama se rendirent tous dans son appartement privé où le thé devait être servi.

Le garçon, assis sur une pile de gros coussins durs, regarda la tasse avec la soucoupe en vermeil et le couvercle serti de bijoux posé sur la table devant lui. «Donnez-moi la plus grande tasse en porcelaine», ordonna-t-il. Et il la décrivit, mentionnant même le motif qui la décorait.

Personne ne connaissait une telle tasse, pas même l'intendant, et les moines s'efforcèrent respectueusement de convaincre leur jeune maître qu'il n'y avait pas de tasse de ce genre dans la maison.

C'est à ce moment-là que, profitant d'une connaissance déjà longue avec le nierpa, j'entrai dans la pièce. J'avais entendu l'histoire de la tabatière et je voulais voir de mes propres yeux mon remarquable nouveau petit voisin. Je lui ai offert l'écharpe habituelle et quelques présents. Il les reçut avec un sourire gracieux mais, apparemment suivant le cours de ses pensées concernant la tasse, il dit : "Cherchez mieux, vous la trouverez".

Et soudain, comme si un éclair de mémoire avait traversé son esprit, il ajouta des explications sur une boîte peinte de telle couleur, qui était dans tel endroit dans la réserve. Les moines m'avaient brièvement informé de ce qui se passait et j'attendais avec intérêt de voir comment les choses allaient se passer.

Moins d'une demi-heure plus tard, l'ensemble, tasse, soucoupe et couvercle, était découvert dans un coffret qui se trouvait au fond de la boîte même décrite par le garçon. «Je ne connaissais pas l'existence de cette tasse», m'a dit plus tard l'intendant. "Le lama lui-même, ou mon prédécesseur, a dû la mettre dans cette boîte qui ne contenait rien d'autre de précieux et n'avait pas été ouverte depuis des années[1]".

## Le retour sur Terre – Karma

L'âme passe d'un corps à l'autre à travers les cycles de la mort et de la renaissance tout comme les karmas qui collent comme des étiquettes indiquant l'étape à laquelle nous nous trouvons dans notre parcours évolutif. C'est une sorte de rappel des choses que nous n'avons pas encore connues, des marches que nous n'avons pas encore gravies. Cette étiquette de karma va et revient avec nous sous la forme de notre vrai mental, notre vrai vital, notre vrai physique - les trois *purushas* projetés par l'âme pour faire face à ce monde et entrer en relation avec lui. Ces trois *purushas* intérieurs sont retirés à l'intérieur de l'âme dans son sommeil reconstituant et remis en avant lors de la nouvelle naissance. Le reste de notre être extérieur est englouti dans les ténèbres de la mort.

---

1  Alexandra David Neel: reincarnation of lamas

> *''L'âme rassemble les éléments essentiels de ses expériences dans la vie et en fait la base de sa croissance dans l'évolution ; quand elle retourne à la naissance, elle prend ses enveloppes mentale, vitale et physique, et autant de Karma qui lui sera utile dans la nouvelle vie pour acquérir davantage d'expérience.*
>
> *Certains mouvements peuvent sembler régressifs, mais ce ne sont que des zigzags ; non des reculs réels, mais un retour sur quelque chose qui n'avait pas été achevé, afin de mieux avancer ensuite. L'âme ne retourne pas à l'état animal, mais une partie de la personnalité vitale peut se détacher et rejoindre une vie animale pour y épuiser ses penchants animaux.*
>
> *''… l'âme, l'être psychique, une fois qu'elle atteint la conscience humaine, ne peut pas retourner à la conscience animale inférieure, pas plus qu'elle ne peut retourner dans un arbre ou dans un insecte éphémère. La vérité, c'est qu'une certaine partie de l'énergie vitale, ou de la conscience ou nature instrumentale formée, le peut et très fréquemment le fait, si elle est fortement attachée à quelque chose qui appartient à la vie terrestre. Ainsi peuvent s'expliquer aussi certains cas de renaissances immédiates accompagnées d'une mémoire complète, dans les formes humaines.*
>
> *''Notez que l'idée qui fait de la renaissance et des circonstances de la nouvelle vie une récompense ou une punition de puṇya ou pāpa correspond à une conception humaine rudimentaire de la «justice» qui est à l'opposé de la philosophie et de la spiritualité et déforme le véritable objet de la vie. La vie ici-bas est une évolution et l'âme croît par l'expérience, élaborant par cette expérience ceci ou cela dans la nature et s'il y a souffrance, c'est afin de mener à bien cette élaboration, ce n'est pas une sanction infligée par Dieu ou la Loi cosmique en punition d'erreurs ou de faux pas qui sont inévitables dans l'Ignorance[1].*

En d'autres termes, il y a peu de vérité dans la notion populaire selon laquelle l'âme ayant pris une naissance humaine peut revenir à la forme animale. La logique est très simple. Il y a une certaine correspondance entre l'âme profonde et la nature extérieure et intérieure. La nature d'une forme naît et est soutenue par l'âme individuelle. Au fur et à mesure que l'âme grandit à l'intérieur vers sa propre perfection, notre nature ressent simultanément la pression et se développe selon certaines lignes. Ayant dépassé un certain stade de développement, l'âme individuelle ou l'être psychique ne peut être maintenue par une nature inférieure. C'est comme si l'on essayait de faire entrer un adulte

---

1   Sri Aurobindo, lettres sur le yoga.

bien bâti dans un vêtement d'enfant ! Le corps et la forme sont des instruments de l'âme ; la nature mentale et vitale en est la force motrice. Le karma et la renaissance sont des moyens pour l'âme de se développer. Au fur et à mesure que l'âme se développe, elle acquiert une nature meilleure et plus élevée. Bien entendu, cette nature meilleure et supérieure ne doit pas être confondue avec une intelligence brillante ou une vitalité forte et robuste (bien qu'elles puissent aussi être présentes), mais se réfère à une certaine sensibilité à la vérité et à la discrimination entre la vraie et la fausse lumière, un désir de choses plus élevées et plus nobles, un raffinement du mental et du cœur, la recherche de la vérité, de la beauté, de l'harmonie et du bien, et surtout un certain degré de désintéressement qui distingue un être développé intérieurement d'un être sous-développé. De plus, ce changement qualitatif ne s'arrête pas là, mais va de plus en plus loin, jusqu'à ce que l'on ait trouvé la source même de toute beauté, de toute vérité, de toute harmonie, de toute félicité et de l'ultime bien éternel. Par la suite, il y a une progression heureuse vers des degrés de plus en plus élevés de l'Infini. Progression et non régression, comme le suggère la notion populiste de renaissance en des formes inférieures. Bien qu'une régression temporaire à l'intérieur d'une certaine gamme d'humanité soit tout à fait possible, une régression marquée de l'homme développé en animal contredirait la logique des choses. Et de même que la vie et la mort, la renaissance est elle aussi un mécanisme d'aide au processus d'évolution et non un système grossier de récompense et de punition. C'est peut-être là le point de vue primitif de l'homme, car nous aimons voir les choses selon notre propre nature, mais ce n'est pas la vision ou le plan divin. Un tel Dieu, occupé à trouver des fautes et à nous punir ne serait pas Dieu, mais un juge humain, et peut-être même à peine ! *Ce n'est pas la justice, mais l'amour et la grâce qui soutiennent ce monde et c'est l'Amour et non la Justice qui le sauvera.* Quelle est la nature exacte de cette loi du karma ? En bref, elle consiste en ce qui suit :

Chaque action (l'action comprend non seulement l'action physique, mais aussi l'action émotionnelle, mentale, psychologique, morale et spirituelle) a un effet correspondant sur la conscience. La répercussion de l'action n'est pas tant physique que psychologique. Une bonne action a pour effet de faire grandir notre conscience en lumière et en bonheur intérieur (et pas nécessairement en récompense extérieure). De même, une mauvaise action emprisonne la conscience, la rendant dense et lourde. L'effet est essentiellement de libérer ou d'obscurcir l'âme la plus intime. Ceci dit, qu'il soit également clair qu'il peut aussi y avoir des conséquences physiques. La loi est donc essentiellement évolutive et non pas punitive comme cela est souvent mal compris. Bien sûr, l'évolution n'est pas nécessairement synonyme de succès et certainement pas du succès vaniteux et glorifiant que nous considérons souvent comme la récompense de Dieu pour nos bonnes actions ! L'évolution passe par le plaisir et la douleur, la joie et la souffrance, souvent plus par la souffrance apparente que par le plaisir apparent.

La loi du karma fonctionne également au niveau collectif et peut expliquer certaines tragédies collectives qui nous frappent. Une armée marche sur une autre nation à une époque, mais les rôles sont comme inversés à une autre époque.

À cet égard, dit Sri Aurobindo, «... *chaque fois que nous utilisons la force de l'âme, nous soulevons une grande force de Karma contre notre adversaire, dont nous n'avons aucun pouvoir de contrôle sur les conséquences. Vasishtha utilise la force de l'âme contre la violence militaire de Vishwamitra et des armées de Huns, de Shakas et de Pallavas se jettent sur l'agresseur. La quiescence et la passivité de l'homme spirituel face à la violence et à l'agression éveille les formidables forces du monde à l'action rétributive ; et il peut même être plus miséricordieux de se mettre sur le chemin de ceux qui représentent le mal, même par la force, que de les laisser tout piétiner jusqu'à ce qu'ils appellent sur eux une destruction pire que celle que nous n'aurions jamais pensé à infliger*".

Dans un autre exemple, le grand et célèbre historien grec Hérodote qui décrit la guerre entre les Grecs et les Perses, raconte comment le roi perse, Xeres, mena son armée en Grèce, envahissant la Thrace et la Macédoine, fauchant les Athéniens, rapides et audacieux, ainsi que les Spartiates, braves et courageux.

Mais les destins se sont inversés lorsque Thémistocle a commencé à mettre en déroute les envahisseurs Perses et, sur leurs talons, à occuper les villes Perses, y compris le dernier bastion de Sestos. Tout au long de ce récit extraordinaire, nous ressentons un sentiment de conviction qui nous rappelle qu'au-dessus des champs de bataille couve l'esprit de Némésis, une loi de la Providence contre laquelle même les puissants monarques sont réduits à l'impuissance. Même récemment, pourrait-on dire que l'exemple de la guerre Américaine contre le gouvernement taliban d'Afghanistan, à la suite de la mutilation du Bouddha silencieux de Bamiyan, fut une réaction similaire à un certain niveau collectif occulte ? Nous ne pourrons peut-être jamais le dire. Mais il y a certainement plus que ce qui est révélé à l'œil humain.

> *Les théories ordinaires sont trop mécaniques — et il en est de même des théories de puṇya et pāpa et de leurs résultats dans la vie suivante. Nul doute, les énergies déployées dans une vie passée, entraînent certaines conséquences, mais pas selon ce principe plutôt infantile. Les souffrances d'un homme juste*

*dans cette vie seraient une preuve, selon la théorie orthodoxe, qu'il a été un très grand malfaiteur dans sa vie passée, la prospérité d'un méchant serait la preuve qu'il a été parfaitement angélique durant sa dernière visite sur terre et qu'il a semé une quantité de vertus et d'actions méritoires assez grande pour récolter cette magnifique moisson de bonne fortune. C'est trop symétrique pour être vrai. L'objet de la naissance étant de croître par l'expérience, les réactions provenant d'actions passées doivent être des leçons qui permettent à l'être d'apprendre et de croître, non des sucettes pour les bons élèves de la classe (du passé) et des coups de canne pour les mauvais. La vraie sanction du bien et du mal n'est pas la bonne fortune pour l'un et la mauvaise fortune pour l'autre, mais ceci : les bonnes actions nous mènent vers une nature plus haute qui à la longue est soulevée au-dessus de la souffrance, et les mauvaises actions nous tirent vers la nature inférieure qui tourne toujours dans un cercle de souffrance et de mal*[1].

Enfin, le karma et ses conséquences sont une expérience d'apprentissage pour l'âme en croissance. Mais quel type d'apprentissage ? Pas seulement la forme pratique d'apprentissage que nous connaissons, mais aussi la découverte de la vérité de la vie et des choses, et le développement du pouvoir de gérer la vie et les matériaux qu'elle offre, de mieux en mieux, avec une connaissance de plus en plus grande. C'est l'âme qui choisit les conséquences et non un juge arbitraire extérieur à nous-même et lorsque l'apprentissage est terminé et qu'elle a dépassé le stade élémentaire du karma, alors le niveau précédent du karma ne s'applique plus, à moins qu'elle n'en ait encore besoin pour développer un aspect de sa personnalité. C'est pourquoi tout homme spirituel digne de ce nom a insisté sur le fait que la grâce peut annuler le karma. Le fait même de s'engager sur le chemin spirituel et de le parcourir commence à changer les conséquences de notre karma. En d'autres termes, les choses ne sont pas aussi rigides que nous le prétendons. Elles ne sont pas non plus aussi ridiculement absurdes que de rembourser la dette karmique contractée en acceptant le cadeau d'un ami et donc de devoir le rembourser dans une autre vie avec des intérêts composés bien sûr ! Ainsi vue, la loi du karma n'apparaît plus comme une doctrine immuable et fataliste. En fait, au contraire, elle signifie que notre karma actuel peut changer notre avenir (donc aussi les conséquences du passé) pour le meilleur, sinon il n'y aurait jamais d'espoir ni de possibilité d'évolution et l'âme humaine sombrerait peu après quelques vies dans la perdition éternelle.

La complexité de la loi karmique provient du fait que l'homme lui-même est une entité complexe et que les actions physiques ne sont jamais uniquement

---

1  Sri Aurobindo, lettres sur le yoga.

physiques. Il y a presque toujours une intention mentale, une croyance ou une attitude, un motif vital, une impulsion émotionnelle, voire notre constitution psychologique globale, et qui sait combien d'autres éléments visibles et invisibles qui nous poussent à commettre des actes qui dépassent notre pensée consciente. Il ne s'agit pas d'une simple équation mathématique ou d'une loi mécanique de cause à effet comme nous l'interprétons. C'est l'âme qui est en nous, et non un juge arbitraire siégeant en haut lieu, qui voit, apprend et grandit en utilisant le matériel de son propre passé enfoui pour traverser des tragédies et des chutes, de même qu'elle connait tout le goût du bonheur et de la réussite. Selon toute vraisemblance, la loi du karma est un processus d'auto-apprentissage avec le Maître et l'Enseignant Suprême en chacun de nous.

Pour reformuler la loi du karma, nous pouvons noter ce qui suit : Le karma est toute énergie et tout effort sortants (non seulement physique, mais aussi toutes sortes d'énergies émotionnelles, instinctives, impulsives, réfléchies, morales, et spirituelles) avec lesquels nous sommes en relation avec ce monde. La nature des conséquences sert de rappel et d'indication (entre autres) que le monde est essentiellement unifié, maintenu dans une chaîne d'unité. Le karma est un mécanisme évolutif. L'âme grandit de vie en vie dans ses éléments de divinité et ses possibilités divines grâce à l'expérience qui découle du karma.

Le karma n'est donc pas une source d'asservissement. La source de la servitude est l'ignorance et l'ego. La nature du karma n'est que le reflet de notre état intérieur. Pourtant, même si nous devions cesser toute action, comme c'est le cas chez un schizophrène catatonique ou une personne plongée dans un coma prolongé, cela ne nous libérerait pas puisque le nœud est dans notre nature et non dans l'action en tant que telle. Le karma n'est pas la cause originelle de la naissance et ce n'est pas lui qui oblige l'âme à renaître encore et encore. L'âme entre dans le cycle des renaissances pour une aventure évolutive, ce qui n'est pas possible dans son état non manifesté. Et elle continuera à le faire jusqu'à ce que son but évolutif soit atteint.

Il n'existe pas non plus de loi inexorable du karma. Le karma et ses conséquences peuvent être dissous de trois manières principales :

Par *purushartha*, il s'agit d'apprendre ce que les conséquences essaient de nous enseigner, c'est-à-dire de passer à un niveau supérieur de notre évolution. Pour prendre un exemple très physique, si l'on est fumeur, on risque d'en subir les conséquences sous forme de troubles pulmonaires et cardiaques. Mais l'homme peut arrêter de fumer après un certain temps en raison d'un changement intérieur ou d'une prise de conscience. Ou bien il peut commencer à exercer une volonté et une pensée positives contre la maladie. Une telle personne, en apprenant ou en recevant l'aide d'un plan de conscience supérieur (en utilisant des pensées mentales positives pour intervenir dans les mécanismes physiques) change le cours du karma, de sorte que les conséquences physiques peuvent être entièrement éliminées.

Par *tapasya*, c'est-à-dire en exerçant une volonté intérieure pour effectuer un changement intérieur. La logique ici est que les racines du karma se trouvent dans la forêt enchevêtrée de notre nature. Ce sont ces racines qui doivent changer et pas seulement leurs manifestations extérieures. Le véritable nœud du problème se trouve dans l'attachement erroné et l'orgueil égoïste ou peut-être une sensibilité excessive. Il faut d'abord s'attaquer à cela pour dissoudre le lien, car ensuite les conséquences deviennent superflues. Prenons l'exemple d'un voleur. Il ne suffit pas que ce voleur se réveille un jour et s'excuse pour le mal qu'il a fait, à moins que cela ne s'accompagne d'un véritable sentiment de changement pour le mieux. Un changement aussi radical peut ou non se produire dans une vie, et certainement pas par le recours à la loi. La propension au mal subsiste alors jusqu'à ce qu'elle s'amincisse progressivement, que son emprise se relâche dans d'autres vies, peut-être même qu'elle soit utilisée à bon escient et finalement dissoute. La personne peut également s'éveiller soudainement à la nécessité d'un changement radical à la suite d'un choc. Le besoin de tapasya se fait alors sentir pour raccourcir le cours du karma et dissoudre ses effets. Un exemple tiré de la mythologie est la conversion bien connue de Ratnakar, le voleur, en Valmiki le voyant et le sage, en une seule vie, qui a dissous son karma par la *tapasya*.

Par *kripa*, c'est-à-dire que la grâce peut annuler complètement le karma. Car c'est en effet le plus grand secret. Il y a cependant un hic. La grâce n'est pas un mécanisme dicté par une loi quelconque. Mais on peut s'ouvrir à elle et l'appeler en toute sincérité. Ce qui est nécessaire ici, c'est une sincérité et une foi intérieures. Une sincérité intérieure qui ne répète pas la même erreur sous prétexte de paresse de la volonté et d'incapacité ou même de refus de changer. Et une foi intérieure qui fait spontanément confiance à la grâce divine et croit de tout cœur que le Divin nous sortira de tous les problèmes et de toutes les difficultés. Une telle foi intrinsèque, lorsqu'elle est combinée à la force d'une sincérité intérieure fait des miracles et des merveilles. Non seulement elle dissout le karma, mais elle nous libère aussi entièrement de tout karma pour toujours en prenant en charge la responsabilité du voyage de l'âme.

Enfin, la cessation de la chaîne du karma et, par conséquent, du cycle des renaissances, appelée *mukti* ou *moksha*, n'est pas le but. Ce n'est qu'un passage vers une évolution supérieure où un être libéré de l'Ego et de l'Ignorance (et donc de la chaîne du karma) continue à travailler et à renaître consciemment afin d'accomplir le dessein de Dieu dans l'humanité, c'est-à-dire l'établissement d'une Création de Vérité plutôt qu'une création d'Ignorance sur terre.

## Souvenirs de Vie Antérieure

> *'Les souvenirs ne durent qu'un temps, et non jusqu'à la naissance suivante, autrement l'empreinte en serait si forte que la remémoration des vies passées, même après que l'âme ait pris un nouveau corps, serait la règle plutôt que l'exception.*
>
> *Vous dites : «Les relations d'une vie persistent dans les vies successives, cela dépend de la force de l'attachement. « C'est possible, mais ce n'est pas une loi ; en règle générale, la même relation ne se répéterait pas constamment : les mêmes personnes se rencontrent souvent sur terre à plusieurs reprises dans des vies différentes, mais les relations sont différentes. La renaissance ne remplirait pas son office si la même personnalité répétait sans cesse les mêmes relations et les mêmes expériences[1]'.*

Des souvenirs de vies antérieures ont souvent été rapportés, même par les personnes les plus sceptiques et dans les circonstances les plus anodines. Ce qu'il faut comprendre à propos de ces souvenirs de vies antérieures, c'est que la mémoire (toute mémoire) est une fonction de l'état de conscience. Nous nous souvenons mieux des choses en revenant à l'état de conscience dans lequel nous les avons vécues. C'est pourquoi il est parfois si difficile de se souvenir d'événements extrêmement douloureux (à moins d'être sous hypnose), car le mental *ne veut pas* les revivre. Revivre, c'est en fait se souvenir. Mais nous vivons et expérimentons la vie à plusieurs niveaux simultanément. Il existe donc plusieurs types de souvenirs. Parmi ceux-ci, les plus rares sont les souvenirs de l'âme. L'âme ne s'intéresse pas tant aux détails extérieurs qu'à l'essence des choses. Le mental et le corps s'intéressent davantage aux détails extérieurs d'un événement, puisqu'ils vivent si complètement projetés vers l'extérieur. Les véritables souvenirs de l'âme se rapportent donc à des moments d'âme et des mouvements exceptionnels de notre vie et pas nécessairement à notre personnalité extérieure et à notre nom, à moins qu'ils ne participent eux aussi à l'expérience de l'âme. Ce qui passe normalement pour des souvenirs de vies antérieures est en général des fragments de la conscience vitale ou mentale et de la mémoire correspondante, qui s'attachent à la conscience d'une personne par affinité, ou même à la sienne propre si la renaissance a lieu très peu de temps après la mort ou avant que ces formations ne soient dissoutes. Une

---

1   Sri Aurobindo lettres sur le yoga.

renaissance aussi rapide signifierait cependant une conscience relativement peu développée avec très peu de moments d'âme à assimiler. La plupart des êtres humains auraient besoin d'une période de repos assimilateur plus longue avant un retour sur terre pour que la mémoire vitale, émotionnelle ou mentale puisse se maintenir.

Souvent, cet effacement des tablettes des souvenirs passés est considéré comme un argument contre l'existence de la renaissance. Autant dire que nous n'avons pas existé à l'âge d'un an puisqu'on ne se souvient pas de grand-chose ! Mais Dieu merci, nous ne nous souvenons pas de nos vies antérieures ! Nous ne nous rendons pas compte de la grâce que représente parfois cette ignorance. Imaginez que vous ayez à gérer les problèmes et les attachements de vos vies antérieures alors que nous nous trouvons si incompétents pour gérer le présent lui-même. La loi qui nous fait oublier est une loi de sagesse. C'est une autre preuve que la loi karmique n'est pas une loi de simple rétribution. La nature nous fait oublier le passé pour que nous puissions aller vers l'avenir en ayant recueilli l'essence des expériences passées nécessaires à notre évolution. Il y a d'ailleurs des lacunes dans notre conscience et dans notre passage d'une vie à l'autre, d'une couche de conscience à une autre, d'un état de conscience à un autre, et nous avons tendance à devenir inconscients de ce qui reste en raison d'une concentration sélective. Il en va de même pour les rêves. Nous oublions nos rêves, sauf ceux qui se sont produits juste avant notre réveil. Cela est dû aux lacunes de la conscience pendant le passage d'un monde intérieur à un autre. Il est intéressant de noter que le rêve peut se répéter lorsque, dans le sommeil, nous entrons à nouveau dans le même domaine. Il est toutefois possible de retrouver la mémoire du passé par un processus spécial de concentration inversée comme dans les thérapies de régression hypnotique ou en déchirant les voiles entre les différents états et en devenant conscient des lacunes, comme dans le développement yogique.

*"L'oubli complet qui accompagne le retour de l'âme à la naissance n'est pas une règle générale. Particulièrement chez les enfants, de nombreuses impressions de la vie passée peuvent être assez vives et fortes, mais l'éducation et l'influence matérialisantes de l'entourage empêchent leur vraie nature d'être reconnue. Un grand nombre de gens ont même des souvenirs précis d'une vie passée. Mais cette capacité, n'étant pas encouragée par l'éducation et l'atmosphère, ne peut demeurer ou se développer ; dans la plupart des cas, elle est étouffée et disparaît. En même temps, il faut noter que ce que l'être psychique emporte avec lui et rapporte, c'est ordinairement l'essence des expériences qu'il a eues dans les vies précédentes, et non les détails, de*

> *sorte qu'on ne peut pas s'attendre à trouver là une mémoire semblable à celle que l'on a dans l'existence actuelle.... D'ordinaire, ce n'est que par un développement yogique ou par clairvoyance que la mémoire exacte des vies passées peut être ramenée[1]*.

Ainsi, ce qui est vraiment important, ce ne sont pas les détails extérieurs de notre vie, mais nos espoirs et nos aspirations les plus profonds, ce à quoi nous aspirons profondément et véritablement, ce pour quoi nous avons travaillé et lutté. Les autres détails extérieurs n'ont qu'une importance secondaire. En fait, chaque partie de nous porte ses propres souvenirs et il est possible que quelque chose de ces souvenirs s'attache à la nouvelle formation. Mais de par leur nature même, les souvenirs de l'âme seront très peu nombreux et eux seuls ont la capacité d'endurer les marées du temps. Reliés à l'essence immortelle en nous, ils peuvent dépasser la mort. L'expérience de la mémoire de l'âme est plutôt un état d'âme, un aperçu fugace ou un sentiment intime, beau et vrai, qui surgit soudainement sur la toile de fond d'un détail extérieur mineur et accessoire. Le mental et le vital qui s'attardent sur ce détail extérieur mineur peuvent bien construire un conte romantique à partir de ce détail. La véritable grandeur ne réside pas dans notre apparence extérieure, mais dans nos aspirations profondes, non pas tant dans ce que nous étions ou sommes dans notre moi extérieur mais bien plus dans ce que nous sommes intérieurement et ce que nous pouvons devenir. L'être psychique ou l'âme individuelle véritable en nous est le dépositaire de cette histoire intérieure authentique, souvent cachée à notre vue extérieure, mais que l'œil intérieur a mémorisée et révèle.

Ce qui s'applique à l'individu s'applique également aux nations et aux groupes. Tout comme l'âme dans l'individu, il existe des âmes de groupe qui participent à une action et à un destin collectif. Nées d'âge en âge, sous des formes et des noms différents, elles reprennent le fil de l'œuvre laissée inachevée. Les nations (collectivité d'hommes d'un certain climat et d'un certain type psychologique) naissent aussi, s'élèvent puis s'effondrent, pour se relever et reprendre le voyage inachevé. La terre elle-même, selon la tradition des *yugas* ou cycles, meurt (puisque tout ce qu'elle contient est détruit) et renaît. Elle se souvient alors rapidement des mérites passés (ainsi que des problèmes) et les rassemble pour avancer vers une nouvelle ère.

> *« Le yugadharma, c'est-à-dire les institutions et les modes d'action adaptés à l'époque dans laquelle nous vivons, existe. L'action dépend en effet de la force de la connaissance ou de la volonté qui doit être utilisée, mais elle dépend*

---

1  Sri Aurobindo, lettres sur le yoga.

*aussi du temps, du lieu et du récipient. Les institutions qui conviennent à une époque ne conviennent pas à une autre. En remplaçant un système social par un autre, une religion par une autre, une civilisation par une autre, Dieu conduit perpétuellement l'homme vers des manifestations plus élevées et plus englobantes de notre perfectibilité humaine. Lorsque, dans son mouvement circulaire cosmique, il établit une certaine harmonie mondiale stable, c'est le Satya Yuga de l'homme. Lorsque l'harmonie faiblit, est maintenue avec difficulté, non dans la nature des hommes, mais par une force acceptée ou un instrument politique, c'est son Treta. Lorsque l'hésitation devient trébuchement et que l'harmonie doit être maintenue à chaque étape par un travail minutieux et laborieux, c'est son Dwapara. Lorsqu'il y a désintégration, et que tout s'effondre dans la ruine, rien ne peut échapper au cataclysme qu'est son Kali. C'est la loi naturelle du progrès de toutes les idées et institutions humaines. Elle s'applique toujours dans la masse, continuellement quoique moins parfaitement dans le détail. On peut presque dire que chaque religion, société, civilisation passe par ses quatre âges. Car ce mouvement est non seulement le plus naturel, mais le plus salutaire. Il ne s'agit pas d'une justification du pessimisme ni d'un évangile de la fatalité stupide et de l'anéantissement douloureux. Ce n'est pas, comme nous le pensons trop souvent dans notre attachement à la forme, une loi mélancolique du déclin et de la vanité de toutes les réalisations humaines. Si chaque Satya a son Kali, chaque Kali prépare également son Satya. Cette destruction était nécessaire à cette création, et la nouvelle harmonie, lorsqu'elle sera parfaite, sera meilleure que l'ancienne. Mais il y a la faiblesse, le demi-succès qui se transforme en échec, il y a le découragement, il y a la perte d'énergie et de la foi qui obscurcissent nos périodes de désintégration, la guerre apparente, la violence, l'agitation, le tumulte et le piétinement qui accompagnent nos périodes de création progressive et de demi-perfection. C'est pourquoi les hommes crient lamentablement et se lamentent sur le fait que tout périt. Mais s'ils avaient confiance en l'Amour et la Sagesse de Dieu, sans lui préférer leurs idées conservatrices et étroites, ils crieraient plutôt que tout est en train de renaître.*

*« Tant de choses dépendent du Temps et du dessein immédiat de Dieu qu'il est plus important de rechercher son dessein que de s'attacher à nos propres remèdes. Le Kala Purusha, l'esprit du temps et de la mort, s'est levé pour accomplir sa terrible tâche-lokakshayakritpravriddhas - et s'accroît pour détruire un monde, et qui arrêtera la terreur, la puissance et l'irrésistibilité de ce dernier ? Mais Il ne se contente pas de détruire le monde qui était, Il crée le monde qui sera ; il est donc plus profitable*

*pour nous de découvrir et d'aider ce qu'Il est en train de construire que de se lamenter et de serrer dans nos bras ce qu'Il détruit. Mais il n'est pas facile de découvrir Son sens, et souvent nous admirons trop les érections temporaires qui ne sont que des tentes pour les guerriers de ce Kurukshetra et nous les prenons pour les bâtiments permanents de l'avenir. «Les Pandits ont donc raison lorsqu'ils font une différence entre la pratique du Satya et la pratique du Kali. Mais dans leur application de cette connaissance, ils ne me semblent pas toujours sages ou savants. Ils oublient ou ne savent pas que le Kali est l'âge d'une destruction et d'une renaissance, et non un âge pour s'accrocher désespérément à l'ancien qui ne peut plus être sauvé* [1]*«.*

## Le choix de l'Ame

Ce qu'il faut comprendre ici, c'est que ce n'est pas notre personnalité extérieure qui renaît, mais notre âme intérieure. Notre nom et notre forme dans cette vie, auxquels nous sommes si attachés, ne sont rien d'autre qu'un artifice extérieur mis en place par l'âme. La vraie personne est à l'intérieur, la personnalité n'est qu'un simple masque. Le mot persona signifie justement cela : un masque. C'est cette personne intérieure qui choisit la formation suivante de sa personnalité et de l'environnement dans lequel elle souhaite naître, le type de parenté, l'expérience dont elle a besoin, etc. C'est l'âme qui choisit notre prochain destin et non une force arbitraire. Et contrairement à notre personnalité ignorante qui recherche toujours le plaisir et le succès, l'âme peut très bien choisir une vie difficile si elle estime que c'est ce qui lui permettra de progresser. Ainsi l'âme qui habite le corps d'un roi peut choisir de naître comme un homme ordinaire ou un roturier dans sa prochaine vie. Après une période plus ou moins longue de repos assimilateur (selon que la naissance précédente a comporté peu ou beaucoup d'expériences de l'âme), l'âme décide de son prochain programme et attend le moment opportun et les circonstances appropriées (non pas avec une connaissance mentale mais une vision de l'âme) pour plonger à nouveau dans la grande aventure de l'évolution. Et pour ses nouvelles expériences, elle utilise autant d'énergie accumulée de ses expériences passées ou de son karma stocké dans le vrai mental, le vrai vital et le vrai physique, qui font tous partie de l'être psychique. Une nouvelle histoire commence, une plus grande ascension sous une forme et un nom différents.

---

1    Sri Aurobindo: Essays Divine and Human, pp.57-58

*"Aucune règle ne peut être posée en ce qui concerne le moment où l'âme qui revient pour renaître entre dans le nouveau corps, car les circonstances varient selon l'individu. Certains êtres psychiques entrent en relation avec le milieu où ils naîtront et avec les parents dès le moment de la conception et préparent dans l'embryon la personnalité et l'avenir ; d'autres le rejoignent seulement —au moment de l'accouchement, d'autres plus tard encore dans la vie, et dans ce cas c'est une émanation de l'être psychique qui maintient la vie. Il faut noter que les circonstances de la naissance future sont déterminées fondamentalement, non durant le séjour dans le monde psychique, mais au moment de la mort : l'être psychique choisit alors ce qu'il devra élaborer dans sa prochaine apparition sur terre et les circonstances s'organisent elles-mêmes en conséquence...*

*"Le choix de l'être psychique, au moment de la mort, n'élabore pas la formation de la prochaine personnalité, il la fixe. Quand il entre dans le monde psychique, il commence à assimiler l'essence de son expérience ; par cette assimilation se forme la future personnalité psychique, conformément à ce qui avait déjà été fixé. Quand cette assimilation est terminée, il est prêt pour une nouvelle naissance ; mais les êtres moins développés ne conduisent pas eux-mêmes tout le processus, ce travail incombe aux êtres et aux forces du monde supérieur. En outre, quand il vient à naître, rien ne garantit que les forces du monde physique n'empêcheront pas l'élaboration de ce que voulait l'être psychique : l'ensemble de ses nouveaux instruments peut ne pas être assez fort pour cela ; car il y a ici-bas une interaction de ses propres énergies et des forces cosmiques. Il peut y avoir des déceptions, des détournements, une élaboration partielle — toutes sortes de choses peuvent se produire. Tout cela n'est pas un mécanisme rigide, c'est une élaboration par des forces complexes. On peut pourtant ajouter qu'un être psychique développé est beaucoup plus conscient pendant ce passage et assure lui-même une grande partie de cette élaboration. Le temps aussi dépend du développement et d'un certain rythme de l'être ; pour certains la renaissance est pratiquement immédiate, pour d'autres cela prend plus longtemps, pour certains cela peut demander des siècles ; mais ici encore, une fois que l'être psychique est suffisamment développé, il est libre de choisir son propre rythme et la durée des intervalles[1].*

La vie est donc une véritable aventure où les seules choses certaines sont le but et le guide, mais où il appartient à chacun de choisir le chemin pour y parvenir. Telles sont la volonté et la foi, tel est l'homme et tel est son destin. C'est dans ce sens profond que l'on peut dire que l'homme est sa foi :

---

1   Sri Aurobindo Lettres sur le Yoga

शरद्धामयोऽयं पुरुषो यो यच्छरद्धः स एव सः ॥ १७-३ ॥

Quelle que soit la nature de la foi d'un homme, c'est le type d'homme qu'il est[1].

Le Guide est l'âme intérieure et la boussole sûre en nous, et non l'âme extérieure et superficielle du désir qui nous égare. Tout le mystère de la vie est résolu lorsque nous avons trouvé ce guide intérieur et que nous pouvons l'écouter consciemment. Jusqu'à ce moment-là, la vie reste l'esclave des circonstances extérieures et des forces intérieures.

Notre destin est écrit en double termes. La plupart d'entre nous considèrent la théorie du karma en termes très extérieurs. C'est-à-dire que l'on accorde une importance prépondérante aux actions extérieures et aux conséquences extérieures. Mais de même qu'il existe une grande dimension invisible du karma (les motifs intérieurs, les intentions, la foi, les pensées, les sentiments, les liens passés, l'évolution actuelle, la constitution, etc., choses invisibles pour l'homme mais remarquées par les dieux), il existe également une grande dimension invisible de conséquences intérieures (comme la croissance intérieure, la maturité, le développement de la force, la persévérance, la détermination, la croissance de l'âme, etc.) qui vont souvent à l'encontre des conséquences extérieures observées[2].

*"Ce n'est pas la personnalité, le caractère qui importent en premier lieu dans la renaissance, c'est l'être psychique qui se tient derrière l'évolution de la nature et évolue avec elle. Le psychique, quand il se sépare du corps, se dépouillant même du mental et du vital en s'acheminant vers son lieu de repos, emporte avec lui le cœur de ses expériences : ni les événements physiques, ni les mouvements vitaux, ni les constructions mentales, ni les capacités ou les caractères, mais quelque chose d'essentiel qu'il a recueilli à travers eux, ce qui peut être appelé l'élément divin en raison duquel le reste a existé. C'est cela l'adjonction permanente, c'est cela qui aide à croître vers le Divin. C'est pourquoi il n'y a pas habituellement de mémoire des événements et des circonstances extérieurs des vies passées — pour que cette mémoire existe, il faut un fort développement tendant à une continuité incessante du mental, du vital et même du physique subtil ; car bien que tout subsiste dans une sorte de mémoire en germe, d'ordinaire cela n'émerge pas. Ce qui était l'élément divin dans la magnanimité du guerrier, ce qui s'exprimait dans sa loyauté, sa noblesse, son courage élevé, ce qui était l'élément divin derrière*

---

1   La Gita chap. 17 vers 3
2   Reportez-vous à l'annexe IV : Au-delà de la mort pour l'histoire *Un rêve*

*la mentalité harmonieuse et la vitalité généreuse du poète et qui s'exprimait en elles demeure et, dans une nouvelle harmonie du caractère, peut trouver une nouvelle expression ou, si la vie est tournée vers le Divin, être repris pour former des pouvoirs utiles à la réalisation ou à l'œuvre qui doit être accomplie pour le Divin*[1].

La mort est ainsi perçue comme un moyen d'assimiler les expériences d'une vie particulière et de préparer l'avenir, comme un stratège planifierait la bataille du lendemain au coucher du soleil. La mort est également l'enclume finale sur laquelle notre être est testé. Tout ce qui est relié à la vérité divine survit et continue à nous enrichir à chaque vie, tandis que tout ce qui a été donné à l'ego et à ses désirs enfantins est détruit par le dieu sombre et impitoyable. C'est pourquoi la mort est aussi un grand libérateur et son expérience dégrise l'âme de désir agitée qui sommeille en nous. Nous pouvons tromper tous les yeux, mais pas ceux de la mort. Car là, dans cette nuit sinistre et sombre, seule la lumière de l'âme et tout ce qui s'est rassemblé autour d'elle peut survivre. Le reste est dévoré et avalé par les ténèbres et retourne aux champs incertains et ambigus de notre ignorance collective.

## La fin du cycle de la naissance et de la mort

*L'idéal de Mukti/ Salut/ Nirvana/ Moksha* : La vie, vue de la surface apparaît comme un «conte raconté par un idiot, plein de bruit et de fureur ne signifiant rien[2]».

Peu de gens peuvent échapper à l'aiguillon de la vie, qui est aussi l'aiguillon de la mort. La mort semble sceller définitivement la futilité de tout effort humain. Cette orientation superficielle a tellement préoccupé l'esprit humain que même les mystiques et les saints ont déclaré que la seule véritable utilité de la vie humaine était de trouver une porte de sortie pour échapper d'une manière ou d'une autre à ce monde impermanent et malheureux. Appelé *mukti* en Inde, salut et nirvana ailleurs, le but le plus élevé gardé pour l'âme humaine a été jusqu'à présent la cessation définitive du cycle de la naissance, de la mort et de la renaissance. Cette philosophie repose sur une erreur évidente qui considère la naissance humaine et la création comme un accident malheureux ou comme l'œuvre d'une puissance obscure et diabolique devant laquelle même Dieu se tient impuissant ! La seule solution proposée est donc de trouver d'une manière ou d'une autre une libération permanente de l'emprise de ce sombre mystère

---

1    Sri Aurobindo, lettres sur le yoga.
2    Shakespeare: Macbeth, Acte V, Scène V

de Dieu. Mais nous ne nous arrêtons pas pour réfléchir à ce qu'est ce mystère obscur. S'agit-il d'un voile que l'Unique a mis sur Lui-même de Son propre choix ; est-ce une ombre de son passé de naufragé ? Ou s'agit-il d'une intrusion obscure qui est encore plus puissante que l'Unique lui-même, un être double à jamais séparé qui ne peuvent jamais se rencontrer et se réconcilier, mais seulement s'opposer et gâcher le travail de l'autre ? Et qu'est-ce qui pourrait bien persuader le Dieu Tout-Puissant de subir une chute ou d'être voilé comme s'il était captif de Son propre mystère.

Il y a manifestement un chaînon important qu'il nous faut découvrir. Il n'y a pas de réponse facile, mais si c'est Dieu ou l'Unique Divin qui a créé cet univers et tout ce qu'il contient, alors il doit y avoir aussi un but dans ce sombre mystère. Le but ne peut évidemment pas être de terroriser les gens pour qu'ils cherchent à s'échapper vers un quelconque nirvana, car l'acte même de l'apparente servitude devient alors absurde et dénué de sens ! Les âmes n'étaient-elles pas déjà libres avant la création ? Alors pourquoi permettre une chute en premier lieu (s'il s'agit bien d'une chute) et dire ensuite : «Je suis désolé, mais c'est une erreur. Néanmoins, je vais la rectifier en envoyant mes anges pour vous aider à sortir du vide obscur». Le karma n'est manifestement pas la force qui contraint l'âme à prendre naissance, car au commencement il n'y avait pas de karma, et la cessation du karma et de la naissance ne peuvent pas non plus être le dernier mot de la création.

Omar Khayyâm, le grand mystique, s'interroge à ce sujet dans un vers significatif :

> *Ô toi qui, par des embûches et des pièges,*
> *as barré la route que je devais emprunter,*
> *Ne voudrais-tu pas, par ta prédestination,*
> *m'accuser de ma chute dans le péché.*

*L'idéal de la Vie Divine et une Transformation Evolutive* : La réponse vient de Sri Aurobindo. Il affirme que la vie sur terre n'est pas un accident malheureux, mais un champ d'évolution de l'âme et sa manifestation en termes matériels. Les cycles de la mort et de la renaissance servent un but décisif. Ce but est sans aucun doute, avant tout, la croissance de l'âme individuelle en nous. Après avoir grandi à travers les expériences variées de nombreuses vies, l'âme arrive à un grand point de départ. Elle est entièrement formée et donc libre, libre de décider si elle veut revenir sur terre ou non. Elle n'est plus contrainte de le faire puisque le but premier des cycles de la mort et de la naissance est terminé. Cependant, elle peut aussi choisir une autre ligne de développement ou de travail sur terre. Ce travail est la transmutation de la vie terrestre en une vie divine. Nous y reviendrons plus tard. Mais quand peut-on dire que l'âme a atteint sa liberté et que signifie exactement cette liberté ? Cette liberté est-elle réservée à quelques personnes exceptionnelles ou s'agit-il d'un état auquel tout le monde arrivera un jour et vers lequel nous nous dirigeons inévitablement ?

Voici la réponse de la Mère à cette question :

*Plus on est au début de la formation, plus les réincarnations sont proches ; et quelquefois même, tout à fait au degré inférieur, quand on est tout près de l'animal, ça fait comme ça (geste), c'est-à-dire qu'il n'est pas rare que les gens se réincarnent dans les enfants de leurs enfants, comme ça, quelque chose comme ça, ou juste la génération suivante. Mais ça, c'est toujours un degré d'évolution très primitif, et l'être psychique n'est pas très conscient, il est en état de formation. Et à mesure qu'il est plus développé, les réincarnations, comme je dis, s'éloignent l'une de l'autre. Quand l'être psychique est totalement développé, qu'il n'a plus besoin de revenir sur la terre pour son développement, qu'il est absolument libre, il a le choix entre ne plus revenir sur terre s'il trouve que son travail est ailleurs, ou s'il aime mieux rester dans la conscience purement psychique, sans réincarnation ; ou bien il peut venir quand il veut, comme il veut, où il veut, parfaitement consciemment. Et il y en a qui se sont unis avec des forces d'ordre universel et des entités de l'Overmind ou d'ailleurs, qui restent tout le temps dans l'atmosphère terrestre et qui prennent des corps successivement pour le travail. Ce qui fait que de la minute où l'être psychique est complètement formé, et absolument libre — quand il est complètement formé, il devient absolument libre —, il peut faire tout ce qu'il veut, cela dépend de ce qu'il choisit ; par conséquent on ne peut pas dire : « Ça sera comme ceci, ça sera comme cela » ; il fait exactement ce qu'il veut et il peut même (c'est arrivé) annoncer, au moment de la mort du corps, quelle sera sa prochaine réincarnation et ce qu'il fera, et choisir déjà ce qu'il va faire. Mais avant cet état-là, qui n'est pas très fréquent — cela dépend absolument du degré de développement du psychique et de l'espoir formulé par la conscience intégrale de l'être —, il y a encore la conscience mentale, vitale et physique, unie à la conscience psychique ; alors à ce moment-là, au moment de la mort, au moment de quitter le corps, il formule un espoir, ou une aspiration ou une volonté, et généralement cela décide de la vie future* [20] *".*

20 : La Mère Entretiens 16 mars 1955

La vie sur terre est donc un champ de croissance, une grande opportunité de progresser, une opportunité que même les dieux convoitent. La naissance, la mort, la renaissance et toutes nos luttes et douleurs, même les catastrophes profondes, nous aident dans ce développement, qui se déroule la plupart du temps de manière inconsciente (inconsciente pour le mental de surface). Il arrive cependant un moment où ce secret est connu et où l'âme peut alors progresser librement en utilisant consciemment chaque événement et chaque circonstance comme moyen pour sa croissance.

# Annexe IV : Au-delà de la mort

## Possession par les Asuras

*Mère : La mort de Staline (malheureusement pas plus que la mort de Hitler) n'a pas changé l'état actuel du monde. Il faudrait quelque chose de plus que cela. Parce que cela, c'est comme l'assassin que l'on guillotine : au moment où on lui coupe la tête, son esprit demeure et est projeté hors de lui. C'est une formation vitale et elle va se réfugier dans l'un des spectateurs bénévoles, qui tout d'un coup se sent un instinct de criminel. Il y a beaucoup de gens comme cela, surtout de très jeunes criminels que l'on a questionnés et qui l'ont dit. La réponse fréquente est : « Ça m'a saisi quand j'ai vu guillotiner telle personne. » Alors, cela ne sert à rien, la mort de l'un ou de l'autre. Cela ne sert pas à grand-chose — ça s'en va ailleurs. Ce n'est qu'une forme. C'est comme si tu faisais quelque chose de très mal avec une certaine chemise et que tu jettes ta chemise et que tu dis : « Maintenant, je ne ferai plus de mal. » Tu continues avec une autre chemise !*

Question : Si la Vie s'est convertie en mort, pourquoi ne meurt-elle pas elle-même ?

*Mère : Parce qu'il se garde bien ! C'est très juste ce que tu dis, mais il se garde bien de s'incarner sur la terre. Et dans le monde vital il n'y a pas de mort, cela n'existe pas. C'est dans le monde matériel que cela existe, et il prend très grand soin de ne pas s'incarner.*

Question : Est-ce que Staline était prédestiné à être ce qu'il était ?

*Staline ? Je ne suis pas tout à fait sûre que ce soit un être humain... en ce sens que je ne pense pas qu'il avait d'être psychique. Ou il en avait peut-être un (dans toute matière, dans tout atome il y a un centre divin), mais je veux dire un être psychique conscient, formé, individualisé. Je ne le pense pas. Je crois que c'était une incarnation directe d'un être du monde vital. Et c'était cela, la grande différence entre lui et Hitler. Hitler était un homme simplement, et en tant qu'homme, c'était une tête très faible, très sentimentale — il avait une conscience comme celle d'un petit artisan (certains ont dit : un petit cordonnier), enfin un petit artisan, ou un petit maître d'école, quelque chose comme cela, une toute petite conscience, et extrêmement sentimental, ce qu'on appelle en français « fleur bleue », très faible. Mais c'était un possédé. Il avait le caractère plutôt médiocre — il était très médiocre. C'était un médium, il était très bon médium — ça l'a pris d'ailleurs au cours de séances de spiritisme : c'est à ce moment-là qu'il a été pris de ces crises qu'on appelait épileptiques. Ce n'était pas épileptique : c'était des crises de possession. C'est comme cela qu'il avait cette espèce de pouvoir, qui d'ailleurs n'était pas très grand. Mais quand il voulait savoir quelque chose de cette puissance, il s'en allait dans son château, là, en « méditation », et là vraiment il faisait un appel très intense à ce qu'il appelait son « dieu », son dieu suprême, qui était le Seigneur des Nations. Et tout lui apparaissait magnifique. C'était un être... il était petit — il lui apparaissait tout cuirassé d'argent, avec un casque d'argent et une aigrette d'or ! Il était « magnifique » ! Et une lumière tellement éblouissante qu'à peine les yeux pouvaient le regarder et supporter l'éclat. Naturellement il n'apparaissait pas physiquement — Hitler était un médium, il voyait. Il avait une certaine clairvoyance. Et c'était dans ces cas-là qu'il avait ses crises : il se roulait par terre, il bavait, mordait les tapis, c'était effroyable, l'état dans lequel il était. Les gens qui l'entouraient le connaissaient. Eh bien, celui-là est le « Seigneur des Nations ». Et ce n'est même pas le Seigneur des Nations dans son origine, c'est une émanation du Seigneur des Nations, et une émanation très puissante*[1].

## Un rêve

*(Une histoire qui traite de la subtilité de la loi karmique d'une manière qui la rendrait compréhensible même pour un enfant. La loi karmique ne concerne pas tant de récompenses et de punitions extérieures pour des actes extérieurs, mais plutôt de l'état de notre conscience et de ses effets sur notre être. Original de Sri Aurobindo en bengali. Traduction du bengali par Arindam Basu.)*

---

1   La Mère : Entretiens 1953, 25 Novembre, pp 414

Un pauvre homme était assis dans sa chambre sombre et pensait à sa situation misérable et aux torts et injustices dans le royaume de Dieu. Envahi par *l'abhiman*[1], il s'exprima ainsi :

«Les gens invoquent la loi du karma pour sauver le nom de Dieu. Si ma misérable existence actuelle est le résultat des péchés de ma dernière vie, si j'étais vraiment un si grand pécheur, alors le courant de mauvaises pensées coulerait encore en moi, le mental d'un grand pécheur ne peut pas devenir pur en un jour. Prenons le cas de Tinkori Shil ; si la loi du karma était vraie, alors, compte tenu de sa richesse, de son trésor, de son or et de son argent, de sa suite de serviteurs, il devait être, dans sa précédente incarnation, un saint de renommée mondiale ; mais on n'en voit pas la moindre indication dans sa vie actuelle. Il n'y a personne au monde qui soit plus cruel, plus méchant et plus mauvais. Non, la loi du Karma est une ruse de Dieu, une doctrine pour tromper le mental des hommes. Shyamsundar est le plus malin des malins, il est en sécurité parce qu'il ne s'approche pas de moi - sinon je lui aurais donné une bonne leçon et dévoilé toutes ses ruses». A peine le pauvre homme eut-il prononcé ces mots qu'il vit sa chambre obscure inondée de vagues de lumière très brillantes. Un instant plus tard, les vagues de lumière disparurent dans l'obscurité et il vit un très beau garçon au teint sombre, se tenant debout devant lui, une lampe à la main, souriant gentiment, mais sans rien dire. Lorsqu'il vit des plumes de paon sur sa tête et des clochettes à ses pieds, le pauvre homme comprit que Shyamsundar lui-même était venu et s'était donné à lui. Embarrassé, il pensa un instant à se jeter à ses pieds, mais il n'en eut plus du tout envie en voyant le visage souriant du garçon. Il finit par lâcher : «Hé, Keshta[2], pourquoi es-tu venu ?». Pourquoi ne m'as-tu pas appelé ?» dit le garçon en souriant.

«Tout à l'heure, tu avais tellement l'envie de me fouetter, eh bien, je me suis rendu. Pourquoi ne te lèves-tu pas pour me fouetter ?» Le pauvre homme se sentit plus embarrassé, non pas à cause du remords d'avoir voulu fouetter le Divin, mais châtier un si beau garçon en retour de son amour ne semblait pas de bon goût. «Écoute, Harimohan, reprit le garçon, ceux qui n'ont pas peur de moi, qui me considèrent comme leur ami, qui m'appellent même par des mauvais noms, mais par affection, et qui veulent jouer avec moi, me sont très chers. J'ai créé ce monde pour jouer et j'ai toujours cherché des compagnons de jeu, mais je n'en trouve pas. Tout le monde se fâche avec moi, m'impose des

---

1  Ce mot bengali ne peut pas être traduit. Cela signifie une fierté et un chagrin blessés mélangés à du ressentiment contre quelqu'un dont on attend de l'amour et un meilleur traitement. — Note du traducteur.
2  Une forme familière du mot Krishna.

exigences, me demande des cadeaux, position, libération, dévotion, mais hélas ! personne ne me veut pour moi-même. Je donne ce que les gens veulent. Que puis-je faire d'autre que les satisfaire, sinon ils me mettront en pièces. Je vois que toi aussi tu veux quelque chose. Comme tu es en colère, tu veux fouetter quelqu'un et tu m'as convoqué pour satisfaire ce désir. Je suis venu prendre les coups de ton fouet, *ye yatha mam prapadyante*, «quelle que soit la manière dont on m'approche». Mais si tu veux en entendre parler avant de me frapper, je t'expliquerai ma méthode. «Alors, tu es d'accord ?» «Vraiment ?» demande Harimohan, « Je vois que tu as le don de la parole, mais pourquoi devrais-je croire qu'un jeune garçon immature comme toi peut m'apprendre quoi que ce soit ?» «Viens, je vais voir si je peux», répondit le garçon en souriant.

Cela dit, Sri Krishna toucha la tête d'Harimohan. Immédiatement, des courants électriques commencèrent à se répandre dans tout le corps du pauvre homme ; Le pouvoir de la Kundalini, normalement endormie à la base de la colonne vertébrale, s'éleva jusqu'au sommet de sa tête sous la forme d'un serpent sifflant bruyamment et son cerveau s'emplit de vagues de force vitale. L'instant d'après, les murs de la pièce autour d'Harimohan semblèrent s'éloigner dans le lointain, le monde des noms et des formes l'abandonnèrent, devinrent pour ainsi dire non-manifestés dans l'infini. Harimohan perdit sa conscience normale. Lorsqu'il revint à lui, il se trouvait avec le garçon dans une maison inconnue et vit devant lui un vieil homme assis sur un matelas, absorbé dans de profondes pensées. En voyant ce visage déformé par les soucis et le chagrin, désespéré et triste, Harimohan n'arrivait pas à croire qu'il s'agissait bien de celui de Tinkori Shil, l'homme le plus puissant et le plus important du village. Enfin, plein de crainte, il demanda au garçon : «Oh Keshta, qu'as-tu fait ? Tu t'es faufilé comme un voleur dans la maison d'un autre ? La police va venir et nous battre à mort. Ne connais-tu pas la puissance de Tinkori Shil ?» «Très bien, en effet», sourit le garçon, «mais le vol est une vieille occupation pour moi. Je suis en bons termes avec la police. Il n'y a rien à craindre. Maintenant, je te donne une vision subtile, regarde dans le mental du vieil homme. Tu connais la puissance de Tinkori, vois maintenant mon pouvoir aussi.» Harimohan put alors voir dans le mental de Tinkori.

Il vit qu'il était comme une ville riche détruite par une attaque ennemie, tant il y avait de gobelins et de démons aux formes terrifiantes qui avaient pénétré dans cet intellect vif et puissant et détruisaient sa paix, brisaient sa concentration et le privaient de son bonheur. Le vieillard s'était disputé avec son fils cadet préféré et l'avait chassé ; en perdant son fils bien-aimé né dans sa vieillesse, il avait été accablé de chagrin, pourtant la colère, l'orgueil, l'hypocrisie étaient assis comme des sentinelles barrant la porte de son cœur et lui refusaient l'accès au pardon. Des histoires sur la mauvaise moralité de sa fille avaient circulé ; le vieillard pleurait après l'avoir chassée de chez lui ; il savait qu'elle était innocente, mais la peur de la société et de l'opinion publique, la vanité et ses intérêts égoïstes étouffaient son amour. Le souvenir de mille péchés le faisait trembler de peur, mais il n'avait ni le courage ni le pouvoir de purifier ces mauvais penchants. De temps en temps, la pensée de la mort et de l'autre vie l'effrayait terriblement. Harimohan voyait que, derrière les pensées de mort, les redoutables messagers de Yama [4] épiaient et frappaient à sa porte. Chaque fois que l'on frappait, l'être intérieur du vieil homme hurlait, fou de peur. Témoin de cette scène terrible, Harimohan se tourna vers le garçon avec inquiétude et dit, «Mon Dieu, qu'est-ce que c'est Keshta ? Je pensais que le vieil homme était suprêmement heureux». «C'est mon pouvoir, répondit le garçon, dis-moi, maintenant, quel est le pouvoir le plus grand, celui de Tinkori Shil du district voisin ou celui de Sri Krishna qui vit dans le Vaikuntha ? Regarde, Harimohan, moi aussi j'ai une police et des sentinelles, un gouvernement, des lois et des procès judiciaires. Je peux aussi jouer comme un roi. Est-ce que tu aimes ce jeu ?» «Seigneur, non», dit Harimohan. «C'est un très mauvais jeu, l'aimes-tu ?» Le garçon répondit en souriant : «J'aime toutes sortes de jeux. J'aime fouetter, et aussi être fouetté». «Regarde Harimohan», poursuivit-il, «les gens comme toi ne voient que la surface des choses et n'ont pas encore développé la vision subtile qui leur permet de voir leur vérité intérieure. C'est pourquoi tu dis que Tinkori est heureux et que tu es malheureux. Cet homme n'a aucun besoin matériel et pourtant, combien plus souffre ce millionnaire. Peux-tu dire pourquoi ? Le bonheur est un état d'esprit, tout comme la souffrance. Le bonheur et la souffrance sont simplement des modifications du mental. Celui qui n'a rien et dont le seul bien est le malheur peut être très heureux même au milieu du danger. Remarque aussi que, de même que tu n'obtiens aucune satisfaction à passer tes journées à acquérir de maigres gains et que tu penses toujours à la souffrance, cet homme fait de même, il passe ses journées dans une honte aigre.

C'est pourquoi il y a un bonheur momentané dû à la vertu et un malheur temporaire résultant du péché, et vice versa. Il n'y a pas de vraie joie dans ce conflit. J'ai le visage d'une demeure de félicité ; celui qui vient à moi, tombe amoureux de moi, me cherche, fait pression sur moi, me persécute même et obtient de moi, par la force, l'apparence de la joie». Harimohan écoutait avec impatience les paroles de Sri Krishna. Le garçon reprit la parole. «Comprends cela aussi, Harimohan, le maigre gain est pour toi dépourvu de la sève de la joie, pourtant tu ne peux résister à la puissance de ses impressions, ni vaincre cet égoïsme mesquin. Pour le vieil homme, la honte aigre est également devenue vide de joie pourtant, incapable d'y renoncer à cause de la force de ses impressions, il souffre l'enfer dans cette vie. C'est ce qu'on appelle la servitude de la vertu et du vice.

Les impressions inconscientes nées de l'ignorance sont les chaînes de cette servitude. Mais cette terrible souffrance est vraiment très bénéfique pour le vieil homme, car elle conduira à son salut et à son véritable bien-être.» «Keshta, tu parles très gentiment», dit Harimohan, qui écoutait jusqu'à présent très calmement, mais je ne peux pas vraiment te croire. Le plaisir et la douleur ne sont peut-être seulement que des états du mental, mais les conditions extérieures en sont certainement les causes. Regarde, lorsque le mental de quelqu'un est très affligé par la faim, peut-il être heureux ? Ou quelqu'un peut-il penser à toi quand il souffre de maladie ou de douleur ?» «Viens, Harimohan", dit le garçon, ''je vais te montrer cela aussi''. En disant cela, le garçon toucha à nouveau la tête d'Harimohan. Dès qu'il sentit ce contact, Harimohan ne vit plus la maison de Tinkori Shil, mais un *sannyasi*[1] assis, absorbé en méditation, un grand tigre couché à ses pieds comme un gardien, sur le sommet solitaire et magnifique d'une montagne où soufflait une brise agréable.

Les jambes d'Harimohan, lorsqu'il vit le tigre, refusèrent de bouger, mais le garçon l'entraîna près du *sannyasi*. Harimohan, incapable de résister à la force du garçon, dut bon gré mal gré y aller. Le garçon dit : «Harimohan, regarde.» Harimohan regarda et vit le mental du sannyasi ouvert comme un cahier d'exercices avec le nom de «Sri Krishna» écrit mille fois sur chacune de ses pages. Le *sannyasi*, ayant franchi la grande porte du *nirvikalpa-samadhi*[2], s'amusait avec Sri Krishna à la lumière du soleil surnaturel. Il vit aussi que le *sannyasi* était affamé depuis plusieurs jours et que son corps avait beaucoup souffert de la faim et de la soif au cours des deux jours précédents. «Qu'est-ce que c'est ? Keshta ? demanda Harimohan, le saint t'aime tant et pourtant il souffre du manque de nourriture et de boisson. N'as-tu pas un peu de bon sens ? Qui lui donnera à manger dans cette forêt infestée de tigres ?» «Je le ferai, répondit le garçon, mais vois une autre chose amusante.»

Harimohan vit le tigre se lever et briser une fourmilière voisine d'un seul coup de patte. Des centaines de petites fourmis en sortirent et grimpant sur le corps du *sannyasi* commencèrent à le mordre de colère. Il était toujours absorbé dans une profonde méditation, imperturbable, parfaitement immobile. C'est alors que le garçon lui murmura doucement à l'oreille : «Mon ami !». Le sannyasi ouvrit les yeux. Au début, il ne sentit pas les piqûres, car les notes de

---

[1] Celui qui a renoncé à tout pour la libération spirituelle.
[2] Transe Yogique dans laquelle toutes les modifications mentales sont complètement limitées.

la flûte de Krishna, envoûtantes et chéries dans le monde entier, résonnaient encore à ses oreilles comme elles l'avaient fait dans celles de Radha à Vrindavan. Après un certain temps, sous l'effet des morsures constantes, sa conscience fut attirée vers le corps.

Il ne bougeait toujours pas, mais plein de surprise, il pensa : «Comment cela se fait-il ? Ce genre de chose ne m'arrive jamais. Peu importe, Sri Krishna s'amuse avec moi et me mord comme un bataillon de petites fourmis.» Harimohan vit que la douleur des morsures n'affectait plus le mental du saint et que, ressentant une extase physique intense après chaque morsure, il chantait le nom de Krishna et dansait, en tapant des mains de joie. Les fourmis se laissèrent tomber sur le sol et s'enfuirent. Stupéfait, Harimohan demanda : «Quelle sorte de magie est-ce là ?» Le garçon frappa dans ses mains et se tourna deux fois sur une jambe en riant bruyamment : «Je suis le seul magicien de tout l'univers. Tu ne comprendras pas cette magie, c'est mon secret suprême. Et as-tu remarqué ? Il se souvenait de moi, même au milieu d'une telle douleur physique. Et maintenant, vois à nouveau.» Le *sannyasi* se rassit, calme et serein. Son corps ressentait encore la faim et la soif, mais Harimohan vit que son mental ne ressentait que ces réactions physiques mais n'était pas perturbé ni impliqué dans ces réactions. A ce moment-là, quelqu'un appela depuis la colline d'une voix douce comme une flûte : «Ami !» Harimohan sursauta ; c'était bien la voix, douce comme une flûte, de Shyamsundar lui-même. Il vit alors un beau garçon à la peau sombre venir de derrière les gros rochers avec un plat d'excellente nourriture et de fruits. Harimohan, complètement confus, regarda Sri Krishna. Le garçon se tenait toujours à côté de lui, mais l'autre garçon qui s'approchait était exactement comme Sri Krishna. Le garçon brandit la lampe devant le saint et éclaira l'assiette et dit : «Vois ce que j'ai apporté.» «Tu es donc venu», dit le saint en souriant. «Pourquoi m'as-tu laissé mourir de faim si longtemps ? Peu importe maintenant que tu es venu, assieds-toi et mange avec moi.» Le saint et le garçon commencèrent à manger dans le plat s'offrant mutuellement de la nourriture et s'amusant à se l'arracher l'un à l'autre. Lorsqu'ils eurent terminé leur repas, le garçon disparut dans l'obscurité avec l'assiette. Harimohan s'apprêtait à demander quelque chose mais il remarqua soudain que ni Sri Krishna, ni le *sannyasi*, ni le tigre, ni la montagne n'étaient là. Il vivait dans un quartier respectable avec sa femme et sa famille, il était très riche, offrait quotidiennement des cadeaux aux brahmanes et aux pauvres, et faisait ses prières *sandhya* trois fois par jour en suivant le code de conduite défini par les écritures et montré par Raghunandan. En fait, il menait la vie d'un mari, d'un père et d'un fils idéal. Mais en même temps, il fut choqué de constater qu'il n'y avait pas la moindre convivialité ni la moindre joie de vivre parmi les habitants de ce quartier respectable, qu'ils considéraient l'observance mécanique des règles extérieures de conduite comme un mérite spirituel. Il était maintenant aussi malheureux qu'il était heureux un instant plus tôt. Il semblait avoir très soif mais ne pouvait obtenir une goutte d'eau ; en fait, il mangeait de la poussière, rien que de la poussière, de la poussière à n'en plus finir. Quittant précipitamment cet endroit, il se rendit dans une autre partie de la ville. Là, il vit devant une immense demeure une foule nombreuse d'où s'élevait un hymne de bénédiction. Harimohan s'avança et découvrit que Tinkori Shil était assis dans la véranda et distribuait une grande quantité d'argent aux gens rassemblés là, personne ne repartait déçu. Harimohan rit aux éclats et se dit : «Est-ce un rêve ? Tinkori Shil, un grand philanthrope !» Puis il vit le mental de Tinkori et réalisa que la cupidité, la jalousie, l'ambition, le désir, l'égoïsme et mille autres frustrations et tendances néfastes réclamaient à cor et à cri : «Donne, donne, satisfais-nous !» Tinkori les avait réprimées par soucis d'obtenir le mérite moral, la gloire et la fierté, les avait laissées insatisfaites et ne les avait pas chassées de son esprit. C'est alors que quelqu'un emmena Harimohan faire un tour rapide des autres mondes. Il vit les enfers et les cieux des hindous, musulmans, grecs, chrétiens et tant d'autres. Puis il s'est retrouvé dans sa propre maison, assis sur le matelas familier déchiré et appuyé sur un oreiller sale et Shyamsundar debout devant lui. Le garçon dit : «Il est très tard, si je ne rentre pas maintenant, tout le monde va me disputer et me réprimander. Je vais donc te dire quelque chose en bref. Les enfers et les cieux que tu as vus, étaient tous du monde du rêve, de l'imaginaire. Lorsque l'homme meurt, il va dans un paradis ou en enfer et fait l'expérience des conséquences de sa vie passée. Tu avais acquis un certain mérite moral dans ta vie antérieure mais l'amour n'avait pas de place dans ton cœur, tu n'aimais ni Dieu ni l'homme. Après la mort, tu vivais dans ce quartier respectable et tu jouissais des fruits des tendances et des impulsions de ton mental telles qu'elles étaient dans ta vie précédente. Après avoir fait cela quelque temps tu n'aimais plus cela, ta nature vitale s'impatientait, et tu es allé vivre dans un enfer plein de poussière, à la fin, quand tu as joui des fruits de ton mérite, tu es né de nouveau. Mais parce que dans cette vie tu n'avais pas fait grand-chose pour aider les gens dans le besoin, à part faire la charité obligatoire et le maintien d'un simple code de conduite extérieur, sec et sans joie, alors dans cette vie tu as tant de besoins. Et la raison pour laquelle tu vis une vie de piété conventionnelle et d'accumulation de mérites, c'est que les tendances bonnes et mauvaises ne sont pas entièrement épuisées par l'expérience dans un monde de rêve mais seulement par l'expérience de leurs résultats dans ce monde. Tinkori était un grand philanthrope dans sa dernière vie et il est maintenant dans cette incarnation un millionnaire et à l'abri du besoin grâce aux bénédictions de milliers de personnes. Mais parce que son mental n'a pas été purifié, il a dû satisfaire des dispositions vicieuses insatisfaites par des actes et des pensées malveillants. As-tu compris la loi du Karma ? Il ne s'agit pas de récompense ou de punition, mais de la création du mal à partir du mal, du bien à partir du bien. C'est une loi naturelle. Le péché est un mal qui engendre la souffrance ; la vertu est le bien, d'où le bonheur. Cette disposition est là pour la purification du mental et du cœur, pour la destruction du mal. Vois-tu, Harimohan, cette terre n'est qu'une fraction insignifiante de mes créations variées, mais vous êtes tous nés ici pour épuiser le mal par le travail. Lorsque les gens sont libérés de l'emprise du bien et du mal, du mérite et du démérite et qu'ils entrent dans le Royaume de l'Amour, alors ils deviennent libres de la vie d'action. Toi aussi, tu auras cette liberté dans ta prochaine vie. Je t'enverrai ma sœur préférée, Shakti, («Pouvoir») et son compagnon Vidya («Connaissance»). Mais regarde, il y a une condition, tu deviendras mon compagnon de jeu et tu ne demanderas pas la libération. Es-tu d'accord ?» «Keshta, dit Harimohan, tu m'as ensorcelé. Je ressens un grand désir de te prendre sur mes genoux et de te montrer ma profonde affection. Il n'y a plus d'autre désir dans ma vie.»

«Harimohan, as-tu compris quelque chose ? demanda le garçon en souriant. «Oui, bien sûr», répondit Harimohan. Puis, après réflexion, il demanda : «Je dis, Keshta, que tu m'as encore trompé. Tu n'as pas donné la raison pour laquelle tu as créé le mal.» En disant cela, il saisit la main du garçon. Celui-ci, cependant, retira sa main et dit d'un ton plutôt bourru :» Va-t'en ! Tu veux découvrir tous mes secrets en une heure !» Il éteignit soudain la lampe, s'éloigna et dit en souriant : «Eh bien, Harimohan, tu as complètement oublié de me fouetter. Je ne me suis pas assis sur tes genoux en ayant peur de cela - on ne sait jamais quand, écrasé et irrité par la souffrance extérieure, tu pourrais soudain commencer à me donner une bonne leçon.

Je ne te fais pas du tout confiance !» Harimohan tendit la main dans l'obscurité mais le garçon s'éloigna et dit : «Non, je reporte cette satisfaction à ta prochaine vie.» En disant cela, il disparut quelque part dans la nuit noire. Harimohan se réveilla en écoutant le tintement des bracelets de cheville et pensa, «Quelle sorte de rêve ai-je vu ! J'ai vu l'enfer et le paradis, et je me suis adressé à Dieu de la manière la plus intime et je l'ai grondé comme s'il s'agissait d'un petit garçon. Quel grand péché ! Cependant, je ressens une grande paix dans mon cœur.» Harimohan se souvint alors de la forme captivante du garçon aux teintes sombres et dit de temps en temps : «Comme c'est beau, comme c'est très beau[1]» !

---

1   Sri Aurobindo: The Chariot of Jagannath, 1972 edition.

*Voir la composition du soleil ou les lignes de Mars est sans doute un grand exploit, mais quand tu auras l'instrument qui te fera voir l'âme de l'homme comme tu vois un tableau, alors tu souriras des merveilles de la science physique comme d'un jouet pour les bébés.*

## *L'Hôte*

*J'ai découvert mon être profond, sans-mort ;
masqué par la façade mentale, immense, serein
il affronte le monde avec le regard des Immortels,
dieu-spectateur de la scène humaine.
Ni douleur ni tourment du cœur et de la chair
ne peut violer ce sanctuaire silencieux et pur.
Le danger et la peur, lévriers du Destin, rompant leur laisse
déchirent le corps et les nerfs — l'Esprit intemporel est libre.
Éveille-toi, rayon de Dieu et son témoin en ma poitrine,
dans la substance impérissable de mon âme
Hôte tout-puissant, de flamme, impénétrable.
La Mort approche et la Destinée prend son dû ;
Il entend les coups qui fracassent la maison de la Nature :
calme Il se tient, puissant et lumineux.*

*Sri Aurobindo*

# L'Ancien Débat

## L'ancien débat - L'âme existe-t-elle ?

*''Mon âme sait qu'elle est immortelle. Mais vous taillez en pièces un cadavre et triomphalement vous clamez : « Où donc est votre âme et où votre immortalité*[1]*" ?*
*La controverse sur l'existence ou la non-existence de l'âme* est vieille comme le monde. Le Katha Upanishad, qui traite spécifiquement de la question de la mort dans les moindres détails, commence par cette même question :

देवैरत्रापि विचिकित्सितं पुरा न हि सुविज्ञेयमणुरेष धर्मः ।
अन्यं वरं नचिकेतो वृणीष्व मा मोपरोत्सीरति मा सृजैनम् ॥ २१॥

Les dieux eux-mêmes en discutaient jadis, car il n'est pas facile de le savoir, car sa loi est très subtile[2].

Dans l'Inde ancienne, certaines écoles de pensée ont existé qui ne croyaient pas en une autre vie que cette vie matérielle. Remarquable parmi celles-ci était la philosophie de Charvaka, dont la seule injonction aux hommes était de manger, boire et s'amuser, puisqu'il n'y a pas d'au-delà. Et pourquoi pas, puisque si la réalité matérielle est la seule réalité et si cette matière n'est rien d'autre qu'une combinaison fortuite et accidentelle d'éléments chimiques et de gaz, alors toute impulsion autre que de profiter de la vie sans se soucier des conséquences pour soi ou pour les autres, jusqu'à ce que la poussière morde la poussière n'a pas de sens. Les Charvakas existent encore aujourd'hui sous une

---
1  Sri Aurobindo, Pensées et Aphorismes 10.
2  Sri Aurobindo : Les Upanishads, Katha Upanishad Premier cycle, Verset 21.

autre forme et un autre nom, mais il en va de même pour les Nachiketas[1] et les chercheurs et voyants de vérités plus grandes et plus profondes.

Et il y a aussi cette aspiration chez l'homme, une aspiration non seulement à la joie mais aussi à la paix, à la vérité, à l'amour, à la beauté et à la perfection et à la permanence. Toute l'histoire de l'évolution, l'ordre intelligible et intelligent qui anime les atomes et les étoiles, tout indique qu'une Intelligence et un Être cosmique œuvrent au cœur de l'univers. Comment l'ancienne controverse sera-t-elle résolue ? Par une amélioration inespérée des instruments qui enregistrent les événements ? Par des instruments suffisamment sensibles pour enregistrer des vérités plus subtiles ? Par un développement sans précédent de la conscience humaine ? Non pas pour quelques individus exceptionnels, mais dans la race entière ? Dans l'état actuel de notre capacité (ou d'incapacité) collective à savoir, nous pouvons choisir de faire confiance, puis d'explorer jusqu'à ce que la foi se transforme en connaissance concrète et efficace. Ou bien nous pouvons choisir de ne pas faire confiance et ainsi justifier notre aveuglement à l'infini. Une chose est sûre : si nous ne cherchons jamais nous n'aurons que peu de chances de trouver la vérité, même si elle se trouvait sous nos yeux !

En d'autres mots, la question de l'existence de l'âme, comme de toutes les vérités subtiles et profondes, ne peut être réglée par une discussion de salon ou un séminaire et en débattant dans les prestigieux centres d'études. Car même les centres d'excellence les plus estimés n'excellent que dans le domaine mental et n'ont que peu de connaissances de ce qui se trouve au-delà de la portée embarrassante de nos sens si limités. Cette limitation est notre héritage commun en tant que race, tout comme la limitation du langage parlé est l'héritage commun du monde animal. Cependant, au moins dans le cas de l'être humain, nous avons également hérité d'un besoin caché mais profond de surmonter nos défauts et dans ce cas, c'est la possibilité d'explorer et de réaliser des vérités plus profondes en nous. Mais avant de nous tourner vers cela, réglons d'abord certains des arguments courants des matérialistes purs et durs qui ne croient pas en la présence de l'âme. Ces arguments sont les suivants :

Argument n° 1 : L'âme n'existe pas puisque je ne la vois pas. Cet argument peut être énoncé de façon semi-humoristique avec un limerick -

''Je m'appelle Benjamin Jovit
Je suis diplômé du collège Bellial
Tout ce qui est connaissance, je le connais
Et tout ce que je ne sais pas n'est pas de la connaissance».

---

[1] Se référer aux textes anciens pour l'histoire de Nachiketas.

Assez juste. Mais la vraie question est de savoir si nous avons vraiment essayé de *La voir*. Tout le monde ne peut pas voir l'électron. Et beaucoup n'ont même pas vu ce qui se trouve au-delà des frontières de leur pays d'origine. Cette croyance constante sur le seul témoignage de nos sens est un effroyable esclavage. Car nos sens ne font qu'arranger la réalité et ne la révèlent pas telle qu'elle est. C'est ce que sait aujourd'hui la science, qui est passée de la science des apparences à la science de la recherche de vérités plus profondes.

La science spirituelle fait de même, mais elle va encore plus loin puisqu'elle s'affranchit des limites des instruments physiques sur lesquels la science matérielle s'appuie tant.

Argument n°2 : *Ces «vérités profondes» ne sont pas vérifiables.* Les vérités de l'âme sont à la fois subjectivement et objectivement vérifiables. L'âme peut être ressentie aussi bien que vue. C'est la vérité constante de toute l'expérience yogique. Bien entendu, cette vérification ne peut se faire de manière matérielle, c'est-à-dire qu'on ne peut pas reproduire l'âme dans une éprouvette, de même qu'on ne peut reproduire de nombreuses autres choses comme les sentiments et les pensées. Le laboratoire dans lequel l'âme est testée n'est pas physique mais psychologique ; c'est le grand laboratoire de notre propre nature qui a été créé pour servir de terrain d'essai à l'âme. Les «vérités profondes» et l'existence de l'âme peuvent être vérifiées si l'on remplit les conditions nécessaires à sa découverte.

Argument n° 3 : *Même si l'âme existe, elle n'est éprouvée que par un petit nombre.* Ceci est également faux. Bien que la pleine expérience de l'âme demande du temps et des efforts patients pour se développer, ses résultats sont ressentis assez couramment dans la vie. C'est seulement parce que nous sommes ignorants de la raison de ces ressentis et que nous sommes conditionnés négativement contre elle que nous choisissons de l'ignorer ou de la considérer comme un facteur de hasard. En fait, selon l'expérience occulte nous entrons en contact chaque nuit avec notre âme. L'expérience commune est que souvent nous nous réveillons le matin ayant trouvé la solution à la plupart de nos problèmes d'une manière ou d'une autre. Nous nous sentons à nouveau mieux et positifs (sauf, bien sûr, en cas de maladie active). La raison en est que le contact de l'âme pendant quelques instants suffit à nous régénérer. A part cela, les moments de confiance spontanée dans la vie, le sentiment de gratitude, le courage qui ne craint pas la mort, l'attirance pour la beauté, la vérité et le bien, l'élan vers Dieu, la Liberté, l'Unité et l'Harmonie, tout véritable amour pour l'amour, la noble générosité et le don de soi, la répulsion de l'hypocrisie et du mensonge, les pensées et poésies inspirées et sublimes, la foi et la compassion authentiques... tout cela prend sa source dans l'âme. Ces qualités ne sont pas le produit du mental et même un mental brillant ou un vital fort dépourvus du toucher de l'âme ne les posséderait pas. Elles ne se développent comme autant de fleurs que lorsque l'âme en nous commence à grandir et à participer activement à notre vie.

Mais même lorsque ces choses ne sont pas présentes ou que leurs opposés abondent, ce n'est pas que l'âme soit absente, mais simplement qu'elle est encore dormante ou sous-développée. Comme un arbre dort dans la coquille dure d'une graine, comme le corps d'un géant dort, enfermé dans un tout petit gène, comme l'univers et un milliard d'étoiles et de galaxies dormaient en un seul point concentré avant le big bang, comme une puissance énorme dort dans le plus petit atome, ce petit bébé-dieu dort aussi dans l'humanité. C'est là qu'il est nourri par la nature à travers de nombreux cycles de naissance, nourri par le lait de l'expérience de la vie, jusqu'à ce qu'il s'éveille un jour et reprenne son royaume. Le seul moyen sûr de connaître les vérités de l'âme ne réside pas dans les débats mentaux ; il faut trouver l'âme, comme un physicien s'efforce de découvrir la structure cachée de l'atome invisible et insensible, ou comme un aventurier entreprend le voyage ardu et hasardeux pour découvrir de nouveaux continents. Et tous ceux qui l'ont fait ont trouvé que l'effort et le travail en valaient la peine. Après tout, l'âme n'est pas l'imitation bon marché d'un joyau que l'on peut trouver facilement dans un magasin du dimanche. Elle a un prix et ce prix n'est pas facile à payer pour la conscience humaine qui ne sait pas ce qu'elle négocie exactement. Le prix à payer pour découvrir ce moi véritable et immortel en nous est de renoncer à l'insistance du faux «moi», l'âme de surface faite d'ego et de désir. C'est pour cela que Yama met Nachiketas à l'épreuve, en le tentant avec de nombreux bienfaits pour satisfaire ses désirs et ses envies terrestres. Mais lorsque Nachiketas rejette les offres une à une, la mort le considère alors comme un candidat idéal pour l'instruire sur la nature de l'âme. Ce qui nous ramène à la question : *qu'est-ce que l'âme* ? La plupart d'entre nous utilisent ce terme de manière confuse. Tout d'abord, elle est confondue avec certaines parties supérieures de notre mental, en particulier dans la psychologie moderne qui utilise les deux termes âme et mental comme s'ils étaient interchangeables. Il est vrai que chez de nombreux êtres humains, l'âme est involuée (en retrait de l'expérience, cachée pour ainsi dire) dans le mental et s'exprime indirectement par des mouvements mentaux, par la parole en quelque sorte. Cependant, les deux sont aussi distincts que le sont le soleil et la lune par rapport à la terre. Dans notre nuit, la lune reflète et représente ainsi le soleil. Tous deux sont suspendus dans le ciel, et la lune, plus proche, est perçue comme une partie de nous plus importante Pourtant, toute sa lumière est empruntée. Lorsque le soleil brille, l'illusion disparaît et nous connaissons la source qui a éclairé la lune et nous a aidés à traverser la nuit.

La seconde confusion concerne toute réalité non matérielle, comme les fantômes et les êtres désincarnés, pour lesquels les occultistes occidentaux utilisent souvent les mots âme et esprit. En effet, l'âme est non matérielle ou, mieux encore, composée d'une substance organisée différemment que notre matière, une énergie vibratoire de quatrième dimension. Mais alors qu'elle est indestructible, ces autres entités non matérielles comme les fantômes et les êtres désincarnés peuvent être dissous et ont une durée de vie au terme de laquelle ils se désintègrent et disparaissent.

Une troisième confusion est le fait de l'humaniste d'aujourd'hui dont la croyance en des choses supérieures est colorée par le tempérament scientifiquement sceptique de notre époque. Il remplace donc l'âme par notre conscience morale, ce cavalier bossu qui nous dit «devrais-je, ne devrais-je pas», créé par le conditionnement du mental pour atténuer le vital et ses excès. Or, l'âme, elle aussi distingue le vrai du faux et est en fait le réel discriminateur, mais elle ne juge pas. Elle n'est pas comme un critique qui montre du doigt et culpabilise, mais comme un doux cygne qui sépare le lait de l'eau, prend l'un et laisse l'autre pour un usage quelconque. Les explorateurs à mi-chemin de la vie spirituelle créent une dernière confusion. Ils utilisent l'expression âme pour désigner ce plan de conscience qui est la base stable et immuable de tout phénomène - le Soi ou *atman*, qui se tient au-dessus de toute manifestation, témoin impartial, base et support indifférent de tout. Cependant, l'*atman* n'est pas quelque chose d'individuel. Il est sans aucun doute aussi indestructible que l'âme. Mais il est l'Unique et le même pour tous. Transcendant ce Moi universel ou *atman* au-dessus et au-delà de tout, tout en contenant en lui-même et devenant toutes les choses qui peuvent être à tout moment, c'est le *paratpara Purushottam* ou le *paramatman*. Mais aussi l'Un qui est tout devient le *Jivatman individuel*, pour son aventure évolutive.

Ce *jivatman* individuel, tout en restant lui-même en dehors de la manifestation, y préside pourtant en envoyant sa représentation dans le Temps et l'Espace. Cette représentation individuelle est comme le député qui doit participer et travailler pour la grande œuvre évolutive, l'aider à grandir et grandir avec lui. C'est ce que l'on appelle l'*antaratman* lorsqu'il n'est encore qu'un bébé endormi dans le ventre de la nature. C'est lui qui se développe et devient un être psychique individualisé, le *Chaitya purusha*. C'est lui qui naît avec la naissance du corps et qui suit les cycles de la mort jusqu'à ce qu'il renaisse. Pourtant, il reste toujours le moi indestructible et immortel. Cette âme la plus secrète, cet être psychique est le véritable «moi». Le faux «moi» qui est détruit par la mort est le «moi» toujours changeant de l'ego. L'ego est une formation de la nature due à l'ombre de l'être psychique individuel précipité dessus. Le mythe grec l'illustre parfaitement dans le conte de Narcisse, où le jeune Narcisse tombe amoureux de son propre reflet. Ce reflet de l'âme véritable dans les eaux de la nature universelle est l'ego. Il conduit à une identification temporaire et fausse avec des aspects de la nature en tant que Moi et Moi-même, séparés des autres.

L'être psychique, en revanche, bien que distinct et individuel, est toujours conscient de son universalité et se connaît lui-même comme le centre du Divin Universel Unique. C'est le véritable individu en nous, que la mort ne peut détruire[1].

Derrière chaque atome de l'existence se trouve l'étincelle divine qui est descendue dans la nescience obscure de la matière pour faire avancer l'évolution. Pour l'âme, cette évolution signifie l'émergence de toutes les diverses possibilités cachées dans l'abîme muet de la matière - la possibilité de la volonté, de l'impulsion et du désir, du mouvement, de la vie et des sentiments, de la pensée, de l'esthétique et de la créativité, de la poésie, de la science, de l'art et de la philosophie, de l'ascension spirituelle et de la force d'âme. Au fur et à mesure que ces possibilités émergent de la matière grâce à une entreprise conjointe de l'âme intérieure appelant l'intervention des plans respectifs supérieurs, l'âme grandit elle aussi par l'expérience. La petite étincelle apparemment perdue dans les cryptes de la matière commence à grandir en force et en stature jusqu'à ce que, après de nombreuses naissances, elle atteigne sa pleine stature – *angusthamatra purusha* ou la taille d'un pouce, comme le décrivent les Upanishads. C'est alors, et seulement alors, qu'elle peut exercer une sorte de libre choix et de maîtrise du destin. Jusqu'alors, elle se sert de toutes les expériences comme d'un vin fortifiant. Ce n'est qu'avec sa croissance que se produit l'orientation de l'être vers la vie spirituelle, une attirance pour le sublime et l'au-delà, un élan vers le vrai, le bien et le beau, une aspiration consciente à la divinité. Jusqu'à ce que cela se produise, l'âme signale sa présence par des signes indirects - noblesse et bonté, sincérité et bonne volonté, bonté et compassion, lumière et sagesse, pardon et gratitude, la force d'âme et la persévérance, la générosité et la patience, la force et le courage. Il convient de noter que la religiosité, dont on parle beaucoup, n'est pas nécessairement le signe d'une âme développée. La religiosité est un signe ambigu. Ce n'est pas le fait d'adorer qui est important, ni même le nom et la forme devant lesquels on se prosterne,

---

1 Les personnes désireuses d'approfondir le sujet de l'âme et les vérités subtiles de ses différents aspects peuvent se tourner directement vers les mots de Sri Aurobindo, en particulier les *Lettres sur le Yoga*. On peut également se référer à ce même livre pour une description des différents plans et ordres des mondes.

mais la conception de la Divinité qu'a le chercheur et la nature de sa recherche. Un Dieu de colère recherché par peur et pour infliger des souffrances à nos ennemis est certainement loin de l'émergence de l'âme.

Alors qu'un athée qui s'identifie à la beauté, aux arbres, aux fleurs, aux bêtes, à la terre et à l'humanité, prêt à sacrifier sa vie pour protéger ce qui est noble et bon, commence déjà à refléter l'âme dans le miroir de sa nature. De même, l'émergence de l'âme ne signifie pas nécessairement un mental brillant ou une force vitale forte et robuste. L'âme a sa propre intelligence, et la connaissance, la force et le dynamisme, mais ces éléments sont qualitativement très différents du ceux du mental.

Mais ce n'est pas la dernière étape et l'âme peut grandir plus encore. Avec la flamme devenant un feu, émerge une aspiration consciente pour le Divin, une foi que même une montagne de difficultés ne peut ébranler, une dévotion qui peut souffrir une vie entière juste pour apercevoir son Bien-Aimé, un abandon au Divin sans limite, une lumière qu'aucun nuage de doute ne peut cacher, un amour qui n'attend pas de retour et qui se suffit à lui-même. C'est alors qu'apparaissent les signes bien connus d'une paix intérieure et plutôt contagieuse qui dépasse toute compréhension et d'une joie inconditionnelle et sans cause, prête à affronter chaque chose de la vie avec un sourire bienveillant.

Chez quelques rares individus, l'âme peut se développer encore plus, croissant d'une minuscule graine lumineuse, passant par une douce et sublime flamme impérissable, jusqu'à un feu extatique de lumière et d'amour vers le soleil sans ombre, illuminant les firmaments de l'univers.

Toute l'histoire de la vie humaine et de la vie terrestre peut être comprise et réécrite en termes d'âme, l'âme jouant avec la nature et les deux se développant mutuellement. Oui, c'est un don unique à la terre et à notre fragilité mortelle, une récompense plus qu'adéquate, si l'on peut dire. Les dieux ne reçoivent pas ce don de l'âme et ne savent rien à son sujet, comme le fait remarquer Yama à Nachiketas. Les démons et autres êtres des mondes fixes et non évolutifs ne la connaissent pas évidemment. C'est l'homme qui est l'enfant privilégié ayant en lui le seul et unique fils de Dieu, l'âme immortelle. Et pour trouver l'âme, le mieux est de laisser celle qui en a eu l'expérience répondre à cette question primordiale :

*"Voici la première étape : aspiration au Divin.*

*La seconde étape consiste à renforcer cette aspiration, à la tenir constamment en éveil, à la rendre vivante et puissante. Seule, la concentration vous mènera vers ce but — concentration sur le Divin pour obtenir une absolue et intégrale consécration à sa volonté et à ses fins. Concentrez-vous dans le cœur. Pénétrez-y aussi loin, aussi profondément que possible. Retirez vers vous tous les fils épars de votre conscience dispersée ; rassemblez-les et plongez dans le silence de votre être intérieur. Une flamme brûle dans la calme profondeur de votre cœur : c'est le Divin en vous — votre être véritable. Écoutez sa voix. Obéissez à ses inspirations[5]."*

5 La Mère : entretiens 7 avril 1929

## Les enveloppes de l'âme

L'âme est revêtue de nombreuses enveloppes qui sont comme des téguments qui protègent la graine divine jusqu'à ce qu'elle soit prête et mature pour s'exprimer. Pendant longtemps au cours de son voyage de croissance, cette divinité miniature fait l'expérience du Moi du monde à travers ces enveloppes qui sont disposées hiérarchiquement comme une échelle évolutive. Ces enveloppes ne reflètent qu'un ou quelques aspects du monde et sont donc également appelées enveloppes de l'ignorance. Cependant ces aperçus partiels, imparfaits et indirects sont nécessaires avant que l'âme individuelle ne puisse s'éveiller à sa véritable divinité et à l'expérience de la vérité intégrale et de la réalité non divisée de l'Unité. À cette fin, l'âme passe de vie en vie et de naissance en naissance par une série d'identifications partielles à l'une ou l'autre de ces enveloppes. Cette identification avec les diverses enveloppes de la nature inférieure lui fait oublier sa propre vérité profonde, qui se tient à l'arrière-plan comme un soutien, tandis que la surface identifiée à la nature extérieure lutte, souffre et se bat. Ainsi identifiée (une nécessité pour l'expérience), elle ressent à tort «je suis telle ou telle impulsion et sensation», «je suis tel ou tel sentiment et désir», « «je suis telle ou telle pensée et opinion», «je suis telle ou telle idée et idéalisme».

Cette identification crée un faux sentiment de soi appelé l'ego. Le résultat est que l'individu se considère comme un ego séparé (puisqu'il fait l'expérience du monde différemment des autres et pas encore dans toute sa vérité) et les autres individus comme des non-soi avec lesquels il peut s'associer ou se dissocier, selon qu'ils nourrissent ou blessent l'identité de son moi-ego. La mort vient donc comme une libération pour briser cette fausse identité de l'ego, nécessaire pour l'instant sans doute, mais qui n'est pas pour autant une vérité permanente et établie. Cette désidentification par la mort est perçue comme une perte tragique puisque nous sommes attachés et nous nous accrochons à cette fausse vision de nous-mêmes. Mais bientôt les gaines se dissolvent une à une pendant la période intermédiaire après la mort. Au fur et à mesure que cela se produit, nous commençons à oublier l'identité de l'ego que nous étions dans nos aspects extérieurs, et à nous éveiller à notre âme véritable. Après une période plus ou moins longue de repos reconstituant (selon le degré de développement intérieur), l'âme individuelle revient par la renaissance. Elle doit alors choisir de s'identifier encore à un autre aspect de la même enveloppe ou de s'élever au niveau supérieur. Pour cette ascension évolutive, elle utilisera les «karmas» (énergies antérieures) qui ont besoin d'être ajustés pour son ascension. Les marches de l'échelle sont tissées par la fine toile du karma filée par le métier à tisser des forces du monde. Nous fournissons le fil, le Divin cosmique utilise le métier à tisser, de sorte que, par sa Sagesse infinie, les conséquences n'aboutissent qu'à une croissance intérieure et au progrès de la divinité individuelle, de la *conscience psychique* qui est en nous. Et qu'est-ce que ce progrès individuel de l'âme, si ce n'est l'émergence des diverses possibilités divines cachées en elle. Dans cette optique, le karma devient un moyen pour cette émergence plutôt qu'un tribunal primitif de récompense et de punition. Mais au-delà de l'individu et du *cosmique (Divin Universel)*, il y a le troisième aspect de la trinité, le *Divin transcendant*, qui intervient ici et là dans le jeu, par l'aspiration spirituelle, par la grâce, et qui rend le voyage évolutif plus court et plus facile à supporter. Finalement, à travers ces cycles de naissance, de mort et de renaissance, l'âme individuelle complète la variété des expériences nécessaires à sa formation. Elle est maintenant mature et prête à se connaître elle-même. Ainsi émerge un besoin intense et une identification à la vie spirituelle et nous entrons dans une phase d'élan à grande vitesse de notre voyage. Un temps vient où cette conscience intérieure de l'âme véritable qui est en nous est complète et nous sommes libres. C'est alors que l'âme individuelle peut faire un choix capital. Puisque la nécessité initiale du cycle de la naissance, de la mort et de la renaissance est terminée, elle peut choisir de ne pas renaître à nouveau et échappe à la mort. C'est ce que signifie la grande phrase de l'Upanishad :

*...par l'Ignorance on franchit la mort et par la Connaissance on jouit de l'Immortalité* [1].

Mais, si l'âme individuelle le souhaite, elle peut entrer dans un cycle supérieur d'évolution. Ici, elle renonce apparemment à sa liberté individuelle et entre à nouveau consciemment dans le cycle des naissances, mais cette fois pour travailler et transformer les enveloppes de l'Ignorance universelle. Elle commence à les infuser de sa propre lumière et de sa propre force, ainsi que de la force, de la vérité et de la lumière des mondes supérieurs, jusqu'à ce que ces enveloppes deviennent elles-mêmes des robes translucides et non plus les voiles obscurs et sombres qu'elles sont actuellement. Cette transformation des

---

1  Sri Aurobindo: Les Upanishads, Isha Upanishad, Verset 11

enveloppes et des éléments de la nature signifierait un changement capital pour la conscience du monde. Elle signifierait d'abord la compression du voyage de l'évolution et, d'autre part, d'en faire une chose de liberté et de joie et non plus de lutte douloureuse comme c'est le cas aujourd'hui. Cette nouvelle phase ou ce nouveau chapitre de l'évolution a été ouvert pour la terre et les âmes par le yoga de Sri Aurobindo et de la Mère. C'était certainement l'intention secrète du Divin Suprême lui-même, mais naturellement ce deuxième cycle d'évolution n'était pas possible avant qu'un nombre suffisant d'âmes individuelles n'ait atteint le degré nécessaire de développement intérieur.

Ce temps est maintenant venu, le temps de la libération des âmes terrestres de l'ignorance cosmique, le temps de l'affranchissement de la Mort. Cela signifie une transformation de la Mort, d'un dieu sombre, destructeur et impitoyable en un dieu qui est le porteur lumineux d'une vie plus grande. Cela signifie également une transformation de l'inconscience des gaines, de sorte que lorsque l'âme individuelle s'en entoure, elle ne s'identifie plus avec celles-ci puisque les gaines elles-mêmes deviennent des manteaux conscients de la lumière intérieure. Il n'y a donc pas d'oubli ni de perte de la conscience de l'âme à la naissance, ni d'oubli et de perte de la conscience du monde dans la mort[1]. Tout ne serait qu'un seul mouvement, un changement conscient d'un état à un autre, sans intervalle de conscience entre les deux. Et, naturellement, avec la transformation de la mort et de l'inconscience, il y aurait l'inévitable transformation de l'obscurité de l'ignorance en lumière, de la fausseté en vision de Vérité et en révélation de Vérité, de la division en Unité et Amour.

Mais quels sont ces gaines et ces niveaux qui, pour le moment du moins, s'accrochent à l'âme comme un vêtement mal ajusté ou apparaissent comme les barreaux d'une échelle dans son cheminement vers la transcendance de soi ? Ils sont disposés horizontalement et verticalement. La *disposition horizontale* est assez facile à comprendre. Elle signifie simplement que notre nature a une activité de surface qui est éloignée de l'âme la plus profonde en nous et une activité qui est plus proche. Celle qui est plus éloignée et qui est donc une masse confuse de sensations, de désirs, de réactions habituelles, d'impulsions nerveuses, d'un ensemble embrouillé de pensées et de sentiments, le plus souvent sans but est notre *moi de surface*. Beaucoup d'entre nous s'identifient à ce moi la plupart du temps et ne connaissent rien d'autre, ou presque, de

---

1 Veuillez noter qu'un corps sans mort n'est pas un corps que l'utilisateur est obligé de porter pour toujours. Il y aura un changement volontaire du vêtement extérieur sans aucune perte de conscience. Pour l'œil extérieur, cependant, cela peut ressembler à la mort.

leur identité que ce nom extérieur, cette forme et ces réponses superficielles de la nature. Mais plus profondément, nous avons un *être intérieur* qui est plus proche de l'âme et donc moins limité dans son activité, plus libre et plus vrai en termes d'expression de soi.

Cet être intérieur est composé d'un mental intérieur, d'un vital intérieur et même d'un physique intérieur. On l'appelle aussi le *subliminal* en nous parce qu'il est derrière la surface. Alors que la conscience de surface n'est consciente de rien d'autre que de l'extérieur et le grossier, cet être intérieur est ouvert aux profondeurs, aux hauteurs, aux abîmes et au sublime. Il s'agit encore d'un territoire mixte, même s'il s'agit d'une zone plus vaste aux possibilités plus profondes. Donc plus profondes encore sont les parties qui s'identifient à l'âme au cours de son long drame de vie — le vrai mental, le vrai vital et le vrai physique en nous, dépositaires de nos graines de karma, qui doivent être organisées pour notre évolution à travers les vies futures. La mort emporte ou dissout tout, sauf les parties identifiées à l'âme. Pour le dire au sens figuré une grande partie de notre personnalité, à laquelle nous sommes souvent si passionnément attachés, est engloutie par le grand dévoreur qu'est la mort, mais la personne, l'être véritable et le roi dans nos corps et nos esprits fragiles demeure, revient et grandit.

> *" Ce qui était l'élément divin dans la magnanimité du guerrier, ce qui s'exprimait dans sa loyauté, sa noblesse, son courage élevé, ce qui était l'élément divin derrière la mentalité harmonieuse et la vitalité généreuse du poète et qui s'exprimait en elles demeure et, dans une nouvelle harmonie du caractère, peut trouver une nouvelle expression ou, si la vie est tournée vers le Divin, être repris pour former des pouvoirs utiles à la réalisation ou à l'œuvre qui doit être accomplie pour le Divin[1]."*

En ce qui concerne notre conscience individuelle progressive, nous avons les *enveloppes verticales* suivantes :

*Le physique grossier* : Il est naturellement lié au monde matériel et a un certain degré d'interdépendance avec lui. Nos atomes échangent constamment avec la matière du monde, s'enrichissant naturellement ou s'appauvrissant parfois mutuellement. La matière brute elle-même est le résultat d'une longue évolution de la matière à partir de *l'inconscient*[2] et possède donc son propre

---

1 Sri Aurobindo : Lettres sur le Yoga.
2 Un état d'oubli total (et non d'absence) de la conscience, la matrice obscure des choses.

passé subconscient fortement imprimé en elle. C'est comme si elle reposait sur la base d'une énergie *subconsciente*[1], insistante et sans but, qui se répète mécaniquement, encore et encore, en ravivant le passé mort. L'animal et les autres stades de l'évolution sont présents dans le corps comme une mémoire cachée et une habitude automatique ou une action mécanique subconsciente. Ce sont ces habitudes de réponses «subconscientes» que l'on appelle les lois du corps, et qui constituent une grande résistance à l'évolution et au changement. Ces réponses étaient sans doute nécessaires à un moment donné, mais sont devenues un handicap à un autre stade, un peu comme l'appendice chez l'homme. Les étapes de notre passé évolutif sont reproduites dans l'utérus et s'expriment souvent dans notre psychologie, notre comportement et notre vie. Si, d'une part, sa densité assure la stabilité de la forme, d'autre part, elle est responsable de l'inertie au changement. La fixité mécanique, la répétitivité et l'inertie rigide sont la contrepartie de la stabilité. C'est pourquoi il est si difficile de changer les choses dans la nature physique, y compris les maladies qui se répètent avec une ténacité qui surprendrait même les volontés les plus fortes par leur persistance. Et c'est pourquoi ce dernier changement, le changement de la forme physique elle-même sera la couronne de la victoire de l'Esprit sur la Matière. Cette enveloppe physique grossière nous apparaît concrète puisqu'elle est la plus perceptible par nos sens grossiers. Une grande partie de notre science, en particulier la science moderne, tente d'étudier et de maîtriser cette seule enveloppe.

*Le physique subtil* : Derrière le physique brut se trouve une matière moins rigide, plus plastique, ou le véritable physique en nous. Étant moins rigide et limitée, elle a un sens inné du corps dans son ensemble et a même le sentiment d'être proche de la dimension physique intérieure du monde. Toute culture physique pratiquée correctement peut l'éveiller et fournir ainsi une couverture naturelle, holistique et saine à la partie grossière du corps. Toutes les maladies doivent d'abord passer à travers cette enveloppe (composée du physique subtil d'un côté et du vital de l'autre) avant d'attaquer et de se loger dans le corps physique grossier. Dans sa densité, cette enveloppe apparaît comme de l'air chaud entourant un objet physique. Outre une culture physique consciente, un bon état psychique intérieur renforce et consolide cette gaine. En revanche, la dépression, la peur et d'autres mouvements grossiers et limitatifs similaires l'endommagent et la transpercent.

---

1   Le premier mouvement de la conscience lorsqu'elle se réveille de son état d'inconscience. Encore un état de somnolence et d'oubli, mais pas complètement. Quelques vagues mouvements, comme s'il s'agissait de chercher quelque chose.

Cette gaine est donc une sorte de ligne de partage entre le monde physique brut et les forces et énergies des autres mondes cachés. Son importance dans la santé et les maladies est donc immense. C'est en effet notre véritable physique dont l'extérieur brut n'est souvent qu'une caricature grossière.

*Le Vital* : C'est la force vitale en nous. Cette énergie vitale se manifeste par les mouvements de peur et de rage, la reproduction et le mouvement dans les formes de vie inférieures. La même énergie s'exprime comme le principe du désir et de l'ambition, la force des émotions, des passions et des sentiments dans l'humanité moyenne. Chez quelques rares individus, elle s'élève encore plus haut pour fournir l'énergie et le carburant pour des poursuites de buts plus élevées, des dynamismes, des émotions profondes et vraies, de l'esthétisme, de la créativité et un besoin de grandir intérieurement.

Ces trois niveaux sont appelés respectivement le vital inférieur, le vital moyen et le vital supérieur. Lorsque notre conscience est identifiée à cette enveloppe, nous vivons dans notre âme-de désir de surface et, la prenant pour notre moi profond, nous faisons le tour de la vie en essayant de satisfaire tel ou tel désir. Mais plus profondément, il y a en nous le vital véritable ou vital intérieur qui se connaît comme une projection de l'âme, un instrument, un guerrier et un travailleur du Divin, pour le Divin. Converti et offert en soumission, il fournit le carburant pour notre quête et notre progrès spirituels.

La partie de la gaine vitale qui est en contact étroit avec le physique et qui répond à ses besoins est le *vital-physique*.

De même, il existe une sous-couche de la gaine vitale s'appuyant sur le physique, utilisant étroitement le corps comme moyen d'expression des instincts et des sensations réflexes, appelée le *physique- vital*.

De même, la partie qui fournit le carburant vital pour les activités mentales est appelée le *vital-mental*. Cette gaine, d'une part, ajoute de la force et de la vigueur au mental et d'autre part (si l'être est orienté vers le bas ou stationné en bas), elle peut, de connivence avec *le mental vital,* tirer les pensées vers le bas et les abaisser à un niveau inférieur et mesquin.

*Le mental* : C'est le domaine de la pensée et de la raison plutôt que celui des émotions et des passions. C'est un filtre qui découpe la réalité en petits morceaux, essaie de comprendre chaque morceau séparément et tente ensuite de réassembler chaque fragment pour reconstruire l'ensemble. C'est donc une conscience qui relie, qui essaie de construire un pont entre le monde tel qu'il le voit et l'expérimente et le monde tel qu'il le croit, l'espère ou le veut intuitivement. C'est donc un intermédiaire divin, essentiellement un mouvement d'Ignorance mais essayant de s'élever vers la connaissance, la Lumière et l'Unité. Ce passage de l'ignorance à la connaissance est en soi un processus graduel qui passe par plusieurs échelons. Le plus bas d'entre eux, est *le mental physique*, lié uniquement aux données sensorielles, et qui a une vision purement matérielle des choses. Il doute donc de l'existence de vérités supérieures et suprasensibles. Plus bas, il devient le mental matériel des cellules qui travaille sans cesse et mécaniquement comme le ressort d'une montre pour mettre en mouvement la machinerie cellulaire.

*Le mental vital*, placé juste au-dessus du mental physique dans la hiérarchie de l'évolution, est au contraire plein d'imagination et de manipulations subtiles, toujours à la recherche de nouveauté et de changement, parfois pour son propre plaisir, et peut distordre la logique pour dissimuler la vérité et déformer les faits, tout cela dans le but de soutenir notre ego vital et ses impulsions. En ce sens, il est l'avocat du diable en nous, justifiant chaque désir et chaque impulsion, les dissimulant souvent sous des mots agréables et même saints ! Naturellement, il est très nécessaire de jouer au détective avec cette partie qui est comme un subterfuge et une couverture pour les forces des ténèbres qui se cachent dans un manteau de fausse lumière, tissée d'arguments brillants. C'est un mental tourné vers le bas et vers l'extérieur pour explorer et satisfaire les besoins du corps et de la vie.

Au-dessus se trouve le lieu de naissance du *mental pensant* qui utilise le pouvoir de la raison pour organiser la vie et approfondir la réalité qui se cache derrière les formes et les objets. Mais il ne peut parvenir à la vérité totale car sa méthode est celle de la comparaison et du contraste plutôt que d'une vision holistique. Il s'efforce de tendre vers la vérité, mais ne peut la trouver, nous laissant sur les rives arides de l'agnosticisme.

Pour connaître la vérité intégrale, il doit renoncer à son mouvement inférieur de découpage et de reconstruction et passer de la raison analytique à la perception intuitive, à la vision révélatrice et à une vision inspirée. Ces derniers constitueraient les niveaux supérieurs du mental ou *le mental spirituel* dans son ensemble. Éveillé, il peut créer en nous le véritable penseur, philosophe et poète, celui qui est en contact avec le sens profond et le but de la vie.

Ce mental spirituel est essentiellement un mental qui se développe progressivement vers la discrimination de vérité, la vision de vérité, la perception de vérité et l'intuition de la vérité. En effet derrière notre mental extérieur de surface se cachent une gamme et un pouvoir beaucoup plus vastes d'un mental intérieur qui n'est pas lié à la vue de surface.

Le mental spirituel lui-même s'élève sur plusieurs niveaux. Sri Aurobindo l'a classé comme suit

*Le Mental Supérieur,* dont la clarté de pensée est comme un soleil constant, qui voit le monde comme une image symbolique d'une vérité plus profonde.

*Le Mental Illuminé* avec une force d'illumination et de vision qui remplace la pensée.

*Le Mental Intuitif* avec son arc de lumière révélant ce qui est caché dans les profondeurs ou derrière les voiles de la nature par une vision lumineuse soudaine.

*Le Surmental* qui est le lieu de naissance des idées originales, chacune créant un vaste système du monde qui lui est propre[1].

*Au-delà du mental* : Au-delà même des plus hautes sphères du mental spirituel - il y a le champ infini d'une connaissance et d'une puissance de vérité supramentale lumineuse en elle-même, et du pouvoir de la Vérité, le monde de la félicité d'où nos âmes sont tombées dans cette vie obscure de petites joies et de petits chagrins. De ces choses, rien ne peut être ou n'a besoin d'être dit, car elles dépassent le domaine de la «parole» et doivent être accessibles, connues et réalisées par l'expérience de l'identification de l'âme avec elles[2].

En dehors de ceux qui poursuivent consciemment un yoga profond et intense, existe-t-il une possibilité pour l'humanité normale d'avoir l'expérience de ces autres couches ? Eh bien, il y a au moins deux types d'expériences qui rapprochent de ces couches jusqu'ici cachées, ainsi que de l'âme elle-même. Il s'agit de l'expérience extracorporelle EEC et l'expérience de mort imminente (EMI).

Expériences extracorporelles (EE) : ''Nous sommes nombreux à avoir fait des rêves dans lesquels nous nous retrouvons en train de voler. Nous traversons les murs, franchissons les distances avec facilité et nous nous demandons parfois - dans l'état de rêve lui-même - comment il se fait que nous puissions le faire. En réalité, c'est dans notre corps subtil, le corps vital, que nous volons. Ce corps n'a pas les limites du corps physique grossier et il a un rythme et un mouvement différents.

«De même, certains d'entre nous font l'expérience, même à l'état de veille, de se trouver en train d'émerger du corps physique et de se déplacer. Nous voyons le corps allongé, nous voyons tout l'environnement tel qu'il est ; si nous sommes aventureux, nous allons rendre visite à des amis et voyons ce qu'ils

---

1 Une exposition détaillée de ces niveaux dépasserait le cadre de ce livre. Il est conseillé au lecteur intéressé de se référer aux œuvres originales de Sri Aurobindo pour se guider, en particulier les *Lettres sur le Yoga*.
2 Il s'agit bien sûr d'une brève description. Pour plus de détails sur ces enveloppes et leurs fonctions, le lecteur est invité à se référer aux écrits de Sri Aurobindo et de la Mère, en particulier au chapitre sur les «Plans et parties de l'être», tels que décrits dans les Lettres sur le Yoga.

font. La plupart du temps, ils n'ont pas conscience de notre présence. Certains de ces sujets hors du corps tentent de se faire voir ou sentir au moyen de sons, etc., mais ils n'y parviennent pas toujours. Très souvent, ces expériences extracorporelles sont involontaires. Cependant, certaines sont des incursions voulues et exécutées de manière systématique. Ces dernières sont évidemment plus sûres parce que l'on est conscient de la possession ou de la direction. Parfois, les personnes qui ont quitté leur corps physique ont du mal à y revenir en douceur. Il peut y avoir un mouvement soudain ou un choc qui nécessite le retour ; ou bien le sujet veut revenir mais ne sait pas comment s'y prendre. Certains essaient de rentrer par les pieds ou par la tête et se heurtent à une résistance. Lorsqu'ils se réveillent, ils se retrouvent dans la douleur, une sorte de traumatisme. La Mère conseille de rentrer par le cœur, c'est la voie la plus sûre. Si l'on a la chance de bénéficier de la protection du Gourou ou du Divin, le simple souvenir - avec ou sans prononciation du Nom - suffit à effectuer un retour en douceur.

«Dans les deux cas, que l'expérience se fasse en rêve ou en conscience éveillée, c'est dans le corps subtil que nous sortons. Comme nous le savons tous, le corps physique grossier n'est que le plus extérieur. C'est aussi le corps le plus dense ou le corps central. De nombreux autres corps l'entourent dans toutes les directions, au-dessus, autour, en dessous[1]. C'est le plus petit de tous. Chacun d'entre eux traverse le corps physique. Chaque corps est plus subtil que le précédent. Ainsi, autour du physique se trouve le corps vital ; autour du vital est le corps mental ; autour du mental se trouvent le corps causal et le corps de félicité. L'Upanishad les nomme, de manière significative, fourreaux, *koshas*. On peut noter en passant, qu'entre le corps physique brut et le corps vital, il y a une enveloppe physique subtile correspondant à ce que les Théosophes appellent le corps éthérique. C'est le point de rencontre entre l'*annamaya*, le matériel-physique, et le *pranamaya*, le vital. Ces enveloppes ou corps correspondent à des plans ou des mondes organisés selon les mêmes principes. Chaque corps a des affinités avec le plan de conscience ou d'existence qui lui correspond.

«Nous avons dit que le corps physique est le plus petit. Chacun des

---

1   Il semble y avoir une légère contradiction lorsque nous disons que le corps physique est le plus extérieur et qu'il y a d'autres corps au-dessus, autour ou au-dessous de lui. En réalité, ce sont les autres corps qui entourent le physique puisqu'ils sont subtils. Mais en ce qui concerne la vue humaine, nous voyons d'abord le corps physique grossier et, par conséquent, tout contact avec les autres corps, s'il a lieu, est perçu et ressenti comme «après» dans une dimension plus profonde et donc comme à l'intérieur.

autres corps est plus grand que le précédent au fur et à mesure que nous nous développons. Le corps vital est plus grand que le physique, le mental plus grand que le vital et ainsi de suite. Nous devons prendre conscience de ces différents états d'être, nos corps subtils, et si nous le voulons, apprendre à sortir de ces corps, un par un. Ce processus s'appelle l'Extériorisation. La Mère décrit comment il est possible, en suivant une discipline, de sortir du corps physique dans le corps vital plus subtil, puis dans le corps mental, puis dans le corps causal. Elle parle de douze extériorisations possibles avant d'arriver à la frontière du monde des Formes.

«On peut participer à n'importe lequel de ces mondes en y entrant dans le corps correspondant. La Mère remarque que si nous savons comment le faire, nous pouvons visiter le monde vital et reconstituer nos énergies en une fraction de seconde. Seulement, il faut aller dans la bonne région. Car il y a des endroits désagréables où le contraire peut se produire et nous laisser exsangues. Il est également possible que nous soyons attaqués par des êtres malveillants du monde vital et de tels événements peuvent laisser des traces sur le corps. Nous devons avoir un guide et avoir l'assurance d'être protégés. Sinon, il y a toujours le danger d'un accident, d'une blessure ou même de la mort. Car lorsque l'être sort dans l'un de ces corps subtils, il est toujours relié au corps physique au moyen d'un cordon argenté. Ce cordon est susceptible d'être coupé par un choc ou par l'intervention d'êtres inamicaux «[1].

«... Si ce lien était rompu pour quelque raison que ce soit, il serait impossible pour la personne de revenir dans son corps. C'est dans ce but que, dans les pratiques occultes, il est conseillé de ne jamais exposer son corps à de tels risques pendant l'expérience extracorporelle. Il faut soit la sécurité absolue de la solitude, soit que quelqu'un garde le corps. Il existe des éléments dans les régions plus subtiles qui peuvent nuire ; la protection du Divin ou du Gourou écarte ce danger.

«Il n'est pas sage d'entreprendre ces voyages hors du corps, à la légère, sans prendre les précautions nécessaires. La Mère insiste qu'il faut être absolument libre de toute peur. La personne doit se placer - y compris son corps - sous la protection de la Puissance Supérieure. Elle doit s'assurer qu'il n'y a aucune probabilité d'interférence ou d'interruption - physique ou psychologique - pendant sa sortie. Un mouvement psychologique de la part de toute personne dotée d'une forte volonté peut être aussi tangible, sinon plus, que le physique. Avant tout, la personne doit garder son sang-froid et savoir ce qu'elle doit faire

---

1   M.P. Pandit : Commentaries

au moment crucial. Le plus souvent, le souvenir du Divin ou de quelqu'un qui représente le Divin, ou la prononciation de ce nom, suffit à la ramener dans son corps. Parfois, la connaissance de la technique de réparation des dommages est nécessaire «[1].

Les Expériences Extracorporelles sont une autre source de preuves de l'existence d'un moi indépendant du corps. Elles sont bien connues et enregistrées depuis l'Antiquité. Les occultistes égyptiens en parlaient comme du «double». Même la psychiatrie moderne reconnaît et valide cette expérience, bien qu'elle tente de l'expliquer par des mécanismes mentaux et cérébraux. Il n'est cependant pas conseillé de s'aventurer dans ces domaines sans un guide compétent, car cela peut être dangereux. Il en est ainsi parce que le corps agit comme un grand bouclier. Sa grossièreté est en soi une sécurité contre de nombreuses forces d'intrusion provenant d'autres mondes. Un voyage hors du corps expose au danger des autres mondes, dont certains peuvent être hostiles à la vie. Le cordon qui relie les enveloppes au-delà de notre corps physique peut être coupé par ces êtres malfaisants, ce qui entraîne un départ prématuré. Certains décès et maladies liés au sommeil peuvent être attribués à ce phénomène occulte de l'exposition du corps à un plus grand danger lors de nos sorties hors du corps dans les mondes vitaux.

*Les expériences de mort imminente* (EMI) : Le travail de pionnier dans ce domaine a été effectué par le Docteur Raymond Moody, qui est le premier médecin à avoir réalisé une étude systématique de ces expériences chez des personnes qui semblent avoir été ramenées à la vie après la mort. Ces réanimations n'étaient pas seulement médicales. Beaucoup étaient des exemples de récupération spontanée après un contact étroit avec la mort, souvent non enregistrée par les médecins qui étaient naturellement occupés par le pouls et la respiration. En outre, comme chacun sait, l'œil ne voit pas ce que le mental ne connaît pas. Le Dr Raymond Moody a relevé le défi et a interrogé de nombreuses personnes qui ont échappé aux griffes de la mort pour une raison ou une autre. Le résultat est un récit fascinant sur la vie après la mort. Le Dr Moody lui-même ne tire pas de conclusions et laisse le soin aux lecteurs de le faire. Mais il précise que son témoignage personnel et l'expérience qu'il a vécue peuvent témoigner de l'authenticité des déclarations. En outre, elles sont similaires, transcendant les frontières de temps, de lieu, de sexe, de l'éducation et des systèmes de croyance. Dans son best-seller *La vie après la vie,* le Dr Moody déclare,

''En dépit des diversités présentées, tant par les circonstances qui entourent

---

1   M.P. Pandit : Commentaries

les approches de la mort que par les différents types humains qui les subissent, il n'en reste pas moins que de frappantes similitudes se manifestent entre les témoignages qui relatent l'expérience elle-même. En fait, ces similitudes sont telles qu'il devient possible d'en dégager une quinzaine de traits communs, sans cesse répétés dans la mesure des documents que j'ai pu rassembler. En me fondant sur ces ressemblances, je m'efforcerai maintenant de reconstituer brièvement un modèle théoriquement idéal, ou complet, de l'expérience en question, en y introduisant tous les éléments communs dans l'ordre où il est typique de les voir apparaître".

"Voici donc un homme qui meurt, et, tandis qu'il atteint le paroxysme de la détresse physique, il entend le médecin constater son décès. Il commence alors à percevoir un bruit désagréable, comme un fort timbre de sonnerie ou un bourdonnement, et dans le même temps il se sent emporté avec une grande rapidité à travers un obscur et long tunnel. Après quoi il se retrouve soudain hors de son corps physique, sans toutefois quitter son environnement physique immédiat ; il aperçoit son propre corps à distance, comme en spectateur. Il observe de ce point de vue privilégié, les tentatives de réanimation dont son corps fait l'objet ; il se trouve dans un état de forte tension émotionnelle".

"Au bout de quelques instants, il se reprend et s'accoutume peu à peu à l'étrangeté de sa nouvelle condition. Il s'aperçoit qu'il continue à posséder un « corps », mais ce corps est d'une nature très particulière et jouit de facultés très différentes de celles dont faisait preuve la dépouille qu'il vient d'abandonner. Bientôt, d'autres événements se produisent : d'autres êtres s'avancent à sa rencontre, paraissant vouloir lui venir en aide ; il entrevoit les « esprits » de parents et d'amis décédés avant lui. Et soudain une entité spirituelle, d'une espèce inconnue, un esprit de chaude tendresse, tout vibrant d'amour un « être de lumière » – se montre à lui. Cet « être » fait surgir en lui une interrogation, qui n'est pas verbalement prononcée, et qui le porte à effectuer le bilan de sa vie passée. L'entité le seconde dans cette tâche en lui procurant une vision panoramique, instantanée, de tous les événements qui ont marqué son destin. Le moment vient ensuite où le défunt semble rencontrer devant lui une sorte de barrière, ou de frontière, symbolisant apparemment l'ultime limite entre la vie terrestre et la vie à venir. Mais il constate alors qu'il lui faut revenir en arrière, que le temps de mourir n'est pas encore venu pour lui. À cet instant, il résiste, car il est désormais subjugué par le flux des évènements de l'après-vie et ne souhaite pas ce retour. Il est envahi d'intenses sentiments de joie, d'amour et de paix. En dépit de quoi il se retrouve uni à son corps physique : il renaît à la vie".

"Par la suite, lorsqu'il tente d'expliquer à son entourage ce qu'il a éprouvé entre-temps, il se heurte à différents obstacles. En premier lieu, il ne parvient pas à trouver des paroles humaines capables de décrire de façon adéquate cet épisode supraterrestre. De plus, il voit bien que ceux qui l'écoutent ne le prennent pas au sérieux, si bien qu'il renonce à se confier à d'autres. Pourtant, cette expérience marque profondément sa vie et bouleverse notamment toutes les idées qu'il s'était faites jusque-là à propos de la mort et de ses rapports avec la vie[1]».

De telles expériences ont été documentées par la suite et ont fait l'objet de recherches scientifiques et si nous enlevons les effets personnels dramatiques ajoutés par la conscience de l'individu qui fait l'expérience (l'écorce) et conservons l'essence (le noyau), nous disposons toujours d'un grand nombre de données extrêmement utiles pour construire une compréhension entièrement nouvelle de la vie et de la mort. Mais le dogmatisme scientifique et les préjugés s'y opposent. Les vestiges du modèle réductionniste continuent de nous hanter et nous empêchent d'enquêter sur les mystères les plus profonds. Le courant dominant des scientifiques continue de se moquer de ces expériences en les considérant comme des imaginations d'un esprit stressé ou les hallucinations d'un schizophrène. Pire encore, ils parlent de mensonge, car ces expériences sont uniques à l'individu qui les vit, elles sont subjectives et donc invérifiables pour la plupart. Mais hallucination n'est qu'un mot qui étiquette sans expliquer. Et si la subjectivité individuelle est irréelle, alors certaines des choses les plus banales qui ont changé l'histoire, comme l'amour, la haine, la colère, la peur sont tout aussi irréelles.

Il existe une autre difficulté avec les EMIs et les EEs. Dans certains cas, certaines drogues psychédéliques et en particulier l'anesthésique dissociatif la kétamine, ont induit des expériences similaires. Ce qui se passe en réalité, c'est que ces anesthésiques étourdissent la conscience extérieure, libérant ou dissociant ainsi l'être intérieur qui est soudainement libéré de l'emprise du mental corporel et se promène alors dans des contrées lointaines, comme dans les rêves. La seule différence est que les rêves sont spontanés et que la conscience intérieure est fortement liée au corps, même si le sommeil l'éloigne de la surface en raison du sommeil. En comparaison, l'anesthésie est un état induit de retrait intérieur et de dissociation plus complète de la conscience intérieure et extérieure, ce qui donne une plus grande possibilité d'expérimenter les mondes et la vie de l'au-delà. La mort est un retrait extrême qui échappe au contrôle de la volonté extérieure et, après un certain temps, un retrait irréversible. C'est le lien entre le sommeil, l'anesthésie et la mort. L'anesthésie et la mort

---

1   Voir L'Annexe V : L'Ancient Débat pour les cas individuels d'EMI

sont des cousins proches d'une certaine manière et leur association est bien connue. Ainsi, ce n'est pas la Kétamine ou tout autre anesthésique qui explique la EMI mais le retrait de la conscience facilité par la drogue (comme cela se produit également dans la mort) qui donne l'explication. Les EMI et EE qui se produisent spontanément se produisent jusqu'aux portes de l'interface du mental corporel. Elles reviennent du seuil et n'entrent pas au-delà. L'expérience du tunnel ou la lumière au bout du tunnel que les gens touchent, c'est le seuil. L'au-delà est le domaine qui devient indépendant de la base matérielle.

*Êtres et gardiens des autres mondes* : L'âme en transit rencontre les êtres et les forces des autres mondes. En fonction de son développement intérieur et de ses affinités, l'âme peut s'attarder dans ces mondes, entrer en contact avec ces êtres, recevoir de l'aide ou rencontrer des obstacles dans son voyage. Notre corps, lorsqu'il est en vie, constitue une merveilleuse protection en raison de sa densité. Mais après la mort, nous sommes comme exposés à toutes les forces de cet univers complexe. Il est vrai que la science moderne n'est pas en mesure de reconnaître ces forces et ces êtres pour le moment. Mais c'est parce que la science moderne est équipée pour étudier uniquement les phénomènes et les forces matérielles. Elle n'en est qu'à ses balbutiements en ce qui concerne les mondes plus subtils et leurs mystères. C'est pourquoi, bien qu'elle ait, dans une certaine mesure, très bien maîtrisé les forces physiques, elle ne parvient pas à maîtriser les forces psychologiques qui régissent notre mental, notre pensée et notre volonté. Nous pouvons prédire la trajectoire d'une étoile avec une précision raisonnable, mais nous ne pouvons pas prédire la direction du mouvement d'un ver, car malgré tous nos progrès, nous n'avons aucun moyen de connaître l'intention et la volonté qui se cachent derrière la vie. Le psychologue pourrait être mieux placé pour le savoir, si seulement il pouvait se débarrasser de l'hypothèse et du parti pris matérialistes, et voir les yeux ouverts ce qui anime l'humanité. Le mystique communie avec les mondes, le schizophrène tombe dans leur piège, le commun des mortels les côtoie quotidiennement dans ses rêves, pourtant, toutes ces données ne sont pas étudiées et ne sont pas utilisées en raison de notre a priori selon lequel la réalité matérielle est la seule réalité !

Néanmoins, les êtres de ces mondes cachés (cachés à notre vue limitée) peuvent être grossièrement divisés en trois grandes catégories générales :

*Les Dieux* : Ce sont essentiellement des puissances bienveillantes du Divin et, dans leur véritable place, ils appartiennent aux niveaux supérieurs du mental pensant. Ce sont des forces de Lumière et leur action caractéristique est de créer chez ceux qui sont ouverts, la Sagesse, la Force, l'Harmonie et la perfection. Certaines d'entre elles cependant envoient leurs projections et leurs émanations dans les mondes inférieurs du mental, de la vie et du corps, pour travailler en tant que forces de Lumière, de manière limitée. Une telle projection crée des divinités miniatures qui, bien que diminuées en force et en fonctions, sont un peu plus proches du mental humain et donc plus faciles à comprendre.

*Les Titans* : Il s'agit essentiellement de puissances malveillantes qui ont dévié de la Volonté Divine et qui, dans leur véritable position, habitent les grottes subconscientes et les abîmes de la conscience. Ce sont des forces des Ténèbres et leur but est de perpétuer le doute et la confusion, la faiblesse et la dépression, la division et la haine, l'impulsivité et l'impatience. Elles aussi, dans une tentative d'arracher par la violence les forces et les pouvoirs supérieurs, envoient leur souffle fumant dans les chambres du mental, de la vie et du corps, corrompant nos pensées, nos sentiments et nos actes. En retour, elles exercent une emprise sur la conscience humaine en flattant l'égoïsme et en perpétuant l'ignorance.

*Les êtres intermédiaires* : Il s'agit essentiellement d'êtres de transition aux pouvoirs mixtes. Ils sont stationnés dans les mondes du mental, de la vie et de la matière et gouvernent leurs mouvements par derrière. Certains d'entre eux sont bienveillants, alors que d'autres sont trompeurs et se drapent souvent dans des formes imaginées et créées par le mental humain. Elles peuvent être utilisées par les forces des ténèbres pour tromper l'être humain par le biais d'apparences divines.

Les défunts, dans leur voyage après la mort, peuvent rencontrer certains de ces êtres et, à moins d'être dotés d'une connaissance intérieure ou de s'ouvrir à la Lumière par une foi intérieure dans le Divin, ils peuvent être amenés à rester plus ou moins longtemps dans ces mondes trompeurs. Captifs de ces forces, ils peuvent s'attarder jusqu'à ce que l'illusion et le charme soient rompus par une puissance ou une grâce bienveillante, ou simplement parce que la partie de la nature qui répond et s'ouvre à ce plan se dissout, ne laissant derrière elle que l'âme immortelle.

## En conclusion

Malgré l'abondance des données, il reste de nombreux sceptiques quant à l'existence de tels événements. Heureusement, la vérité n'est pas décidée par un vote démocratique, mais s'impose d'elle-même, même si aucun individu ne l'observe ou ne la connaît. Il existe des vérifications objectives qui rapportent des données fiables sur d'autres mondes, tout comme les scientifiques en rapportent de la lune. Si nous voulons vraiment comprendre, et pas seulement se moquer dans une fausse fierté scientifique sans même étudier les faits, nous pouvons tirer les conclusions suivantes :

Il existe une sorte d'expérience de soi après la mort. La mort physique n'est pas la fin de notre moi. Il y a quelque chose qui continue à faire l'expérience de la même manière que nous continuons à faire l'expérience des choses sur un autre mode pendant le sommeil de notre corps, et qui sait si nous continuons ou non à faire l'expérience du moi dans un autre mode, disons dans le coma par exemple. Cela a des implications éthiques sur l'interruption de la vie des personnes en coma prolongé. Puisque l'expérience de soi se poursuit, il n'est pas souhaitable de l'interrompre brusquement par la mort. L'absence de mémoire lors du retour aux sens externes ou à une autre vie n'est pas non plus une preuve. Nous nous souvenons rarement de nos rêves et il est encore plus rare que nous nous souvenions dans nos rêves que nous rêvons ! Dans notre conscience éveillée, nous semblons habiter un autre sens du moi que dans notre état de sommeil. Chacun d'entre eux possède un type différent de mémoire dépendante de l'état. De même, les mondes de la mort et les autres plans de conscience sont différents du monde physique dont nous sommes normalement conscients. En fait, nous avons ces quatre états de conscience fondamentaux :

- *L'état extérieur ou d'éveil* dont nous sommes le plus souvent conscients. C'est notre état d'existence le plus superficiel, dans lequel nous interagissons avec un fragment du monde extérieur tel qu'il apparaît à nos sens. Ce monde nous présente une apparence déformée de la réalité, essentiellement physique, qui convient à nos besoins pratiques immédiats, mais inefficace pour une compréhension de la vie.
- *L'état subliminal intérieur ou état de rêve*, composé de nombreux mondes intérieurs dont nous pouvons prendre conscience par un développement méthodique des sens subtils, comme le fait le mystique, ou lors de certains états altérés, comme dans les rêves, les drogues et les maladies mentales. Il y a eu des exemples intéressants de cas d'apprentissage anormal et détaillé (ou de souvenir) de certaines formes de littérature dans une langue totalement étrangère à la sienne et que l'on n'avait pas essayé d'apprendre à l'état de veille mentale.
- *L'état de sommeil* ou les régions transcendantes les plus élevées et les plus profondes dont notre conscience éveillée ne sait généralement rien. Nous entrons en effet dans ces états et régions pendant le sommeil de notre corps, mais nous ne pouvons en rapporter le moindre souvenir à l'esprit extérieur de surface en raison de l'absence de ponts. Nous faisons l'expérience de tous ces états tous les jours pendant le sommeil et, comme dans la mort, nous touchons ces régions de lumière et de félicité impérissables pendant quelques instants et nous revenons rafraîchis et rajeunis. La mort est un sommeil reconstituant prolongé dans lequel le lien avec le corps est

complètement rompu.
- L'état de pure transcendance qui englobe les trois autres en lui-même est réservé aux rares yogis qui ont dépassé la sphère de la mort.

Pourtant, nous pouvons prendre conscience de ces autres mondes par un développement méthodique des sens intérieurs ou subtils, ou plus précisément en libérant les sens de l'emprise et du conditionnement de notre mental éveillé qui ne perçoit que la vie extérieure comme réelle. La spiritualité nous libère en fait de ce conditionnement matériel et nous permet donc de mieux comprendre ce monde et les autres mondes cachés derrière le monde matériel. En effet, nous sommes relativement libérés de ce conditionnement dans l'enfance, mais au fur et à mesure que nous grandissons vers l'âge adulte, nous devenons conditionnés et limités par les systèmes de croyance existants et les principes directeurs de notre époque. Aujourd'hui, nous assistons à une transition de l'âge rationaliste extrême qui niait toute forme de subjectivité vers l'émergence et la reconnaissance du côté subjectif de la vie. Le fait d'expérimenter le corps physique comme quelque chose de séparé et de distinct du soi est une indication que le pouvoir des sens ne provient pas des organes qui les véhiculent. Il provient d'une autre couche de conscience, plus profonde que le corps physique. La méthode d'investigation de ces vérités subtiles et profondes serait donc par un développement méthodique des sens subtils ou en faisant évoluer à partir du mental actuel le sixième sens le plus raffiné, ce que la psychologie ancienne appelle l'intuition. Un déni aveugle et sans cesse en proie au doute serait aussi préjudiciable qu'une acceptation sans réserve. L'un est la superstition de l'homme irrationnel, l'autre la superstition de l'ignorant rationnel. Il est difficile de dire lequel des deux est le meilleur ! Il n'est pas étonnant que le grand visionnaire grec Socrate ait judicieusement fait cette remarque avant de boire la ciguë : «Mais maintenant le moment est venu de partir, pour moi de mourir, pour toi de vivre, mais lequel de nous deux va vers un meilleur état est inconnu de tous, sauf de Dieu».

Enfin, si l'on admet le témoignage des sens subtils, après sa libération de l'enveloppe physique, l'âme entreprend un repos rapide ou prolongé en traversant les autres mondes - le physique subtil, les différents niveaux du vital (lieu présumé des cieux et des enfers), du mental et d'autres mondes supérieurs, jusqu'à ce qu'elle atteigne son lieu de repos final dans le monde psychique natal. Au cours de ce transit, l'âme se débarrasse de ses investitures une à une dans les mondes correspondants et subit différentes expériences, agréables ou désagréables, en fonction d'une affinité intérieure entre les différentes parties de sa nature. La nature des mondes traversés, la durée du transit, le type d'expériences, dépendront largement de la qualité et de la nature de sa vie dans le corps physique. Nos actes sont comme des empreintes qui attirent certaines expériences que ce soit dans ce monde ou dans un autre, tout comme une antenne de télévision attire les vibrations selon que l'on s'accorde à un canal ou à un autre. C'est tout à fait naturel et sert d'expérience d'apprentissage et de croissance pour l'âme plutôt que d'être un système grossier de récompense et de punition. On peut dire que le mur aveugle de la matière est déchiré par le mécanisme de la mort, et qu'elle peut alors voir à travers la façade, derrière les choix qu'elle a faits et les personnes qu'elle a aimées. Cela se produit également dans la vie si nous sommes vraiment éveillés, mais cela peut se produire de manière beaucoup plus concrète et intense après la mort. On peut donc dire que si le progrès positif et actif n'est possible qu'à l'intérieur du corps, une sorte de progrès passif par le biais des conséquences négatives et positives de l'apprentissage se produit également après la mort. Pour comprendre l'apparente contradiction, disons simplement que l'école de la vie nous apprend à faire des choix, à grandir et à changer en conséquence. Cette croissance n'est pas possible après la mort, mais on peut apprendre beaucoup de choses sur des réalités cachées si l'on est conscient. L'essentiel du progrès se fait pendant la vie car la présence du psychique et le maintien des différents éléments de la nature le permettent. Après la mort, le progrès se situe seulement sur le plan d'un certain type de connaissance et non à d'autres niveaux.

Comme toujours, nous ne pouvons pas établir de règles générales. Il s'agit seulement d'un modèle pour la masse de l'humanité. De rares âmes développées peuvent inverser l'équilibre et continuer à choisir et à agir consciemment, et même de méditer après la mort, progressant ainsi de manière ininterrompue. Elles peuvent également aider le jeu terrestre tout en étant de l'autre côté, puisqu'elles sont parvenues à un haut niveau de conscience. Par la suite, elles peuvent revenir pour reprendre leur croissance dans et à travers le jeu terrestre.

*Notre science est un résumé froid et bref*
*Découpant en formules le tout vivant.*
*Elle a cerveau et tête, mais point d'âme :*
*Elle voit toutes les choses en relief sculpté vers le dehors.*
*Mais comment dans ses profondeurs le monde peut-il être connu ?*
*Le visible a ses racines dans l'invisible*
*Et chaque invisible cache ce qu'il peut signifier*
*Dans un invisible encore plus profond, non révélé.*
*Les objets que vous sondez ne sont pas leur forme.*
*Chacun est un amas de forces jetées dans la forme.*
*Les forces capturées, leurs lignes intérieures s'échappent*

*Dans une conscience insondable, au-delà des normes mentales.*
*Sondez-la et vous rencontrerez un Être immobile*
*Infini, sans nom, muet, inconnaissable[1].*

---

1   Sri Aurobindo: 'Discoveries of Science III', Collected Poems, p.168

# Annexe V : L'Ancien Débat

(Les extraits suivants sont tirés du livre La Vie après la Vie écrit par Raymond Moody).

## Le Mythe de notre Univers Tridimensionnel

Nombreux sont ceux qui m'ont fait cette remarque : ''Je ne trouve pas de mots pour exprimer ce que j'essaye de vous dire », ou bien : « Il n'existe aucun terme, aucun adjectif, aucun superlatif, qui puisse traduire cela.'' Une femme m'a succinctement résumé cette situation en disant : ''Voyez-vous, c'est pour moi tout un problème, d'essayer d'exprimer ça, parce que tous les mots que j'emploie s'appliquent à trois dimensions. Pendant mon aventure, je n'arrêtais pas de penser : « Mes cours de géométrie m'avaient enseigné qu'il n'y a en tout et pour tout que trois dimensions, ce que je tenais pour acquis. Mais c'est une erreur : il y en a davantage. Bien sûr, le monde dans lequel nous vivons maintenant est tridimensionnel, mais l'autre monde, pas du tout. C'est pour ça que j'ai tant de mal à vous expliquer. Je suis obligée d'employer des mots à trois dimensions. J'essaye de coller autant que possible à la réalité, mais ce n'est jamais tout à fait ça. Je n'arrive pas à vous dépeindre un tableau exact.''

## Sentiments de Calme et de Paix

Bien des gens décrivent des pensées et des sensations extrêmement agréables survenant dans les premiers moments. À la suite d'une grave blessure à la tête, tout signe de vie était devenu indécelable chez un homme, qui raconte : ''À l'instant de la blessure, j'ai momentanément ressenti une très vive douleur, puis la souffrance a disparu. J'eus la sensation de flotter dans un espace obscur. Il faisait ce jour-là un froid intense, mais tandis que je me trouvais dans le noir, tout ce que je ressentais était une douce chaleur et un immense bien-être, tel que je n'en avais jamais éprouvé auparavant. (...) Je me rappelle avoir pensé : « Je dois être mort."

## Le Tunnel Obscur

Au cours d'une maladie grave, un homme parvint si près de la mort que ses pupilles se dilatèrent tandis que son corps devenait froid. Il raconte : "Je me trouvais dans un espace vide, dans le noir complet. C'est difficile à expliquer, mais je sentais que je m'enfonçais dans ce vide, en pleine obscurité. J'avais pourtant toute ma conscience. C'était comme si on m'avait plongé dans un cylindre sans air. Une impression de limbes : j'étais en même temps ici et ailleurs…"

## Hors du corps

"J'avais dix-sept ans ; mon frère et moi travaillions dans un parc d'attractions. Un jour, nous avons décidé d'aller nager, et un certain nombre d'autres jeunes gens en firent autant. Quelqu'un dit : « Si on traversait le lac à la nage ? » Je l'avais déjà fait très souvent, mais ce jour-là, je ne sais pas pourquoi, j'ai coulé, presque au milieu du lac… Pareil à un ludion, je montais et descendais, et tout à coup je me suis senti comme si j'étais loin de mon corps, loin de tout le monde, tout seul dans l'espace. Tout en demeurant stable à un niveau donné, j'apercevais mon corps qui montait et descendait dans l'eau. Je voyais mon corps de dos et légèrement sur ma droite. J'avais pourtant l'impression d'avoir la forme complète d'un corps entier, et cela tout en me trouvant en dehors de mon corps. J'éprouvais un sentiment de légèreté indescriptible. Je me sentais comme une plume".

Un jeune témoin déclare : "Il y a environ deux ans, je venais d'avoir dix-neuf ans, je raccompagnais un ami dans ma voiture ; et, parvenant à ce fameux croisement dans le bas de la ville, je marquai un temps d'arrêt et pris bien soin de regarder des deux côtés, mais je ne vis rien venir. Je m'engageai donc dans le croisement, juste à point pour entendre mon camarade pousser un hurlement ; j'eus le temps d'apercevoir une lumière aveuglante, les phares d'une voiture qui se précipitait sur nous. J'entendis un bruit épouvantable – le côté de ma voiture complétement écrasé – et pendant quelques secondes je me sentis emporté dans un trou noir, un espace clos. Tout s'est passé très vite. Après quoi je me retrouvai en train de flotter à peu près à un mètre cinquante au-dessus du sol, à environ cinq mètres de la voiture, et j'entendis l'écho de la collision s'éloigner et s'éteindre. J'ai vu des gens arriver en courant et se presser autour de la voiture, puis j'ai vu mon ami se dégager de la carrosserie, visiblement en état de choc. Je voyais aussi mon propre corps dans la ferraille au milieu des gens qui essayaient de le dégager. Mes jambes étaient tordues et il y avait du sang partout.

## Voir le Corps

Les réactions émotionnelles résultant de cet état sont extrêmement variables. Le plus souvent, au début, c'est un désir frénétique de réintégrer le corps, sans avoir la moindre idée de la façon dont il faut s'y prendre. D'autres se souviennent d'avoir eu très peur, à la limite de la panique. Quelques-uns, pourtant, font état de réactions plus positives devant cette situation, comme dans le cas suivant : ''J'étais tombé sérieusement malade, et le médecin me fit admettre à l'hôpital. Ce matin-là, un épais brouillard grisâtre s'établit autour de moi, et je quittai mon corps. J'eus le sentiment de flotter en même temps que la sensation de sortir de mon corps ; je me suis retourné, et je me suis vu étendu sur le lit en dessous de moi. Cela ne m'a pas fait peur. Tout était tranquille, très calme, serein. Je n'étais pas le moins du monde troublé ni effrayé. C'était une impression paisible, qui ne m'inspirait aucune crainte. Je pensai que j'étais peut-être en train de mourir, et que si je ne retournais pas à mon corps, je serais mort, parti.

## Pure Conscience

Il semblerait que les mourants commencent à prendre conscience de leur corps spirituel lorsqu'ils en constatent les limitations. En effet, ils découvrent, après avoir vu leur corps physique, qu'ils ont beau s'évertuer en efforts désespérés pour avertir les personnes présentes de la situation ainsi créée, ils n'y parviennent pas. Personne ne les entend. Circonstance bien illustrée par cet extrait dû à une femme qui avait succombé à un blocage de respiration et que l'on avait transportée dans une salle de réanimation :

''Je les voyais en train de me ressusciter. C'était très curieux, comme si je me trouvais sur un piédestal, pas très haut par rapport à eux, plutôt comme si je regardais par-dessus leurs épaules. J'essayais de leur parler, mais personne ne m'entendait, personne ne songeait à m'écouter.

''Les médecins et les infirmières frictionnaient vigoureusement mon corps pour rétablir ma circulation et me ramener à la vie ; et moi, je n'arrêtais pas de leur crier. « Mais laissez-moi tranquille ! Tout ce que je demande, c'est qu'on me laisse tranquille. Cessez de me taper dessus ! » Mais ils ne m'entendaient pas. Alors j'ai voulu leur attraper les mains pour les empêcher de me triturer, mais en vain. Je ne pouvais rien faire. C'était comme si... à vrai dire, je ne sais pas ce qui se passait, mais je n'arrivais pas à saisir leurs mains. J'avais pourtant l'impression de les atteindre, et je faisais des efforts pour les éloigner de moi, mais même quand je croyais les avoir repoussées, ces mains étaient toujours là. Je ne sais pas si les miennes leur passaient au travers, ou les contournaient, ou quoi. Je ne sentais pas le contact de ces mains que j'essayais d'empoigner...

## Perception

Dans le nouveau corps, la perception est à la fois semblable à, et distincte de, celle qui se manifeste dans le corps physique. Sous certains rapports, l'état spirituel est limité ; comme nous l'avons vu, la cinesthésie en tant que telle en est absente. Quelques personnes donnent à entendre qu'elles n'ont éprouvé aucune sensation de température, pendant que d'autres, en plus grand nombre, évoquent une agréable « chaleur ». Mais aucune d'entre elles n'a parlé d'odeurs ou de goûts durant leur séjour hors du corps physique. En revanche, les sens correspondant aux sens physiques de la vue et de l'ouïe demeurent parfaitement intacts dans le corps spirituel, et paraissent en fait considérablement aiguisés, plus parfaits qu'ils ne le sont dans l'existence physique. Un homme dit que, tandis qu'il était « mort », sa vision était incroyablement puissante et, pour citer ses propres paroles : "Je ne parviens pas à comprendre comment j'arrivais à voir aussi loin." Une femme note : "Tout se passait comme si cette faculté spirituelle était sans limite, comme s'il m'était donné de voir toutes choses et partout."

## L'Être de Lumière

De tous les éléments communs figurant dans les témoignages que j'ai analysés, le plus difficilement croyable, et en même temps celui qui produit sur le témoin l'impression la plus intense, c'est la rencontre avec une très brillante lumière. Détail typique : lors de sa première manifestation, cette lumière est pâle, mais elle devient vite de plus en plus éclatante jusqu'à atteindre une brillance supraterrestre. Et bien que cette lumière (généralement qualifiée de « blanche » ou de « claire ») soit d'un rayonnement indescriptible, beaucoup insistent sur le fait caractéristique qu'elle ne brûle pas les yeux, qu'elle n'éblouit pas, qu'elle n'empêche pas de voir distinctement les objets environnants (peut-être parce que, dans ce moment, les témoins ne sont pas physiquement dotés d'yeux, ce qui exclut l'éblouissement).

Malgré l'aspect extraordinaire de cette apparition, pas un seul d'entre mes sujets n'a exprimé le moindre doute quant au fait qu'il s'agissait d'un être, d'un être de lumière. Et qui plus est, cet être est une Personne, il possède une personnalité nettement définie. La chaleur et l'amour qui émanent de cet être à l'adresse du mourant dépassent de loin toute possibilité d'expression. L'homme se sent comme envahi et transporté par cet amour ; il s'abandonne en toute sérénité au bienveillant accueil qui lui est fait. Un attrait magnétique, irrésistible, émane de cette lumière, vers laquelle il se sent inéluctablement entraîné.

**Retour**
Certains professent l'opinion que l'amour et la prière des personnes de l'entourage peuvent arracher quelqu'un à la mort, sans égard pour son propre désir. Une femme m'a dit : "Le docteur avait constaté ma mort, mais je vivais toujours ; et l'expérience que j'ai traversée ne m'apportait que de la joie, aucune sensation désagréable. En reprenant connaissance, j'ai ouvert les yeux, et ma sœur et mon mari m'ont vue ; leur soulagement était bien visible, des larmes coulaient sur leurs joues ; ils étaient heureux de me voir revenir à la vie. J'ai eu l'impression d'avoir été rappelée, je dirais presque aimantée, par la puissance de l'amour que me portaient ma sœur et mon mari. Depuis lors, j'ai toujours cru que l'on pouvait ranimer les autres par amour".

# Au clair de lune

*...Un étrange évangile irréel que la science apporte,*
*Être des animaux pour agir comme des anges ;*
*Les mortels doivent déployer une force immortelle*
*Et faire flotter dans le vide des ailes célestes...*
*Par la chimie, elle cherche la source de la vie,*
*Elle ne sait pas non plus que les lois puissantes qu'elle a trouvées*
*Ne sont que des règlements de la nature, destinés à fonder*
*Une liberté grandiose construisant la paix par la lutte.*
*Elle prend l'organe pour la chose elle-même,*
*Le cerveau pour le mental, le corps pour l'âme,*
*Elle n'a pas la patience d'explorer l'ensemble,*
*Mais comme un enfant, elle fait une période hâtive.*
*«C'est assez, dit-elle, j'ai exploré*
*La totalité de l'être ; il ne reste plus*
*qu'à mettre les détails et à compter mes gains.»*
*Alors elle se trompe elle-même, elle renie son Seigneur...*

*Sri Aurobindo*

# L'inflexible Loi d'Airain de la Mort et les Dilemmes de la Loi Humaine

## Questions Ethiques concernant la Mort et le Mourant

La mort soulève de nombreuses questions éthiques et, comme pour tout ce qui est lié à la mort, aucune n'a de réponse simple. La raison en est que nous ne connaissons pas avec certitude l'état d'une personne morte ou dans le coma. Nous ne savons pas s'il existe une vie psychologique intérieure pendant le coma ou après la mort, indépendante du corps. Nous ne savons pas si le choix superficiel d'un homme reflète le choix de son âme ou s'il traduit simplement en terme mental, le recul devant la douleur des parties nerveuses et sensationnelles de son être. Car l'homme n'est pas fait d'une seule pièce. Notre raison annule souvent le choix fait par nos émotions. Nos émotions peuvent être en guerre et en contradiction avec nos désirs vitaux. Nos sentiments peuvent être en contradiction avec notre idéalisme, sans parler de l'âme la plus profonde en nous qui peut ne pas consentir ou être d'accord avec le choix ignorant de notre être de surface ! Les médecins et soignants, y compris les bienfaiteurs, ne sont pas d'un grand secours non plus, car ce n'est pas seulement l'homme sur son lit de mort, mais aussi tous ceux qui l'entourent qui sont également affligés d'une ignorance générale de ces questions plus profondes.

Dès lors, comment décider des questions éthiques que soulève la mort ? La réponse simple et pratique est qu'il n'existe pas de règle stricte et rapide en la matière. Chaque cas doit être traité de manière unique et indépendante. La personne appelée à décider doit être guidée par la lumière la plus élevée dont elle dispose. Cette lumière plus élevée peut être la norme qui prévaut à son époque, ou bien cette autre lumière de la raison, tout aussi ignorante et imparfaite mais néanmoins partielle. Le mieux, bien sûr, est que la personne puisse se référer à la vision la plus profonde de son âme. Mais cela est rare. En attendant, la solution consiste à faire ce que l'on pense ou ce que l'on peut faire de mieux, sans se laisser influencer par un extrême ou l'autre et en offrant l'acte au Dieu intérieur, en recherchant la croissance d'une vision plus profonde. Tant que l'on n'a pas l'arrogance de l'intellect, mais plutôt une ouverture à une puissance supérieure, cette vision plus grande apparaîtra tôt ou tard. Et même si ce n'est pas assez tôt, cet acte d'offrir avec humilité sera comme un correctif pour équilibrer l'état général de notre ignorance et de ses nombreuses erreurs. C'est dans ce contexte et avec la plus grande Lumière que la lampe étroite et mal éclairée de l'éthique rationnelle ou d'un ensemble tout aussi imparfait de conventions religieuses ou sociales que nous aborderons les questions spécifiques.

Pour ne citer que quelques dilemmes éthiques, il y a l'euthanasie, le maintien artificiel de la vie, la réanimation, l'examen post-mortem, les avortements, les suicidés et les survivants, l'homicide, la peine de mort, et l'expérimentation animale. Beaucoup dépend des principes qui nous sont chers, de nos croyances individuelles et de notre conditionnement aux normes existantes. Il est difficile de généraliser. Car les fils qui animent notre nature sont nombreux et ce qui est le mieux dans une situation peut ne pas être applicable dans une autre. Le fait de considérer un seul principe ou standard, aussi élevé soit il comme un idéal infaillible à suivre par tous, en toutes circonstances, peut être une dangereuse simplification excessive de la nature humaine et de ses mouvements possibles. En même temps, laisser chacun décider comme il l'entend ou le veut peut être un risque encore plus grand dans l'état actuel de notre ignorance collective. On ne peut donc que tenter de tracer les grandes lignes ; les lacunes doivent être comblées par chacun en fonction des besoins du moment et de la situation.

D'une manière générale, l'éthique repose sur deux piliers principaux - premièrement, la considération de ce qui est vraiment bon et, deuxièmement, de ce qui est noblement beau. Il s'agit dans les deux cas de valeurs relatives. Au mieux, ce sont des béquilles que nous tenons pour marcher dans notre voyage à travers la forêt de l'ignorance humaine. Au pire ce sont des entraves que nous attachons à l'âme en croissance et à son expansion illimitée. Quelques considérations sur les vraies questions révèleront la difficulté.

**Le suicide** : Jusqu'à récemment, le suicide était un délit punissable. Il était rare que l'on comprenne que l'acte de suicide est en soi une punition, une sorte d'autopunition que la personne s'inflige à elle-même dans un état de morosité. Les lois cosmiques ne pardonnent pas non plus puisque, comme nous l'avons vu, les écritures décrivent ce mode de sortie comme l'un des pires, d'un point de vue intérieur. «Ces mondes sont sans soleil... »[1] Que les lois cosmiques aient

---

1   Sri Aurobindo; The Upanishads, Isha Upanishad, Verse 3.

changé ou non, il existe néanmoins une compréhension un peu plus humaine de la situation suicidaire. Avec la prise de conscience croissante des maladies psychologiques et de leur emprise sur le mental humain, l'homme suicidaire est davantage perçu comme une victime d'un état mental pathologique plutôt que comme un criminel. La plupart des suicides sont commis dans un état de dépression sous l'emprise de laquelle les personnes voient le monde et eux-mêmes de manière négative. Le sentiment d'autodépréciation est généralement exagéré, un état intérieur pesant appelé *tamas* dans le langage des mystiques indiens. C'est ce principe sombre et lourd de *tamas* qui envahit et obscurcit l'âme, jetant la nature dans un état de désespoir total, tout comme le monde le ferait s'il était sous le charme d'une éclipse prolongée. Les forces adverses et hostiles profitent de cette éclipse intérieure et s'emparent de la nature humaine. Ces terribles forces déforment ainsi la perception de la manière la plus déraisonnable, créent une abondance de confusion, suggèrent l'échec et remplissent le cœur de morosité et d'apitoiement. Le sens de l'ego se dédouble et entre dans le désespoir le plus total, abandonnant l'espoir, la volonté et la foi. Une fois la foi perdue, alors tout est perdu ou semble l'être. Le suicide comme seule échappatoire est la dernière extrême suggérée par les sombres murmures de ce monde souterrain. La raison, les émotions, la volonté, les impulsions sont saisies et perverties par ces ténèbres. Notre âme, le seul guide sûr, est poussée loin derrière un voile épais et ses incitations et ses mots d'espoir et de courage n'atteignent pas la nature extérieure et le cerveau récepteur. Les parties de l'impulsion vitale sont finalement entièrement saisies et mettent en scène l'effroyable tragédie. Un rideau tombe sur les parties les plus touchées par le soleil et l'épopée d'une âme s'achève dans la ruine.

L'âme qui souffre de cet état d'obscurité et qui est prise dans ses terribles mailles a besoin d'aide et la réclame peut-être. Mais la nature extérieure est manifestement fermée à toute aide disponible et a besoin d'un effort persistant pour faire jaillir la lumière intérieure afin d'éclairer à nouveau les sombres chambres extérieures. Il se peut que l'âme, dans ces circonstances, soit aidée à partir avec un minimum d'efforts mais de cette transaction intérieure, on ne peut pas dire grand-chose et, de plus, elle varie de cas en cas. En général, cependant, elle est entraînée par les lourdes chaînes de *tamas* et le manteau de sa nature obscurcie agit comme des entraves dans son voyage vers le haut. Une chose est sûre : il est absurde de justifier le suicide assisté dans n'importe quelle circonstance. Un cas a récemment été rapporté dans lequel une mère a aidé son fils à se suicider, qui l'avait suppliée de l'aider alors qu'il souffrait de douleurs physiques. La mère aurait pu être mieux informée et savoir que cette demande du fils était en réalité une traduction aberrante et perverse de la volonté de se libérer de la douleur. Le suicide n'arrange pas la situation et ne fait que l'aggraver. Et si la douleur physique et la maladie ou les circonstances extérieures à l'origine de la douleur psychologique sont immuables ? Eh bien, même si c'était le cas, il y a encore beaucoup à faire. On peut aider la personne à *se détacher* de la douleur physique et des circonstances qui en découlent. On peut aider la personne à développer une attitude intérieure correcte et à affronter la difficulté avec *courage, persévérance et foi*. On peut aider la personne à voir *la lumière de la raison* et à évaluer la situation de manière réaliste. Le plus souvent les choses ne sont pas aussi mauvaises que nous les percevons. Il y a une lueur d'espoir derrière chaque nuage sombre, un point positif à côté de chaque point négatif. C'est la tâche des personnes bienveillantes et des conseillers de mettre en évidence ce côté positif et de présenter la perspective positive que la personne elle-même n'est pas en mesure de voir. Ce positif ne doit pas nécessairement se trouver sur le même plan. Un problème extérieur insurmontable peut être porteur d'une profonde possibilité de croissance - une croissance en *sagesse* qui suit inévitablement si l'on veut bien attendre de voir ce qu'il en est après avoir traversé la tempête ; une croissance en *force* qui se produit lorsque nous avons affronté les épreuves rigoureuses et incertaines de la vie ; une croissance de la *compassion* et une compréhension généreuse des autres lorsque nous avons affronté et lutté contre nos propres difficultés. Tout cela n'est pas un gain facile ou bon marché et si le moment d'une crise intérieure intense peut être utilisé pour les acquérir, alors nous trouverons notre douleur plus que gratifiante et nous grandirons plus fort à chaque coup de ce que, dans notre ignorance, nous appelons malchance, échec et chute. Aider l'âme à émerger et à sortir de derrière les nuages, même en utilisant le moment de la crise à cette fin, est la seule véritable assistance. En revanche, aider la personne dans son élan suicidaire, c'est devenir soi-même la proie sans le vouloir, des forces obscures et hostiles qui s'abattent parfois sur nous. Par conséquent, l'assistance au suicide ou sa légalisation est un plaidoyer dangereux, une couverture pour accroître l'obscurité et la souffrance dans le monde, et certainement pas de les réduire comme nous pourrions être amenés à le croire par ignorance.

En fait, le chagrin généré par un tel décès dans la maison et l'atmosphère environnante est beaucoup plus dense et lourd. Les personnes qui restent souffrent souvent de cauchemars, d'une culpabilité excessive et sont parfois eux-mêmes pris par la pulsion de mort. Les raisons de cette situation peuvent être plus que ce que notre psychologie superficielle peut suggérer. La personne qui part dans un tel état d'âme laisse naturellement dans les mondes occultes une trace noire et épaisse qui commence à s'attacher à ceux qui sont proches et chers. Jetée hors du corps par un acte violent et soudain, la conscience peut rester confuse et, ne sachant pas si elle est avec ou sans corps, elle cherche à s'abriter quelque part. L'atmosphère de la plupart des hôpitaux est souvent ressentie lourde par les personnes sensibles due à la présence de ces êtres désincarnés. Certains trouvent leur place chez les malades, ce qui est l'une des causes des maladies qui s'aggravent. Certains patients peuvent revenir avec des membres lourds, se sentant inexplicablement épuisés, une expérience courante attribuée à une maladie prolongée ou à l'effet de médicaments. Mais il peut y avoir d'autres causes. Un cas a récemment été rapporté sur la chaîne Discovery au sujet d'une femme sortie de l'hôpital après une intervention chirurgicale mineure, mais qui a développé un épuisement inexpliqué à son retour. Les chirurgiens s'en sont lavés les mains tandis que les médecins lui font subir une série de tests, mais en vain. Après seize ans de souffrance, elle consulta un occultiste qui, par clairvoyance, vit un être désincarné qui, après un suicide, s'était réfugié dans le corps de la patiente. L'être a été libéré du corps de la femme par certaines pratiques occultes et la femme fut libérée de sa lourdeur. De telles choses peuvent en fait être plus courantes que ce que nous choisissons d'observer et d'enregistrer. Et il est vrai qu'il n'y a pas toujours de bons occultistes experts pour s'occuper de ces problèmes. Mais il existe une manière plus simple d'aborder ce problème dans la vie quotidienne de l'homme moyen. Il s'agit d'apporter la paix dans l'atmosphère et de créer une zone de profondes vibrations spirituelles grâce à la foi, la concentration et tous les moyens extérieurs dont nous disposons. Les êtres désincarnés se dissolvent s'ils ne sont pas nourris par la vitalité des autres. Et aucun repas n'est plus savoureux pour cet état sombre que le goût amer du chagrin, de la souffrance et de la peur.

Un dernier mot sur une idée fausse très répandue. Il existe une opinion répandue qui est sans aucun doute ignorante, que le *samadhi* du yogi et son départ par choix sont identiques au suicide. Rien n'est plus éloigné de la vérité. Nous avons déjà vu que la possibilité et le pouvoir d'*iccha-mrityu* (départ volontaire) se développent à un certain stade élevé de notre développement intérieur. Ce pouvoir et cette volonté s'accompagnent de la connaissance intérieure des moyens, de l'heure, de l'indication précise et de la sagesse pour discerner entre une impulsion de jeter la vie dans un accès de désespoir par rapport à la décision de quitter la coquille de ce corps parce qu'il n'est pas possible de travailler davantage dans le cadre existant. Le premier est un état d'impuissance dans la nature qui s'installe parce que l'âme est complètement voilée ; le second est un état lumineux de l'âme qui a mérité son repos puisqu'elle est maîtresse de sa nature. Le premier est un état d'ignorance grossière et épaisse, le second est un état de connaissance, et pas seulement de connaissance de soi, mais aussi la connaissance des forces cosmiques et de leurs mouvements. En outre, même le processus utilisé est très différent. L'homme déprimé, dont la nature est captive des forces hostiles, choisit des moyens physiques violents pour s'en aller. Le yogi, au contraire, s'en va de son propre choix par un processus intérieur de retrait de sa conscience du physique et du détachement de son âme des différentes gaines. Le premier est donc un mouvement totalement inconscient, l'autre un mouvement lumineux et pleinement conscient. Bien sûr, de tels retraits yogiques sont très rares et jamais recommandés, ni même possibles pour le commun des mortels. Il ne faudrait pas s'illusionner en croyant que l'on est dans un état exceptionnel et que l'on peut décider de l'heure de l'arrêt de sa vie. Ces choses sont généralement une couverture d'une partie défaitiste de notre nature qui veut éviter la lutte, spirituelle ou autre, et qui abandonne facilement par manque de persévérance dans la nature. Il ne faut pas confondre les deux. C'est pourquoi le précepte pour la plupart d'entre nous est une calme indifférence à l'égard de la mort, ni la vouloir, ni la craindre.

## Homicide et Peine Capitale

Si le suicide est une colère tournée vers soi-même, l'homicide est une colère tournée contre les autres. La colère, la tristesse, la frustration, l'autodépréciation font partie de la constitution interne d'un homme suicidaire qui attire les forces adverses obscures. L'homme qui commet un homicide est sous l'emprise de forces très similaires. Il est pris dans le filet d'un état du vital inférieur morbide de colère, de jalousie, de frustration, de suspicion, etc. Certains des auteurs d'homicides (et ils peuvent être assez nombreux) sont saisis par des êtres qui ont une impulsion forte et vitale de tuer. Poussés par ce besoin incontrôlable de tuer, ces êtres et leurs représentants humains combinent une insensibilité religieuse à la douleur (la sienne et celle d'autrui) avec un plaisir pervers pour les actes de violence. Cruels dans leurs pensées et leurs actes, avec très peu de beauté et de noblesse d'une vie intérieure ou d'un développement de l'âme, ces êtres ne sont sur terre que pour créer la destruction et le chaos. La *Gita* révélant la constitution interne d'un tel type extrême d'humanité asourique les décrit ainsi :

> *Livrés à l'égoïsme, au pouvoir, à l'arrogance, au désir et à la colère, ces personnages malveillants me méprisent dans leur propre corps et dans celui des autres.*
>
> *Ces vils hommes du monde, méprisants, cruels et mauvais, je les jette dans des naissances asouriques continuelles.*
>
> *Ceux-là, renaissant vie après vie au sein des espèces démoniaques, jamais ne peuvent M'approcher, ô fils de Kunti. Peu à peu, ils sombrent dans la*

*condition la plus sinistre[1].*

Le sort de ces hommes malfaisants est aussi mauvais que celui de ceux qui tuent leur propre corps puisqu'ils ont évidemment fermé les portes à la Grâce. Cependant, cet état de perdition n'est pas permanent et absolu. Ayant touché le fond de leur conscience, châtiés par cette expérience des ténèbres et de ses suites, ils remontent à nouveau pour entrer dans le cycle normal de l'évolution. On pense que ces deux (suicide et homicide) sont des *karmas utkata*, c'est-à-dire des karmas dont les répercussions sont inévitables et ne peuvent être atténuées par de bonnes actions ultérieures. Alors que les karmas utkata sont difficiles à éliminer par nos propres efforts et prennent de nombreuses vies en raison de la forte impression qu'ils exercent (créant une forte prédisposition à commettre le même acte, le suicide par exemple, dans d'autres vies également), ils peuvent non seulement être atténués mais totalement effacés de l'âme par l'action de la Grâce. C'est pourquoi les célèbres injonctions de la Gita, encore et encore, de laisser les choses entre les mains de la Grâce pour qu'elles soient résolues.

सर्वधर्मान्परित्यज्य मामेकं शरणं व्रज ।
अहं त्वां सर्वपापेभ्यो मोक्षयिष्यामि मा शुच: ॥ ६६॥

Abandonne tous les dharmas et réfugie-toi en Moi seul. Je te délivrerai de toute peur et du mal. N'aie nulle crainte[2].

Une telle disposition de conséquence intérieure existe déjà dans la loi cosmique. Mais qu'en est-il de notre loi humaine ? L'humanité peut adopter l'une des deux positions. La première consiste à punir le meurtre par le meurtre (peine capitale). Alors que cela pourrait être une réaction humaine compréhensible quoique purement émotive sous le coup de la stimulation du moment, l'impulsion de punir le tueur en le tuant est-elle vraiment très différente de l'acte initial ? La vengeance et la haine, individuelles ou collectives, se situent au même niveau que la jalousie, la peur et la colère. Il faut aussi tenir compte du fait occulte que la plupart de ces délinquants sont sous la possession de forces hostiles sombres et violentes. Le corps de l'individu est détruit par la peine capitale, mais la force *s'échappe,* pour s'emparer d'autres individus qui sont dans la même fréquence. On dit qu'après une exécution par la guillotine, la force ou l'être qui habite la personne exécutée s'en irait rapidement pour habiter un autre corps dans la foule, quelqu'un d'ouvert et de

---

1  La Gita chapitre 16, vers 18-20
2  La Gita chapitre 18, vers 66

réceptif, perpétuant ainsi son règne dans un corps ou un autre !

En outre, des recherches récentes affirment qu'il n'a pas encore été prouvé de manière substantielle et irréfutable que la peine capitale a un effet dissuasif. Les personnes qui commettent de tels crimes horribles agissent sous l'effet d'une forte impulsion sur laquelle ils n'ont que peu de contrôle conscient ou rationnel. Pendant qu'ils sont emportés par cette impulsion violente, leur mental n'est ni à l'écoute ni réceptif à la raison, aux arguments rationnels ou à l'expérience des autres. En effet, même leur propre expérience des punitions antérieures ne dissuade pas les criminels, comme le suggérerait n'importe quel rapport de police. Un changement intérieur est nécessaire et la peine capitale ne peut certainement pas l'apporter. En fait, ce que la plupart des gens ne réalisent pas, c'est que l'emprisonnement à vie est bien plus difficile à supporter que la perte de la vie. Au cours de l'exécution d'une telle peine, coupé de sa famille et d'une vie de liberté, le détenu est susceptible de passer par une série de phases d'introspection, qui peuvent s'avérer à la fois torturantes et éclairantes, car il n'est pas faux de dire que le chemin de la vérité est long et difficile. Si, au bout du compte, il en ressort un meilleur être humain, cela laissera un impact plus durable sur les gens plutôt qu'une sortie rapide de ce monde.

Un parallèle intéressant s'est produit très récemment. Un article de presse a rapporté les atrocités commises par les soldats Américains et Britanniques à l'égard des prisonniers de guerre Irakiens. Un point important a été omis dans le reportage qui exprimait que ces atrocités sur les prisonniers de guerre Irakiens avaient été commises dans la même prison que celle où Saddam Hussein et ses hommes avaient l'habitude de torturer leurs captifs de la même manière. Se pourrait-il que les mêmes forces qui possédaient le régime du dictateur se soient soudainement emparées des soldats qui pénétraient dans ces lieux ? S'agit-il du même phénomène où l'opprimé qui s'empare du pouvoir devient lui-même l'oppresseur ? Bien sûr, les soldats Américains n'étaient pas les opprimés dans ce cas, mais il y a peut-être eu un transfert de forces, conscient ou non, entre l'ancien régime et l'actuel. Nous avons beaucoup à apprendre sur le jeu de ces forces occultes qui s'emparent des hommes pour en faire des marionnettes et qui sèment la zizanie et le désordre dans ce monde. La Mère a quelque chose de très intéressant sur ce phénomène occulte :

*'La mort de Staline (malheureusement pas plus que la mort de Hitler) n'a pas changé l'état actuel du monde. Il faudrait quelque chose de plus que cela. Parce que cela, c'est comme l'assassin que l'on guillotine : au moment où on lui coupe la tête, son esprit demeure et est projeté hors de lui. C'est une formation vitale et elle va se réfugier dans l'un des spectateurs bénévoles, qui tout d'un coup se sent un instinct de criminel. Il y a beaucoup de gens*

*comme cela, surtout de très jeunes criminels que l'on a questionnés et qui l'ont dit. La réponse fréquente est : "Ça m'a saisi quand j'ai vu guillotiner telle personne[1]".*

Ce que cela signifie pour la télévision et les exécutions publiques dans certains pays n'importe qui peut le deviner.

Une meilleure stratégie que l'exécution consisterait à isoler le meurtrier en lui infligeant une sorte de peine prolongée et en s'efforçant ensuite de le réformer. Le simple isolement ne peut jamais suffire. Il faut en même temps créer une sorte d'atmosphère réformatrice qui entraîne un changement dans l'être intérieur de l'individu. De nombreux exemples sont cités pour illustrer le fait que les animaux sauvages perdent leurs propensions naturelles dans l'atmosphère d'un sage ou d'un être éclairé. C'est comme si la puissance de sa paix contrecarrait leur tendance à attaquer et à nuire. Nous avons l'exemple célèbre d'Angulimaal, un homme qui se parait d'une guirlande des doigts de ceux qu'il avait tués, qui est devenu un moine très respecté, connu sous le nom d'Ananda (l'opposé même de la souffrance qu'il infligeait aux autres) par la grâce de Bouddha. Ces exemples, et il y en a d'autres, ne sont pas des cas individuels isolés mais des cas qui ouvrent une possibilité générale pour la race. Et si nous ne pouvons pas transformer nos prisons en ashrams du jour au lendemain, ni transformer nos prisonniers d'un seul coup, nous pouvons cependant introduire une lueur d'espoir, même parmi ceux qui sont considérés comme «déchus». De telles expériences ont été menées récemment par quelques officiers de police audacieux auprès de détenus, avec des résultats gratifiants.

Anton Chekov, dans une histoire intéressante, *Le pari*, révèle cette vérité d'une manière remarquable. Deux hommes, un homme d'affaires et un avocat, parient sur ce qui est le mieux, la peine capitale ou l'emprisonnement à vie. L'avocat plaide pour ce dernier car il est d'avis que les hommes peuvent changer. L'homme d'affaires, quant à lui, estime qu'il n'est pas possible pour une personne de vivre longtemps dans l'isolement sans souffrir beaucoup plus l'intense souffrance à court terme de l'homme que l'on envoie à la potence. Le pari est que l'avocat doit prouver son point de vue en séjournant effectivement en isolement dans une chambre fournie par l'homme d'affaires. Il recevra tout ce dont il a besoin sauf qu'il n'aura aucun contact avec le monde extérieur de l'humanité. Si l'avocat termine son mandat avec succès, il gagnera le pari ainsi qu'une énorme somme d'argent de la part de l'homme d'affaires. Les années passent et l'avocat passe le plus clair de son temps à lire et à écrire. L'homme d'affaires, quant à lui, connaît les hauts et les bas de la vie. Mais au fur et à

---

1  La Mère, Entretien 25 Novembre 1953

mesure que les dernières semaines et les derniers jours du pari approchent, il devient de plus en plus inquiet. Il a subi de lourdes pertes dans ses affaires et redoute à présent de perdre de l'argent dans son pari avec l'avocat. Alors que les jours se rapprochent, l'homme d'affaires élabore un plan diabolique pour se débarrasser de l'avocat.

Un jour avant la fin du pari, il s'introduit furtivement dans la chambre de l'avocat endormi avec l'intention de le tuer. Mais avant qu'il ne puisse mettre son plan à exécution, il aperçoit un papier dont le contenu surprend l'homme d'affaires. Il y est écrit que l'avocat s'est rendu compte, au cours de toutes ces années, de la vanité de la vie. Il n'a plus besoin d'argent et s'est réconcilié avec lui-même. Ayant pris conscience de cela, il a déjà décidé de perdre délibérément le pari en quittant la salle cinq minutes avant l'heure fixée. L'homme d'affaires est touché et ébranlé et sort de la maison en silence, peut-être profondément ému.

Même dans cette section, nous devons distinguer l'acte d'homicide du patriote qui affronte la balle, ou l'homme de guerre qui se bat pour son pays, et bien sûr le juge qui fait son devoir en envoyant le criminel à la potence - tous sont mus par une impulsion très différente et ne peuvent donc pas être mis dans la même catégorie. Cette différence est importante puisqu'il existe un ensemble de penseurs qui font de la non-violence un fétiche, comme si tout meurtre était un mal. Ces hommes de peu de pensée laisseraient le monde être envahi par les forces de la terreur et des ténèbres. Ces âmes et ces mentals faibles se réfugient souvent dans des croyances religieuses populaires ou dans un idéalisme sentimental, sans se soucier de sonder les enjeux plus profonds. L'amour, la bonté, la douceur, la paix et la non-violence à l'égard des êtres vivants sont sans aucun doute des qualités divines, mais nous devons aussi voir et reconnaître la divinité dans la force, le courage et le sacrifice acharné de celui qui sacrifie sa vie sur l'autel d'une vérité supérieure ou pour sauver l'humanité. Que le sacrifice et le courage soient physiques ne change rien à sa nature essentielle. C'est pourquoi, encore une fois la *Gita*, qui décrit avec beauté la non-violence comme un attribut divin important, exhorte néanmoins Arjuna à combattre et à tuer les champions du mal mais avec une différence - pas avec la haine personnelle, la colère, la jalousie ou n'importe lequel de ces motifs inférieurs qui trompent nos mentaux et nos âmes, mais avec une vision plus vaste et la vérité qui voit le divin dans tous les êtres et ne haït pas ce qu'il tue. Par conséquent, lorsque nous parlons de tuer, nous devons faire une distinction entre les différentes intentions qui inspirent un acte. D'une certaine manière, cela est vrai pour toute action. Le droit lui-même le reconnaît et établit une distinction entre l'actus rea (l'action effectuée qui est «coupable») et la mens rea (l'intention de tuer, préméditation).

L'essentiel est de savoir si le motif sous-jacent est un gain égoïste (comme dans le cas d'une agression pour obtenir de l'argent ou du pouvoir, ou même à des fins de domination religieuse ou la domination forcée d'un groupe sur un autre) ou s'il s'agit d'un objectif plus large (comme dans le cas d'une guerre d'autodéfense, violence protectrice, etc.). Dans le premier cas, il s'agit d'un acte bas et horrible, dans l'autre, d'un acte noble et courageux. Mener une guerre juste comme une offrande intérieure et dans le but d'une plus grande vérité est tout aussi divin et ne peut être supprimée dans le monde à son stade actuel d'évolution.

## Les Morts Violentes

Les morts violentes, comme les accidents ou les catastrophes de masse, forment une catégorie distincte d'un point de vue intérieur. La soudaineté de l'événement peut créer la confusion chez l'individu qui est violemment projeté hors de son corps.

Il peut ne pas se rendre compte immédiatement qu'il est démembré et qu'une partie de sa conscience physique et vitale la plus élémentaire subsiste plus longtemps dans l'atmosphère terrestre. Parfois, ces formations vitales peuvent planer autour de l'endroit où s'est produit le désastre, rejouant la scène encore et encore, ce que certaines personnes perçoivent et qualifient de fantômes. Cette formation peut se développer et prolonger sa vie en se nourrissant de la peur des gens, prolongeant ainsi sa propre misère et celle des autres. Bien entendu, cette formation vitale temporaire ne doit pas être confondue avec l'âme qui, tôt ou tard, brise toutes les gaines de l'esclavage et s'élève vers sa véritable demeure et son lieu de repos.

En cas de décès massifs, comme lors de guerres ou de catastrophes, cette partie vitale-physique, rejetée en grand nombre, peut former une masse collante considérable dans l'atmosphère terrestre. Cette masse peut elle-même devenir un nid (un nid ou un lieu de reproduction) pour l'émergence de maladies nouvelles et inconnues affectant le corps et le mental. L'apparition de maladies suite à de telles catastrophes de masse peut se multiplier géométriquement au fur et à mesure que la masse s'accroît suite à des décès de plus en plus nombreux, et constituent ce que l'on appelle des épidémies. Ce n'est que la désintégration naturelle de cette substance vitale amorphe due à l'arrêt du désastre ou à l'intervention d'une force supérieure invisible qui peut dissiper cette forme collante et nettoyer l'atmosphère terrestre de sa maladie, rétablissant à nouveau la santé et la paix. Le syndrome respiratoire aigu sévère (SRAS) pourrait avoir pris naissance de cette manière à la suite de la récente guerre du Golfe, tout comme l'épidémie de grippe avait suivi la Première Guerre mondiale.

Les décès soudains dus à des accidents imprévus et à la violence causent une douleur beaucoup plus grande chez les personnes qui restent, surtout si l'événement est prématuré (bien avant l'espérance de vie moyenne). Elle a le pouvoir d'influencer radicalement la vision que l'on a de soi et du monde. Les psychologues occidentaux reconnaissent l'aspect de profond traumatisme extérieur de l'être émotionnel que de tels événements peuvent provoquer. Mais si l'on creuse un peu plus, on s'aperçoit souvent que l'événement a après un certain temps, facilité l'émergence de l'âme. C'est peut-être le choc et l'impuissance des choses qui font émerger l'entité la plus profonde, car rien d'autre ne pouvait mieux faire face. Peut-être l'événement nous secoue-t-il soudainement et nous voyons la vanité totale de tous nos efforts. Il existe un bon nombre d'exemples que nous rencontrons tous dans notre vie et qui témoignent de cet étrange paradoxe dans lequel un malheur extérieur sert finalement une grande fin intérieure positive. Une personne d'âge moyen a un jour raconté son histoire. Il avait perdu son père alors qu'il était encore au milieu de l'adolescence (environ quinze ans). Son père, un homme profondément dévoué à Dieu, était mort à l'âge de 47 ans dans un accident de voiture. Pire encore, l'accident s'était produit quelques semaines après son retour d'une visite à son maître spirituel. L'événement a ébranlé la famille et le garçon pendant quelques mois. La vie était devenue chaotique et incertaine. Mais une fois la phase initiale passée, un jour, le garçon est allé tranquillement s'asseoir dans la chambre de son père où il y avait un coin dédié à son maître pour méditer. Alors qu'il était assis à ruminer les incertitudes de la vie et de l'avenir, il fut frappé par une idée Il se demandait ce que son père ferait face aux incertitudes de la vie.

La réponse qui lui est venue spontanément est que même son père lui conseillerait de se tourner vers Dieu et de chercher de l'aide. Au lieu de maudire Dieu pour cet événement, il a commencé à entrer en relation avec Lui, à prier pour obtenir la force, la paix, l'orientation et même l'aide matérielle de toutes sortes. Et le jeune homme commença à percevoir une Main cachée et bienveillante qui façonnait sa vie et celle de sa famille dans tous les domaines. Cet événement l'a changé pour toujours et pour de bon !

Mais tous n'ont pas la chance de développer une foi spontanée en temps de crise. Qu'est-ce qui s'appliquera dans leur cas ?

L'élément essentiel est le même. Il s'agit de rappeler à la personne ce que l'être aimé aurait vraiment souhaité et espéré pour celui laissé derrière lui. Réaliser ces rêves, ces espoirs et ces aspirations, poursuivre la vie comme s'il s'agissait de la suite logique d'un effort unique de la grande force de Vie elle-même se manifestant à travers différents corps, devenir un point de réémergence de la force vitale engloutie des personnes en peine. Cela nous donne un sentiment de continuité et, en achevant les actes inachevés du défunt, un sentiment de victoire sur la mort. L'exemple classique est celui de Madame Curie, athée, qui, suite à la mort soudaine de son mari d'un accident de voiture, a achevé l'œuvre inachevée de son mari, ce qui a permis à d'autres de continuer à vivre.

Il y a en chacun de nous quelque chose de profond et de vrai qui peut se révéler au cours des heures de crise intense et de perte personnelle et, par son émergence en nous, vaincre la souffrance par une force intérieure, vaincre la douleur par un sourire, vaincre la mort par son sens inhérent de continuité et d'immortalité. C'est là que réside le rôle crucial du thérapeute. Dans de tels cas, le conseil est une chose très délicate et sensible. Le conseiller doit être très sensible à la douleur personnelle ainsi qu'aux difficultés extérieures qui peuvent survenir en raison de l'événement soudain. Mais il doit aussi savoir dans quelle direction l'être et la conscience de la personne doivent être doucement orientés, l'utilité de tous les moments de profonde douleur et de crise, et aider, s'il le peut, la délivrance de l'âme la plus profonde à travers cette période sombre et douloureuse.

## L'Avortement

L'avortement est un autre sujet sensible, du moins pour certaines religions. Il s'articule sur cette question singulière que l'avortement s'apparente à une atteinte à la vie. Mais qu'en est-il lorsque le choix doit être fait entre sauver la vie de la mère ou celle du fœtus ? Dire que l'avortement est injustifié en toutes circonstances et qu'il est un péché peut conduire à un acte d'une plus grande ignorance. Par ailleurs, qu'en est-il de la préparation émotionnelle et autre des parents à accueillir l'enfant ? Vaut-il mieux nécessairement de donner la vie à l'enfant et de le condamner ensuite à un sort pire ? Et si l'on avait la vision précise de l'enfant et de l'entrée de l'âme ? Les contes d'antan sont pleins d'exemples de ce genre, par exemple dans le *Mahabharata*, le Rishi Vyasa suggère à Dhritrashtra de détruire l'enfant nouveau-né (qui n'est autre que Duryodhana). Une histoire similaire est racontée en ce qui concerne la naissance de Shishupal, Jarasandh et Ravana. En fait, le père de Ravana, un sage lui-même, dit à sa femme que cet utérus porte un *rakshasa* et qu'il doit donc être détruit. Mais la mère refuse. Bien qu'il s'agisse d'histoires racontées dans notre littérature ancienne, de telles visions ou intuitions ont été vécues par des personnes dans le monde entier. L'impossibilité d'authentifier ou de prouver facilement un tel événement conduit généralement à banaliser ce phénomène ou à l'utiliser pour justifier l'infanticide. Quant au moment de l'entrée, il s'agit du moment où l'âme entre en contact avec le corps physique. Si l'âme a accepté de prendre un corps pour quelque raison que ce soit, il convient d'accorder à sa décision toute l'importance qu'elle mérite et de mettre de côté les autres considérations. Mais si cela ne s'est pas encore produit, c'est une autre histoire.

Là encore, les connaissances occultes viennent nous sortir de l'impasse. Prendre la vie est mal, surtout la vie humaine. C'est vrai, mais cela repose sur le principe qu'il existe au sein des êtres vivants, et en particulier de l'être humain, une âme consciente qui est comme une divinité déléguée. Cette âme prend un corps pour une certaine expérience humaine nécessaire à sa croissance. Ôter la vie est donc comme si l'on interférait avec le plan divin de l'âme. C'est ici qu'il faut connaître précisément le moment de la venue de l'âme dans le corps humain. Selon certaines traditions, c'est peut-être après le troisième mois que l'âme choisit d'entrer en contact avec le corps humain alors qu'il est dans le ventre de sa mère. Quant à la formation des processus vitaux, elle a lieu vers le cinquième mois. Et si l'on considère une forme de vie durable et viable, cela arrive encore plus tard, vers le septième mois. Il s'agit bien sûr d'un point de vue et des exceptions sont possibles en fonction de la conscience individuelle de la mère et de l'âme qui cherche une opportunité de renaître une nouvelle fois. La décision finale à cet égard devrait être laissée au médecin et à la future mère et non à la police morale. Une loi morale dépourvue de sagesse et de compassion n'est qu'une façade derrière laquelle prospère l'hypocrisie. Il ne devrait donc n'y avoir aucune objection éthique, morale ou spirituelle à un avortement, avant le troisième mois, c'est le moins que l'on puisse dire. D'ailleurs, même d'un point de vue médical, les avortements sont conseillés au cours des trois premiers mois seulement et très rarement au-delà et seulement dans des circonstances exceptionnelles. La plupart des avortements planifiés ont en fait lieu au cours du premier mois, lorsque le fœtus n'est encore qu'une masse ou un paquet de cellules. L'argument moral ne repose donc sur aucune base scientifique, ni une base occulte. Compte tenu de tout cela et du bénéfice que cela peut apporter à la future mère, il ne devrait pas y avoir d'objection éthique à un avortement fait à temps pour protéger le bien-être physique et mental de la femme. C'est particulièrement vrai dans le cas des grossesses non désirées de femmes non mariées, qui sont de plus en plus nombreuses de nos jours. Punir ou condamner une telle femme et l'enfant à naître à une vie de honte et d'ignominie en l'obligeant à poursuivre la grossesse n'est rien d'autre qu'une torture, une cruauté pire que celle infligée à l'enfant à naître qui n'est pas encore conscient.

## La transplantation d'organes

D'un certain point de vue, la transplantation d'organes est non seulement justifiée d'un point de vue éthique, mais aussi spirituellement louable. Après tout, ne s'agit-il pas d'un acte de compassion et de détachement intérieur ? Cependant, bien qu'elle soit justifiée en tant qu'acte de compassion, il ne s'agit pas nécessairement d'une compassion éclairée.

Le point de vue spirituel ne se limite pas au bien extérieur et pratique momentané d'un individu, mais surtout au bien intérieur. La vision spirituelle n'est pas enfermée dans les limites de la vie extérieure comme l'est notre esprit rationnel, mais regarde le jeu complexe des forces dans et autour de la vie. C'est là que réside la difficulté. L'organe corporel d'une personne qui s'est développée intérieurement doit-il être remis au corps d'un criminel pour qu'il en use ou en abuse plus tard ? Chaque organe, voire chaque cellule a-t-il une conscience propre ? Le corps tout entier n'est-il pas un et, par conséquent, n'est-il pas dangereux de le disloquer et de perturber ainsi la conscience du corps ?

Une histoire est relatée d'un receveur de cœur qui a commencé à faire des cauchemars de morts violentes à la suite de la transplantation. On a découvert par la suite que le donneur était en fait un condamné pour meurtre ! L'histoire n'est plus fantastique ou improbable si l'on considère les connaissances actuelles selon lesquelles la mémoire ne réside pas dans une zone particulière du cerveau, mais qu'elle est disséminée dans tout le corps ! Les cellules sont peut-être bien plus conscientes que nous ne l'imaginons, leurs empreintes plus fidèles et plus durables que nous ne le comprenons. L'âme, si elle était consultée, accepterait-elle de prolonger la vie à ce prix ?

Bien sûr, cela n'a pas d'importance dans la plupart des cas où le donneur et le receveur font tous deux partie de la masse de notre humanité, luttant et trébuchant dans l'obscurité d'une ignorance grossière. Pour être plus spécifique, avant le processus d'individualisation, nous vivons en grande partie dans le royaume d'une masse amorphe d'humanité mue par certains instincts et besoins subconscients. Ici, l'échange est la loi puisqu'il y a très peu d'individualité. Étant donné qu'il y a beaucoup d'échanges intérieurs à ce niveau, il n'est pas important qu'il y ait ou non un échange physique supplémentaire. En fait, un acte conscient de don, de sang par exemple, est une très bonne préparation à ce stade de développement de soi intérieur. Il s'agit d'une reconnaissance consciente du fait que nous sommes tous essentiellement un et que les barrières extérieures créées par l'homme que sont la caste, la croyance, la nationalité et la religion doivent être transcendées, par un sens plus large d'unité humaine. Le don d'organe comme le don de sang (la transplantation d'organe la plus simple et la plus courante est le don de sang) est un rappel physique de ce fait d'unité et donc c'est bien. Il existe également une différence évidente entre l'échange à court terme d'un matériau physique comme le sang (où la durée de vie des cellules est relativement courte) et le remplacement permanent d'un organe comme les reins.

Mais il y a une autre étape du développement humain où l'être se cristallise et s'individualise pour ainsi dire. À ce stade et au fur et à mesure que la conscience progresse, nous commençons à prendre conscience des effets bénéfiques et néfastes de nos associations et de nos échanges avec les autres. À ce stade nous commençons à exercer des choix et ne sommes plus guidés par certaines normes fixes, sociales, religieuses ou autres. Nous ne faisons plus partie d'un troupeau mais d'une humanité consciente. A ce stade, il n'est pas possible d'établir des règles générales et cela dépendra de chaque cas. Ceux qui estiment que le don d'organes les aide à grandir ou à élargir leur conscience peuvent continuer à le faire. Mais certains, très sensibles, sont susceptibles de souffrir d'un changement d'atmosphère intérieure et extérieure. Leur champ de travail et d'action et leur ligne de croissance sont différents. C'est pour ces personnes que le don ou la réception d'organes n'est pas nécessairement une bonne chose. Pour l'instant, nous ne tenons pas compte de ces questions psychologiques plus subtiles lors d'une transplantation d'organes. Une future psychologie pourrait bien le faire.

Mais finalement, nous arrivons à un stade encore plus élevé de développement intérieur de soi au-delà de l'individu. Nous commençons à dépasser le domaine de l'humanité normale. À ce stade, nous devons être très conscients de tous les échanges, psychologiques autant que physiques. Il est certain que le don ou la réception d'organes à ce stade n'est pas du tout conseillé. Il faut se débarrasser d'un attachement craintif au corps, apprendre à voir calmement tous les événements comme faisant partie d'un plan plus vaste, apprendre à regarder au-delà de la vie et de la mort. Même si l'on pense que la vie doit être prolongée dans le corps dans un certain but supérieur, il faut s'en remettre à cette puissance supérieure, plutôt que de recourir à des moyens physiques désespérés et douteux. Les grands Maîtres qui n'ont pas hésité à sacrifier leur vie et leur corps pour le progrès de l'humanité, ont cependant, aussi étrange que cela puisse paraître, rarement eu recours au don d'organes. Ce n'est pas parce qu'ils n'ont pas de compassion, mais parce que leur compassion agit d'une manière plus élevée, à une dimension très différente de celle qui consiste à approuver la prolongation des vieilles maladies dans des corps usés, surtout lorsqu'ils voient que la mort elle-même est un moyen adopté par la nature pour effectuer la transplantation la plus radicale du corps entier. Pourquoi priver la personne de ce changement total en un corps entièrement nouveau en procédant à de tels rafistolages sur l'ancien ?

Étant donné que beaucoup de choses dépendent du niveau de conscience du donneur et du receveur, aucune règle générale ne peut être établie à ce sujet, la solution étant différente selon les cas.

**Examen Post-Mortem**

La nécessité d'un examen post-mortem à des fins médico-légales pour faire condamner un coupable ne peut être mise en doute. Il en va de même pour l'étude de l'anatomie par les étudiants en médecine, du moins pour l'instant bien qu'il faille espérer qu'un jour de meilleurs moyens apparaîtront pour ce type d'étude. Ce qui est douteux est la nécessité d'une autopsie uniquement à des fins juridiques, comme par exemple dans des situations évidentes d'accidents ou lorsque l'autopsie n'est pas susceptible de fournir des informations utiles. Il n'est pas non plus certain que la méthode d'examen post-mortem ait réellement aidé la cause de la science. Le raisonnement est qu'en étudiant le corps, nous pouvons établir la cause du décès et devenir plus avisés pour l'avenir. Mais le cadavre ne révèle que quelques signes physiques, et non la cause intérieure profonde ou les antécédents psychologiques de la maladie. Malheureusement, cette méthode de recherche de causes purement physiques continue à hanter notre science comme une relique de l'accent mis par le passé sur le réductionnisme. L'approche dans son ensemble nous a fait pencher si complètement en faveur des causes physiques et de leurs interrelations que nous sommes restés longtemps aveugles à des causes psychologiques plus profondes, et même moléculaires. Maintenant que nous nous réveillons de la stupeur d'une approche purement matérielle, nous devons repenser nos méthodes de traitement des morts comme nous le faisons dans nos hôpitaux, nos morgues et nos tables d'autopsie. Mutiler un corps qui a servi les fins d'une conscience supérieure, au nom de la science doit être repensé. La science, oui, mais qu'en est-il de la science supérieure qui voit le corps non pas comme une machine mécanique mais comme une machine consciente !

En d'autres termes, l'accent mis sur l'examen post-mortem repose sur un modèle de l'homme qui considère le corps comme une machine inconsciente et les maladies comme ayant des causes purement physiques. Mais la sagesse grandit et nous approchons aujourd'hui d'un point où les causes intérieures deviennent de plus en plus importantes par rapport aux causes extérieures. Ceci mis à part, la vraie question est de savoir si le corps est un automate ou un outil mécanique qui ne réagit pas à sa mutilation tant que le mental est endormi ? Beaucoup commencent à croire que ce n'est pas le vrai. Le corps a sa propre conscience inhérente et il faut du temps avant que la connexion complète de l'âme ne soit coupée du corps. Mutiler un corps pendant cette phase cruciale, c'est apporter une douleur intérieure et même une sorte de perte en termes de richesse de conscience pour l'âme qui s'en va. La moindre des choses qu'un mort souhaite, c'est de partir paisiblement et gracieusement plutôt que de se retourner et voir la maison qu'il habitait se briser en morceaux parce que l'habitant s'en va ! Mais la science n'a pas encore vu l'habitant et n'a pas encore découvert la conscience du corps, qui n'est pas qu'une motte d'argile. Jusqu'à ce qu'elle le fasse, (et il faudra bien qu'elle le fasse un jour), le moins que nous puissions faire, c'est de traiter le corps qui a servi de véhicule à l'âme avec le respect et le minimum de sensibilité que l'on est en droit d'attendre de notre dimension humaine.

## Réanimation et Maintien Artificiel de la Vie

La réanimation consiste à ranimer des personnes techniquement mortes. Il s'agit aussi parfois de prolonger la vie de ceux qui vivent à la frontière entre la vie et la mort. La réanimation est tout à fait possible pendant un certain laps de temps avant que le cordon de la vie ne soit rompu. En Inde, les yogis ont toujours connu l'art de revenir du pays des morts. Ce que les anciens mystiques savaient faire consciemment par des moyens spirituels et occultes, le scientifique moderne le fait semi- consciemment par des méthodes matérielles. Cependant, un yogi peut ne pas vouloir interférer avec les processus de la nature, car il sait que dans l'étrange et vaste économie de la nature, la vie et la mort servent toutes deux un certain but commun. Néanmoins, il existe des cas authentiques d'intervention d'un yogi pour ressusciter les morts, de ramener à la vie un homme ou un animal. Quant à la prolongation de la vie ou le sauvetage d'une mort imminente, on rencontre de nombreux exemple (comme celui cité ci-dessous) que la science médicale qualifierait de miracles et expliquerait par des facteurs aléatoires.

" «Le 14 juillet est un jour remarquable dans l'histoire du monde. Ce jour-là, nous commémorons la Révolution française, «La Prise de la Bastille», qui a eu lieu il y a 200 ans. Le même jour, en 1996, a été pour moi un jour effrayant et inoubliable, mais d'une manière différente". «À 13 h 15, mon mari était parti à la bibliothèque et je regardais la télévision pendant que mon fils de six ans et ma fille de neuf mois jouaient. Je suis allée à la cuisine pour boire de l'eau quand soudain mon fils s'est précipité pour me dire que le bébé avait mis quelque chose dans sa bouche. Je me suis précipitée vers elle. Elle pleurait beaucoup et me regardait d'un air pathétique. Lorsque j'ai ouvert sa bouche en grand, j'ai vu un petit objet en plastique en forme de cône (il faisait partie d'un jouet en plastique) coincé dans sa gorge, près de la «luette». J'ai essayé de l'enlever, mais en vain, et sa gorge s'est mise à saigner. Au fil du temps, ses pleurs ont diminué car elle s'étouffait. À ma grande horreur, je ne pouvais plus voir l'objet, il était descendu plus bas dans sa gorge. Une peur froide s'est emparée de moi et j'ai regardé avec des yeux effrayés mon bébé devenir bleu. Avec l'aide de mon propriétaire, je me suis précipitée vers la maison de retraite privée la plus proche. Il n'y avait pas de temps à perdre. À chaque seconde, l'état du bébé se détériorait. Sur le chemin de la clinique, je n'ai cessé de l'appeler pour qu'Elle sauve mon enfant. En arrivant à la maison de retraite, je me suis précipitée vers la chambre du médecin où nous avons été arrêté par une infirmière. Je l'ai écartée pour que l'on s'occupe de moi immédiatement".

«Le médecin était occupé à parler à des gens. Je lui ai crié de regarder mon enfant immédiatement et j'ai bredouillé ce qui s'était passé. Il m'a demandé de me détendre et a commencé à vérifier son rythme cardiaque, son pouls, etc. Je suis devenue nerveuse parce que je pensais que l'on perdait encore du temps car il ne faisait aucun effort pour retirer l'objet de sa gorge. Finalement, il s'est tourné solennellement vers moi et m'a dit : «Je suis désolé, mais votre bébé est mort il y a dix minutes».

«Non !» ai-je crié. Je ne pouvais pas le croire. C'était trop horrible pour l'accepter. Tout s'était passé trop vite pour que je puisse le digérer. 'vous auriez dû l'amener ici immédiatement, pourquoi avez-vous tardé ? Après que tout soit fini vous me l'avez amenée. Que puis-je faire maintenant ? Vous pouvez l'emmener». J'ai essayé de le convaincre que je m'étais précipité à l'hôpital immédiatement. Si le bébé avait été atteint d'une maladie, cela aurait été compréhensible, mais un bébé qui était très actif et jouait joyeusement il y a quelques minutes à peine, gisait maintenant sans vie. Je me suis rendue compte qu'une fois morte, elle était partie pour toujours et que rien ne pouvait la ramener à la vie. J'étais donc déterminée à ce que le médecin fasse tout ce qui était en son pouvoir pour la ranimer. Je lui ai dit de retirer l'objet de sa gorge, que si ses voies respiratoires étaient débloquées, elle reviendrait à la vie. Il enfonça son énorme main dans sa petite bouche, lutta quelques minutes et le retira. Il m'a encore réprimandé pour ce qui s'était passé, peut-être à cause de sa propre frustration de ne rien pouvoir faire ! Il se pouvait qu'avec un bon massage cardiaque, elle reviendrait à la vie. Il a commencé à masser son cœur, en la secouant parfois, mais rien ne s'est passé".

«Il a perdu espoir, mais pas moi. J'ai plaidé et plaidé encore, craignant de la perdre à jamais. Mais cela faisait déjà près de 30 minutes qu'elle avait été déclarée morte. Tout ce qu'il pouvait me dire, c'était qu'elle était morte et que je pouvais l'emmener. Mais j'ai continué à me battre et à espérer. ''Je ne l'emmènerai pas jusqu'à ce que quelque chose ne soit fait''. Le médecin m'a calmé et a commencé à m'expliquer beaucoup de choses".

«Il m'a fait prendre son pouls et écouter les battements de son cœur. Il n'y avait pas de battements de cœur, pas de pouls. Puis il a ouvert un de ses yeux sans vie et m'a dit de regarder la pupille qui ne réagissait pas à la lumière. Puis il a soulevé sa main et l'a laissée tomber, sans vie, sur la table d'examen. Il a fait de même avec sa jambe. Il déclara qu'elle présentait tous les symptômes d'une personne morte. Craignant qu'il n'arrête d'essayer, j'ai continué à insister pour qu'il fasse quelque chose. Soudain, il a soulevé l'enfant de la table et a couru vers l'escalier menant à la salle d'opération, suivi de quelques jeunes médecins et d'autres membres du personnel.

«Dans la salle d'opération, le médecin a commencé à masser le cœur de la petite fille et lui a donné de l'oxygène et l'a mise sous perfusion.

«À l'extérieur de la salle d'opération, je priais pour la vie de mon bébé. Je La priais à chaque seconde de sauver mon enfant. Au niveau humain, tout avait été essayé et avait échoué. Maintenant, c'était au Divin de s'en charger. Elle seule pouvait faire quelque chose. Je m'en remettais entièrement à Elle. Si elle était sauvée elle aurait toute une vie à vivre, tant de choses à faire et à être. Sinon, elle serait partie pour toujours. Mais avec le tic-tac du temps, mon espoir s'évanouissait".

«Comme le médecin ne sortait pas, même après une demi-heure, j'ai fini par perdre tout espoir. Je me suis dit : «Si c'est Sa décision, je dois l'accepter». À ce moment-là, mon mari est arrivé à l'hôpital. Il ne connaissait pas la gravité de la situation. Je me suis sentie d'autant plus coupable que tout cela s'était passé en son absence.

«A l'intérieur, le médecin essayait tout ce que la science médicale avait à offrir. Après avoir essayé en vain pendant une trentaine de minutes, il a laissé l'enfant pour mort. Il sortait de la salle d'opération et s'approchait de moi quand l'un des garçons du bloc opératoire s'est précipité derrière lui pour dire que les battements de son cœur avaient recommencé. Le médecin s'est précipité dans la salle d'opération et a recommencé à masser son cœur. «Ce matin-là, à 2 heures, elle a repris conscience et a ouvert les yeux. L'infirmière est sortie en courant et m'a fait entrer. À l'intérieur, mon enfant était allongée, sans défense, avec un masque à oxygène attaché à son visage et des tubes I.V. dans ses mains et ses jambes. Deux infirmières lui tenaient les bras et les jambes afin de ne pas interrompre le flux de l'intraveineuse. Maintenant qu'elle avait survécu, je voulais vérifier immédiatement si son cerveau était touché j'ai donc appelé son nom. Elle m'a regardé. J'ai dit «Bonjour», en espérant qu'elle lèverait la main pour me serrer la main, comme je le lui avais appris. Elle a essayé de lever sa main droite. J'étais aux anges, car je savais que mon enfant n'était pas seulement en vie, mais qu'elle allait aussi bien mentalement. Elle m'avait entendue et je savais que la Grâce avait rempli ma vie.

«Trois jours plus tard, juste avant de quitter l'hôpital, nous sommes allés voir le médecin pour lui exprimer notre gratitude. Il nous a dit : «C'est moi qui dois vous remercier pour votre persévérance. Je vous ai dit et répété qu'elle était morte. Elle présentait tous les symptômes de la mort que je vous ai démontrés. Mais vous m'avez ordonné et comme un instrument entre les mains du Seigneur, j'ai essayé de faire quelque chose que je croyais impossible. Dieu est grand. C'est un miracle. Merci d'avoir insisté, sinon j'aurais commis un grand péché. Elle est née à nouveau dans mon hôpital[1]».

Cela authentifie-t-il l'action du scientifique ? Oui et non. Oui, dans le sens où cela authentifie la possibilité et indique probablement le fait que la science moderne a franchi sans le savoir le seuil du domaine occulte. Elle évolue dans des domaines dont elle n'a encore qu'une connaissance très superficielle. Cette connaissance superficielle consiste principalement en l'aspect matériel des processus qui forment une interphase avec l'énergie vitale et les mondes vitaux. Ce sont de puissantes découvertes qui permettent de manipuler la vie comme jamais auparavant. C'est ici qu'il faut faire attention à la partie «non». Le pouvoir sans une connaissance complète ou approfondie crée un dangereux déséquilibre et peut être très néfaste. Un développement intérieur proportionnel et une connaissance plus approfondie sont nécessaires. L'aspect matériel des processus connus, le scientifique doit également explorer l'autre rive de l'illimité et de tout ce qui se trouve entre les deux. Cette connaissance ne peut être acquise par la seule étude des processus matériels dont les coutures ont déjà éclaté au-delà des limites de notre matière brute. Nous devons compléter la connaissance des processus matériels par la connaissance des mondes occultes dont l'organisation matérielle est différente de la nôtre.

C'est là que réside le nœud de notre difficulté. Une connaissance précise est nécessaire pour connaître la volonté réelle de l'être, pour savoir jusqu'où le mort (ou le quasi-mort) s'est éloigné du domaine de la vie et du monde matériel et combien de sa conscience serait perdu à jamais par cette renaissance, une connaissance de la force qui revient après la réanimation, l'être vital de la personne en soins intensifs de réanimation ou une autre force vitale venant des autres mondes et possédant ou s'emparant du corps. Des cas de changement radical de personnalité, et ce pour le pire, après une survie à la suite d'une maladie prolongée et presque mortelle ont été documentés dans l'histoire. Qu'en est-il de la prolongation de la vie dans un corps que l'âme a déjà décidé

---

1  *Golden Chain*, February 1999

de quitter ? Que se passe-t-il si la vie revient et continue, mais pas l'âme, et que le corps devient une proie pour certaines forces vitales qui se régalent pendant la période intermédiaire ?

Les réponses se trouvent dans l'élargissement de la base de nos connaissances, de la simple chimie matérielle à la chimie occulte. Que cela se produise un jour, c'est l'espoir de l'avenir. Car si ce n'est pas le cas, cette manipulation matérielle aveugle et puissante serait vouée à l'autodestruction.

## L'Euthanasie

L'euthanasie est une sorte de paradoxe. Le rôle traditionnel du médecin est de sauver la vie. Mais ici, on attend de lui qu'il *supprime* la vie. La justification étant que l'une des tâches les plus importantes du médecin est de soulager le patient du fardeau de la souffrance et de la douleur. Tout comme l'un des moyens utilisés par la nature pour soulager nos misères d'une vie au moins est de nous envoyer pour un temps dans le sommeil de la mort. De même, lorsque le médecin est conscient qu'il n'y a plus d'espoir de vivre et que la prolongation de la survie ne ferait que prolonger l'agonie et la douleur du patient, alors il serait mieux de l'assister dans son départ ou du moins lui refuser tout soutien actif qui ne ferait que prolonger sa douleur. Ainsi, selon le cas, l'euthanasie est classée en deux catégories : active et passive. L'euthanasie active s'apparente à un suicide assisté dans lequel le médecin, d'une manière ou d'une autre, aide le patient à mourir par son intervention active (en faveur de la mort). Dans ce cas, le patient peut être mentalement conscient et faire son choix et, de même que l'on prie Dieu d'accorder la vie ou la mort, il fait appel à son médecin humain de lui accorder la mort. La question centrale porte sur le droit de mourir dans la dignité. Le Dr Jack Kevorkian, qui a inventé la machine à suicide s'est fait connaître aux États-Unis pour son euthanasie active. Bien que condamné pour homicide involontaire, il s'est qualifié d'activiste social qui délivrait les gens de leur douleur !

L'euthanasie passive consiste à retirer les systèmes de maintien en vie aux malades en phase terminale. Quoi qu'il en soit, les questions suivantes se posent à nous lorsque nous examinons le sujet de l'euthanasie :

Se pourrait-il que la personne qui opte pour la mort souffre d'une forme de dépression et qu'elle ait besoin d'un traitement pour cela plutôt que de lui accorder la mort ?

Le choix de son être de surface est-il aussi le choix de son âme profonde ? Nous savons que l'homme est une entité complexe et qu'il abrite souvent des volontés contradictoires. Une partie de lui peut vouloir un répit temporaire de la souffrance par la mort, mais une autre partie n'aime pas abandonner la lutte et une autre encore y prend peut-être plaisir ! La question est donc de savoir quelle partie est en tête lorsqu'il choisit d'embrasser la mort. Est-ce sa partie la plus noble et la plus élevée, comme dans le cas du héros qui sacrifie sa vie pour la nation ? Ou est-ce sa partie vitale inférieure qui est amoureuse de la tragédie et qui recherche donc la mort comme une fin tragique au drame de la vie ? Ou bien est-ce sa partie rationnelle mais ignorante qui ne connaît pas la signification de la souffrance lorsqu'elle survient dans notre vie terrestre ? Ou s'agit-il du pire en lui, d'un recul nerveux devant la douleur et d'un recul devant l'horreur de la bataille de la vie ? Il n'est pas facile de le savoir et c'est pourquoi la décision d'arrêter doit être questionnée, le patient doit être amené à mieux se comprendre à travers sa douleur, et on ne doit pas simplement se plier à son désir comme une mère ignorante se plierait à tous les désirs de son enfant errant. Quel type de karma le médecin, le patient et les proches encourent-ils lorsqu'ils deviennent des auxiliaires actifs de la mort plutôt que des enfants créateurs de vie et de lumière ?

Qui décide que l'heure de la mort est proche et que plus rien ne peut arriver ? Sur la base des connaissances existantes (ou de l'ignorance) et de la loi de la probabilité, les miracles se produisent. Et le plus grand miracle n'est pas nécessairement la survie d'un mourant à la dernière minute, mais un changement dans sa conscience, l'aidant à affronter la mort avec la certitude de l'immortalité. Pouvons-nous prédire le moment où cette illumination intérieure se produira et est-il sage d'écarter cette possibilité en se concentrant trop sur la douleur du corps ?

Qui sait ce qui se passe dans la conscience de l'individu alors qu'il est extérieurement comateux ou même souffrant ?

La décision de la famille et des amis est-elle due à une véritable préoccupation pour le malade en phase terminale ? Ou s'agit-il d'une réticence nerveuse face à la douleur d'autrui et, pire encore, d'un moyen de se soulager de leur propre souffrance en s'occupant du malade en phase terminale ?

Le seul remède est d'évoluer dans notre conscience, mais tant que nous n'y parviendrons pas il est peut-être préférable, en règle générale, de ne pas trop interférer avec le jeu de la nature en soi et autour de soi, ou de jouer à être dieu tant que l'on est encore un être humain en lutte.

Le coma et l'inconscience du corps et du mental n'impliquent pas nécessairement une inconscience de l'âme. Et qui sommes-nous pour limiter les possibilités de l'âme qui pourrait utiliser cette étroite fenêtre d'opportunité appelée coma et mort pour se réaliser ? Qui peut dire quand nous nous réveillerons de notre sommeil et à quel moment heureux nous réaliserons que nous sommes essentiellement sans mort et divins ? Voici une histoire vécue, écrite par un médecin formé dans le paradigme occidental, qui ébranle les fondements mêmes de nos croyances et de nos actions.

«Karen était tombée dans le coma. Tous les organes de son corps, y compris son cerveau, étaient touchés, et il n'y avait littéralement aucun autre agent chimique à essayer. Nous ne pouvions rien faire. Après avoir vu le scanner et vu l'atteinte diffuse du cerveau, il était facile de comprendre pourquoi. Nous nous attendions à ce que chaque jour soit le dernier. Ses yeux étaient fixes et ne réagissaient pas, sa respiration était superficielle. Son cœur était encore fort, comme nous savions qu'il le serait. Cependant, la maladie (leucémie aiguë) ravageait son système sanguin et son cerveau, et il y avait des signes de pneumonie opportuniste touchant les deux poumons. Nous savions qu'elle allait bientôt mourir.

'«J'ai commencé à avoir une crainte terrible que Karen ne meure pendant que j'étais de garde. Je ne voulais pas la déclarer morte. J'en étais arrivé à un point où j'espérais que sa mort surviendrait les nuits où je n'étais pas à l'hôpital, car je craignais de ne pas être un soutien émotionnel pour la famille, ou de n'être même pas capable d'exercer mes fonctions de médecin. Cette famille avait fini par représenter beaucoup pour moi.

«C'était un mercredi soir et Karen était dans le coma depuis quatre jours. J'étais le chef des résidents de garde pour les services. J'ai parlé avec la famille et j'ai jeté un coup d'œil à Karen. J'ai remarqué que sa respiration était très superficielle et que sa température était très basse. La mort pouvait être imminente. Egoïstement, j'ai espéré qu'elle attendrait peut-être le lendemain pour mourir. J'ai vaqué à mes occupations jusqu'à 3 heures du matin, heure à laquelle j'ai enfin essayé de dormir un peu. À 4 heures du matin, j'ai reçu un appel urgent pour la chambre de Karen. Ce message m'a laissé quelque peu perplexe, car nous n'allions pas faire d'interventions héroïques. Néanmoins, j'ai couru jusqu'à sa chambre.'

«L'infirmière m'a accueillie à l'extérieur de la chambre et m'a pris le bras. 'Karen veut vous parler'. J'ai littéralement pensé que cette infirmière était folle. Je ne pouvais pas imaginer de quoi elle parlait - Karen était dans le coma. À ce moment-là de ma vie, mon mode de pensée scientifique et Newtonien régnait en maître, principalement parce que c'est l'approche à laquelle nous sommes formés jour après jour à l'école de médecine. J'avais négligé les autres aspects spirituels plus importants de mon être, ignorant l'instinct qui sait ce que la raison ne peut pas savoir.

«Je suis entré dans la chambre et, à ma grande surprise, Karen était assise dans son lit. Sa mère était à gauche du lit, son père à droite. Je me tenais à côté du père, sans rien dire, ne sachant pas quoi dire. Les yeux de Karen, qui avaient été vitreux pendant quatre jours, étaient maintenant clairs et nets. Elle a simplement déclaré : "Dieu est venu pour moi. Il est temps pour moi de partir". Elle nous a ensuite serrés fort dans ses bras, l'un après l'autre. C'étaient des étreintes fortes, des étreintes que je continue à penser impossibles. Je ne pouvais que visualiser son scanner et la gravité des lésions cérébrales. Comment cela était-il possible ? «Puis Karen s'est allongée. Mais elle s'est immédiatement relevée, comme si elle avait oublié quelque chose. Elle a refait le tour du lit en s'adressant à chacun d'entre nous, avec ses yeux pénétrants fixant nos regards. Pas d'étreinte cette fois. Mais ses mains étaient fortes et stables, serrant nos épaules pendant qu'elle parlait. ''Dieu est ici», dit-elle. ''Le voyez-vous ? Le connaissez-vous '' ? J'étais effrayée. Rien dans mon expérience ne pouvait expliquer ce qui se passait ici. Il n'y avait rien d'autre à dire, alors j'ai marmonné : «Oui. Au revoir. Merci. Je ne savais pas quoi dire. Pendant tout ce temps, je continuais de visualiser ce scanner. Puis Karen s'est allongée et est morte - ou plutôt, devrais-je dire, elle a cessé de respirer et son cœur s'est arrêté. Son esprit puissant a continué à vivre. Il a fallu des années avant que je puisse raconter cette histoire, même à ma femme. Je ne peux toujours pas la raconter sans ressentir des émotions accablantes. Je sais maintenant que cette expérience n'est pas quelque chose à comprendre à travers le point de vue du domaine scientifique. Nous sommes, par essence, des êtres spirituels dans un univers spirituel, non régi principalement par les lois de Newton, mais par les lois de Dieu[1] ''.

## Tuer des Animaux

Cette question importante a, d'une certaine manière, reçu peu d'attention de la part de l'humanité jusqu'à présent. Bien qu'il y ait eu certains efforts individuels ou même parfois des efforts généraux guidés par des sentiments religieux ou humains, ce n'est que récemment que l'on a pris conscience du sort des animaux abattus. La main du tueur a été si impitoyable que certaines espèces sont proches de l'extinction. Il convient de rappeler la vérité spirituelle et matérielle selon laquelle «l'homme, l'animal, la plante et la matière» forment une seule et même chaîne, liée par une telle unité qu'une perturbation non éclairée de n'importe quelle partie de l'ensemble menace toute la chaîne. Mais cela mis à part, la question concerne des facettes plus profondes de la vie humaine et de notre vision de la vie elle-même. La réponse à la question peut se diviser en deux parties - le général et l'individuel.

D'une manière générale, les animaux sont tués pour quatre raisons principales :

---

[1] James C. Brown

- Pour l'alimentation, que ce soit pour des raisons gustatives, pour le goût ou parfois pour la santé et les nutriments (bien que les opinions actuelles sur le sujet ne le justifient guère).
- À des fins commerciales, comme l'ivoire, le cuir, la fourrure, etc.
- À des fins médicales et de recherche.
- À des fins d'autodéfense, par exemple en tuant un animal venimeux ou sauvage pour préserver sa propre vie ou celle d'autrui.

La vraie question est de savoir lequel de ces objectifs contribue réellement à l'évolution de l'humanité et préserve l'équilibre de la vie sur terre (*lokasangrahartha* de la Gita). Le massacre aveugle et sans pitié pour les intérêts commerciaux (y compris la nourriture de luxe et certaines firmes pharmaceutiques) est manifestement loin d'etre évolutif. En ce qui concerne la santé, on peut envisager certaines situations dans lesquelles la viande ou la soupe (excluons les œufs non fécondés de la question) peuvent être compréhensibles comme par exemple dans les zones où il n'y a pratiquement pas de végétation ou chez les personnes pratiquant une activité musculaire vigoureuse (comme les athlètes, les guerriers et les militaires) ou parfois en cas de maladie débilitante grave. Ici, le principe est qu'en cas de choix de survie, les formes qui sont plus proches de l'expression de la divinité doivent être préservées plutôt que les formes inférieures, bien qu'un tel choix soit vraiment rare, du moins à l'époque moderne. En outre, il ne faut pas oublier que la nature nous a dotés d'un tube digestif qui est principalement adapté aux aliments végétariens. Une grande partie de la justification pour manger des animaux n'est au fond qu'un argument pour justifier les papilles gustatives et rien de plus. Un régime végétarien équilibré n'est pas seulement bon pour la santé mais prévient également un certain nombre de maladies auxquelles les non-végétariens sont prédisposés. Il s'agit là de faits avérés qui ne sont plus dans la sphère de l'ambiguïté. Il en va de même, dans une certaine mesure, concernant la recherche sur les médicaments. Mais seulement dans une certaine mesure. La frontière entre un véritable essai dans l'intérêt de la médecine et le commerce/la recherche pour elle-même est souvent mince. La plupart des recherches sur les animaux peuvent vraiment être supprimées. Mais le commerce et l'ambition (les promotions par la publication sur papier) se dressent comme une barrière sur le chemin ; l'insensibilité et la cruauté humaines perpétuent notre propre animalité. Malheureusement, au stade actuel de notre d'ignorance dans lequel l'homme moyen dépend tellement des traitements allopathiques, il est difficile de dire quel est le meilleur choix. Mais alors espérons et travaillons pour un avenir où nous n'aurons plus besoin de médicaments extérieurs pour la santé et la guérison. Telle serait la véritable solution. Mais tant que les hommes continueront à dépendre des médicaments allopathiques, il sera difficile d'éliminer complètement la recherche sur les animaux. Ce serait comme enlever la béquille à un boiteux avant de lui apprendre à marcher. Enfin, l'abattage d'animaux, ou même l'abattage d'êtres humains pour se défendre (comme dans une guerre défensive) est naturellement justifié, voire même un acte de courage conduisant au développement de l'âme et à la protection d'autrui.

Mais pour l'instant, le dilemme existe et la question reste de savoir comment nous allons le résoudre individuellement ? La règle est la même ici - faire ce qui aide à la marche évolutive du Divin individuel en nous. S'il y a un conflit entre une conduite extérieure faite pour des raisons purement externes et commerciales et l'éveil naturel à une loi intérieure, il ne fait aucun doute que la loi intérieure doit être respectée. Seule la Volonté Divine dont le commandement, si l'on l'a clairement reçu, peut transcender et transcende les deux, l'extérieur et l'intérieur. Car ces deux normes inférieures sont en fin de compte des façons partielles et donc ignorantes de voir et de sentir, même si elles sont nécessaires pour le moment. Seul le Divin connaît et voit toute la vérité. En d'autres termes, si nous devons respecter la sensibilité intérieure croissante en nous, qui est comme la couverture plus douce d'une graine (par opposition à l'enveloppe extérieure dure et insensible), nous devons veiller à ne pas faire un fétiche d'un seul idéal (y compris la non-violence) ou de devenir un activiste social mû par un idéal émotionnel (sauf si c'est ce que notre nature nous appelle à faire). Il faut aussi s'assurer que le recul de la violence n'est pas un recul des parties sensorielles et nerveuses (pitié et *jugupsa*) mais un véritable besoin de l'être intérieur. La véritable solution ne peut venir que par la croissance de notre âme dont la lumière authentique peut vraiment nous guider à travers tous les dilemmes.

*« La nature, dans son aspect le plus profond, en tant que puissance spirituelle consciente, se préoccupe de la croissance, par l'expérience, du développement spirituel des âmes dont elle a la charge - et ces âmes ont elles-mêmes leur mot à dire en la matière. Toutes ces bonnes personnes se lamentent et s'étonnent que, sans raison, eux et d'autres bonnes personnes soient victimes de souffrances et d'infortunes qui n'ont pas de sens. Mais sont-ils vraiment visités par une puissance extérieure ou par une loi mécanique du karma ? N'est-il pas possible que l'âme elle-même - non pas l'esprit extérieur, mais l'esprit intérieur - ait accepté et choisi ces choses comme faisant partie de son développement afin de traverser l'expérience nécessaire à un rythme rapide, de se frayer un chemin... même au risque ou au prix de nombreux dommages à la vie extérieure et au corps ? Pour l'âme qui grandit, pour*

*l'esprit qui est en nous, les difficultés, les obstacles, les agressions ne peuvent-ils pas être un moyen de croissance, de force supplémentaire, d'entraînement à la victoire spirituelle ? L'agencement des choses peut être cela et non pas une simple question de distribution de récompenses et de malheurs rétributifs !*
*«Il en est de même pour le problème de l'enlèvement de la vie animale dans les circonstances évoquées par votre ami dans la lettre. Il est posé sur la base d'un droit et d'un mal éthiques invariables à appliquer à tous les cas. - est-il juste de prendre la vie d'un animal, quelles que soient les circonstances, de laisser un animal souffrir sous vos yeux alors que vous pouvez le soulager par une euthanasie ? Il ne peut y avoir de réponse indubitable à une question posée de la sorte, car la réponse dépend de données que le mental n'a pas à sa disposition. En fait, il y a beaucoup d'autres facteurs qui poussent les gens à opter pour ce moyen court et miséricordieux d'échapper à la difficulté - l'incapacité nerveuse de supporter la vue et l'écoute de tant de souffrances, les ennuis inutiles, le dégoût et l'incommodité, tout cela tend à donner de la force à l'idée que l'animal lui-même voudrait en être quitte. Mais que ressent l'animal - ne s'accroche-t-il pas à la vie malgré la douleur ? Ou bien l'âme n'a-t-elle pas accepté ces choses pour évoluer plus rapidement vers un état de vie supérieur ? Si c'est le cas, la miséricorde peut éventuellement interférer avec le karma de l'animal. En fait, la décision correcte pourrait varier dans chaque cas et dépendre d'une connaissance que l'esprit humain ne possède pas - et l'on pourrait très bien dire que tant qu'il ne l'a pas, il n'a pas le droit d'ôter la vie. C'est une vague perception de cette vérité qui fit que la religion et l'éthique développèrent la loi d'Ahimsa(non-violence) - et pourtant, elle aussi devient une règle mentale qu'il est impossible d'appliquer en pratique. Et peut-être que la morale de tout cela est que nous devons agir pour le mieux selon nos lumières dans chaque cas, étant donné l'état des choses mais que la solution de ces problèmes ne peut venir qu'en avançant vers une plus grande lumière, une plus grande conscience dans laquelle les problèmes eux-mêmes, tels qu'ils sont énoncés aujourd'hui par le mental humain, ne se poseront pas car nous aurons une vision qui verra le monde d'une manière différente et un soutien qui n'est pas le nôtre à l'heure actuelle. La règle mentale ou morale est un palliatif que les hommes sont obligés d'utiliser, de façon très incertaine et trébuchante, jusqu'à ce qu'ils puissent voir l'ensemble des choses à la lumière de l'esprit[1] ".*

---

1    Sri Aurobindo : Lettres sur le Yoga.

*Ce n'est pas ainsi que la Vérité prolongera son vol sublime,*
*Passera des pauvres débuts qu'elle a faits*
*Et avec la splendeur de ses ailes déployées*
*S'étendra à travers les frontières de l'espace et du temps.*

*Ne l'enfermez pas dans ses trouvailles matérielles !*
*Elle ira plus loin. Elle ne rejettera pas*
*La lumière intérieure, ni le dialecte*
*des pédants non progressistes barrer l'esprit des hommes...*
*L'intellect n'est pas tout ; un guide intérieur*
*attend notre question. Il a été informé*
*La raison il surpasse ; et sans formes*
*Les présages de sa puissance commencent*[1].

---

1    Sri Aurobindo: 'In the Moonlight', Collected Poems, pp.59-60

# Le Chant de triomphe de Trishancou

*Je ne mourrai pas.*
*Bien que ce corps, quand l'esprit sera las*
*De son étroite demeure, doive nourrir les flammes,*
*Ma maison brûlera, moi pas.*

*Abandonnant cette gaine*
*Je découvrirai un vaste espace éthéré.*
*À la tombe avide échappera mon esprit,*
*Trompant l'étreinte de la mort.*

*La Nuit retiendra*
*Le soleil en ses profondeurs glacées ; le Temps aussi devra cesser ;*
*Les astres qui peinent auront leur délivrance.*
*Je ne cesse pas, moi, je demeure…*

## Transformation

*Mon souffle coule en un courant rythmique subtil ;*
*Il emplit mes membres d'une puissance divine :*
*J'ai bu l'Infini comme un vin de géant.*
*Le Temps est mon théâtre ou mon spectacle de rêve.*
*Mes cellules illuminées sont la trame flamboyante de la joie*
*Et les fibres frémissantes de mes nerfs sont devenues*
*De fins courants d'ivresse, opale et hyaline,*
*Où pénètre l'Inconnu, le Suprême.*

*Je ne suis plus vassal de la chair,*
*Esclave de la Nature et de sa loi implacable ;*
*Je ne suis plus captif des rets étroits des sens.*
*Mon âme s'étend par-delà tout horizon en une vision sans borne,*
*Mon corps est l'heureux et vibrant instrument de Dieu,*
*Mon esprit un vaste soleil de lumière immortelle.*

*Sri Aurobindo*

# Vers une Vision de l'Avenir

## Derrière le Voile de la Mort

La mort est notre réalité présente, mais l'immortalité est l'aspiration secrète de l'homme et donc notre potentialité future. Les choses les plus élevées que nous recherchons dans la vie ont déjà été accordées par le Moi le plus élevé en nous. L'humanité a profondément aspiré entre autres choses à la permanence de la vie, à la victoire sur la souffrance, le mal et la douleur ; à vaincre la vieillesse, la maladie, l'infirmité et la mort. Chaque époque de l'humanité a vu renaître cette aspiration à la perfection terrestre et à la permanence, mais dans un langage adapté à l'époque concernée. Ainsi, dans les premières aubes intuitives de l'humanité, l'aspiration à l'immortalité prend la forme de la découverte d'un principe spirituel immortel en nous, l'âme immortelle et notre véritable Moi au-delà de la douleur et de la mort. Dans les âges historiques et mentaux[1] de l'humanité, nous voyons cette impulsion se manifester dans la préservation des œuvres d'art et de science, des valeurs morales et mentales, de la culture, de l'ethos culturel qui assurerait une sorte d'immortalité raciale à travers les meilleures réalisations de l'époque. En aval, dans les âges héroïques et vitaux de l'humanité, nous avons le barde chantant les exploits des rois et des chevaliers. Nous voyons aussi d'immenses structures construites autour des morts avec toutes les facilités pour leur permettre de jouir d'une vie après la mort. Ici, comme dans l'Égypte ancienne, la vie après la mort est considérée comme un moyen pour les hommes et les femmes de jouir des plaisirs vitaux de cette vie,

---

1  Les quatre âges de l'humanité - satya, treta, dwapara et kali - également appelés âge d'or, d'argent, de bronze et de fer, sont des âges où l'énergie divine agit de façon correspondante sur la matière spirituelle, mentale, vitale et physique de notre être collectif.

même si c'est sous une forme exagérée. Les enfers et les cieux des légendes pouraniques et autres sont en grande partie une superposition de cette vision du monde sur un aspect de l'au-delà qui a une certaine ressemblance avec nos joies et nos peines terrestres. D'un point de vue occulte, ces enfers et ces cieux sont en grande partie des créations dans les mondes vitaux. En d'autres termes, ils n'ont pas de réalité permanente et sont des constructions du mental humain. Plus près de la terre, ils représentent quelque chose de ses élans de joie et de souffrance. Ou encore plus vrai, nos joies et nos peines terrestres ne sont qu'un pâle reflet de ces greniers des mondes vitaux, qui jettent sur nos jours humains des lumières de bonheur et des ombres de souffrance. Dans notre ère matérielle actuelle, cet élan vers l'immortalité a pris une forme matérielle, par exemple, les efforts visant à la prolongation indéfinie de la vie dans le corps par des moyens physiques pour obtenir une continuation génétique plutôt que sociale et culturelle, et surtout les tentatives d'atteindre l'immortalité physique. Peut-on deviner si une simple prolongation physique de la vie sans transformation proportionnelle de notre existence psychologique intérieure sera un bienfait ou un fléau. Mais les efforts sont là et se poursuivront probablement jusqu'à ce qu'un jour nous soyons capables de combiner tous ces efforts séparés en un seul et même ensemble et de parvenir à une permanence simultanée d'une existence spirituelle, psychologique et physique. Mais pour l'instant, nous travaillons et luttons sous le joug de la souffrance et de l'impermanence et nous réalisons qu'il est nécessaire d'en comprendre la véritable raison si nous voulons trouver la vraie solution.

### Le point de vue du scientifique sur la mort et l'immortalité

La science s'est depuis longtemps détachée de la philosophie. Par conséquent, elle ne se pose même pas la question du pourquoi. Elle cherche simplement à trouver le comment. Et c'est ce qu'elle fait avec la plus grande perfection. Mais comme le comment des choses n'est qu'un processus subordonné à quelque chose d'autre de plus profond, tous les moyens de corriger le processus sont voués à l'échec. La nature inventera de nouveaux moyens pour parvenir à l'issue finale. Même si nous bloquions toutes les voies matérielles de la mort en contrôlant chaque processus, la nature créera de nouvelles portes, tout comme de nouvelles maladies ont remplacé les anciennes. En fait, les scientifiques ont essayé de retarder le vieillissement et d'atteindre l'immortalité par divers moyens depuis une quarantaine d'années. Dans sa compréhension de la mort, la science est passée de la cryogénisation[1], par les erreurs de métabolisme et les manipulations génétiques. Il s'agit là d'approches raisonnables, mais qui ne touchent que la périphérie du problème. Néanmoins, elles indiquent une chose, à savoir que le mental de la race se dirige vers la conquête de la maladie et de la mort. Les moyens imparfaits qu'elle emploie maintenant importent peu, puisque le besoin est vrai. La science comprendra vraiment le secret de la vie et la maîtrisera lorsqu'elle aura compris comment *la vie devient matière,* et non comme elle s'efforce aujourd'hui de connaître les moyens et les conditions dans lesquelles la matière devient vivante. Il faut inverser le regard et voir du haut vers le bas pour vraiment comprendre. Tôt ou tard, les sciences biologiques trébucheront dans le territoire de l'occultisme, tout comme la physique s'est aventurée dans le terrain intérieur sans le savoir et s'est ainsi rapprochée des dimensions cachées de la matière. De même, il existe des dimensions cachées de la vie que nous devons comprendre et dans lesquelles nous devons entrer pour découvrir le secret de la prolongation de la jeunesse et de la prévention de la décrépitude.

Scientifiquement, les causes physiques de la mort sont les suivantes :

*Le vieillissement naturel* : Le vieillissement est censé être régulé par le patrimoine génétique. On pense scientifiquement que chaque espèce a une durée de vie moyenne plus ou moins fixe. Normalement, chez les autres mammifères, cette durée est limitée au cycle reproductif, sauf chez l'homme. La durée de vie de l'homme est déconnectée de l'âge de la reproduction. Néanmoins, on a cru jusqu'à présent que l'être physique de l'homme était constitué de telle sorte qu'après un certain âge, un déclin progressif s'ensuivra inévitablement. Il y a un déclin progressif des capacités mentales telles que la mémoire, un déclin de l'endurance, des capacités du cœur, des poumons et d'autres organes vitaux, un déclin des prouesses physiques. Bien sûr, il peut y avoir un gain de sagesse et d'expérience de la vie. Les erreurs génétiques et les toxines moléculaires continuent à se multiplier jusqu'à ce que le corps atteigne un point de non-retour. La mort survient alors comme une conséquence

---

1 La cryogénie est la science qui consiste à conserver le corps d'un défunt en le congelant à des températures inférieures à zéro, grâce à l'azote liquide. On pense que les corps ainsi conservés dans des conditions contrôlées reviendront un jour à la vie après 50 à 100 ans. Les expériences menées en Russie ont attiré de nombreux millionnaires qui ont payé une fortune pour se réveiller à nouveau un jour à la vie. Ces expériences sont basées sur la découverte que certains animaux disparus congelés sous la glace se sont révélés fondamentalement intacts, sans détérioration de leurs structures anatomiques. D'autres pensent que les cristaux de glace formés par les températures négatives ne peuvent qu'endommager les cellules.

naturelle et inévitable. Des recherches récentes réfutent toutefois cette théorie trop simpliste. Des efforts sont déployés pour réduire les dommages toxiques et oxydatifs de l'organisme, pour manipuler le matériel génétique, pour remplacer les organes vieux et décrépits par des organes nouveaux et frais. De plus, il est désormais communément admis que des exercices physiques réguliers et méthodiques peuvent retarder le processus de vieillissement. Bien que le rôle de médicaments tels que la vitamine E dans le retardement du vieillissement soit très douteux, les efforts de la science sont louables et vont dans la bonne direction, en ce qui concerne le vieillissement physique. Si la science peut découvrir la base matérielle du vieillissement et les moyens de le retarder, ce serait vraiment une réussite. Cependant, le vieillissement n'est qu'un des facteurs physiques responsables de la mort. Il existe aussi d'autres facteurs.

*La maladie* : Les décès dus aux maladies relèvent d'une gamme vaste et variée. En gros, il s'agit de troubles génétiques, d'infections, de blessures, d'inflammations, d'empoisonnements internes (métaboliques) ou externes, et de la dégénérescence. Il existe également d'autres causes. Là encore, des efforts sont déployés pour les prévenir et les guérir. Les maladies autrefois considérées comme incurables se rapprochent de la guérison possible. Des efforts sont déployés pour réduire les effets secondaires des médicaments au strict minimum grâce à des molécules spécifiques. Même les maladies génétiques font l'objet de recherche sur la manipulation des gènes pour trouver des moyens de les soigner. Le problème est que, par sa nature même, le corps humain (comme les autres corps physiques) est construit sur la base de l'ignorance (c'est-à-dire une conscience mentale qui divise). Il a donc un sens aigu du «moi» et du «non-moi». Il en résulte un conflit constant avec la vie qui l'entoure. Un corps construit à partir d'un tel tissu ne peut pas être à l'abri des maladies. Il peut maîtriser une maladie mais devenir la proie d'une autre. Il peut éliminer une maladie, mais de nouvelles maladies apparaîtront, de nouvelles souches de germes plus immunisés, de nouveaux risques chimiques et autres. Les causes de la maladie sont bien plus subtiles et plus profondes et, à moins que ces causes ne soient abordées, il y a peu d'espoir que la vie humaine soit exempte de maladies, même si nous pouvons remplacer les maladies existantes par de nouvelles.

«Le fait que la mort soit causée par la maladie est une explication superficielle. Comment la maladie survient-elle ? La Mère observe que le fait qu'une personne soit malade montre que quelque chose est malade dans son être. La maladie et la mort sont le résultat d'une certaine disharmonie dans l'être. Soit le corps ne suit pas le progrès de l'âme, ou bien il est incapable de s'adapter au mouvement universel. Dans les deux cas, il y a une disharmonie intérieure et, à l'extérieur, la maladie, la désintégration et la mort s'ensuivent [1].

Les véritables causes de la maladie sont donc subtiles et liées au déséquilibre entre la force vitale à l'intérieur du corps et celle autour de lui. Un équilibre parfait n'est pas possible tant que le corps reste ce qu'il est. Ce n'est qu'un nouveau corps, construit sur la base de l'unité et d'une substance plus vraie, qui peut être parfaitement immunisé contre les maladies.

*Accidents et empoisonnements* : Il est évident que la vie étant ce qu'elle est, une aventure dans un monde dangereux et charmant, il n'y a pas grand-chose que nous puissions faire par le biais de la science physique pour arrêter les causes des accidents et des empoisonnements, si ce n'est d'accroître la conscience du corps. C'est d'ailleurs l'objectif de toute culture physique : développer la conscience, la maîtrise, l'équilibre et le contrôle. Cela rendrait le corps plus alerte et plus conscient de tout désastre imminent, facilitant ainsi une action préventive opportune. Si une culture physique rationnelle peut être combinée avec des processus yogiques qui permettent de contrôler le système nerveux autonome, alors, la maîtrise des maladies d'origines diverses (y compris l'empoisonnement, la dégénérescence, les accidents et le vieillissement) peut être presque complète. Presque, mais pas complètement et pas encore comme une loi naturelle du corps, pour laquelle le corps lui-même doit subir un grand changement, du type de celui envisagé par le yoga de la transformation supramentale. Nous reviendrons à cela plus tard.

La Mère note un exemple intéressant :

*"Une fois, à Paris, j'étais en train de traverser le Boulevard Saint Michel (c'étaient les dernières semaines : j'avais décidé que dans un certain nombre de mois, j'aurais la jonction avec la Présence psychique, le Divin intérieur, et je ne pensais plus qu'à ça, je n'étais plus occupée que de ça). J'habitais là-bas, près du Luxembourg et j'allais me promener, m'asseoir au Luxembourg le soir – mais toujours intériorisée. Il y a une espèce de carrefour là, ce n'est pas un endroit pour traverser intériorisée, ce n'était pas très raisonnable ! Et alors j'étais comme ça, j'avançais, lorsque, tout d'un coup, j'ai reçu un choc – comme si j'avais reçu un coup, comme si quelque chose me donnait un coup – et j'ai sauté en arrière instinctivement. Quand j'ai sauté en arrière, un tramway a passé – c'était le tramway que j'avais senti à une distance, peut-être d'un peu plus d'un bras étendu. Ça avait touché l'aura, l'aura de protection (à ce moment-là, elle était très forte – c'était en plein occultisme et je savais comment la garder), l'aura de protection avait été touchée et ça*

---

1  M.P. Pandit : Commentaries

*m'a littéralement jetée en arrière, comme si j'avais reçu le choc physique. Et avec les insultes du conducteur ! J'ai sauté et le tram a passé comme ça, juste à temps ''* [1].

Certains aveugles sont connus pour avoir développé ces sens subtils pour compenser la perte de la vue. Un développement méthodique des sens subtils par le yoga et devenir de plus en plus conscients de nos parties physiques pourrait bien être une réponse au problème des accidents dans les temps à venir.

## L'occultisme et l'alchimie de la vie et de la mort

La vie matérielle telle que nous la connaissons n'est pas la seule vie. Derrière la vie incarnée, il y a un plan de conscience de la vie qui possède sa propre énergie et ses propres propriétés. Les occultistes de toutes les traditions passées et présentes en ont toujours été conscients. Il existe des techniques spéciales pour prendre conscience de cette énergie vitale derrière nos processus matériels. Il existe également des moyens d'apprendre à les manipuler. C'est exactement ce que font les maîtres de Reiki compétents et que certains tantriques d'autrefois faisaient. Par cette manipulation de la vie intérieure, on peut temporairement, pour une période plus ou moins longue, superposer la loi d'un plan supérieur à un plan inférieur. Cela peut aider à préserver la jeunesse, à prolonger la vie, même pour de très longues périodes. Les lamas du Tibet, les yogis du Hatha et Raja yoga de l'Inde, les traditions Bouddhistes et les tantriques de Nath Sampradaya ont tous essayé de libérer cette force cachée d'une plus grande énergie vitale et ainsi de vaincre la maladie et la décrépitude pendant longtemps. Certaines écoles Vaishnava ont tenté de s'installer dans le corps subtil intérieur et ont également tenté le *kayasiddhi,* des procédures spécialisées pour rajeunir le corps. Enfin, des efforts ont été faits pour prolonger la vie dans le corps par la superposition d'un autre dynamisme de vie plus élevé. Mais tous ces efforts, pour autant que nous le sachions, ne sont pas liés à l'immortalité du corps physique. Ce sont des efforts pour prolonger la vie du corps physique par l'*adhyaropan,* l'imposition d'une autre loi et pour l'instant (tant que la superposition forcée se poursuit), ils se passent des lois physiques. Mais tout cela n'est pas une conquête car les lois du corps physique ne changent pas. Il ne s'agit pas d'une possession naturelle de l'immortalité physique. Et évidemment, l'immortalité physique sans une purification et une perfection correspondante de la conscience intérieure et de la nature

---

1  L'Agenda de Mère vol 3, 27 Fevrier 1962

extérieure signifierait une immortalisation de l'imperfection et de l'ignorance de l'homme. L'histoire de Trishancou l'illustre bien. Un des premiers rois de la dynastie solaire cherche à atteindre la demeure des immortels dans son corps physique, grâce à la tapa-shakti (le pouvoir accumulé par l'askesis) du Rishi Vishvamitra. Le Rishi essaie encore et encore mais échoue à chaque fois car le roi est essentiellement impur dans son corps physique et n'est donc pas autorisé à entrer dans le monde des immortels alors qu'il est encore dans son corps physique. Une pureté et une perfection intégrales de la conscience sont des conditions préalables à l'immortalité physique. Mais sans cela, il est possible d'obtenir et de réaliser l'immortalité essentielle en découvrant et en vivant dans son âme. Est-il possible de prolonger la jeunesse par des moyens yogiques plus subtils ? Après tout, nous avons observé que les espèces qui vivent plus longtemps, comme la tortue, prennent moins de respirations par minute. De même, les espèces qui respirent beaucoup, comme les chiens et les lapins, vivent relativement moins longtemps. En fait, toute une science de la régulation de la respiration appelée *pranayama* est connue depuis l'Antiquité en Inde. Parmi les autres effets du *pranayama*, l'un d'entre eux, bien connu et significatif, est la prolongation de la vie et le retardement du processus de vieillissement. Enfin, nous constatons également un certain lien entre la reproduction et la durée de vie. La plupart des espèces, à l'exception de l'homme, ont leur durée de vie limitée par leur capacité de reproduction. C'est-à-dire qu'elles vivent jusqu'à l'âge où elles peuvent se reproduire et pas au-delà. L'être humain est une exception à cette règle générale, comme si la nature nous avait donné un bail de vie pour d'autres raisons que de vivre uniquement pour propager l'espèce. Mais comme dans le cas de la respiration, il existe peut-être un lien plus profond entre la reproduction sexuelle et la mort, une vérité plus subtile qu'il nous reste à découvrir. L'Ayurveda parle du *brahmacharya* et de la continence sexuelle comme l'un des moyens de prolonger la jeunesse et la vigueur vitale.

*Pranayama et Brahmacharya* : Dans l'Inde ancienne, l'existence matérielle et les processus physiques étaient considérés comme indissociables des processus plus subtils. Ainsi, la respiration physique était considérée non seulement comme un moyen d'apporter de l'oxygène, mais aussi et simultanément comme un véhicule permettant d'attirer la force vitale ou *prana* (également appelée "chi" en japonais). Le cœur n'était pas seulement un organe nécessaire pour pomper le sang mais aussi un moyen physique de faire circuler le prana dans le corps. Il convient de noter que le *prana* dans ce contexte, fait référence au carburant ou à l'énergie utilisée par le corps et le mental pour leurs divers processus. Si l'on compare le corps à un moteur, le *prana* est le carburant utilisé pour le faire fonctionner, le mental est la technologie derrière le mouvement des roues et du moteur, tandis que le conducteur, l'homme derrière le volant, dont les décisions peuvent changer le cours du moteur est l'âme secrète qui est en nous. Ainsi, chaque pièce a sa place et sa fonction, aucune ne peut être ignorée. Si le moteur est de moindre qualité ou mal conçu, il ne peut fonctionner que pour des besoins limités. De même, si le combustible n'est pas efficace sur le plan énergétique, produisant plus de fumée que de feu et de vapeur, il s'agira d'un mauvais combustible. Dans le corps humain aussi, ce carburant ou *prana* est de cinq types - deux de qualité médiocre, utilisés pour conduire le corps à des fins inférieures, comme l'alimentation, la reproduction, la colère, etc. C'est l'ancienne version du *prana, le prana* animal, pour ainsi dire. Ensuite, il y a le *prana* du milieu, qui est utilisé pour des motifs un peu plus humains tels que les attachements, les sentiments, etc. Enfin, les deux courants ascendants du *prana* sont utilisés pour les activités mentales et supérieures. La forme inférieure du *prana* qui s'occupe du corps est alimentée en grande partie par des processus matériels, tandis que les formes supérieures sont plus subtiles. La vie d'un homme moyen est largement gouvernée par des motifs inférieurs et utilise donc un carburant inférieur pour faire fonctionner le corps. Un meilleur type d'humanité avec une orientation légèrement plus élevée attire naturellement une meilleure qualité. Mais le meilleur carburant du *prana* est attiré tout naturellement par ceux qui sont tournés vers le haut en quête d'une vie spirituelle plus élevée. Ils puisent naturellement le *prana* dans sa forme la plus pure. De même, la technologie du moteur ou les mouvements du mental, et enfin l'expérience et l'expertise du conducteur, sont tous importants pour le bon fonctionnement du corps. Néanmoins, la régulation de la respiration par le *pranayama* est un moyen psychophysique d'augmenter et de réguler les cinq courants du *prana* et de les équilibrer dans le système. Les moyens physiques étaient des dispositifs de la nature auxquels nos formes corporelles se sont habituées et accoutumées. Le yogi pourrait cependant se passer de l'appareil extérieur en apprenant à capter le *prana* d'autres manières plus subtiles et le faire circuler par la force de volonté. En même temps, l'être humain moyen qui ne pouvait pas faire cela, c'est-à-dire dépasser les limites fixées par la nature, pouvait néanmoins utiliser ces connaissances pour attirer plus d'énergie vitale dans le corps en perfectionnant sa respiration. Le manque de souffle conduit à une diminution de la force vitale, à son épuisement et à sa pétrification, ce qui prédispose aux maladies et au vieillissement. *Le pranayama*, ou régulation de la respiration, est un moyen d'arrêter cet épuisement de l'énergie vitale en nous. Bien entendu, le pranayama ne suffit pas si l'on continue à permettre l'épuisement de l'énergie vitale par d'autres moyens en particulier par les motifs et canaux inférieurs. En fait, un excès d'énergie vitale non régulée circulant par les canaux inférieurs est précisément la base psychologique profonde de ce que nous appelons les vices. Le *Pranayama* dans de telles situations ne ferait qu'aggraver la situation en augmentant le quantum de force vitale sans en réguler le flux. C'est comme surcharger un système sans améliorer sa capacité à contenir et à supporter plus de poids et de force. Le mot *pranayama* signifie en effet réguler le flux de l'énergie vitale dans ses mouvements à travers les cinq canaux. Ce quintuple mouvement du prana, tel que mentionné précédemment, est divisé en deux courants inférieurs, un courant moyen et deux courants supérieurs. Lorsque les courants inférieurs sont prédominants, il ne reste que très peu de choses pour les objectifs supérieurs de la vie. Le fait d'être projeté vers le bas épuise rapidement les réserves *praniques*. C'est pourquoi la sagesse antique a dit que chaque acte sexuel est en fait un pas vers la mort. Il en va de même, bien sûr, pour d'autres mouvements inférieurs du *prana* comme la colère, la jalousie, la peur, etc. C'est ici que se trouve la base psychologique du *brahmacharya*. Il s'agit d'un moyen de convertir le prana-shakti (énergie vitale) en nous à des fins plus élevées. Le meilleur moyen d'y parvenir est de faire preuve de volonté et de changer les motivations de la vie, en tournant consciemment le *prana-shakti* en nous vers des buts plus élevés et plus vastes plutôt que vers des buts plus bas et plus étroits, en s'ouvrant à une conscience supérieure au-delà du mental et, en corollaire, en empêchant le flux et la perte de l'énergie vitale par les canaux inférieurs de la convoitise, de la colère, de la haine, etc. C'est un peu comme la transmutation de l'énergie dont nous parlons en physique et qui est en fait la base subtile de la sublimation de l'énergie que nous reconnaissons dans la psychologie moderne. Mais cela aussi ne conduirait qu'à une prolongation de la jeunesse et non à une conquête complète de la mort.

Sri Aurobindo nous éclaire sur la raison d'être du brahmacharya et son processus -

*"... Si l'on empêche le liquide séminal de se répandre, il se transforme en tedjas et odjas. C'est là-dessus que les yogis basent toute la théorie du brahmacharya. Si ce n'était pas le cas, le brahmacharya ne serait pas nécessaire pour produire le tedjas et l'odjas. Ce n'est pas une question de vigueur et d'énergie en soi, mais de support physique ; dans le support physique, l'odjas produit par le brahmacharya compte énormément. La transformation du retas en odjas est la transformation d'une substance physique en une énergie physique (qui produit nécessairement aussi une énergie physico-vitale). L'énergie spirituelle elle-même peut seulement faire mouvoir le corps, comme le vital et le mental, mais en le faisant mouvoir elle l'épuiserait si elle n'avait pas un support physique. (Je parle évidemment de l'énergie spirituelle ordinaire et non de*

*l'énergie supramentale future qui devra non seulement transmuer le retas en odjas, mais aussi l'odjas en quelque chose d'encore plus sublimé)[1]".*

*L'opinion contraire dont vous parlez, vient peut-être de l'idée que le sexe est une partie naturelle de l'ensemble vital-physique humain, une nécessité comme la nourriture et le sommeil, et que sa totale inhibition peut mener à un déséquilibre et à de sérieux désordres. C'est un fait que le sexe, si l'on supprime son activité extérieure tout en s'y livrant d'autres manières, peut produire des désordres dans le système et des troubles cérébraux. Telle est la base de la théorie médicale qui déconseille l'abstinence sexuelle. Mais j'ai remarqué que ces désordres se produisent seulement quand une satisfaction secrète ou perverse remplace l'activité sexuelle normale, ou quand on se laisse aller à cette activité d'une manière vitale subtile, par l'imagination ou par un échange vital invisible de genre occulte. Je ne pense pas qu'aucun mal se produise jamais quand il y a un véritable effort spirituel vers la maîtrise et l'abstinence. En Europe maintenant, bien des autorités médicales soutiennent que l'abstinence sexuelle, si elle est authentique, est bienfaisante ; car l'élément du retas qui sert à l'acte sexuel est alors transformé en l'autre élément, odjas, qui nourrit les énergies du système - mentales, vitales et physiques ; et c'est la justification de l'idée indienne du brahmacharya : la transformation de retas en odjas et l'ascension des énergies pour les changer en force spirituelle. Quant à la méthode de maîtrise, on ne peut pas y parvenir par une simple abstinence physique ; il faut un procédé combiné de détachement et de rejet. La conscience se détache de l'impulsion sexuelle, sent qu'elle n'est pas à elle, que c'est quelque chose d'étranger qui est jeté sur elle par la force de la Nature, et refuse de consentir ou de s'identifier ; chaque mouvement de refus la rejette de plus en plus au-dehors. Le mental reste impassible ; au bout de quelque temps, l'être vital, principal support de l'impulsion sexuelle, s'en retire de la même manière ; enfin la conscience physique cesse de la soutenir. Ce processus continue jusqu'à ce que le subconscient lui-même ne puisse plus le faire surgir en rêve et qu'aucun autre mouvement ne vienne de la force de la Nature extérieure pour rallumer ce feu inférieur. Tel est le processus quand les tendances sexuelles persistent avec obstination. Mais certains peuvent s'en débarrasser d'une façon définitive en les laissant tomber de la nature, promptement et radicalement, quoique ce soit plus rare[2]".*

---

1  Sri Aurobindo : Lettres sur le Yoga.
2  Sri Aurobindo : Lettres sur le Yoga.

Pourtant, comme nous l'avons vu, nous sommes loin d'avoir vaincu la mort en tant qu'espèce. Et si la vie et l'existence ont une raison d'être, alors il doit y avoir une bonne raison pour la présence de la mort, du moins pour le moment. Les méthodes intérieures sont également des processus et permettent de manipuler des forces de la nature encore plus profondes que celles manipulées par le physicien. Dans ce sens, l'occultisme est comme la chimie apprenant et jouant avec la combinaison intérieure des forces. Cependant, il s'agit toujours du domaine du comment, laissant le pourquoi non abordé et donc la cause originelle reste intacte. La mort, bien que repoussée un peu, reste invaincue. La raison en est que la matière du corps reste inchangée. C'est comme utiliser l'énergie haute tension de l'électricité ou du soleil pour faire fonctionner un moteur qui a été conçu par la nature pour fonctionner principalement au charbon ou à la vapeur. Bien que les processus électriques et solaires soient immergés à l'intérieur et fonctionnent comme un sous-courant ils ne sont pas les principaux moyens ou véhicules de transmission d'énergie et d'échange dans le corps. Il s'agit toujours principalement d'air (vapeur) ou de produits chimiques (charbon). Les nerfs utilisent par endroits la transmission électrique. Une glande particulière répond à l'énergie solaire, mais pas le corps dans son ensemble. Même si nous pouvions tirer l'énergie directement du soleil, à moins qu'il n'y ait un changement dans la conscience constitutive du corps, celui-ci sera toujours sujet à la décomposition, à l'âge et à la mort qui en découle. En effet, il ne s'agit que de processus, et non de la véritable raison intérieure de l'existence de la mort. Même si toutes les causes extérieures sont maîtrisées, la mort s'introduira par la porte de l'ignorance à l'intérieur du corps humain. Et le corps ne changera que lorsque la conscience intérieure changera.

## La quête de l'immortalité - Les deux approches

La tradition indienne a accordé beaucoup d'attention au thème de l'immortalité. A travers une série importante de mythes, elle a mis en évidence deux approches différentes du problème. L'une est la voie asourique ou démoniaque de Ravana, d'Hiranyakashapa, de Trishanku, de Jarashandha et d'autres. Ces êtres étaient attirés par l'immortalité pour prolonger indéfiniment l'empire de leur ego. Ce qui signifie qu'ils voulaient l'immortalité physique sans changer à l'intérieur, dans leur conscience. Pour cela ils ont essayé de nombreux moyens extérieurs, intérieurs, plus subtils et occultes, y compris de grandes *tapasya* et la maîtrise des forces profondes de la nature. Mais leurs efforts sont voués à l'échec, car leur immortalité signifierait un grand déséquilibre dans la Vie Entière que ces égos gigantesques veulent dévorer. La mort trouve un moyen ou un autre d'arriver jusqu'à eux. Le message est clair : on ne peut pas arracher de force la coupe de l'immortalité des mains de la Vie éternelle, et certainement pas en s'accrochant au corps par peur ou par vanité. La peur est en effet une dangereuse alliée de la mort et celui qui aspire à l'immortalité doit donc être libéré de toute peur et attachement.

L'autre méthode est la voie des dieux et des êtres pieux. Les récits de Markandeya, Savitri, Hanuman, Narada, Nachiketas symbolisent cette autre approche. Ceux-ci ne recherchent pas l'immortalité en soi, mais un autre bien spirituel supérieur qu'ils peuvent servir par l'intermédiaire de leur corps. L'immortalité leur est accordée comme un bienfait ou un don de la grâce et non comme le résultat d'une tapasya ardue accomplie à des fins égoïstes. L'histoire de Bheesma, qui a reçu le don d'*Iccha-mrityu*, est particulièrement touchante. Homme d'une nature pieuse et d'une rare sagesse, il révèle lui-même les moyens de sa mort à ses adversaires, car il estime qu'ainsi seulement il peut servir la cause de la vérité. Potentiellement capable de prolonger indéfiniment sa vie, il n'y est pourtant pas attaché comme l'effrayant et redoutable *asura*.

La légende du barattage de l'océan est particulièrement significative à cet égard[1]. Les dieux et les titans se donnent la main pour baratter ensemble l'océan de la vie afin d'en faire sortir le nectar d'immortalité enfoui dans ses profondeurs. Beaucoup de choses sortent de ce grand barattage, mais les deux groupes continuent à se battre, imperturbables et sans se décourager. Ils continuent à se battre jusqu'à ce que, juste avant de toucher le fond, apparaisse le poison le plus puissant, le *kalkoota*. La question se pose de savoir qui le prendrait. La réponse est évidente : qui d'autre que le grand dieu Shiva, qui est la vie éternelle dansant sur la mort. Ce danger écarté, voici que sort le grand élixir, mais aussi le plus subtil des tests mis au point par le conservateur des mondes, Vishnu. Connaissant l'intention cachée des titans, le grand dieu prend la forme d'une figure séduisante, Viswa-mohini. Les titans sont ébranlés car leurs désirs cachés remontent à la surface. Leur regard et leur désir sont maintenant fixés sur la forme séduisante et ils manquent ainsi le nectar. Mais les dieux, qui sont dans la confidence secrète du conservateur lui-même, gardent leur regard fixé sur le but et réussissent ainsi à obtenir le nectar. La science moderne se trouve dans la même position que l'asura qui essaie d'arracher par la force et d'enlever les pouvoirs de la nature pour servir les objectifs égoïstes de l'homme. Et la nature les révèle bien un peu à travers cet excès de violence, mais pas ses derniers secrets. C'est pourquoi tout effort sans la vraie connaissance et l'attitude juste est voué à s'effondrer comme un château de cartes.

---

1  Story from the Vishnu Purana (The legends of Lord Vishnu)

## La Vision Spirituelle Traditionnelle de l'Immortalité

Les énergies du mental, de la vie et du corps, aussi puissantes soient-elles, ne sont encore que des énergies subordonnées qui se meuvent dans les champs d'une ignorance cosmique. La question de la mort ne peut être réglée ici. Ce n'est pas sur ce plan que l'on peut trouver le pouvoir de l'immortalité physique, bien qu'une maîtrise relative et une prolongation de la vie soient possibles en exploitant ces pouvoirs. Cette maîtrise relative est également utile et nécessaire en tant que premier pas préliminaire vers la maîtrise finale. L'une des grandes significations de la vie sur terre est de maîtriser la nature extérieure et intérieure. Au niveau de l'animal, le champ de cette maîtrise est limité à certaines choses grossières de l'environnement extérieur. Avec l'homme et l'avènement du mental avec sa capacité de réflexion et d'introspection, le champ de la maîtrise de soi s'étend également à la nature intérieure de l'individu. Toute l'éthique, la science, en particulier les sciences psychologiques, l'art avec sa recherche de la perfection, l'occultisme, la méditation, sont autant de moyens de tendre vers cette maîtrise. Mais tous ces moyens sont des moyens incomplets. Ils ne sont pas parfaits en pouvoir parce qu'ils ne sont pas parfaits dans leur connaissance. Le siège du pouvoir et de la connaissance authentiques se trouve encore plus profond que notre combinaison naturelle mental, vie et corps. Il se trouve dans le sanctuaire secret de notre âme la plus profonde.

La vision spirituelle traditionnelle, plus élevée que celle du scientifique et de l'occultiste, atteint plus profondément la source spirituelle même de la nature. L'âme en nous est l'élément divin et donc authentique et vrai. Étant divine dans son essence, elle est aussi immortelle et éternelle. Elle ne périt pas avec la destruction du corps, ni avec le retour et la dissolution des éléments de la vie et du mental dans leurs mondes d'origine. Le premier véritable pas vers l'immortalité est lorsque nous touchons et commençons à habiter notre âme. Nous commençons alors à partager la conscience de l'immortalité qui est naturelle à l'âme elle-même. La peur de la mort nous quitte à jamais puisque nous savons qu'elle est irréelle. Le faux «moi» de l'ego, qui est un conglomérat du mental, de la vie et du corps, est dissous par la mort. Mais la mort ne peut pas toucher l'âme immortelle qui est en nous et rien ne peut la détruire. Le véritable «moi» ne périt jamais. Trouver cette âme et vivre en elle, c'est découvrir le secret de l'immortalité alors même que nous continuons à fonctionner dans un corps par ailleurs périssable.

La plupart des traditions spirituelles ne résolvent pas le mystère de la mort. Elles ne font que l'approfondir en contournant la question. Jusqu'à présent, le mystique a considéré la vie comme un champ de douleur et d'impermanence où tout meurt. La naissance est donc perçue comme une occasion de tristesse puisqu'elle doit apporter avec elle chagrin, souffrance et douleur. Le fait de naître et de renaître est perçu comme une source de prolongation de la misère en entrant sans cesse dans ce monde éphémère et malheureux où la mort s'empare de ses proies à volonté et où rien ne peut nous sauver de son emprise, pas même les bonnes actions ou la puissance du mental et du corps. La seule solution qui reste est d'une manière ou d'une autre, de trancher le nœud de la naissance. L'âme qui réussit ce départ le fait par l'une des deux méthodes. L'une consiste à aller au plus profond de soi en utilisant un ou plusieurs pouvoirs de la nature – le mental, les émotions ou la volonté, jusqu'à ce que l'on atteigne l'âme secrète. Une fois ce vrai moi touché, on se réveille de la stupeur d'une fausse identité. Avec cette connaissance, on coupe les liens du faux attachement et du faux désir, ou on se retire dans la solitude jusqu'à ce que ces choses tombent par famine et que l'âme dépouillée de ses enveloppes retourne à son origine. La deuxième méthode consiste à s'élever de plus en plus haut avec l'aide du mental et de son pouvoir de méditation. Le mental ascendant atteint finalement un état d'impersonnalité ou le Moi statique. Tout l'effort du praticien consiste alors à demeurer de plus en plus dans cet état en se retirant de plus en plus dans sa solitude intérieure et dans le calme de son moi impersonnel jusqu'à ce que le corps et le mental s'épuisent et tombent d'une manière naturelle. Il existe également d'autres méthodes moins connues, comme celle qui consiste à être constamment témoin de la nature et à observer sans sanctionner ses activités jusqu'à ce qu'elles tombent comme une fleur se flétrit, si elle n'est pas soutenue par la sève qui la nourrit. Quels que soient les moyens utilisés, l'immortalité recherchée par les mystiques est l'immortalité de l'âme à l'intérieur ou du Moi supérieur au-dessus.

En ce qui concerne l'immortalité du corps, toutes les traditions spirituelles semblent avoir rendu un verdict final *d'anityam asukham* (ce monde de souffrances transitoires où ni permanence ni plaisir ne peuvent habiter). Jusqu'ici et pas plus loin s'arrête toute recherche et met fin au mystère. Ayant réalisé l'âme et son immortalité convaincante, l'emprise de la mort disparaît à jamais, de même que celle de la naissance. Le but pour lequel nous sommes venus sur terre est terminé. Le drap de l'illusion est arraché de nos yeux embrumés et nous prenons la dernière sortie vers un paradis de mukti, le salut, le nirvana.

*« Sois toi-même, immortel, et ne mets pas ta foi dans la mort ; car la mort ne vient pas de toi, mais de ton corps. Car l'Esprit est l'immortalité*[1]*«.*

---

1  Sri Aurobindo : Essays Divine and Human, p.159

# La Fin de la Mort, la Mort de l'Ignorance

*"Délivrer le moi est seulement un premier pas radieux ;"...*
*"Une première fiançaille de la Terre et des Cieux,[1]..."*

Mais ce n'est pas le dernier mot, ce n'est pas le sceau final de l'œuvre de Dieu ni le signe de sa sanction à nos efforts. Il y a un travail encore plus grand à faire, un problème encore plus grand à comprendre, un mystère encore plus grand à résoudre. Tout ce que nous réalisons en découvrant l'âme immortelle qui est en nous, c'est ce que nous sommes vraiment. Connaître notre vrai moi nous libère individuellement des griffes du chagrin et de la souffrance. Mais se connaître soi-même n'est que le début d'une autre ligne de progrès. Il s'agit de savoir ce pour quoi nous sommes venus ici, notre but sous les étoiles, notre véritable travail au milieu de cette nature sauvage. Si le but de l'âme était simplement de s'affranchir de la nature, il n'était pas nécessaire pour elle d'accepter l'esclavage ! C'est une logique étrange que de croire que l'âme, bien que divine, se retrouve en quelque sorte enchaînée par la nature, impuissante, et n'a alors qu'à pleurer pour sa libération de cet état pitoyable. Quel gâchis de tous les efforts créatifs de Dieu ou de qui que ce soit d'autre si tout le drame ne commençait juste pour qu'après des millions d'années, nous nous rendions compte de sa totale futilité et sortions de la pièce, choqués, hébétés et amers. Ce serait non seulement une mauvaise création, mais aussi une terrible folie pour démarrer. C'est ici que nous devons faire une pause et reconsidérer la question de savoir si c'est la folie du Créateur qui a créé ce monde intrigant où nos âmes se sont égarées involontairement ou contre leur gré ou si c'est la folie et l'impatience de nos cœurs aveuglés, attirés par l'attrait de la fuite, qui nous rendent incapables de voir le but même lorsqu'il nous regarde dans les yeux. Le but de la création doit également être le but secret de l'âme s'aventurant dans le temps et l'espace. Ce but, si l'on veut bien le voir, c'est évidemment l'évolution de formes de vie de plus en plus parfaites sur la terre et une conscience de plus en plus élevée. L'évolution de la nature est ascendante et la nature semble élaborer le développement de formes de plus en plus élevées. Plus hautes en capacité de vie et en pouvoirs, plus hautes en capacité de sensibilité et de volonté, du mental et de la connaissance, et surtout en termes de vision et de force de l'âme. Mais est-ce la fin ? Cette créature imparfaite qu'est l'homme est-elle le sommet de l'effort d'évolution de la nature ? Ce n'est pas le cas, dit Sri Aurobindo. La vie et la création ont un but plus profond que la simple servitude et, plus tard, une porte d'évasion. L'âme, c'est-à-dire le germe de la divinité en nous,

---

[1] Sri Aurobindo, Savitri Livre III chant 2 et Livre VII chant 5

ne s'est pas aventurée ici simplement pour retourner les mains vides et nues à sa source juste comme elle est venue. Dans la vision de Sri Aurobindo, la vie n'est pas un accident malheureux, la création pas une histoire dénuée de sens. C'est plutôt le moyen suprême pour un déploiement progressif des possibilités divines cachées dans le sol de la matière sous la forme de la semence divine. Ce sont les vérités les plus profondes et les plus élevées de la vie elle-même, la vérité de la connaissance et de la lumière, la vérité de la liberté, de la paix et de la félicité, la vérité de l'harmonie et de l'amour, la vérité d'une perfection collective et terrestre de la vie sur terre. La nature tend vers cela, révélant ces possibilités sous forme d'indices et d'aperçus chez un individu exceptionnel ici et là. Mais ce qui se trouve chez l'un est aussi latent chez l'autre. Ce n'est qu'une question de temps pour que la race découvre ce que l'individu a découvert en lui. Mais pour que cette possibilité supérieure puisse se manifester pleinement dans toute sa perfection et non pas occasionnellement et partiellement, ce qu'il faut ici, c'est préparer la terre et l'atmosphère. Sri Aurobindo et la Mère ont donné leur vie pour réaliser cette vision de la perfection divine de notre vie terrestre. Après des décennies d'une *sadhana* intense, ils ont découvert les racines du problème et le remède. Non seulement ils l'ont découvert, mais ils l'ont élaboré pour l'homme. Le terrain et l'atmosphère peuvent être préparés à cette possibilité supérieure d'une vie divine sur terre si un principe supérieur au mental, la conscience de Vérité Supramentale, pouvait s'établir sur terre. Cela accélérerait l'éclosion divine de la race. Pour l'instant, nous sommes gouvernés par le principe mental qui, de par sa nature même, est imparfait, ce qui nous laisse le choix de mener une vie ignorante et imparfaite ou d'en sortir en s'élevant à l'un des plans spirituels de conscience au-delà de notre mental ordinaire. Mais au-delà même des plans spirituels, il existe l'éclat du soleil d'une Conscience de Vérité Supramentale où l'ignorance et la souffrance, la limitation et la division, le mensonge et l'erreur, la disharmonie et l'imperfection n'ont aucune place. Sa présence sur la terre signifierait l'apparition naturelle de la vérité et l'unité, l'harmonie et la joie, l'amour et la lumière sur la terre et non en dehors d'elle. Elle signifierait aussi naturellement une évolution de la race humaine en une race *d'êtres gnostiques supramentaux*[1], tout comme l'avènement du mental a fait

---

1   Une nouvelle création incarnant la Conscience de Vérité Supramentale mue par la plus haute vérité comme nous incarnons actuellement la conscience mentale ignorante, qui est la source principale de nos erreurs, du chagrin, de la souffrance, du mal et de la mort. Sri Aurobindo et la Mère ont pris sur eux d'établir ce principe de la Conscience de Vérité sur la terre afin que, par sa pression, une nouvelle race d'êtres supramentaux apparaisse en temps voulu. Ce grand événement, la descente supramentale, a eu lieu sur terre le 29 février 1956.

évoluer notre humanité à partir de l'animal non pensant. À son apogée, elle signifierait la transmutation de l'étoffe même de nos corps afin que ce sac d'os mortel et périssable devienne un foyer de lumière, un manteau translucide qui ne retient pas et ne cache pas la lumière intérieure de l'âme, mais qui transmet et même renforce sa beauté et son rayonnement. Avec l'apparition de ce corps divin et la fin de l'ignorance, le règne de la mort prendrait fin.

Qu'est-ce que cela signifierait ? Tout d'abord qu'il y aurait un changement dans la conscience intérieure des êtres humains, de sorte qu'ils deviendraient, dans leur constitution intérieure et leur nature psychologique, de plus en plus ouverts et réceptifs aux forces supérieures de la lumière, de l'amour, de l'harmonie et de la vérité. Néanmoins, ces êtres, bien que conscients d'une Lumière et d'une Loi supérieures, auront toujours les limitations du corps physique constitué à la manière animale. Cela signifie qu'une division persistera pendant un certain temps avec une conscience intérieure transformée dans une partie de l'humanité prête à faire le saut évolutif et une conscience extérieure inchangée qui résiste et l'entraîne vers notre passé animal. Un logiciel amélioré dans un matériel inchangé, pour ainsi dire ! Mais cette croissance intérieure se poursuivra de plus en plus de l'intérieur vers l'extérieur jusqu'à ce que le corps physique commence à subir la transmutation nécessaire, un corps exprimant pleinement la divinité intérieure et ne la cachant pas ou ne l'entravant pas. La présence même de ce nouvel être de Lumière et de Vérité modifiera radicalement l'équilibre de la vie terrestre, tout comme la présence de l'homme a modifié l'équilibre de la vie animale et végétale et même de la vie matérielle sur la terre. En effet, ce nouvel être maniera tout avec la pleine et vraie conscience, la conscience simultanée de la partie et de l'ensemble, la connaissance simultanée de la vérité de son fonctionnement intérieur et extérieur, l'intuition et la perspicacité simultanées du besoin du moment et de la vision de l'éternité. Ces êtres supérieurs échapperont à la loi de la mort puisqu'ils seront pleinement conscients. Cela ne signifie pas qu'ils porteront toujours le même corps. Mais un changement conscient du corps par un acte de volonté supraconscient sans aucune étape intermédiaire d'oubli, de perte de conscience et de soumission impuissante à un mécanisme aveugle (aveugle à notre ignorance) que représente aujourd'hui la mort. Ceux qui sont encore soumis à l'ignorance continueront sans aucun doute à mourir et à naître à la manière humaine actuelle, mais une connaissance et un pouvoir plus élevés leur seront conférés par cet «autre» beau et lumineux et leur enlèvera une grande partie de la douleur et de la souffrance que l'existence de la mort entraîne actuellement. La mort deviendra alors un instrument de Lumière et non plus la loi aveugle et irréfléchie qu'elle s'arroge aujourd'hui devant une humanité désemparée devant son voile sombre et ambigu. De même qu'avec l'avènement du mental, les forces de la nature, qui semblaient aveugles pour un animal, ont pris une signification différente pour l'homme qui peut maintenant les maîtriser et les utiliser pour un plus grand bien, de même avec l'avènement de l'être nouveau, les forces de mort et de destruction deviendront les instruments d'une volonté supérieure qui les maîtrisera et les utilisera consciemment pour un plus grand bien.

Comment, direz-vous ? La mort nous traite actuellement comme les forces de la Nature ont traité l'homme jusqu'à ce qu'il prenne conscience de la réalité de la Nature. La mort est également une force universelle similaire, qui n'est ni mauvaise, ni bonne. Elle semble plutôt être un méchant qui essaie de devenir un bienfaiteur, comme toutes les forces. La raison en est qu'elle a choisi d'être autonome et donc coupée de la vérité intégrale. L'être psychique, en se développant jusqu'à la perfection, peut ramener la mort à se soumettre à la Vérité, comme le montrent les contes d'*Icchamrityu* et d'autres légendes notables. Une fois que cela s'est produit et que l'âme grandissante de l'homme a maîtrisé la mort, elle sera en mesure d'utiliser ses pouvoirs pour maîtriser la vie et recréer un équilibre. La mort a en effet été utilisée par les Êtres Lumineux comme un instrument, par exemple pour détruire un passé inutile, pour éliminer un obstacle sur le chemin de l'avenir ou même pour détruire le mal conscient comme l'a fait Sri Krishna. De même, l'homme pourra utiliser la force de la mort pour éliminer tout ce qui s'oppose obstinément à l'évolution de l'humanité. Bien entendu, cela suppose que l'on ait atteint un stade d'évolution tel qu'il est naturellement détenteur d'une sagesse infaillible, qui voit la vérité encore plus concrètement qu'on ne voit un objet matériel. Une telle vision de la vérité est liée à la Compassion et pour cet œil lumineux, même la destruction devient un acte de compassion, libérant l'âme de l'enveloppe matérielle dans laquelle elle était enfermée dans la prison d'une nature sombre et déchue. C'est certainement très, très différent des meurtres insensés commis au nom de la religion, d'un idéal ou même d'un sentiment élevé, qui ne sont rien d'autre que de l'ignorance trafiquant le nom de la vérité. Ces personnes citent souvent la *Gita* ou d'autres autorités religieuses pour justifier un acte motivé par leur propre aveuglement. La *Gita* elle-même clarifie ce point en prônant la non-agression d'autrui (*ahimsa*) comme une qualité divine qui doit être pratiquée par celui qui lutte encore dans le labyrinthe de l'ignorance. Mais elle insiste également qu'il s'agit d'une étape intermédiaire et que l'âme de l'homme doit un jour s'élever au-delà de cette dualité en grandissant en une âme authentique, voyant au-delà du bien et du mal relatifs nés de notre vision ignorante et s'élever jusqu'à sa demeure dans le Bien divin permanent.

Donc, dit Savitri, que la mort tente d'intimider mais qui finit par être elle-même conquise et intimidée - «Vis, Mort, un moment, sois encore mon instrument». Il ne s'agit pas seulement d'un changement de perspective à l'égard de la mort, mais d'un changement de capacité et de pouvoir pour y faire face.

Cela ressemble à un conte de fées. Eh bien, pas plus un conte de fées que l'apparition de l'homme pensant dans l'immensité vide de l'espace, à partir de la poussière cosmique. Pas plus un conte de fées que l'émergence de la poésie et de la philosophie à partir du cœur muet de l'homme des cavernes. Pas plus un conte de fées que le reptile rampant dans les trous sombres des entrailles de la terre, développant des ailes d'oiseau qui s'étendent dans le ciel.

Peut-être, mais un jour, notre mode humain de ressentir et de communiquer pourrait devenir lui-même tout à fait incompréhensible pour un homme futur. Car une chose est à la fois conforme à la logique de la nature et celle de Dieu, ou la logique de la science et la logique de la philosophie spirituelle, c'est qu'une créature imparfaite et incertaine appelée homme ne peut être le sommet de la créativité de Dieu ou de la Nature. L'homme, de par sa nature même est destiné à être un être de transition, car l'écart est encore grand entre ce qu'il espère et ce qu'il possède, entre sa réalité et sa possibilité, entre les visions de ses rêves et sa réalité mondaine d'aujourd'hui.

Comment pouvons-nous participer à ce processus ?

En amenant le futur vers nous par une porte intérieure, en nous ouvrant à la nouvelle conscience et en recevant son influx dans nos vies.

En aspirant consciemment et en nous changeant nous-même en direction de l'avenir. En nous déchargeant de ce passé qui cherche à perpétuer le règne de l'ignorance et qui nous attache à la petitesse et à la mesquinerie de la pensée, de l'effort et de l'action.

Ou peut-être simplement en étant heureux et plein d'espoir comme un enfant plein d'enthousiasme et d'émerveillement, libre de tout conditionnement et de tout orgueil mental arrogant.

Même si nous ne participons pas, l'avenir s'imposera à nous. La nature n'a pas demandé la permission au poisson avant de lui enlever ses nageoires et ses branchies et de les remplacer par des poumons et des membres. Elle s'acquitte de la tâche qui lui a été confiée par l'esprit secret du temps, dont le souffle est ressenti par quelques-uns, entendu par moins nombreux encore.

*"Un Témoin de la création — s'il y avait eu un Témoin conscient mais non averti — aurait vu seulement surgir d'un immense abîme de non-existence apparente, une Énergie occupée à la création de la Matière, d'un monde matériel et d'objets matériels, organisant l'infinité de l'Inconscient suivant les plans d'un univers sans limites, ou il aurait vu un système d'innombrables*

*univers s'étendant autour de lui dans l'Espace sans fin, sans limite certaine, une inlassable création de nébuleuses et d'amas d'étoiles et de planètes et de soleils, existant pour eux seuls, dénués de sens, sans cause et sans dessein. Il aurait pu voir là un formidable mécanisme sans usage, un mouvement grandiose et sans signification, un éternel spectacle sans spectateur, un édifice cosmique sans habitant, car il n'aurait vu aucun signe d'un Esprit au coeur de ce monde, aucun être pour la joie duquel il eût été créé. Une création de ce genre ne pourrait être que le produit d'une Énergie inconsciente, une illusion cinématographique, un théâtre d'ombres ou de marionnettes, de formes qui se reflètent sur un Absolu supraconscient et indifférent. Il n'aurait pas vu la moindre trace d'une âme, aucun indice d'intelligence ou de vie dans ce déploiement de Matière incommensurable et interminable. Il ne lui aurait pas semblé possible ni même imaginable que dans cet univers à jamais inanimé, insensible et désert, puisse éclore une vie foisonnante, première vibration de quelque chose d'occulte et d'imprévisible, vivant et conscient, d'une entité spirituelle secrète qui cherche sa voie vers la surface.*

*"Mais des âges plus tard, contemplant à nouveau ce vain panorama, il aurait pu déceler, au moins dans un petit coin de l'univers, le phénomène suivant : un point où la Matière a été préparée, où ses processus ont été suffisamment fixés, organisés, stabilisés, adaptés, pour qu'il devienne la scène d'un nouveau développement — une matière vivante, une vie qui a émergé du coeur des choses et qui est devenue visible. Mais le Témoin n'aurait encore rien compris, car la Nature évolutive n'a toujours pas livré son secret. Il aurait vu une Nature préoccupée seulement d'assurer cette éclosion de la vie, cette nouvelle création, mais une vie vivant pour elle-même, ne possédant aucune signification ; il aurait vu une créatrice prolifique et capricieuse, éparpillant la semence de son nouveau pouvoir, fondant la multitude de ses formes avec une opulente et splendide profusion, ou, plus tard, multipliant à l'infini les genres et les espèces pour la simple joie de créer — un premier mouvement, une petite touche de couleur vive jetés dans l'immense désert cosmique, et rien de plus. Le Témoin n'aurait pu imaginer qu'un mental pensant apparaîtrait un jour dans ce minuscule îlot de vie, qu'une conscience pourrait s'éveiller dans l'Inconscient, qu'une vibration nouvelle, plus subtile et plus puissante, viendrait à la surface et révélerait plus clairement l'existence de l'Esprit submergé. Il lui aurait semblé tout d'abord que la Vie est soudain devenue consciente d'elle-même, on ne sait trop comment, et puis c'est tout. Car ce mental nouveau-né, faible, sans ressources, semblait n'être qu'un serviteur de la vie, un artifice pour aider la vie à vivre, un*

*mécanisme pour la maintenir, pour attaquer et se défendre, pour assurer certains besoins, certaines satisfactions vitales, pour libérer l'instinct de vivre et l'impulsion vitale. Il n'aurait pas cru possible que dans cette petite vie si dérisoire au coeur de ces immensités, dans une seule espèce parmi cette insignifiante multitude, un être mental émergerait, un mental qui servirait encore la vie, mais ferait d'elle aussi et de la matière ses servantes, les utilisant pour l'accomplissement de ses propres idées, de sa volonté et de ses désirs — un être mental qui créerait avec la Matière toutes sortes d'instruments, d'outils, d'ustensiles, pour toutes sortes d'usages, qui se servirait d'elle pour construire des cités, des maisons, des temples, des théâtres, des laboratoires, des usines, qui l'emploierait pour tailler des statues et sculpter des cathédrales monolithes, qui inventerait l'architecture, la sculpture, la peinture, la poésie et de multiples arts et métiers, qui découvrirait les mathématiques et la physique de l'univers et dévoilerait le secret de sa structure, qui vivrait pour l'intelligence et ses plaisirs, pour la pensée et la connaissance, qui deviendrait le penseur, le philosophe et le savant, et, suprême défi au règne de la Matière, qui s'éveillerait à la Divinité cachée, deviendrait le pionnier de l'invisible, le mystique, le chercheur spirituel.*

*"Mais si, après des âges ou des cycles, le Témoin avait à nouveau regardé ce spectacle et vu ce miracle en pleine éclosion, même alors peut-être, aveuglé par son expérience initiale, où pour lui la Matière était l'unique réalité dans l'univers, il n'aurait toujours pas compris. Il aurait cru impossible que l'Esprit caché émerge complètement, avec toute sa conscience, et fasse de la terre une demeure pour Cela qui se connaît soi-même et connaît le monde, qui gouverne et possède la Nature. « Impossible ! » aurait-il dit, « Tout ce qui est arrivé est si peu de chose, un petit bouillonnement dans la matière grise du cerveau, une étrange anomalie dans un fragment de Matière inanimée qui remue sur un minuscule point de l'univers. » Par contre, un nouveau Témoin, survenant à la fin de l'histoire, et qui connaîtrait les développements passés mais ne serait pas obnubilé par les échecs initiaux, pourrait s'écrier : « Ah, tel était donc le miracle prévu, le dernier après tant d'autres ! L'Esprit submergé dans l'Inconscience s'est enfin libéré et il habite maintenant, dévoilé, la forme des choses que, voilé, il avait créées pour lui servir de demeure, et pour être la scène de son apparition. » Mais en fait, un Témoin plus conscient aurait pu découvrir des indices, dès les premières phases du déploiement cosmique, et même à chaque pas de cette progression, car, à chaque étape, le secret muet de la Nature se dévoile peu à peu, sans jamais se découvrir entièrement : une indication de l'étape suivante est donnée,*

*une préparation, dont la signification se fait plus évidente, est visible. Déjà, dans ce qui semble être inconscient dans la Vie, on remarque les signes d'une sensibilité qui fait surface ; dans la vie qui se meut et respire, l'émergence d'un mental sensible est manifeste, et la formation du mental pensant n'est pas complètement voilée ; et lorsque celui-ci se développe, apparaissent dès l'origine les efforts rudimentaires, puis la quête plus poussée, d'une conscience spirituelle. De même que la vie de la plante porte en elle l'obscure possibilité de l'animal conscient, de même que l'intelligence animale est agitée de sentiments, mue par des perceptions et des concepts rudimentaires qui sont une première base pour l'homme, le penseur, de même l'homme, en tant qu'être mental, est sublimé par l'Énergie évolutive qui s'efforce de développer en lui l'homme spirituel, un être pleinement conscient, un homme qui transcende son moi matériel primitif et découvre son vrai moi, et sa nature supérieure[1].*

*Quand l'obscurité se fera profonde, étranglant la poitrine de la terre,*
*Quand le mental corporel de l'homme sera la seule lampe,*
*Comme un voleur dans la nuit viendront les pas cachés*
*De l'Un qui entre inaperçu dans sa maison.*
*Une Voix mal entendue parlera, l'âme obéira,*
*Une Puissance furtive gagnera la chambre intérieure du mental,*
*Un charme et une douceur ouvriront les portes closes de la vie*
*Et la beauté vaincra la résistance du monde,*
*La lumière-de-vérité capturera la Nature par surprise,*
*À pas de loup, Dieu contraindra le cœur à la félicité*
*Et la terre deviendra divine sans s'y attendre.*
*Dans la Matière s'allumera le brasier de l'esprit,*
*Dans les corps et les corps s'enflammera la naissance sacrée ;*
*La Nuit s'éveillera à l'hymne des étoiles,*
*Les jours deviendront une heureuse marche de pèlerin,*
*Notre volonté, une force du pouvoir de l'Éternel*
*Et la pensée, un rayonnement du soleil de l'Esprit.*
*Quelques-uns verront ce que nul encore ne comprend ;*
*Dieu grandira tandis que les hommes sages parlent et dorment ;*
*Car l'homme ne saura point l'avènement jusqu'à son heure*
*Et la foi ne sera point jusqu'à ce que l'œuvre soit accomplie[2].*

---

1   Sri Aurobindo, La Vie Divine p. 900 -902
2   Sri Aurobindo, Savitri, livre 1 Chant 4

Sri Aurobindo et la Mère ont sondé le but de la vie terrestre et son rendez-vous avec la mort et ont trouvé sa solution ultime. Leur travail n'était pas pour eux-mêmes. Ils avaient déjà vu et parcouru plusieurs fois les territoires cachés et occultes de l'existence, ils en connaissaient les pouvoirs et les limites, foulé les chemins spirituels traditionnels, découvert une fois de plus l'immortalité de l'âme, réalisé le Moi éternel et immuable, connu le goût du Nirvana et la liberté illimitée de l'Infini, tracé pour tous les temps à venir pour la terre et l'humanité les cartes de la Conscience et comblé les lacunes de ses dimensions inconnues, découvert les pages secrètes des scénarios cachés du passé - et pourtant le paradoxe de la vie sur terre et le mystère ultime de la naissance et de la mort restaient à résoudre de manière satisfaisante.

Le problème n'était pas seulement l'évasion d'une ou de plusieurs âmes des griffes de la mort, mais de trouver la raison même pour laquelle cette substance immortelle flirte avec la mortalité. Si la vie sur terre ne servait qu'à réaliser l'immortalité de l'âme et le vrai Moi, il n'y avait aucune raison de faire ce plongeon dans la création. Le drame de la douleur et de la souffrance est-il justifié au nom de la justice karmique si la fin est la même que le début, c'est-à-dire que l'âme qui se connaissait déjà elle-même se connaît à nouveau elle-même après une période intermédiaire d'oubli apparent de soi ? La solution d'évasion ne peut satisfaire une quête sérieuse. Elle peut tout au plus apaiser un cœur faible et fatigué qui a besoin d'un peu de repos après la lutte. Mais l'homme cherche plus qu'une simple évasion du drame de la vie. Il cherche aussi la vérité, l'amour, la félicité, la paix et la perfection au milieu (et non à l'écart) de ce monde agité et troublé. Quelque chose en nous continue d'aspirer à la perfection terrestre avec espoir et prière. L'ignorance, pourrait-on dire. Mais d'où vient cette ignorance qui obscurcit la connaissance native de l'âme ? Ou peut-être avons-nous manqué complètement le sens et la signification de la création ! C'est ce sens qu'a découvert Sri Aurobindo, non pas en tant que philosophe en fauteuil méditant sur les énigmes de la vie mais comme un guerrier spirituel à la conquête de domaines inconnus de la connaissance, inconnus jusqu'à présent. Il est impossible de rendre pleinement justice à son œuvre pour l'humanité et la terre dans un petit livre ou même dans de nombreux livres.

Mais pour nos objectifs actuels, nous pouvons maintenant nous pencher sur certains des aspects saillants de sa découverte qui sont d'un intérêt immédiat.

La vie sur terre n'est pas un accident, spirituel ou chimique, mais une plongée volontaire de l'Esprit. Et puisque l'Esprit est Toute Connaissance et Tout Pouvoir, ce plongeon ne peut être une soumission impuissante à une force obscure et mystérieuse (ou malicieuse) de Satan ou de Maya. Tout est issu du

Moi Unique et est soutenu par Lui pour servir un grand dessein dans le grand plan. Même la matière n'est rien d'autre qu'un acte de l'Esprit. L'Esprit est devenu matière, pour ainsi dire, tout comme il est devenu tout le reste.

Puisque l'Esprit est devenu matière, il est logique de voir que c'est la matière qui doit découvrir sa propre réalité spirituelle. En d'autres termes, toute vie est un processus de découverte de sa propre réalité spirituelle. La nouvelle définition de cette découverte de soi est en termes matériels. Le plaisir d'être à l'origine de toutes choses doit aussi goûter au plaisir du devenir. Devenir quoi ? Dieu dans l'argile, ou dirons-nous Dieu souriant à travers une matière divinisée, parfaitement adaptée à recevoir et à transmettre son Délice, sa Force, sa Vérité, sa Lumière, son Amour et tout ce qui est maintenant et toujours contenu dans les plis silencieux de l'Esprit. Il s'agit de manifester dans la vie matérielle sur terre, l'éternelle Perfection d'en haut.

Cela ne peut se faire en un tour de main. C'est pourquoi il y a des étapes et des processus, une progression graduelle et apparemment douloureuse vers un avenir plus grand. La douleur est due à la résistance. Pourtant, dans la Providence secrète des choses, cela est inévitable. Un déroulement trop rapide peut signifier la dissolution plutôt qu'une nouvelle création. On ne peut pas faire une belle sculpture avec de l'argile entièrement molle. L'écaillage de la pierre est un processus lent qui se poursuit jusqu'à ce que l'image cachée et emprisonnée dans ses contours bruts soit libérée dans sa plus grande perfection. La nature travaille à cette nouvelle création ou à une création divine sur terre. Cela seul peut justifier le long travail, expliquer la souffrance qui s'ensuit pour un plaisir plus grand et non encore réalisé, et donner un sens parfait au mystère de la vie sur terre. Il ne s'agit pas tant de trouver l'âme seulement (bien que cela soit nécessaire dans un premier temps), mais de trouver son propre accomplissement divin.

Cette création nouvelle et plus divine sur le plan matériel signifie nécessairement l'apparition sur terre d'un être nouveau et divin. Ce sera une race d'êtres qui seront entièrement gouvernés et conduits par la Vérité de l'Esprit et non plus par la faim du corps, les impulsions et les désirs vitaux, et les dictats ignorants du mental comme c'est le cas actuellement. Cela signifie l'apparition sur terre d'une nouvelle espèce dont le centre de conscience et la source de fonctionnement seraient radicalement différents de ce que nous connaissons aujourd'hui. Bien qu'il soit présomptueux d'envisager les détails de cette nouvelle espèce, si nous pouvons l'appeler ainsi, il suffit de dire que l'homme, comme tout ce qui l'a précédé, est un être de transition. De même que du singe est né le phénomène de l'homme, de même, de l'homme naîtra ce nouvel être qui sera radicalement différent de l'homme, non seulement dans sa conscience et sa constitution intérieures, mais aussi et finalement dans son corps même. Cela impliquerait nécessairement de nombreuses étapes successives et intermédiaires. L'un de ces stades sera naturellement un être dont la conscience est radicalement et fondamentalement changée mais dont le corps doit encore subir la divinisation nécessaire.

Ce changement de forme et, avec lui, un changement correspondant des pouvoirs de la conscience, se produit depuis des millénaires et c'est ce que nous appelons l'évolution. Mais l'évolution telle que décrite par Darwin n'est que la moitié de l'histoire dont le lien de causalité le plus important est absent. Le chaînon manquant est comblé dans la science par le mot «hasard», à la fois net et ambigu. C'est par hasard que ce monde a surgi, par hasard, que la poussière sous nos pieds a commencé à respirer et à ramper, par hasard, que la reptation s'est transformée en course et en vol, et encore une fois par une autre chance prodigieuse que ce morceau d'argile a commencé à sentir, à penser et à s'introspecter, à rechercher consciemment la beauté, la vérité et les choses supérieures ! Derrière ce hasard fictif, il y a le fil invisible de la conscience qui tisse une forme après l'autre et qui continuera à le faire jusqu'à ce que la forme parfaite arrive. Et la forme parfaite sera naturellement celle qui peut contenir le souffle et la force de l'Esprit sans se briser, contenir le délice sans le répandre, le détériorer et le dégrader. Cela signifierait également la fin de la maladie, de la souffrance (de toutes sortes, y compris la souffrance matérielle) et de la mort.

La mort elle-même a évolué ou a été imposée aux êtres vivants en raison d'une nécessité évolutive. Si la mort n'existait pas, les formes imparfaites se multiplieraient à l'infini, comme le font les virus et les bactéries. Nous n'avons pas besoin d'imaginer quel monde effrayant serait le nôtre si les formes d'ignorance (connaissances et pouvoirs limités et partiels) continuaient à se multiplier. Si la nature est vouée à l'imperfection, alors la vie terrestre deviendra certainement une prison pour l'âme.

Il n'en serait pas de même pour un être de Connaissance vraie et totale, un être gnostique, puisque l'harmonie sera la loi même de son existence. Il serait libéré de la loi de la mort, même physiquement, mais il n'abusera pas de cette liberté pour se perpétuer et exterminer toutes les autres espèces. Et sa liberté ne sera pas limitée par une continuation impuissante dans le même corps, car cela aussi serait une limitation, mais une liberté de changer de corps consciemment, par un acte de volonté et sans passer par le processus de la mort.

En d'autres termes, la mort est une nécessité lorsque la vie lutte contre l'imperfection et vacille dans l'ignorance. La mort ne sera plus nécessaire lorsque l'ignorance se transformera en Gnose, l'imperfection en perfection divine (et non en ce que nous appelons la perfection humaine qui, même à son apogée, est une création de l'ignorance), et que la souffrance se transformera en immortelle *Ananda*. Pour le moment, la mort est une libération temporaire des joies et des souffrances terrestres ; la joie qui s'achève trop tôt en son contraire, la souffrance qui s'ensuit nécessairement lorsque l'âme immortelle prend le masque de l'imperfection, de l'ignorance et de la limitation. Elle tombera et cessera d'exister lorsque toute la vie deviendra une vague de *l'Ananda Suprême*.

## Un Corps Glorieux

*"Dans les très, très vieilles traditions (il y avait une tradition antérieure à la tradition védique et antérieure à la tradition chaldéenne, qui devait être à l'origine de ces deux traditions-là), dans cette vieille tradition, il est déjà question d'un « corps glorieux » qui serait assez plastique pour être transformé à chaque moment par la conscience profonde : il serait expressif de cette conscience, il n'aurait pas de fixité de forme. Il était question de luminosité : la matière qui le constituait pouvait devenir lumineuse à volonté. Il était question d'une sorte de possibilité de légèreté qui lui permettrait de se déplacer dans l'air seulement par un effet de la volonté et par certains procédés de maniement de l'énergie intérieure, et ainsi de suite. On a beaucoup parlé de ces choses-là. Je ne sais pas s'il y a jamais eu sur terre des êtres qui l'aient partiellement réalisé, mais dans une toute petite mesure, il y a eu des exemples partiels d'une chose ou de l'autre, des exemples qui viennent comme pour prouver que c'est possible. Et en suivant cette idée, on pourrait aller jusqu'à concevoir le remplacement des organes matériels, et de leur fonctionnement tel qu'il est, par des centres de concentration de force et d'énergie qui seraient réceptifs aux forces supérieures et qui, par une sorte d'alchimie, les utiliseraient pour les nécessités de la vie et du corps. On parle déjà des différents « centres » dans le corps — c'est une connaissance très répandue chez les gens qui ont pratiqué le yoga —, mais ces centres pourraient se perfectionner au point de remplacer les différents organes par une action directe de l'énergie et des vibrations supérieures sur la matière. Ceux qui ont suffisamment pratiqué l'occultisme sous sa forme la plus intégrale, pourrait-on dire, connaissent le procédé de matérialisation des énergies subtiles et peuvent les mettre en contact avec les vibrations physiques. Non seulement c'est une chose qui peut être faite, mais c'est une chose qui est faite. Et tout cela est une science, une science qui doit elle-même se perfectionner, se compléter, et qui évidemment sera utilisée pour la création et la mise en action de corps nouveaux qui seront capables de manifester la vie supramentale dans le monde matériel. Mais comme le dit Sri Aurobindo, avant d'en arriver là, il est bon d'utiliser tout ce que l'on a pour parvenir à augmenter et à préciser le contrôle des activités physiques.*

*Il est de toute évidence que ceux qui pratiquent la culture physique d'une façon scientifique et coordonnée arrivent à un contrôle de leur corps qui est inimaginable pour les gens ordinaires. Nous avons vu, quand les gymnastes russes sont venus, avec quelle aisance ils faisaient des exercices qui pour un homme ordinaire sont impossibles, et ils les faisaient comme si c'était la chose la plus simple du monde, il n'y avait même pas le moindre signe d'effort ! Eh bien, cette maîtrise-là est déjà un grand pas vers la transformation du corps. Et eux qui sont, je pourrais dire par profession, des matérialistes, ils n'employaient aucune méthode spirituelle dans leur éducation ; c'était uniquement par des moyens matériels et par un usage éclairé de la volonté humaine qu'ils étaient arrivés à ce résultat. S'ils avaient ajouté à cela une connaissance spirituelle et un pouvoir spirituel, ils auraient pu arriver à un résultat presque miraculeux... À cause des idées fausses répandues dans le monde, généralement on ne voit pas les deux choses ensemble, la maîtrise spirituelle et la maîtrise matérielle, et alors, toujours, à l'une il manque l'autre ; mais c'est justement ce que nous voulons faire et ce que Sri Aurobindo va expliquer : si l'on joint les deux, le résultat peut atteindre à une perfection qui est impensable pour la pensée humaine ordinaire et c'est cela que nous voulons essayer*[1]*.*

*"Le corps supramental qui doit venir à l'existence possédera quatre attributs principaux : légèreté, adaptabilité, plasticité et luminosité. Lorsque le corps physique sera entièrement divinisé, il aura l'impression de toujours marcher dans les airs, il n'y aura pas de lourdeur ni de tamas ni d'inconscience en lui. Il n'y aura pas de limite non plus à son pouvoir d'adaptation ; quelles que soient les conditions où il se trouve placé, il sera immédiatement à la hauteur de ce qui est exigé de lui, parce que sa pleine conscience rejettera toute l'inertie et l'incapacité qui font habituellement de la matière un boulet pour l'Esprit. La plasticité supramentale lui permettra de résister aux attaques de n'importe quelle force hostile qui voudrait le pénétrer — non pas qu'il opposera une lourde résistance à l'attaque, au contraire, il se fera si souple qu'il annulera la force en s'effaçant devant elle pour la laisser passer. Ainsi, il ne supportera aucune conséquence nuisible et sortira indemne des plus mortelles attaques. Finalement, il sera transformé en la substance de la lumière ; chaque cellule irradiera la gloire supramentale. Ce ne sont pas seulement ceux qui sont assez développés pour posséder la vision subtile qui seront capables de percevoir cette luminosité, mais les hommes ordinaires la*

---

1    La Mère Entretien 17 AVRIL 1957

*percevront aussi. Ce sera un fait évident pour tout le monde, une preuve permanente de la transformation qui convaincra même le plus sceptique.*

*"La transformation corporelle sera la suprême renaissance spirituelle — ce sera un rejet total de tout le passé habituel. La renaissance spirituelle, en effet, suppose un rejet constant de nos anciennes associations, de nos vieilles façons d'agir et des circonstances passées de notre existence, pour vivre comme si chaque moment était vierge, comme si à chaque instant nous commencions une nouvelle vie. C'est cela être libre de ce qu'on appelle le Karma, le courant de nos actions passées ; en d'autres termes, c'est une libération de l'esclavage des activités habituelles de la Nature, de ses causes et ses effets. Lorsque cette rupture avec le passé est victorieusement accomplie dans la conscience, toutes ces fautes, ces faux pas, ces erreurs et ces folies, si vivaces dans notre souvenir et qui s'accrochent à nous comme des sangsues pour boire le sang de notre vie, se détachent de nous et tombent, nous laissant le plus joyeusement libres. Cette liberté n'est pas une simple affaire de pensée ; c'est un fait tout à fait concret, pratique, matériel. Réellement, nous sommes libres ; rien ne nous lie, rien ne nous affecte, il n'y a plus d'obsession de la responsabilité. Si nous voulons neutraliser, annuler notre passé, ou devenir plus grand que lui, ce n'est pas par un simple repentir ni quelque chose de ce genre que nous pouvons y arriver ; il nous faut oublier que le passé non transformé a jamais existé et entrer dans un état de conscience illuminé qui brise toutes les amarres. Renaître signifie avant tout que l'on entre dans la conscience psychique où nous sommes un avec le Divin et éternellement libres des réactions du Karma. Si l'on ne devient pas conscient du psychique, cela est impossible, mais une fois que l'on est solidement conscient de l'âme vraie en nous, toute servitude prend fin. Alors, à chaque instant, c'est une vie nouvelle, alors le passé ne s'accroche plus à nous. Pour vous donner une idée du sommet final de la renaissance spirituelle, je dirai que l'on peut avoir l'expérience constante de l'univers qui disparaît effectivement à chaque instant et qui à chaque instant est créé de nouveau[1] !*

Nous avons commencé par la nécessité et l'inévitabilité de la mort. Terminons par la certitude de la fin de la mort et de tout ce qu'elle représente jusqu'à présent ; la fin de l'ignorance et du mensonge et avec elle la fin du mal, de la souffrance et de la douleur :

---

1  La Mère, Entretien 1929-1931, p.198-200.

*L'incarné du double Pouvoir ouvrira la porte de Dieu,*
*L'éternel supramental touchera le Temps terrestre.*
*Le superhomme s'éveillera dans l'homme mortel*
*Et manifestera le demi-dieu caché*
*Ou se transmuera en Lumière de Dieu et en Force de Dieu*
*Révélant la divinité secrète dans la caverne.*
*Alors la terre sera touchée par le Suprême,*
*Sa lumineuse Transcendance illuminera*
*Le mental et le coeur, et forcera la vie et les actes*
*À interpréter son inexprimable mystère*
*Dans un alphabet des signes de la Divinité.*
*Son esprit cosmique tout vivant enveloppera la terre*
*Annulant le décret de la mort et de la douleur*
*Effaçant les formules de l'Ignorance...*
*Le supramental sera la source de sa nature,*
*La vérité de l'Éternel façonnera ses pensées et ses actes*
*La vérité de l'Éternel sera sa lumière et son guide.*
*Tout changera alors, un ordre magique viendra*
*Dominera cet univers mécanique.*
*Une espèce plus puissante habitera le monde des mortels.*
*Sur les sommets lumineux de la Nature, sur la base de l'Esprit,*
*Le superhomme régnera comme roi de la vie,*
*Fera de la terre presque la compagne et l'égale des cieux*
*Et conduira la terre ignorante de l'homme vers Dieu et la vérité*
*Et soulèvera sa mortalité vers la divinité...*
*Tout se dessinera comme un plan unique,*
*Une harmonie divine sera la loi de la terre,*
*La Beauté et la Joie refaçonneront sa façon de vivre:*
*Même le corps se souviendra de Dieu,*
*La Nature se retirera de la mortalité*
*Et les feux de l'Esprit guideront la force aveugle de la terre...*
*Les yeux de l'Esprit regarderont par les yeux de la Nature,*
*La force de l'Esprit envahira la force de la Nature.*
*Ce monde sera le jardin de fleurs visible de Dieu,*
*La terre sera un champ et un camp de Dieu,*
*L'Homme oubliera de consentir à la mortalité*
*Et à sa fragile impermanence incarnée.*
*L'univers révélera son sens occulte...*
*Il y aura même un haut couronnement de tout,*

*La fin de la Mort, la mort de l'Ignorance...
Ces moi séparés sentiront l'unité de l'Esprit,
Ces sens deviendront capables d'un sens céleste,
La chair et les nerfs capables d'une étrange joie éthérée
Et les corps mortels capables de l'immortalité.
Une force divine coulera à travers les tissus et les cellules
Et gouvernera la respiration et la parole et les actes
Et toutes les pensées seront une lueur des soleils
Et chaque sentiment une vibration céleste...
La Nature vivra pour manifester Dieu secret,
L'Esprit gouvernera le jeu humain,
Cette vie terrestre deviendra la vie divine*[1]*."*

---

1  Savitri book 11

# L'appel de l'impossible

*Une divinité nous porte vers l'irréalisé.*
*Endormi dans les vastes plis de la destinée,*
*Un monde gardé par les ailes bruissantes du Silence*
*Protège sa merveilleuse impossibilité.*

*Mais vibrent et s'écartent les portails céruléens,*
*D'étranges splendeurs se penchent sur nos yeux rêveurs ;*
*Nous portons de fières déités et de glorieux destins ;*
*Des visages, des mains s'approchent, venus du Paradis.*

*Ce qui brille là-haut attend obscurément en nous ;*
*La béatitude inatteinte est le droit de naissance de notre avenir ;*
*La beauté s'éprend de nos âmes voilées ;*
*Nous sommes héritiers d'espaces infinis.*

*L'impossible est notre masque de ce qui sera,*
*Le mortel, la porte vers l'Immortalité.*

*Sri Aurobindo*

*Dans ce mouvement de Temps et de Devenir, Dieu apparaît à la conception ou à l'expérience que nous avons de lui par l'évidence de ses oeuvres comme le Pouvoir divin qui ordonne toutes choses et les met à leur place dans le mouvement. Sous sa forme d'espace, c'est lui qui nous fait face dans toutes les directions, avec ses millions de corps, ses myriades mentales, manifesté en chaque existence ; nous voyons ses visages tout autour de nous... Il nous apparaît aussi dans l'univers comme l'esprit universel de Destruction qui semble ne créer que pour défaire à la fin ses créations — « Je suis la Mort qui emporte tout », aham mrityuh sarva-harah. Et pourtant, son Pouvoir de devenir n'interrompt point ses oeuvres, car la renaissance et la force de création nouvelle vont toujours de pair avec la force de mort et de destruction — « et Je suis également la naissance de tout ce qui viendra au monde ». Le Moi divin dans les choses est l'Esprit, qui soutient, du présent ; l'Esprit, qui se retire, du passé ; l'Esprit, qui crée, de l'avenir.*

*Sri Aurobindo, Essai sur la gita, p. 127*

# Les Nombreux Visages de la Mort

## Les Nombreux Visages de la Mort

La présence de la mort a fortement influencé la vie sur terre. Une grande partie de la lutte pour la survie que nous observons au niveau animal a été le résultat direct de la mort sur notre planète. Cette lutte pour la survie, loin d'être désastreuse, n'a jusqu'à présent fait que contribuer à l'enrichissement de la vie. La force de l'évolution a utilisé cette lutte pour développer de plus grandes capacités et de plus grands pouvoirs dans la nature. Elle a créé une sorte de course au développement de formes de plus en plus parfaites, de formes plus plastiques et adaptables, des formes plus harmonieuses et plus belles et, qui sait, un jour, elle ira jusqu'à créer des formes parfaites et divines. La force, l'endurance, la plasticité sont le résultat direct de la danse de la mort dont les pas impitoyables brisent les barrières de la faiblesse et de la fragilité, excitent et provoquent l'émergence de tout ce qui peut soutenir une vie plus forte. La force, mais aussi la beauté et l'harmonie ont été indirectement le résultat de la mort. Il y a un proverbe plein de cette vérité qui dit que les plus belles pierres ont été ballottées par les vents, nettoyées par les vagues et façonnées à la perfection par les tempêtes les plus violentes.

Au niveau humain, nous savons que la présence de la mort a fortement influencé nos pensées, nos sentiments, nos impulsions, nos motivations et notre comportement. Son sceau est apposé sur notre science, nos arts, notre droit, notre politique, notre philosophie et pratiquement tout le reste. Son influence a été si puissante que même les philosophies spirituelles n'ont pas pu échapper à la reconnaissance de sa présence dans la vie. Une grande partie de la pensée et de l'action humaines est guidée par cette conscience de la mort - le croyant et l'incroyant, le moraliste et l'hédoniste, le Dionysien comme les Apolliniens, tous semblent justifier leurs diverses positions à partir de ce seul point d'accord sur la certitude de la mort. Puisque la mort semble être la seule chose certaine au milieu d'une vie sur terre par ailleurs incertaine et précaire, on se justifie en fonction de sa vision de la mort. L'homme de bien dit : «Puisque la vie est courte, qu'on se souvienne de moi demain par mes actes». Le malfaiteur, par une logique tout aussi puissante, dit : «Mais pourquoi, mais pourquoi dois-je m'efforcer de faire le bien puisque la mort met fin à toutes choses ? Laissez-moi plutôt jouir, profiter et dormir autant que je le peux et de quelque manière que ce soit, jusqu'à ce que je me couche dans le sommeil final de la mort.» L'heureux chanceux ou le fonceur dit, «Ah ! Laissez-moi profiter de chaque instant puisque la vie est brève». Et l'homme de peine dit tout le contraire : «Ah ! à quoi bon m'efforcer puisque de toute façon la vie est brève". L'homme religieux hanté par le spectre obsédant de la mort continue à chercher le réconfort dans une vie dans l'au-delà. Mais le physicien reconnaît la mort dans la vie de cette planète et cherche ensuite les moyens de la repousser un peu plus loin.

Des choses aussi diverses que la science de la vie et la science de la destinée sont toutes deux nées du ventre de la mort. En bref, la mort a coloré toutes les sphères de la vie, elle est même tissée dans chaque fibre de la vie.

Voilà pour ce qui est de notre familiarité quotidienne avec cette certitude. Pourtant, nous pouvons nous demander si nous connaissons vraiment la mort. La réponse est évidente. Et bien que nous n'en sachions pratiquement rien, nous prenons certaines positions, bien qu'inconsciemment, à l'égard de la mort dans notre vie. Il s'agit des différentes attitudes que l'homme a adoptées à l'égard de la mort. Ou encore les différentes positions psychologiques et philosophiques que la mort a instillées dans notre vie. Voyons ces positions une à une afin de connaître tous les masques que cette grande ombre porte pour se cacher.

**La Tragédie au Cœur du Temps**
La plupart d'entre nous associent la mort à la grande fin incertaine des choses. Cette incertitude au sujet de la vie, la soudaineté de la mort, l'inéluctabilité de la fin de tous nos rêves, est interprétée par l'esprit humain comme un destin tragique. Mais est-ce vraiment ainsi ? Un regard calme et posé nous révèle que la mort a pris cette forme non pas tant pour nous terrifier que pour nous fortifier. C'est ce caractère soudain et inattendu qui nous rend vigilants. C'est l'inévitabilité de la perte au niveau physique qui fait basculer nos cœurs attachés aux apparences vers un amour plus profond, un amour indépendant du cadre physique, indépendant des circonstances de notre corps, indépendant même de la vie et de la mort. Il existe dans la nature humaine une telle possibilité d'amour profond ; aimer malgré la séparation des corps et c'est la présence de la mort qui éveille cette possibilité en l'homme. Ainsi, nous découvrons que notre sens de la tragédie a également une grande utilité. La douleur de la séparation lorsque les corps physiques se séparent, la déchirure angoissante que le cœur ressent lorsqu'il doit obligatoirement s'éloigner de l'objet de son amour, la souffrance qui plane sur nos âmes par la perte de l'être aimé ne sont rien d'autre qu'une indication imparfaite et une tentative ignorante de découvrir l'unité qui est notre vérité secrète. Nous ne devrions ni rechercher cette tragédie ni essayer d'y échapper lorsqu'elle nous frappe. Nous devons plutôt l'utiliser comme un levier pour aller au plus profond de nous-mêmes

et découvrir l'unité qui dépasse tout changement et que le temps ne peut ni poursuivre ni arracher.

Un amour assailli par le stress du chagrin et de la séparation est la réalité actuelle de notre état imparfait, mais un amour immortel et indéfectible, plus puissant que la mort et plus fort que le temps est notre possibilité future et notre destin secret.

## La Danse de la Destruction

La mort est considérée comme le grand destructeur de toutes choses. Les hommes, les pays, les empires, les civilisations, tous deviennent un jour un tas de cendres et de poussière. Le travail créatif des siècles, les races puissantes et invincibles, les grands et rapides moments de la vie, tous tués par la mort, deviennent les pages d'une histoire incertaine. La mort semble jeter un sort funeste sur tous nos efforts. Mais, demandons-nous s'il en est vraiment ainsi ? Ou est-ce seulement la forme des hommes, des races et des civilisations qui périt et, de ses cendres, naissent des formes plus nouvelles et plus fortes, des formes plus robustes, plus durables, plus plastiques en ampleur, plus adaptables aux circonstances ? Ainsi va la marche des civilisations à travers et en dépit de la mort, d'une perfection moindre à une perfection plus grande. Et la mort continuera à être défiée jusqu'à ce que la dernière ligne d'imperfection soit franchie. L'ancienne pensée Indienne a bien compris que derrière la danse de la mort, il y a le rythme amoureux de Shiva, qui détruit nos imperfections, mais les refaçonne aussi simultanément vers une plus grande perfection. La mort est un masque de Shiva, l'un de ses grands états d'être vu isolément et séparé des battements créatifs de ses pas, dont le monde est obligé de suivre le rythme.

## Le Grand Niveleur

Voilà une autre image de la mort que nous admirons secrètement, voire que nous chérissons. N'est-ce pas la justice même que la mort voie les grands, les puissants et les prospères tomber comme sont tombés les humbles, les faibles et les pauvres ? Peut-être. Mais la chute des forts et des prospères n'épargne pas les agonies des faibles et des mutilés, même si elle peut apporter le réconfort d'un châtiment au cœur rebelle. De même, tout ce qui est riche et fort n'est pas nécessairement mauvais. La prospérité (même extérieure) et la force (même physique) sont également divines. Le divin n'est pas seulement l'ascète dépouillé assis, couvert de cendres, sur les sommets enneigés, vêtu de rien d'autre que le ciel, mais c'est aussi le bras de Dieu qui se bat dans le monde et gouverne les empires à travers les âges. Ce n'est pas seulement le cœur blessé qui se tord de douleur à cause de son orgueil blessé et déchu, mais aussi l'orgueilleux et le fortuné.

Pourtant, la question reste sans réponse : que fait ce grand niveleur sur la terre ? Et bien à chacun sa réponse, même s'il semble y avoir une similitude extérieure de destin. Pour les faibles et les pauvres, la mort vient donner une libération et une nouvelle chance d'aspirer à un meilleur destin. Pour les forts et fortunés, elle leur rappelle qu'ils ne possèdent rien et que toutes leurs richesses et possessions leur seront un jour retirées. Elle exhorte donc chacun d'entre nous à faire de son mieux, à ne se considérer que comme un dépositaire et à utiliser tout ce que nous avons de manière durable, afin que, lorsque nous disparaissons dans l'ombre, et que nos forces et nos joies de vivre s'éteignent, nous laissons derrière nous les œuvres de notre force créatrice et de notre énergie, qui n'est que celle de Dieu.

## Le Sinistre Comptable

L'un des rôles attribués à la mort et à ses anges noirs est de tenir un compte sans faille de nos actes nobles et de nos méfaits. Précis et inébranlables, méticuleux au centime près, sont les sinistres comptables qui refusent tout troc et tout pot-de-vin. Il n'y a ni temples dédiés au dieu de la mort, ni offrandes faites par les fidèles (si tant est qu'il y en ait), car tout cela ne sert à rien. Pourtant, il y a des exemples légendaires comme celui de Nachiketas et de Savitri, qui ont secoué l'étau et le piège, ont arraché à la mort ce qui leur appartenait vraiment et sont revenus triomphants du royaume sombre et dangereux où l'espoir ne prospère pas, ni le désir et l'amour terrestres. Même s'il s'agit de raretés et de victoires encore individuelles, elles laissent entrevoir une possibilité générale – la *possibilité* de changer un jour cette loi sinistre et inflexible. Mais de quoi cette loi est-elle essentiellement faite ? Que mesure le dieu de la mort dans sa balance ?

Il mesure tout ce que nous avons donné à l'ego (individuel et collectif) et sur l'autre plateau il garde tout ce que nous avons donné à la vérité éternelle de la vie, au Dieu intérieur et au monde. Il détruit sans pitié ce qui appartient à l'ego, car c'est la mission qu'il porte en lui depuis toujours. Mais tout ce qui est vraiment divin, l'âme immortelle, ses qualités et ses actes reviennent et sont réutilisés, sous une autre forme, car cela, la mort ne peut pas y toucher. Mais elle les éprouve à fond, son enclume est la plus précise et nos plaidoiries, nos sentiments, nos idéaux et les nombreuses couvertures derrière lesquelles se cache notre égoïsme ne sont d'aucune utilité. Seul ce qui est vraiment divin et pur peut passer sain et sauf et indemne dans son royaume et survivre. Ses yeux sont impitoyables et scrutent sans relâche.

## Le Critique Ironique de l'Oeuvre de Dieu

Sa méthode, qui consiste à douter de tout ce qui est divin jusqu'à preuve du contraire, a valu à la mort le nom de «Critique Ironique». Rien n'est vrai à ses yeux, sauf elle-même. Il n'y a pas d'autre éternité pour la mort qu'elle-même puisque, depuis toujours, elle a cette expérience singulière de voir toutes les choses périr, sauf bien sûr l'âme humaine. Et l'âme, elle ne peut la voir puisque son empire ne s'étend pas jusqu'à elle. C'est une étrange ironie de la mort elle-même que de pouvoir percer les plus subtiles nuances des ténèbres et arracher le camouflage le plus brillant de la lumière, mais que ses yeux sont aveugles à la lumière qui brille dans tous les êtres. Dissimulée dans un grain de poussière et révélée dans l'homme, la mort ne peut voir cette divinité et ne fait donc que froncer les sourcils. Pourtant, Dieu grandit en dépit de son froncement de sourcils. La vie évolue des atomes et des gaz aux plantes, aux arbres, aux animaux et à l'homme. Et avec la vie évoluent les pouvoirs et la connaissance cachés dans l'âme secrète qui est un délégué de la divinité sur terre. Les hommes n'abandonnent pas l'espoir et la poursuite de la perfection terrestre parce qu'il y a la mort, mais en fait ils accélèrent avec le temps et se mettent au travail avec un effort et une urgence redoublés, précisément parce qu'elle est là.

## Le Sophiste aux Sourcils Noirs de l'Univers

C'est la mort qui est directement responsable d'une grande partie du pessimisme que nous rencontrons dans la vie. La plupart des écoles philosophiques brossent un tableau sombre et déprimant de ce monde, car il y a tant d'incertitude, d'imprévisibilité et d'impermanence. Même les écoles de spiritualité, qui insufflent subtilement l'évangile de la mort, ont renoncé à l'espoir d'une quelconque perfection terrestre, car rien n'est permanent, ni l'amour, ni l'espoir. Nos hauteurs se brisent trop bas et les cœurs qui osent et aspirent se lassent trop vite. Alors, où est l'espoir pour la terre ? La mort semble se moquer de tout rêve de perfection humaine en rasant le terrain tôt ou tard. Mais si nous nous arrêtons et que nous regardons avec les yeux calmes et stables des anciens sages, nous découvrirons que cette impermanence et cette imprévisibilité, cette incertitude est en quelque sorte une bénédiction. Cela signifie que les choses peuvent changer et qu'elles changent et qu'il y a donc de l'espoir pour tout le monde.

Parce qu'il y a impermanence, notre ignorance est impermanente aussi, ce n'est qu'une phase passagère de l'évolution.

Parce qu'il y a de l'incertitude, on ne peut jamais condamner qui que ce soit et on peut au contraire garder l'espoir d'un changement. Parce qu'il y a l'imprévisibilité on peut donc sortir de la pire des situations et l'espoir peut briller à travers les nuages les plus sombres.

Parce que les choses ne sont pas figées pour toujours, il y a l'espoir d'un changement pour le meilleur, pour chacun d'entre nous. En fait, l'ignorance et l'impermanence vont de pair, mais ni l'ignorance ni l'impermanence ne sont permanentes. C'est ce que nous devons nous rappeler lorsque la mort nous peint un tableau désolant du monde et de l'univers.

En fin de compte, c'est le monde de Dieu et non celui de la mort, qui n'est en fait qu'un professeur délégué. Nous pouvons lui prêter l'oreille, mais pas la croire. Nous pouvons lui prêter nos oreilles, mais pas nos cœurs et nos âmes. Car elle ne dit qu'une moitié de la vérité - «la vérité qui tue».

Nous devons lui répondre par l'autre moitié de la vérité - «la vérité qui sauve».

### Le Voile du Mystère

La mort est le dernier voile où cessent les limites de notre connaissance. C'est la dernière barrière terrestre que nous devons franchir pour être candidat à la vérité et à l'immortalité. La célèbre légende du Sphinx nous rappelle cette vérité. Le Sphinx, l'étrange bête dévorante et le symbole de la mort, a une énigme encore plus étrange à poser à tous ceux qui veulent traverser le désert Thébain pour rejoindre l'autre rive. «Qui est la créature qui marche sur quatre le matin, sur deux à midi et sur trois le soir" ? Personne ne peut répondre correctement et donc tous sont dévorés. Mais un homme, le héros légendaire Œdipe, dit avec une sagesse remarquable : «Je suis la réponse.» Et maintenant, c'est au tour du Sphinx de mourir.

Cette légende, comme beaucoup d'autres, porte en elle le germe d'une grande vérité. Le Sphinx, créature irréellement réelle, est un symbole de la mort, quelque chose de si réel dans la vie de tous les jours, à laquelle chacun d'entre nous donne une forme et une signification qui lui sont propres. Œdipe le voyageur, c'est l'âme aventureuse de l'homme qui traverse le désert du temps vers son royaume authentique dont elle a été chassée dès l'enfance. L'âme de l'homme est en route pour regagner son royaume après avoir atteint sa pleine stature, forte et sage, après avoir traversé toute l'aventure. Mais le test final de sa sagesse et de sa puissance consiste à savoir si elle s'est découverte elle-même ou non. Cette question, la mort nous la pose à tous au bout du chemin de la vie. Si nous avons découvert qui nous sommes, elle nous laisse passer et la mort n'est plus pour nous puisque nous avons retrouvé notre royaume éternel. Si nous ne l'avons pas fait, nous retournons dans le ventre de la mort pour revenir encore et encore dans le cycle de la naissance et dans la forêt de la vie jusqu'à ce que nous apprenions la leçon. La réponse d'Œdipe est également symbolique. À première vue, elle semble être une déclaration sur la vie physique de l'homme, mais elle recèle une vérité plus profonde. L'homme sur quatre est l'homme-animal soutenu de façon presque impuissante par le monde qui l'entoure. Il est aussi ignorant et impuissant qu'un enfant. L'homme sur deux est l'homme humanisé, sûr de ses pouvoirs et de ses prouesses, mais manquant de sagesse et de maturité. L'homme sur trois a appris à s'appuyer sur le bâton de la foi et a découvert le troisième élément en lui, le soutien de son âme secrète. Il ne s'agit pas d'un simple bâton ordinaire mais le sceptre portant le signe de sa royauté, le pouvoir royal ainsi que la vraie connaissance. La mort meurt et la dernière énigme de la vie de l'homme est résolue lorsqu'il se connaît lui-même. Tel est le destin non seulement de l'homme individuel, mais aussi de tous les groupes et formes de vie qui connaissent et gouvernent le monde, mais qui ne se connaissent pas eux-mêmes. C'est aussi le sort de la religion et de la science, qui ne répondent pas à la question essentielle de savoir ce que nous sommes. Derrière le voile de la mort, derrière ce masque encapuchonné, se cache le visage d'une divinité secrète qui est la nôtre. La mort peut la recouvrir comme un drap recouvre le corps, mais elle ne peut pas la tuer. Pourtant la question demeure : quel besoin avait Dieu de se cacher sous ce masque d'une forme sinistre et terrible ? Quelle nécessité secrète a poussé notre âme à lutter avec cet ancien et puissant Adversaire qui semble plus fort que la vie elle-même ? C'est ici que notre savoir s'effondre, que notre philosophie s'arrête, que notre vision et notre sagesse stoppent. Et celui qui peut y répondre est celui qui vivra pour toujours. Celui qui connaîtra ce sombre secret sera celui qui jouira d'une durée de vie perpétuelle dans le temps et dans l'intemporel. Mais comme le soulignent à juste titre les *Upanishads* - ceux qui ne connaissent que notre état sombre et divisé habitent dans les ténèbres ; pourtant ceux qui ne connaissent que le corps lumineux de Dieu habitent dans une plus grande obscurité «[1]. Nous devons connaître les deux et les connaître non seulement comme deux opposés, mais aussi comme une réalité unique. Celui qui connaît ainsi les deux comme une seule réalité est celui qui connaît vraiment. Car à la fin de toutes nos recherches matérielles et spirituelles, c'est la dernière étape de la réconciliation - Dieu, la Vie et la Félicité, l'Amour, la Lumière et la Vérité avec leurs opposés apparents.

---

1    Sri Aurobindo : The Upanishads, Isha Upanishad, Vers 9 "Ceux qui suivent l'ignorance entrent dans des ténèbres aveugles, ceux qui se consacrent à la seule connaissance entrent dans des ténèbres encore plus grandes".

### Le Sceau de l'Ignorance

Si nous suivons l'indice que nous donne la vie, nous verrons que la mort est un dernier rappel sinistre de notre état d'imperfection. Cette imperfection est due à l'ignorance ; l'ignorance de ce que nous sommes vraiment et de la véritable nature des choses, de l'unicité et de l'unité qui sous-tendent ce monde de division et de multiplicité apparentes. C'est cette ignorance née de la matrice d'un sentiment faux et illusoire du moi-égo qui constitue la douleur de la vie et une grande partie de sa lutte. Cependant, cette ignorance elle-même ne peut subir ni un déchirement uniforme du voile sous peine d'être aveuglée, une mue prématurée et son obscurité empêchent une efflorescence trop rapide, ni une chose précoce mais un continuum avec des étapes de croissance nécessaires. La Mort de la croûte extérieure dans laquelle se cachait la semence divine en toute sécurité dans le coffre de l'ignorance. L'expérience répétée de la mort et de la douleur fournit la chaleur nécessaire à la maturation du coffre et prépare la graine qui s'y trouve à porter la lumière lorsqu'elle s'ouvrira au soleil. La mort sert le but de la création par l'opposition. Elle retarde et ralentit le mouvement et teste chaque élément encore et encore jusqu'à ce que tout soit prêt à être livré à la Lumière. C'est pourquoi elle est appelée à juste titre la mère obscure de toutes choses. Cette mère obscure vérifie minutieusement tous nos points faibles et tendres d'ignorance et met le doigt là où ça fait le plus mal. La mort et la douleur sont les premiers maîtres de la vie, qui ne cherchent qu'à nous former et se soucient peu des réactions et des colères que nous leur opposons. Tant que l'ignorance durera, la mort aura des droits sur la terre. La fin de l'ignorance signifiera aussi la fin de la mort.

### Le Changement de Nos Robes

L'âme qui est en nous est immortelle. C'est le corps qui meurt. Telle est l'ancienne vérité fondamentale que chacun d'entre nous doit redécouvrir à sa manière. Lorsque les écailles de l'ignorance tombent de nos yeux, la première chose que nous découvrons est l'éternité et l'immortalité de l'élément divin en nous. C'est la véritable immortalité, l'immortalité de l'âme en nous. Nous découvrons que nous ne sommes pas le corps qui périt, mais l'âme que la mort ne peut tuer. Les armes ne peuvent la fendre ou la blesser ; le feu ne peut la brûler ; l'eau ne peut la mouiller, ni le vent la sécher. Bref, elle est indépendante, libre et au-dessus des circonstances matérielles du corps. Dans cette nouvelle perspective, la mort n'est rien d'autre qu'un changement de robe. L'aiguillon et le sens de la tragédie disparaissent et nous considérons la mort comme une simple station temporaire et un passage à travers lequel la caravane de la vie doit traverser pour atteindre son but toujours plus proche. Que nous le sachions ou non, la roue de la vie ne s'arrête jamais vraiment, et impuissants, indépendamment de notre volonté, nous sommes conduits vers la destination suprême de notre âme. A travers la nuit et le jour, à travers l'aventure de la victoire et de la chute, à travers la naissance et la mort et l'au-delà, la marche inflexible de Dieu se poursuit.

## Le Passeport pour L'Immortalité

La mort, dans cette nouvelle vision, devient un aiguillon vers l'immortalité. S'il n'y avait pas la mort, l'homme se contenterait de l'ignorance et confondrait son identité égoïste pour le vrai moi. Pire encore, il continuerait à étendre l'empire de son ego et prolongerait indéfiniment l'ignorance et la douleur qui en découlent. C'est pourquoi nous devons franchir à plusieurs reprises les portes de la mort afin d'accéder à une vie plus grande. La mort se tient en travers de notre chemin comme un sévère collecteur de billets et ne permet aucun passage prématuré vers les autres mondes. C'est ainsi qu'elle lie notre regard à ce monde matériel. Il s'agit là aussi d'un grand service, car un visa précoce et facile pour d'autres mondes pourrait tellement séduire l'âme dans son enfance qu'elle risquerait d'oublier son véritable champ d'action - la terre - et de glisser sans cesse dans l'au-delà. Mais la mort s'y oppose et ce n'est qu'à travers ses portails sombres et étroits que nous devons passer vers les hémisphères supérieurs où la mort n'est pas ni le chagrin ni la douleur. Ce sombre tunnel de la mort que nous traversons parfois est en fait une nuit de Dieu dans laquelle nous entrons avant d'émerger dans les plus grandes lumières de l'au-delà.

## L'Instrument de Dieu

Si nous persistons à regarder la mort dans les yeux, sans peur ni terreur, sans pessimisme excessif ni perte de foi dans la puissante énergie créatrice, l'unique Shakti originelle qui a construit ce monde à plusieurs niveaux, alors nous découvrirons à la fin de notre recherche que la mort, comme tout le reste, est un instrument. Mais un instrument entre les mains de qui ? Dans les mains de Celui qui a projeté ces myriades de créatures, d'univers et d'âges dans le Temps et l'Espace. Invisible pour nos sens grossiers et même subtils, mais visible pour l'œil de la foi et connu comme intimement réel par notre cœur le plus profond, Sa Main non seulement crée mais aussi nous soutient et nous appuie à travers toutes nos amertumes, nos luttes et nos chutes. Cette main de Dieu est toujours proche de nous et garde dans son emprise inébranlable la seule chose pour laquelle nos âmes sont entrées dans ce drame de la création - la couronne de l'immortalité consciente, le don de la Vérité et de la Félicité pures et sans mélange, le goût d'un Amour transcendant et d'une Paix intérieure, le toucher de l'Unité, la manifestation d'une Perfection éternelle ici sur terre. Et c'est encore Sa main qui frappe et réduit en poussière tout ce qui doit disparaître pour un plus grand renouveau. Dans notre ignorance, nous voyons une force insensée, dépourvue de sens et de corps, qui abat l'empire de nos espoirs et de nos fragiles châteaux. Mais lorsque nous grandissons en vision et en force, alors nous voyons que c'est aussi Dieu, Chhinnamasta[1] détruisant Son propre corps par Sa propre force puisqu'il a rempli sa fonction, ou Kali dansant devant nous et détruisant avec un amour impitoyable et féroce tout ce qui n'est pas prêt. Notre petit ego humain écrasé par Son étreinte et incapable de supporter la pression de son feu d'amour intense, libérateur et purificateur, crie à la défense. Si seulement il savait que la main qui nous frappe est la même main qui nous soutient et nous aide. La Main qui nous abat est aussi la main qui crée et nous élève. Il n'y a pas deux Dieux, mais un seul et Il n'est mû que par la Lumière et l'Amour en son sein, dans la création comme dans la destruction. La mort n'est qu'un instrument ignorant. Séparée de son unique vérité intégrale, elle ne voit que son rôle. Elle est loin de savoir qu'elle est elle aussi utilisée pour façonner un Bien supérieur et cela fait, elle réalisera aussi sa véritable divinité elle sera transformée par la même main qui soutient maintenant son masque d'ignorance. Nous voyons déjà Dieu grandir de la pierre à la feuille, à la plante et à l'arbre, vivre et sentir dans un animal, penser, réfléchir et se chercher dans l'homme. Nous voyons déjà des signes d'un royaume plus grand toucher la terre et laisser son frémissement dans la matière, un contact qui vient d'un royaume immortel transcendant qui inspire la langue du prophète et émeut le coeur du voyant-poète sensible et à l'écoute. Déjà Dieu avance, traçant devant nous le chemin d'une Vie plus grande. Malgré la mort, malgré la haine, malgré la guerre, malgré les échecs, l'âme de l'homme aspire à l'amour et à la paix et s'élève au-delà de la mort vers la demeure de l'immortalité.

## L'Etre de la Mort

Il est tout cela et pourtant nous pouvons nous demander qui il est. Est-il réel ou irréel, n'est-il qu'une ombre ou un être palpable, une simple formation de l'esprit humain ou un être créé et envoyé par Dieu, est-il une vérité originelle ou une énergie qui a dévié de son but, entraînant une confusion qui aurait pu être évitée ? Les réponses à ces questions sont les dernières sur la mort et

---

[1] La grande déesse qui a détruit sa propre tête en plusieurs parties. Une incarnation de Kali qui se détruit elle-même alors qu'elle semble détruire les autres. Tout est elle-même et sa destruction est aussi un acte d'amour. C'est le symbole.

dépassent les limites et la portée du mental humain. Elles appartiennent au domaine de l'Esprit, à un domaine qui dépasse les limites de notre mentalité la plus élevée. La vérité et le mystère de la mort est subtil, un mystère que même les dieux ne connaissent pas. C'est ce que dit la Mort à Nachiketas. Ne demande pas ce bienfait, mais n'importe quel autre, car personne ne me connaît. Pourtant, Nachiketas persiste et, de même, il y a en chacun de nous un Nachiketas dormant ou actif dont la soif de connaissance et le feu de la recherche ne sont pas satisfaits des réponses habituelles. Notre science et notre expérience de la vie ne peuvent pas nous aider. Nous devons mourir de notre vivant pour le savoir et rares sont ceux qui l'ont tenté.

Dans toutes les traditions, il y a eu de rares génies de l'âme. Et leur expérience collective affirme qu'il existe bien un tel être qui est responsable de la cessation de notre existence terrestre. Et il dispose d'une organisation vaste et complexe dont les filets sont très étendus et s'enfoncent profondément dans le tissu de notre vie terrestre. Mais comment ce sombre mystère est-il apparu ? Quelle nécessité secrète lui a donné une forme de terreur si sinistre et si redoutable et quelle est la force qui soutient son règne ? Ici, même l'expérience mystique tâtonne. Elle est, c'est tout, et nous devons d'une manière ou d'une autre échapper à son filet. Mais en ce qui concerne le comment et le pourquoi de son existence, il y a un silence de conspiration qui entoure la plupart des philosophies spirituelles et la vision qui les soutient. L'Hindou voit bien sûr son double rôle, le double rôle du dieu de la mort et du dieu du dharma (ici dans le sens de gardien de la loi). Cela explique, du moins symboliquement, le rôle plus profond qu'il joue. Il est également représenté portant un nœud coulant dans ses mains et chevauchant un buffle. Il s'agit là aussi peut-être d'une image symbolique. Le buffle est un animal inerte, qui nous rappelle l'inertie morne vers laquelle tout tend à s'enfoncer, sauf ce qui est donné à la Lumière et uni à elle. Le nœud coulant est ici un paradoxe puisque dans sa fonction il coupe la corde avec laquelle l'âme s'attache et se perd dans la vie matérielle. Par conséquent, son propre nœud coulant est une sorte de rappel à l'âme de se débarrasser du nœud coulant de l'attachement faux à l'existence matérielle. Mais le mystère de son origine et de sa dissolution ou de tout autre destin reste encore un point d'interrogation.

## La Transmutation de la Mort

Devons-nous lutter éternellement sous sa loi dure et inflexible, à l'exception de quelques cas d'évasion et de victoires partielles ? Son règne est-il aussi éternel que celui de Dieu ? Pour répondre à cette question, il est impératif de comprendre d'abord l'origine de la mort elle-même.

*Il y a une très vieille tradition qui raconte cela. Je vais vous la dire comme on la raconte aux enfants, comme cela vous comprendrez :* "Un jour, « Dieu » décida de s'extérioriser, de s'objectiver, pour avoir la joie de se connaître en détail. Alors il émana d'abord sa Conscience (c'est-à-dire qu'il manifesta sa Conscience) en donnant l'ordre à cette Conscience de réaliser un univers. Cette Conscience a commencé par émaner quatre êtres, quatre individualités qui étaient des êtres vraiment tout à fait supérieurs, de la plus haute Réalité. C'étaient l'être de la Conscience, l'être de l'Amour (de l'Ânanda plutôt), l'être de la Vie, et l'être de la Lumière et de la Connaissance — mais la Conscience et la Lumière, c'est la même chose. Voilà : la Conscience, l'Amour et l'ânanda, la Vie, et la Vérité — la Vérité... Et naturellement, c'étaient des êtres suprêmement puissants... C'étaient ce que l'on appelle dans cette tradition les premiers émanés, c'est-à-dire les premières formations. Et chacun est devenu très conscient de sa qualité, de son pouvoir, de sa capacité, de sa possibilité, et, tout d'un coup, a oublié à sa manière qu'il n'était qu'une émanation et une incarnation du Suprême. Et alors il s'est produit ceci : quand la Lumière ou Conscience s'est séparée de la Conscience divine, c'est-à-dire qu'elle a commencé à penser qu'elle était la Conscience divine et qu'il n'y avait rien d'autre qu'elle-même, elle est tout d'un coup devenue obscurité et inconscience. Et quand la Vie a pensé que toute la vie était en elle-même et qu'il n'y avait rien d'autre que sa vie et qu'elle ne dépendait pas du tout du Suprême, alors sa vie est devenue la mort. Et quand la Vérité a pensé qu'elle contenait toute la vérité, et qu'il n'y avait pas d'autre vérité qu'elle-même, cette Vérité est devenue le mensonge. Et quand l'Amour ou l'Ânanda a été convaincu qu'il était l'Ânanda suprême et qu'il n'y avait rien d'autre que lui et sa félicité, il est devenu la souffrance. Et voilà comment le monde, qui devait être si beau, est devenu si laid.

"On raconte aussi ... que le Divin voulait que sa création soit une création libre. Il voulait que tout ce qui sort de Lui soit absolument indépendant et libre pour pouvoir se joindre à Lui dans la liberté, pas dans la contrainte. Il ne voulait pas qu'ils soient obligés d'être fidèles, obligés d'être conscients, obligés d'être obéissants. Il fallait qu'ils le fassent spontanément, par la connaissance et la conviction que c'était beaucoup mieux. Alors ce monde a été créé comme un monde de liberté totale, de liberté de choix. Et c'est comme cela qu'à chaque minute, chacun a la liberté de choix — mais avec toutes les conséquences. Si l'on choisit bien, c'est bon, mais si l'on choisit mal, eh bien, il arrive ce qui arrive — c'est ce qui est arrivé !

"On peut comprendre l'histoire d'une façon beaucoup plus occulte et spirituelle. Mais c'est comme toutes les histoires de l'univers, si on veut les *raconter pour que les gens les comprennent, cela devient des histoires pour les enfants. Mais si l'on sait voir la vérité derrière les symboles, on comprend tout*[1]".

La mort est donc l'ombre de Dieu qui engloutit tout ce qu'Il a laissé dans Son sillage flamboyant. Elle est l'instrument de Dieu pour détruire les formes imparfaites. La mort ne voit que dans son ventre obscur l'origine des choses. Comme sa nature est d'avaler, elle essaie d'avaler non seulement le passé, mais aussi l'avenir et le présent. Cela se produit parce que, coupée de son origine et de la vérité plus profonde qui l'a fait naître, elle oublie le Tout de Dieu. C'est pourquoi ses ténèbres sont comme un voile autour du visage de l'Éternel, qui se soulève lentement au fur et à mesure que la conscience évolue et avance. Le jour où l'homme sera prêt à voir l'Éternel face à face et à manifester Sa Perfection dans la vie, ce jour-là, la mort disparaîtra de la vie humaine ou plutôt la vie humaine se transformera en vie divine, une vie libérée de l'ignorance et de la mort. Cela se produira lorsque l'homme se sera débarrassé de son ignorance et que la vie se sera accomplie en Dieu. La mort doit être transformée en un être de Vie dont elle est issue à l'origine. Cela deviendra possible lorsque la vie se centrera progressivement sur son origine divine et n'en sera plus séparée par le voile de l'ego, de l'ignorance et du désir. La mort n'est rien d'autre que la vie déchue de son objectif de progression constante vers le divin, par une efflorescence rapide et naturelle de l'élément divin dans l'homme. Une divinisation de la vie est donc aussi une divinisation de la mort. Lorsque l'homme refuse de vivre pour et par l'ego séparateur et commence à vivre pour le divin, non seulement dans son âme, comme il le fait aujourd'hui en de rares moments et dans de rares êtres, mais aussi dans des parties de sa nature, alors le règne de la mort prendra fin. Et cette heure viendra certainement.

> *Car, dans la marche du Temps où tout est accompli*
> *L'heure doit venir de la volonté du Transcendant :*
> *Tout tourne et s'enroule autour des fins prédestinées*
> *Dans l'inévitable cours immuable de la Nature*
> *Décrété depuis le commencement des mondes*
> *Au sein de l'essence profonde des choses créées:*
> *Il y aura même un haut couronnement de tout,*
> *La fin de la Mort, la mort de l'Ignorance.*
> *Mais d'abord la haute Vérité doit poser ses pieds sur la terre*
> *Et l'homme aspirer à la lumière de l'Éternel*

---

1  La Mère, Entretiens 25 Novembre 1953

*Et tous ses membres sentir le toucher de l'Esprit*
*Et toute sa vie obéir à une Force intérieure...*
*Les frontières de l'Ignorance reculeront,*
*De plus en plus d'âmes entreront dans la lumière,*
*Les mentalités allumées, inspirées, entendront l'appel de l'occulte annonciateur*
*Et les vies flamboieront d'une soudaine flamme intérieure*
*Et les coeurs deviendront amoureux d'un délice divin*
*Et les volontés humaines seront à l'unisson de la volonté divine,*
*Ces moi séparés sentiront l'unité de l'Esprit,*
*Ces sens deviendront capables d'un sens céleste,*
*La chair et les nerfs capables d'une étrange joie éthérée*
*Et les corps mortels capables de l'immortalité.*
*Une force divine coulera à travers les tissus et les cellules*
*Et gouvernera la respiration et la parole et les actes*
*Et toutes les pensées seront une lueur des soleils*
*Et chaque sentiment une vibration céleste.*
*Souvent une brillante aurore intérieure viendra*
*Éclairant les chambres du mental assoupi;*
*Une soudaine félicité coulera à travers chaque membre*
*Et la Nature s'emplira d'une Présence plus puissante.*
*Ainsi la terre s'ouvrira-t-elle à la divinité*
*Et les natures ordinaires sentiront le vaste soulèvement,*
*Les actes ordinaires s'illumineront du rayon de l'Esprit*
*Et trouveront la déité dans les choses ordinaires.*
*La Nature vivra pour manifester Dieu secret,*
*L'Esprit gouvernera le jeu humain,*
*Cette vie terrestre deviendra la vie divine*[1].*"*

---

1  Sri Aurobindo : Savitri, livre 11

**La Peur de la Mort**

"La mort n'est que le changement de nos robes pour attendre en habits de noce à la porte de l'Éternel".

"Bien que la Mort marche à nos côtés sur la route de la Vie,
Vague spectateur au début du corps
Et dernier jugement sur les oeuvres futiles de l'homme,
Autre est l'énigme de sa face ambiguë :
La Mort est une marche, une porte, un grand pas trébuchant
Que l'âme doit prendre pour passer de naissance en naissance,
Une grise défaite fertile en victoire,
Un fouet pour nous cingler vers notre état immortel.
Le monde de l'inconscient est la chambre même créée par l'esprit,
La Nuit éternelle, l'ombre du Jour éternel.
La Nuit n'est ni notre commencement ni notre fin;
Elle est la Mère noire où les entrailles nous cachent
À l'abri d'un réveil trop rapide à la douleur du monde.
Nous sommes venus à elle d'une Lumière céleste,
Par la Lumière nous vivons et à la Lumière nous allons".

"Une Volonté secrète nous oblige de durer.
Le repos de notre vie est dans l'Infini ;
Elle ne peut pas finir, sa fin est la Vie suprême.
La mort est un passage, non le but de notre marche…"

*Sri Aurobindo, Savitri*

# Textes Anciens

## Un Conte Indien Ancien : Le Secret de la Mort

Il y a bien longtemps, la vie était peut-être différente dans ses aspects extérieurs, mais la quête intérieure était la même, comme c'est le cas pour Nachiketas, un enfant ayant la foi et une simple sincérité. Son père, Vajashravas, organisa un Yajna (sacrifice) et comme il est symbolique du sage mondain, il choisit d'offrir aux dieux le vieux bétail et les vaches fatiguées et infirmes. On notera au passage que dans le symbolisme de la période Védique et Upanishadique, les vaches représentaient la Lumière ou tous nos efforts vers le haut pour atteindre la vraie connaissance. Les dieux sont les puissances de la lumière qui apportent à l'homme les dons de la vraie connaissance et d'autres richesses intérieures. Le sacrifice dont il est question ici n'est donc pas un rituel extérieur mais un acte intérieur. Ici, Vajashravas garde pour lui ce qu'il a de meilleur et offre ce qu'il a de pire et d'inutile pour le bien cosmique. Il est possible que dans cet ancien conte rempli de symboles significatifs, Nachiketas, l'enfant lui-même, soit un représentant de l'âme profonde de l'homme et Vajashravas, le roi, notre conscience extérieure dure et liée à l'ego, poursuivant toutes les choses vraies, soit mécaniquement ou sans enthousiasme, ce que notre âme profonde méprise et abhorre. Comme c'est souvent le cas dans ces contes, les vérités les plus profondes sont entremêlées à un épisode réel qui n'est qu'un échafaudage extérieur, l'enveloppe qui cache le noyau. Pour en revenir à l'histoire, le brillant fils du roi, Nachiketas, incapable d'accepter ce manque de sincérité de la part de son père, remit en question son action. Ignoré par son père, il demanda de manière plus acérée : «À qui me donnes-tu père» ? Le père, irrité par cette intrusion plutôt irrespectueuse, répondit : «Je te donne à la Mort». Le garçon sensible prit cela à cœur et attendit la mort sans manger ni boire pendant trois jours. La mort, touchée par sa sincérité, apparue alors devant lui, mais pas dans le but de l'emmener, car son heure n'était manifestement pas encore venue. Au contraire, le dieu terrible apparaît comme un dispensateur de bienfaits et un connaisseur des secrets du Temps et des subtils mystères de la vie cachés à la vue des mortels. Dans une image presque inversée de la mort, le grand dieu s'excusa de ne pas avoir répondu à l'appel de Nachiketas pendant trois jours. Il lui accorda donc trois bienfaits. Son premier bienfait est la paix du mental pour son père, un geste vraiment noble pour un garçon livré à la mort par un père en colère. Le deuxième bienfait qu'il demanda est d'apprendre le secret du feu céleste immortel. Qui d'autre que la mort elle-même peut parler du feu qu'elle ne peut tuer ? Mais c'est le dernier bienfait qui est le plus énigmatique. Nachiketas demanda à la Mort de lui révéler la vérité sur l'immortalité. La Mort tenta par tous les moyens de dissuader Nachiketas en lui offrant d'innombrables richesses - des fils et des petits-fils avec une longue vie, beaucoup de bétail et des éléphants, de l'or et des chevaux ; une très longue vie en tant qu'empereur de n'importe quelle partie de la terre de son choix ; la richesse, le plaisir, les femmes et les chars et tout ce qu'il désire. Mais le sage Nachiketas le contrecarre intelligemment : «Tout cela ne va-t-il pas se flétrir avec le temps et toi, ne les emporteras-tu pas un jour ?». Il insiste sur sa seule aspiration : connaître le secret des secrets, celui sur lequel même les sages et les dieux débattent. Ce qui suit est un colloque entre le dieu de la mort et l'esprit de Nachiketas et constitue la quintessence de la pensée Indienne sur le sujet. Il est symbolique que même la Mort puisse être persuadée de céder, même sa loi inflexible peut changer et son secret être révélé si l'on sait comment persister et persévérer contre le sombre déni. Voici quelques extraits de ce dialogue, tirés de la «Katha Upanishad' :[1]

अविद्यायामन्तरे वर्तमानाः स्वयं धीराः पण्डितिंमन्यमानाः ।
दन्द्रम्यमाणाः परियन्ति मूढा अन्धेनैव नीयमाना यथान्धाः ॥ ५ ॥

Vivant au sein de l'ignorance tout en s'estimant intelligents et éclairés, les ignorants tournent inlassablement en rond, trébuchant sur des chemins tordus, semblables à des aveugles menés par des aveugles.

न साम्परायः प्रतिभाति बालं प्रमाद्यन्तं वित्तमोहेन मूढम् ।
अयं लोको नास्ति पर इति मानी पुनः पुनर्वशमापद्यते मे ॥ ६ ॥

L'Au-delà jamais ne se révèle pas à celui qui est dénué de discrimination, insouciant et qui, trompé par l'illusion de la richesse, devient négligent. Celui

---

1   SABCL, Vol. 12, pp. 245-256.

qui pense : «Ce monde seul existe, et nul autre» tombera sans cesse dans les griffes de la Mort.

श्रवणायापि बहुभिर्यो न लभ्यः शृण्वन्तोऽपि बहवो यं न विद्युः ।
आश्चर्यो वक्ता कुशलोऽस्य लब्धा आश्चर्यो ज्ञाता कुशलानुशिष्टः ॥ ७

Celui dont il est difficile d'entendre parler pour beaucoup, et même parmi ceux qui L'ont entendu, il y en a beaucoup qui ne Le connaissent pas, un miracle est l'homme qui peut parler de Lui avec sagesse et compétence, et quand on en trouve un, un miracle aussi est l'auditeur qui peut Le connaître tel qu'enseigné par l'instructeur.

न नरेणावरेण प्रोक्त एष सुविज्ञेयो बहुधा चिन्त्यमानः ।
अनन्यप्रोक्ते गतिरत्र नास्ति अणीयान् ह्यतर्क्यमणुप्रमाणात् ॥ ८ ॥

Un homme inférieur ne peut pas te parler de Lui, car tu ne peux pas vraiment Le connaître, car Il est considéré sous de nombreux aspects. Mais si un autre ne te parle pas de Lui, tu ne peux pas trouver le chemin qui mène à Lui, car il est plus subtil que la subtilité et la logique ne peut L'atteindre.

न जायते म्रियते वा विपश्चिन्नायं कुतश्चिन्न बभूव कश्चित् ।
अजो नित्यः शाश्वतोऽयं पुराणो न हन्यते हन्यमाने शरीरे ॥ १८॥

Cet Un ne naît pas ni ne meurt ; sans origine, sans personnalité, il n'est pas né, il est éternel, il est ancien et sempiternel, il n'est pas tué avec la mort du corps.

हन्ता चेन्मन्यते हन्तुं हतश्चेन्मन्यते हतम् ।
उभौ तौ न विजानीतो नायं हन्ति न हन्यते ॥ १९॥

Si le tueur pense qu'il tue, si le tué pense qu'il est tué, l'un et l'autre n'ont pas la connaissance. Celui-ci ne tue pas, et Il n'est pas tué.

अणोरणीयान्महतो महीया नात्माऽस्य जन्तोर्निहितो गुहायाम् ।
तमक्रतुः पश्यति वीतशोको धातुप्रसादान्महिमानमात्मनः ॥ २०॥

Plus subtil que le subtil, plus grand que toute grandeur, le moi siège dans le cœur secret de la créature : quand l'homme abdique sa volonté et est dépouillé de l'affliction, alors il Le contemple ; purifié des éléments mentaux, il voit la grandeur de l'Etre en Soi.

पराञ्चि खानि व्यतृणत् स्वयम्भूस्तस्मात्पराङ्पश्यति नान्तरात्मन् ।
कश्चिद्धीरः प्रत्यगात्मानमैक्षदावृत्तचक्षुरमृतत्वमिच्छन् ॥ १॥

Le Seigneur suprême, l'auto-engendré, a placé les portes du corps vers l'extérieur, c'est pourquoi l'âme d'un homme regarde vers l'extérieur et non vers le Moi à l'intérieur : à peine un homme sage ici et là, désirant l'immortalité, tourne ses yeux vers l'intérieur et voit le Moi qui est en lui.

पराचः कामाननुयन्ति बालास्ते मृत्योर्यन्ति वितितस्य पाशम् ।
अथ धीरा अमृतत्वं विदित्वाध्रुवमधुर्वेष्विह न प्रार्थयन्ते ॥ २॥

Les autres suivent puérilement les objets du désir et du plaisir et tombent dans les mailles de la mort, qui tend ses filets grands ouverts. Mais les âmes calmes, ayant appris l'immortalité ne cherchent pas la permanence dans les choses de ce monde qui passent et ne sont pas.

अङ्गुष्ठमात्रः पुरुषो मध्य आत्मनि तिष्ठति ।
ईशानं भूतभव्यस्य न ततो विजुगुप्सते । एतद्वै तत् ॥ १२॥

Le Purusha qui réside au milieu de notre être n'est pas plus grand que le pouce d'un homme ; il est le Seigneur de ce qui était et de ce qui sera. L'ayant vu on ne recule devant rien, ni n'avons d'aversion pour personne. *C'est Cela que tu cherches.*

अङ्गुष्ठमात्रः पुरुषो ज्योतिरिवाधूमकः ।
ईशानो भूतभव्यस्य स एवाद्य स उ श्वः । एतद्वै तत् ॥ १३॥

Le Purusha qui est en nous n'est pas plus grand que le pouce d'un homme : Il est comme un feu ardent sans fumée, Il est maître de Son passé et de Son avenir. Lui seul est aujourd'hui et Lui seul sera demain.

अस्य विस्रंसमानस्य शरीरस्थस्य देहिनः ।
देहाद्विमुच्यमानस्य किमत्र परिशिष्यते । एतद्वै तत् ॥ ४॥

Lorsque cet Esprit qui est enfermé dans le corps en tombe, lorsqu'Il est libéré de son enveloppe, que reste-t-il alors ? *C'est Cela que tu cherches.*

न प्राणेन नापानेन मर्त्यो जीवति कश्चन ।
इतरेण तु जीवन्ति यस्मिन्नेतावुपाश्रितौ ॥ ५ ॥

L'homme mortel ne vit pas par le souffle, non, ni par le souffle inférieur, mais d'autre chose, dont l'existence de ces deux choses dépend.

यदा सर्वे प्रमुच्यन्ते कामा येऽस्य हृदि श्रिताः ।
अथ मर्त्योऽमृतो भवत्यत्र ब्रह्म समश्नुते ॥ १४ ॥

Lorsque tous les désirs qui se logent dans le cœur de l'homme ont été libérés de leurs amarres, alors ce mortel revêt l'immortalité : ici même, il goûte Dieu, dans ce corps humain.

यदा सर्वे प्रभिद्यन्ते हृदयस्येह ग्रन्थयः ।
अथ मर्त्योऽमृतो भवत्येतावद्ध्यनुशासनम् ॥ १५ ॥

Oui, lorsque toutes les cordes du cœur sont rompues, même ici, dans cette naissance humaine, alors le mortel devient immortel. C'est tout l'enseignement des Écritures.

शतं चैका च हृदयस्य नाड्यस्तासां मूर्धानमभिनिःसृतैका ।
तयोर्ध्वमायन्नमृतत्वमेति विष्वङ्ङन्या उत्क्रमणे भवन्ति ॥ १६ ॥

Les nerfs du cœur sont au nombre de cent et un, et de tous ces nerfs un seul sort par la tête de l'homme : c'est par là que son âme s'élève vers sa demeure immortelle, mais les autres le conduisent à toutes sortes de conditions de naissances dans son trépas.

अङ्गुष्ठमात्रः पुरुषोऽन्तरात्मा सदा जनानां हृदये संनिविष्टः ।
तं स्वाच्छरीरात्प्रवृहेन्मुञ्जादिविषीकां धैर्येण ।
तं विद्याच्छुक्रममृतं तं विद्याच्छुक्रममृतमिति ॥ १७ ॥

Le Purusha, l'Esprit intérieur, qui n'est pas plus grand que le doigt d'un homme, est assis pour toujours dans le cœur des créatures : il faut le séparer avec patience de son propre corps comme on sépare d'un brin d'herbe sa fibre principale. Tu Le connaîtras comme l'Immortel Lumineux, oui, pour l'Immortel Lumineux.

## Les Trois Bénédictions de Nachiketas[1]

Nachiketas est le jeune être humain aspirant qui se trouve encore dans l'Ignorance --*naciketa*, signifie sans conscience ni connaissance. Les trois bienfaits qu'il demande font référence aux trois modèles fondamentaux de l'être et de la conscience qui sont à la base même, formant, pour ainsi dire, le plan de la réalité intégrale. Il s'agit de :
- L'individu,
- L'universel ou cosmique et
- Le transcendantal.

La première grâce accordée concerne l'individu, c'est-à-dire son identité et son intégrité. Il demande le maintien de cette individualité afin qu'elle soit sauvée de la dissolution qu'entraîne la mort. La mort, bien sûr, signifie la dissolution du corps, mais elle représente aussi la dissolution pure et simple. En effet, la mort est un processus qui ne s'arrête pas au phénomène physique, mais qui se poursuit même après ; car le corps disparu, les autres éléments de l'organisme individuel, le vital et le mental, se détachent, s'estompent et se dissolvent progressivement. Nachiketas souhaite protéger de la Mort la sécurité et la préservation de la personnalité terrestre, de l'organisation particulière du mental et du vital basée sur un cadre physique reconnaissable. C'est la première nécessité pour l'aspirant mortel - car, dit-on, le corps est le premier instrument de réalisation de l'idéal de vie. Mais la véritable personnalité, l'individualité réelle de l'homme se trouve au-delà, au-delà du corps, au-delà de la vie, au-delà du mental, au-delà de la triple région que la Mort domine. C'est le monde divin, le ciel des immortels, au-delà de la mort et au-delà de la peine et du chagrin. C'est le foyer sécrété dans le cœur intérieur où brûle le feu divin, le Dieu de la vie éternelle. Et c'est le nœud qui relie les trois statuts de l'existence manifestée, le corps, la vie et le mental. La triplicité est la structure du nom et de la forme construite à partir des briques de l'expérience, le four, pour ainsi dire, à l'intérieur duquel brûle l'Agni Divin, la véritable âme de l'homme. Cette âme ne peut être atteinte que lorsque l'on dépasse les limites de la triple corde et que l'on expérimente sa communion et son identité avec toutes les âmes et toute existence. Agni est la divinité secrète qui se trouve à l'intérieur, dans l'individu et dans le monde ; il est le Divin Immanent, la divinité cosmique qui réunit et rassemble tous les éléments et composants, tous les principes qui composent l'univers manifesté. C'est lui qui est entré dans le monde et a créé des facettes de sa propre réalité sous des formes multiples : et c'est lui qui se cache dans l'être humain en tant qu'âme immortelle à travers toute l'aventure

---

1 Collected Works of Shri Nolini Kanta Gupta.

de la vie et de la mort dans la série des incarnations de l'évolution terrestre. L'adoration et la réalisation de cette Divinité immanente, l'adoration d'Agni enseignée par Yama dans le second bienfait, consiste à effectuer le triple sacrifice, le triple travail, la triple union dans le triple statut de la conscience physique, vitale et mentale, dont la maîtrise permet d'atteindre l'autre rive, la demeure de l'existence pérenne où l'âme humaine jouit de son éternité et de sa continuité sans fin dans la vie cosmique. C'est pourquoi Agni, le maître de l'être psychique, est appelé *jatavedas,* celui qui connaît les naissances, toutes les transmigrations de vie en vie.

Le troisième bienfait est le secret des secrets, car c'est la connaissance et la réalisation de la transcendance qui sont recherchées ici. Au-delà de l'individu se trouve l'universel ; y a-t-il quelque chose au-delà de l'universel ? La libération de l'individu dans l'existence cosmique lui donne la vie éternelle sans douleur : le cosmos peut-il être enroulé et projeté dans quelque chose d'au-delà ? Quelle serait la nature de cette chose ? Qu'y a-t-il en dehors de la création, en dehors de la manifestation, en dehors de Maya, pour utiliser un autre terme ? Existe-t-il une existence ou une non-existence (la dissolution totale ou l'extinction - la mort dans son statut suprême et absolu) ? Le roi Yama choisit de ne pas répondre immédiatement et s'efforce même de dissuader Nachiketas de poursuivre la question au sujet de laquelle les gens sont confondus, comme il le dit. De toute évidence, il s'agissait d'un problème très discuté à l'époque. On a posé la même question à Bouddha et il l'a éludée en disant que l'homme pragmatique devait s'occuper des réalités pratiques et immédiates et ne pas perdre son temps et son énergie à discuter de choses ultimes et au-delà qui n'ont pratiquement aucun rapport avec le présent et l'actuel. Mais Yama répondit, dévoila la maîtrise et transmit la connaissance secrète suprême - la connaissance du Brahman Transcendant : c'est à partir de la réalité transcendante que la divinité immanente prend naissance. Ainsi le Feu Divin, le Seigneur de la Création et le Maître Intérieur - *sarvabhutantaratma, antaryami* - est appelé *brahmajam,* né du Brahman. Yama enseigne le processus de transcendance. En dehors de la connaissance et l'expérience d'abord de l'individu, puis du Brahman cosmique, il existe une ligne définie le long de laquelle la conscience humaine (ou l'inconscience, comme c'est le cas à l'heure actuelle) doit s'élever et évoluer. Le premier pas consiste à apprendre à distinguer le Bien du Plaisant (sreya et preya). La ligne du plaisir mène à l'extérieur, au superficiel, au faux, tandis que l'autre voie mène vers l'intérieur et la vérité supérieure. Ainsi, la deuxième étape est donc le retrait progressif de la conscience des préoccupations physiques, sensuelles et même mentales, pour se concentrer sur ce qui est certain et permanent. Au milieu de la conscience rongée par la mort - au cœur de tout ce qui est instable et éphémère, il faut chercher Agni, la divinité éternelle, l'Immortel dans la mortalité, l'Intemporel dans le temps, ce qui permet d'accéder à l'immortalité au-delà du temps.

L'homme a deux âmes correspondant à son double statut. Dans l'inférieur, l'âme regarde vers le bas et est entraînée dans le courant de l'Impermanence et de l'Ignorance, elle goûte au chagrin et à la douleur et souffre de la mort et de la dissolution ; dans le supérieur, l'âme regarde vers le haut, communie et s'unit à l'Éternel (le cosmique), puis à l'Absolu (le transcendant). L'inférieur est le reflet du supérieur, le supérieur descend sous une lumière diminuée et donc ternie. Le message est celui de la délivrance, de la délivrance et de la réintégration de l'âme inférieure hors de l'esclavage de la vie mondaine et ignorante vers la liberté et l'immortalité d'abord de son statut supérieur, puis de son statut le plus élevé. Il est vrai, cependant, que l'Upanishad ne fait pas une distinction tranchée entre le cosmique et le transcendant et qu'elle parle souvent des deux dans le même souffle, pour ainsi dire. En effet, il s'agit de réalités involuées et tissées l'une dans l'autre En effet, le triple statut, y compris l'individu, forme une seule et même totalité et les trois ne s'excluent pas et ne s'annulent pas, au contraire, ils se combinent et l'on peut dire qu'ils se renforcent mutuellement. La Transcendance s'exprime ou se déploie dans le cosmos - il s'étend à l'extérieur, *sa paryagat* : et les individualités cosmiques, se concrétisent dans le particulier et le personnel. L'unique réalité spirituelle se tient, se présente sous trois aspects.

En résumé, l'enseignement de Yama peut être considéré comme l'évangile de l'immortalité et consiste en la connaissance de la triple immortalité. Et qui d'autre peut être le meilleur professeur d'immortalité que la Mort elle-même, comme l'a dit Nachiketas ? La première immortalité est celle de l'existence physique et de la conscience, la préservation de l'identité personnelle, du nom et de la forme - cet être étant en lui-même l'expression, l'incarnation et l'instrument de la Réalité Intérieure. Cette réalité intérieure incarne la seconde immortalité, à savoir l'éternité et la continuité de la vie de l'âme à travers ses incarnations dans le temps, l'Agni divin allumé pour toujours et grandissant dans une conscience flamboyante. Enfin la troisième et dernière immortalité se trouve dans l'être et la conscience au-delà du temps, au-delà de toutes les relativités, le délice absolu et existant en soi.

## La Gita

*Si l'Upanishad pose le cadre théorique général du sujet de la mort et de l'immortalité, la Gita en fait magistralement l'application pratique. Le problème de l'homme moyen du monde n'est pas tant la recherche de l'immortalité que la mise en place d'un cadre cognitif pour faire face au spectre de la mort qui hante sa vie et interfère avec la juste loi de l'action en raison de son attachement aveugle et nerveux-sensoriel à la vie. La Gita éclaire notre volonté et nous enseigne les attitudes à développer pour affronter la mort au quotidien.*

## Les joyaux de la Gita

नासतो विद्यते भावो नाभावो विद्यते सतः ।
उभयोरपि दृष्टोऽन्तस्त्वनयोस्तत्त्वदर्शिभिः ॥ 16॥

Ce qui est réellement ne peut disparaître, de même que ce qui n'existe pas ne peut naître. La fin de cette opposition entre « ce qui est » et « ce qui n'est pas » a été perçue par les voyants des vérités essentielles[1].

'' *Ce qui est réellement ne peut pas sortir de l'existence, quoiqu'il puisse changer de forme et d'apparence à nos yeux, de même que ce qui est inexistant ne peut pas venir à l'être. L'âme est et ne peut cesser d'être. Cette opposition entre ce qui est et ce qui n'est pas, cet équilibre entre l'être et le devenir, qui constituent le point de vue mental de l'existence, se résolvent enfin dans la réalisation par l'âme de l'unique et impérissable Moi par qui tout cet univers a été développé. Les corps finis ont une fin, mais Ce qui les possède et s'en sert est infini, illimité, éternel et indestructible*[2]".

अविनाशि तु तद्विद्धि येन सर्वमिदं ततम् ।
विनाशमव्ययस्यास्य न कश्चित्कर्तुमर्हति ॥ 17॥

Sachez que c'est l'impérissable qui est à l'origine de tout cela. Qui peut tuer l'esprit immortel[3] ?

अन्तवन्त इमे देहा नित्यस्योक्ताः शरीरिणः ।
अनाशिनोऽप्रमेयस्य तस्माद्युध्यस्व भारत ॥ 18॥

Les corps finis ont une fin, mais ce qui possède et utilise le corps est infini, illimité, éternel, indestructible. Combats donc, ô Bharata[4].

---

1  Vers 2.16
2  Sri Aurobindo Essais sur la Gîtâ p. 74
3  Gita Vers 2.17
4  Gita vers 2.18

य एनं वेत्ति हन्तारं यश्चैनं मन्यते हतम् ।
उभौ तौ न विजानीतो नायं हन्ति न हन्यते ॥ 19॥

Ignorant, celui qui croit que l'âme peut tuer ou être tuée ; le sage, lui, sait bien qu'elle ne tue ni ne meurt[1].

न जायते म्रियते वा कदाचि
नायं भूत्वा भविता वा न भूयः ।
अजो नित्यः शाश्वतोऽयं पुराणो
न हन्यते हन्यमाने शरीरे ॥ 20॥

Cela ne naît pas, ne meurt pas et n'est pas une chose qui naît une fois et qui, en disparaissant, ne reviendra jamais à l'existence. Elle n'est pas née, elle est ancienne, sempiternelle ; elle n'est pas tuée avec la mort du corps[2].

वेदाविनाशिनं नित्यं य एनमजमव्ययम् ।
कथं स पुरुषः पार्थ कं घातयति हन्ति कम् ॥ 21॥

Celui qui la connaît comme une existence spirituelle immortelle, éternelle et impérissable, comment cet homme peut-il tuer, ô Partha, ou faire tuer[3] ?

वासांसि जीर्णानि यथा विहाय
नवानि गृह्णाति नरोऽपराणि ।
तथा शरीराणि विहाय जीर्णा
न्यन्यानि संयाति नवानि देही ॥ 22।

---

1    Gita vers 2.19 : Ce verset doit être lu en conjonction avec les autres versets. Car il ne s'agit pas d'une justification aveugle de tuer, comme on le suppose parfois, mais plutôt une invitation à la vérité la plus profonde de notre âme, celle qui est à jamais pure. C'est lorsque nous vivons dans cette vérité profonde et son équilibre imperturbable que nous pouvons vraiment tuer sans culpabilité, si telle est la volonté de Dieu en nous. Mais tant que nous demeurons dans l'ignorance de la nature et que nous agissons par et pour l'ego, nous ne pouvons pas échapper aux conséquences intérieures de nos actes. C'est ce que la Gita ne cesse de nous rappeler : de vivre au-delà du bien et du mal apparents, de s'élever au-delà de l'individuel et du social, même au-delà de la simple morale et des autres normes temporaires de notre ignorance mentale, jusqu'aux vérités les plus élevées et éternelles de l'esprit, de vivre et d'agir depuis les sommets de notre âme et pour Dieu.

2    Gita, vers 2.20

3    Gita, vers 2.21

L'âme incarnée se débarrasse des anciens corps et en prend de nouveaux, comme un homme change de vêtements usés pour d'autres neufs[1].

*"Il a parlé de la vie physique et de la mort du corps, comme si elles étaient les réalités premières ; mais elles n'ont pas cette valeur essentielle aux yeux du sage et du penseur. Le chagrin pour la mort corporelle de ses amis et parents est une affliction que la sagesse et la vraie connaissance de la vie ne ratifient pas ; l'homme éclairé ne s'afflige ni pour les vivants ni pour les morts, car il sait que la souffrance et la mort ne sont que de simples incidents au cours de l'histoire de l'âme. C'est l'âme et non le corps qui est la réalité. Tous ces rois des hommes dont il pleure la mort prochaine, ont déjà vécu auparavant et vivront de nouveau dans un corps humain ; car, de même que l'âme passe physiquement par l'enfance, la jeunesse et l'âge mûr, de même elle passe d'un corps à un autre. L'esprit calme et sage, dhîra, le penseur, qui regarde la vie fermement sans se laisser distraire ou aveugler par ses sensations et ses émotions, n'est pas trompé par les apparences matérielles ; il ne permet pas aux clameurs de son sang, de ses nerfs et de son coeur d'obnubiler son jugement ou de contredire sa connaissance. Il regarde au-delà des faits apparents de la vie du corps et des sens vers le fait réel de son être ; il s'élève au-dessus des désirs émotionnels et physiques de la nature ignorante vers le seul et vrai but de l'existence humaine[2]"*.

नैनं छिन्दन्ति शस्त्राणि नैनं दहति पावकः ।
न चैनं क्लेदयन्त्यापो न शोषयति मारुतः ॥ 23॥

Les armes ne peuvent la fendre, le feu ne peut la brûler, les eaux ne la mouillent pas, le vent ne la sèche pas[3].

*"Les corps finis ont une fin, mais Ce qui les possède et s'en sert est infini, illimité, éternel et indestructible. Cela abandonne l'ancien corps et en prend un nouveau, de même qu'un homme change pour un nouveau vêtement celui qui est usé ; qu'y a-t-il là qui doive affliger, angoisser ou effrayer ? Cela n'est pas né et cela ne meurt pas, et pas davantage n'est-ce une chose qui vient une fois à l'existence et disparaît ensuite pour n'y jamais revenir. Il est non né, antique, éternel ; il n'est pas tué quand on tue le corps. Car qui peut tuer l'esprit immortel ? Les armes ne peuvent le blesser, ni le feu le brûler, ni l'eau le mouiller, ni le vent le dessécher. Éternellement stable, immobile,*

---

1  Gita, Vers 2.22
2  Sri Aurobindo Essais sur la Gîtâ p.73
3  Gita, Vers.2.23

*pénétrant toute chose, il est pour toujours. Il n'est pas manifeste comme l'est le corps, mais plus grand que toute manifestation ; il ne peut être analysé par la pensée, mais il est plus grand que toute intelligence ; il n'est pas sujet au changement et à la modification comme le sont la vie, ses organes et leurs objets, mais au-delà des changements du mental, de la vie et du corps. Et pourtant il est la Réalité que tout le reste s'efforce de représenter*[1].

अव्यक्तोऽयमचिन्त्योऽयमविकार्योऽयमुच्यते ।
तस्मादेवं विदित्वैनं नानुशोचितुमर्हसि ॥ 25॥

Il est non-manifesté, il est impensable, il est immuable, c'est ainsi qu'il est décrit (par les Shrutis) ; le connaissant donc comme tel, tu ne devrais pas t'affliger[2].

*La mort n'existe pas, puisque c'est le corps qui meurt et que le corps n'est point l'homme... qu'y a-t-il là qui doive affliger, angoisser ou effrayer ?... Car qui peut tuer l'esprit immortel*[3] *"?*

अथ चैनं नित्यजातं नित्यं वा मन्यसे मृतम् ।
तथापि त्वं महाबाहो नैवं शोचितुमर्हसि ॥ 26॥

Même si tu penses qu'il (le moi) est constamment sujet à la naissance et à la mort, tu ne dois pas t'affliger, ô Arjuna aux bras puissants[4].

*" Même si la vérité de notre être était moins sublime et moins immense, moins intangible à la vie et la mort, même si le moi était constamment sujet à la naissance et au trépas, même alors la mort des êtres ne devrait causer nul chagrin, car elle est une condition inévitable de la manifestation propre de l'âme. La naissance est une apparition hors d'un état où l'âme n'est pas inexistante, mais seulement non manifestée à nos sens mortels, et la mort est le retour à ce monde ou à cet état non manifesté, d'où elle réapparaîtra à nouveau dans le monde physique. Tout le bruit fait par les sens et le mental physiques autour de la mort et de l'horreur qu'elle inspire, que ce soit sur le champ de bataille ou sur un lit de souffrance, est la plus ignorante des réactions nerveuses. Pleurer les morts, c'est s'affliger d'une manière ignorante*

---

1 Sri Aurobindo Essais sur la Gitâ p 74
2 Gita, Vers 25
3 Sri Aurobindo Essais sur la Gitâ p.74-75
4 Gita, Vers 2.26

*pour ceux qu'il n'y a point de cause de pleurer, puisqu'ils ne sont jamais sortis de l'existence et qu'ils n'ont souffert aucun changement d'état douloureux et terrible, et que, après la mort, ils ne sont ni moins vivants ni dans des circonstances plus pénibles que pendant la vie[1]*.

जातस्य हि ध्रुवो मृत्युर्ध्रुवं जन्म मृतस्य च ।
तस्मादपरिहार्येऽर्थे न त्वं शोचितुमर्हसि ॥ 27॥

Car la mort est certaine pour ceux qui sont nés, et la naissance est certaine pour ceux qui sont morts ; donc ce qui est inévitable ne doit pas être une cause de ton chagrin[2].

देही नित्यमवध्योऽयं देहे सर्वस्य भारत ।
तस्मात्सर्वाणि भूतानि न त्वं शोचितुमर्हसि ॥ 30॥

Cet habitant du corps de chacun est éternel et indestructible, ô Bharata ; tu ne dois donc t'affliger pour personne[3].

*"Une fois que nous nous connaissons comme Cela, il devient absurde de parler de nous comme de tueurs ou de tués. Une seule chose est la vérité dans laquelle nous avons à vivre : l'Éternel se manifestant comme l'âme de l'homme dans le grand cycle de son pèlerinage, avec la naissance et la mort comme bornes milliaires, les mondes de l'au-delà comme lieux de repos, avec toutes les circonstances de la vie, heureuses ou malheureuses, comme moyens de progrès, comme champ Je bataille et de victoire, avec enfin l'immortalité comme le terme vers lequel l'âme voyage[4]".*

अन्तकाले च मामेव स्मरन्मुक्त्वा कलेवरम् ।
यः प्रयाति स मद्भावं याति नास्त्यत्र संशयः ॥ 5॥

Quiconque quitte son corps et s'en va en se souvenant de Moi à l'heure de sa fin, arrive à mon *bhava* (celui du Purushottama, mon statut d'être) ; il n'y a pas de doute à ce sujet[5].

---

1    Sri Aurobindo Essais sur la Gitâ p.75
2    Gita, Vers 27
3    Gita, Vers 2.30
4    Sri Aurobindo Essais sur la Gitâ p.76
5    Gita, Vers 8.5

*"Le corps est abandonné, mais l'âme poursuit son chemin... Beaucoup dépend alors de ce que l'homme est au moment critique de son départ. En effet, sur quelque forme de devenir que sa conscience soit fixée au moment de la mort, de quelque forme de devenir qu'elle ait été emplie et qui est toujours là, dans son mental et sa pensée, devant la mort, il doit atteindre à cette forme, puisque la Prakriti, par le karma, élabore les pensées et les énergies de l'âme et que c'est en réalité tout son travail. Par conséquent, si l'âme en l'être humain désire atteindre au statut du Purushôttama, il y a deux nécessités, deux conditions qu'il lui faut satisfaire avant que ce ne soit possible. Elle doit avoir façonné dans le sens de cet idéal toute sa vie intérieure durant son existence terrestre ; et elle doit être fidèle à son aspiration et à sa volonté au moment de son départ[1]"*.

यं यं वापि स्मरन्भावं त्यजत्यन्ते कलेवरम् ।
तं तमेवैति कौन्तेय सदा तद्भावभावितः ॥ 6॥

Celui qui, à la fin, abandonne le corps en pensant à n'importe quelle forme d'être, il atteint, ô Kaunteya, la forme dans laquelle l'âme se développait à chaque instant pendant la vie physique[2].

*"Ici, la Gîtâ insiste fortement sur la pensée et l'état du mental à l'heure de la mort, et nous comprendrons malaisément cette insistance si nous ne reconnaissons pas ce que l'on peut appeler le pouvoir d'auto-création de la conscience. Ce sur quoi la pensée, le regard intérieur, la foi, shraddhâ, se fixent avec une ténacité précise et sans défaut, en cela notre être intérieur incline à se muer. Cette tendance devient une force décisive lorsque nous passons à ces expériences spirituelles et spontanées supérieures qui dépendent moins des choses du dehors que notre psychologie ordinaire, asservie qu'est cette dernière à la Nature extérieure. Nous pouvons alors nous voir tranquillement devenir ce sur quoi notre mental demeure fixé et à quoi nous aspirons constamment. Là, toute défaillance de la pensée, toute infidélité de la mémoire signifient donc toujours un retard dans le changement, ou une chute dans son processus et une rétrogression vers ce que nous étions auparavant — du moins tant que nous n'avons pas solidement et irrévocablement établi notre nouveau devenir. Lorsque nous y sommes parvenus, lorsque nous en avons fait une chose normale pour notre expérience, la mémoire en demeure d'elle-même,*

---

1    Sri Aurobindo Essais sur la Gîtâ p.43 chapitre : Le Divin Suprême
2    Gita, Vers 8.6

car c'est à présent la forme naturelle de notre conscience. Au moment critique de quitter le plan mortel de l'existence, l'importance de ce qui est alors notre état de conscience devient évidente. Mais ce n'est point un souvenir sur le lit de mort en contradiction avec toute la pente de notre vie et de notre subjectivité passée, ou insuffisamment préparé par cette orientation, qui peut avoir ce pouvoir salvateur[1] ".

कविं पुराणमनुशासितारमणोरणीयांसमनुस्मरेद्यः ।
सर्वस्य धातारमचिन्त्यरूपमादित्यवर्णं तमसः परस्तात् ॥ ९॥
प्रयाणकाले मनसाचलेन भक्त्या युक्तो योगबलेन चैव ।
भ्रुवोर्मध्ये प्राणमावेश्य सम्यक् स तं परं पुरुषमुपैति दिव्यम् ॥ १०॥

Ce Soi suprême est le Voyant, l'Ancien des Jours, plus subtil que le subtil, et (dans son éternelle vision de soi et sa sagesse) le Maître et le souverain de toute existence, qui met à leur place, dans son être, toutes les choses qui sont ; sa forme est impensable, il est rayonnant comme le soleil au-delà de l'obscurité ; celui qui pense à ce *Purusha* au moment du départ, avec un mental immobile, une âme armée de la force du Yoga, une union avec Dieu dans *la bhakti* et la force vitale entièrement dressée et placée entre les sourcils dans le siège de la vision mystique, il atteint ce *Purusha* divin suprême[2].

"Nous arrivons ici à la première description de ce suprême Purusha -le Divin qui est davantage même que l'Immuable et plus grand que Lui et à qui, par la suite, la Gîtâ donne le nom de Purushôttama. Lui aussi, en son intemporelle éternité, est immuable et bien au-delà de toute cette manifestation ; et ici, dans le Temps, ne se font jour en nous que de faibles aperçus de son être que transmettent maints symboles et déguisements variés, *uvyaktô'ksharah*[3]".

सर्वद्वाराणि संयम्य मनो हृदि निरुध्य च ।
मूर्ध्न्याधायात्मनः प्राणमास्थितो योगधारणाम् ॥ १२॥

ओमित्येकाक्षरं ब्रह्म व्याहरन्मामनुस्मरन् ।
यः प्रयाति त्यजन्देहं स याति परमां गतिम् ॥ १३॥

---

1  Sri Aurobindo Essais sur la Gîtâ p.43 Partie 2 chapitre : Le Divin Suprême
2  Gita, Vers 8. 9-10
3  Sri Aurobindo Essais sur la Gîtâ p.45 Partie 2 chapitre : Le Divin Suprême

Toutes les portes des sens closes, le mental enfermé dans le cœur, la force vitale concentrant son mouvement diffus pour l'amener dans la tête, l'intelligence concentrée dans la prononciation de la syllabe sacrée OM et sa pensée conceptrice dans le souvenir de la divinité suprême, celui qui va ainsi abandonnant le corps, atteint le statut le plus élevé[1].

*"Telle est la façon classique dont s'en vont les yogis, ultime offrande de tout l'être à l'Éternel, au Transcendant. Mais ce n'est là néanmoins qu'une méthode ; la condition essentielle réside en le souvenir constant et indéfectible du Divin dans la vie, fût-ce dans l'action et la bataille — mâm anusmara yudhya cha — et en la métamorphose de tout l'acte de vivre en un Yoga ininterrompu, nitya yôga[2]".*

मामुपेत्य पुनर्जन्म दुःखालयमशाश्वतम् ।
नाप्नुवन्ति महात्मानः संसिद्धिं परमां गताः ॥ 15॥

Venues à moi, ces grandes âmes ne retournent plus à la naissance, cette condition transitoire et douloureuse de notre être mortel ; elles atteignent la plus haute perfection[3].

*" Le connaître ainsi et ainsi le chercher ne lie pas à la re-naissance, ni à la chaîne du karma ; l'âme peut satisfaire son désir d'échapper de façon permanente à la condition transitoire et pénible de notre être mortel[4]".*

*J'ai vu se lever les matins de l'avenir,*
*J'ai entendu les voix d'un âge à naître*
*Qui vient derrière nous et notre matin pâle,*
*Et du cœur d'une lumière qui s'approche*
*L'un d'eux dit à l'homme : «Connais-toi toi-même, infini,*
*Qui fera des miracles plus puissants que ceux-ci,*
*Infini, se déplaçant au milieu des infinis.»*
*Alors, de nos collines, l'ancienne réponse a retenti,*
*«Car toi, ô Splendeur, tu es moi-même caché,*
*Et la cellule grise ne me contient pas, l'étoile*
*Je suis plus grand et plus ancien que les éléments.*
*Que ce soit sur la terre ou bien au-delà du soleil,*
*Moi, trébuchant, voilé, je suis l'Éternel[5]".*

---

1   Gita, Vers 8.12-13
2   Sri Aurobindo Essais sur la Gitâ p.46 Partie 2 chapitre : Le Divin Suprême
3   Gita, Vers 8.15
4   Sri Aurobindo Essais sur la Gitâ p.46 Partie 2 chapitre : Le Divin Suprême
5   Sri Aurobindo: 'A Vision of Science', Collected Poems, pp.43-44

*"Accepterai-je la mort ou ferai-je face pour me battre contre elle et conquérir ? Il en sera selon ce que Dieu en moi choisira. Car, que je vive ou que je meure, je suis toujours".*

Sri Aurobindo, Pensées et aphorisme 374

## Au clair de lune

*...L'ancien périra, il passera,*
*Expurgé, annihilé, effacé ;*
*Et toutes les bandes de fer qui entourent*
*La vaste expansion de l'homme céderont enfin.*

*Liberté, Dieu, Immortalité, les trois*
*Ne font qu'un et seront enfin réalisés ;*
*L'amour, la sagesse, la justice, la joie et la force totale*
*S'unissent en une pure félicité....*

*Tel est le progrès de l'homme, car l'âge de fer*
*Prépare l'âge d'or. Ce que nous appelons le péché,*
*N'est qu'un résidu de l'homme qui, du plus profond de lui-même*
*Le pilote le guide dans son pèlerinage.*

*Il laisse derrière lui le mal, les luttes et la douleur,*
*Parce qu'il s'accroche et revient sans cesse,*
*Et dans le feu de la souffrance brûle ardemment*
*Plus de douceur à mériter, plus de force à gagner.*

*Il s'élève vers le bien avec des ailes de Titan :*
*Et c'est la raison de son grand malaise,*
*Parce qu'il est venu de l'infini*
*Pour construire l'immortalité avec des choses mortelles ;*

*Le corps avec une âme de plus en plus grande à remplir,*
*Étendre les droits du Ciel sur la terre qui travaille.*
*Et s'élever de la mort à une naissance plus divine*
*Saisi et soutenu par la volonté immortelle.*

*Sri Aurobindo*

# BIOGRAPHIE DE L'AUTEUR

Alok Pandey, chercheur sur la voie du yoga intégral, est psychiatre de profession et philosophe par tempérament. Au cours de son parcours spirituel, Alok Pandey a découvert que ni les notions scientifiques prévalentes et intellectuelles actuelles, ni les croyances religieuses traditionnelles et spirituelles conventionnelles ne pouvaient satisfaire sa quête pour résoudre les questions existentielles profondes concernant la vie et la mort.

Ce n'est qu'en découvrant Sri Aurobindo et la Mère que ses questions sur le karma et la renaissance, la souffrance et la douleur, et surtout le but du voyage humain, ont trouvé d'abondantes réponses et que la soif de son âme a été plus qu'étanchée par la vaste vision des œuvres et de la révélation de Sri Aurobindo.

Alok Pandey est actuellement associé à l'Institut International Sri Aurobindo de Santé Intégrale et de Recherche, à Pondichéry. Cette institution se consacre à l'œuvre et à la vision de Sri Aurobindo dans le domaine de la santé.

## Table des matières

Préface
Voyant au cœur profond
Derrière le Masque de Fer — Introduction

| | |
|---|---:|
| **Qu'est-ce que la Mort ?** | **11** |
| La Mort - L'Annihilateur des Oeuvres du Temps | 11 |
| La Mort – Un Partenaire dans le Jeu de la Vie | 12 |
| Les Deux Visages de la Mort | 13 |
| La Vision Scientifique de la Mort | 14 |
| La Dimension Intérieure de la Mort | 19 |
| La Tragédie de la Mort Intérieure | 22 |
| Les Pervertisseurs de la Vie et de la Mort | 25 |
| | |
| **Annexe I : Qu'est-ce que la mort ?** | **29** |
| Arrêter le rythme cardiaque - Réalité ou fiction | 29 |
| | |
| **Le Pourquoi de la Mort** | **37** |
| La mort - Le paradoxe de la vie | 37 |
| La Mort - Le Masque à Capuche de la Vie | 40 |
| La mort - Le Passeport pour l'Immortalité | 47 |
| | |
| **Le Linceul de la Mort** | **53** |
| La Mort - La Triste Voix Destructrice dans les Choses | 53 |
| L'Aiguillon de la Mort | 54 |
| La Mort - l'Aiguillon de l'Esprit et l'Opportunité de l'Ame | 59 |

| | |
|---|---|
| S'Affliger ou Ne Pas S'affliger | 65 |
| Le Moment de la Mort | 70 |
| Le moment de la mort est-il fixé ? | 72 |
| L'Esprit de la mort | 73 |
| Regarder dans les Yeux de la Mort | 74 |
| La Question de la Crémation | 76 |
| La Mort d'un Dieu | 78 |

## Appendice III : Le linceul de la mort — 81

| | |
|---|---|
| La Mort de Jeunes | 81 |
| Étrange attachement - Un poème prophétique | 85 |
| Derrière le Rideau de Fer – Rencontres avec la Mort | 86 |
| Premier Cas – Décès d'un Enfant | 87 |
| Deuxième cas – La Mort, une Nécessité Evolutive | 88 |
| Troisième cas – Affronter la Mort avec le Sourire | 91 |
| La Peur de la Mort et les Quatre Méthodes pour la Vaincre | 92 |
| La Musique pour l'Ame qui s'en Va | 94 |
| Une Mort Extraordinaire | 100 |
| La Sagesse du Livre des Morts Tibétain | 101 |

## Au-delà de la mort — 109

| | |
|---|---|
| La mort - Un passage à travers les Mondes Intérieurs | 109 |
| L'expérience de Soi après la Mort | 113 |
| La question des fantômes | 116 |
| Le paradis et l'enfer : réalité ou fiction ? | 123 |
| Le Retour sur Terre – Renaissance | 125 |
| Le retour sur Terre – Karma | 131 |
| Souvenirs de Vie Antérieure | 138 |
| Le choix de l'Ame | 142 |
| La fin du cycle de la naissance et de la mort | 145 |

## Annexe IV : Au-delà de la mort — 149

| | |
|---|---|
| Possession par les Asuras | 149 |
| Un rêve | 150 |

## L'Ancien Débat — 161

| | |
|---|---|
| L'ancien débat - L'âme existe-t-elle ? | 161 |
| Les enveloppes de l'âme | 168 |
| En conclusion | 182 |

**Annexe V : L'Ancien Débat**   **187**
Le Mythe de notre Univers Tridimensionnel   187
Sentiments de Calme et de Paix   187
Le Tunnel Obscur   188
Hors du corps   188
Voir le Corps   189
Pure Conscience   189
Perception   190
L'Être de Lumière   190
Retour   191

**L'inflexible Loi d'Airain de la Mort et les**
**Dilemmes de la Loi Humaine**   **195**
Questions Ethiques concernant la Mort et le Mourant   195
Homicide et Peine Capitale   200
Les Morts Violentes   205
L'Avortement   207
La transplantation d'organes   208
Examen Post-Mortem   211
Réanimation et Maintien Artificiel de la Vie   212
L'Euthanasie   216
Tuer des Animaux   219

**Vers une Vision de l'Avenir**   **227**
Derrière le Voile de la Mort   227
Le point de vue du scientifique sur la mort et l'immortalité   228
L'occultisme et l'alchimie de la vie et de la mort   232
La quête de l'immortalité - Les deux approches   237
La Vision Spirituelle Traditionnelle de l'Immortalité   239
La Fin de la Mort, la Mort de l'Ignorance   241
Un Corps Glorieux   252

**Les Nombreux Visages de la Mort**   **259**
Les Nombreux Visages de la Mort   259
La Tragédie au Cœur du Temps   260
La Danse de la Destruction   261
Le Grand Niveleur   261
Le Sinistre Comptable   262
Le Critique Ironique de l'Oeuvre de Dieu   263

| | |
|---|---:|
| Le Sophiste aux Sourcils Noirs de l'Univers | 263 |
| Le Voile du Mystère | 264 |
| Le Sceau de l'Ignorance | 266 |
| Le Changement de Nos Robes | 266 |
| Le Passeport pour L'Immortalité | 267 |
| L'Instrument de Dieu | 267 |
| L'Etre de la Mort | 268 |
| La Transmutation de la Mort | 269 |
| **Textes Anciens** | **275** |
| Un Conte Indien Ancien : Le Secret de la Mort | 275 |
| Les Trois Bénédictions de Nachiketas | 280 |
| La Gita | 282 |
| Les joyaux de la Gita | 283 |
| **Biographie de L'auteur** | **293** |

# International Publications

**Auroville Architecture**
*by Franz Fassbender*

**Auroville Form Style and Design**
*by Franz Fassbender*

**Landscapes and Gardens of Auroville**
*by Franz Fassbender*

**Inauguration of Auroville**
*by Franz Fassbender*

**Auroville in a Nutshell**
*by Tim Wrey*

**Death doesn't exist**
The Mother on Death, Sri Aurobindo on Rebirth *Compiled by Franz Fassbender*

**Divine Love**
*Compiled by Franz Fassbender*

**Five Dream**
*by Sri Aurobindo*

**Vision**
*Compiled by Franz Fassbender*

**Passage to More than India**
*by Dick Batstone*

**The Mother on Japan**
*Compiled by Franz Fassbender*

**Children of Change: A Spiritual Pilgrimage**
*by Amrit (Howard Shoji Iriyama)*

**Memories of Auroville - told by early Aurovilians**
*by Janet Feran*

**The Journeying Years**
*by Dianna Bowler*

**Auroville Reflected**
*by Bindu Mohanty*

**Finding the Psychic Being**
*by Loretta Shartsis*

**The Teachings of Flowers**
The Life and Work of the Mother of the Sri Aurobindo Ashram *by Loretta Shartsis*

**The Supramental Transformation**
*by Loretta Shartsis*

**The Mother's Yoga - 1956-1973 (English & French)**
Vol. 1, 1956-1967 & Vol. 2, 1968-1973
*by Loretta Shartsis*

**Antithesis of Yoga**
*by Jocelyn Janaka*

**Bougainvilleas PROTECTION**
*by Narad (Richard Eggenberger), Nilisha Mehta*

**Crossroad The New Humanity**
*by Paulette Hadnagy*

**Die Praxis Des Integralen Yoga**
*By M. P. Pandit*

**The Way of the Sunlit Path**
William Sullivan

**Wildlife great and small of India's Coromandel**
*by Tim Wrey*

**A New Education With A Soul**
*by Marguerite Smithwhite*

# Featured Titles

## Divine Love

The texts presented in this book are selected from the Mother and Sri Aurobindo.

*"Awakened to the meaning of my heart. That to feel love and oneness is to live. And this the magic of our golden change, is all the truth I know or seek, O sage."*

Sri Aurobindo, Savitri, Book XII, Epilog

## A Vision by the Mother

On 28th May 1958, the Mother recounted a vision she once had of a wonderful Being of Love and Consciousness, emanated from the Supreme Origin and projected directly into the Inconscient so that the creation would gradually awaken to the Supramental Consciousness. The Mother's account of this vision was brought out a first time in November 1906, in the Revue Cosmique, a monthly review published in Paris.

## A Dream – Aims and Ideals of Auroville
### the Mother on Auroville

50 years of Auroville from 28.02.1968 - 28.02.2018

Today, information about Auroville is abundant. Many people try to make meaning out of Auroville – about its conception, to what direction should we grow towards, and, what are we doing here?

But what was Mother's original Dream and what was her Vision for Auroville back then?

## Matrimandir Talks by the Mother

This book presents most of Mother's Matrimandir talks, including how she conceived the idea for this special concentration and meditation building in Auroville.

## Memories of Auroville - Told by early Aurovilians

Memories of Auroville is a book about the very early days of Auroville based on interviews made in 1997 with Aurovilians who lived here between 1968 and 1973. The interviews presented in this book are part of a history program for newcomers that I had created with my friend, Philip Melville in 1997. The plan was to divide Auroville's history into different eras and then interview Aurovilians according to their area of knowledge. Our first section would cover the years from 1968 till 1973 when the Mother was still in her physical body.

## The Way of the Sunlit Path

May The Way of the Sunlit Path be a convenient guide for activating this ancient truth as a support for a Conscious Evolution.
May it illumine the transformation offered to us in the Integral Yoga.

## A Dream Takes Shape (in English, French, Hindi)

A comprehensive brochure on the international township of Auroville in, ranging from its Charter and "Why Auroville?" to the plan of the township, the central Matrimandir, the national pavilions and residences, to working groups, the economy, making visits, how to join, its relationship to the Sri Aurobindo Ashram, and its key role in the future of the world. This brochure endeavours to highlight how The Mother envisioned Auroville from its inception, some of the major achievements realised over the years, and some of the difficulties currently faced in implementing the guidelines which she gave.

## Mother on Japan

I had everything to learn in Japan. For four years, from an artistic point of view, I lived from wonder to wonder. And everything in this city, in this country, from beginning to end, gives you the impression of impermanence, of the unexpected, the exceptional... ...everything in this city, in this country, from beginning to end, gives you the impression of impermanence, of the unexpected, the exceptional. You always come to things you did not expect; you want to find them again and they are lost – they have made something else which is equally charming.

## Auroville Reflected

On 28 February 1968, on an impoverished plateau on the Coromandel Coast of South India, about 4,000 people from around the world gathered for a most unusual inauguration. Handfuls of soil from the countries of the world were mixed together as a symbol of human unity. Why did Indira Gandhi, the erstwhile Prime Minister of India, support this development for "a city the earth needs?" Why did UNESCO endorse this project? Why does the Dalai Lama continue to be involved in the project? What led anthropologist Margaret Mead to insist that records must be kept of its progress? Why did both historian William Irwin Thompson and United Nations representative Robert Muller note that this social experiment may be a breakthrough for humanity even as critics commented, "it is an impossible dream"?

## A House For the Third Millennium
Essays on Matrimandir

Nightwatch at the Matrimandir...
A cosmic spectacle; the black expanse above, the big black crater of Matrimandir's excavation carved deep into the soil. The four pillars - two of which are completed and the other two nearing completion - are four huge ships coming together from the four corners of the earth to meet at this pro propitious spot...

## Passage to More than India

This book is a voyage of discovery. In 1959 the author, Dick Batstone, a classically educated bookseller in England, with a Christian background, comes across a life of the great Indian polymath Sri Aurobindo, though a series of apparently fortuitous circumstances. A meeting in Durham, England, leads him to a determination to get to the Sri Aurobindo Ashram in Pondicherry, a former French territory south of Madras.

www.ingramcontent.com/pod-product-compliance
Lightning Source LLC
LaVergne TN
LVHW010309070526
838199LV00065B/5501